U0945298

国际关系与国际法学刊
Journal of International Relations
and International Law

厦门大学法学院国际关系与国际法跨学科研究中心 主办

Journal of International Relations and International Law

Volume8, 2018

国际关系与国际法学刊

第8卷（2018）

刘志云 主编

厦门大学出版社
XIAMEN UNIVERSITY PRESS
国家一级出版社
全国百佳图书出版单位

图书在版编目(CIP)数据

国际关系与国际法学刊. 第8卷 /刘志云主编. —厦门:厦门大学出版社,2019.5
ISBN 978-7-5615-7213-9

Ⅰ. ①国… Ⅱ. ①刘… Ⅲ. ①国际关系—研究—丛刊 ②国际法—研究—丛刊
Ⅳ. ①D81-55 ②D99-55

中国版本图书馆 CIP 数据核字(2019)第 037239 号

出 版 人 郑文礼
责任编辑 李 宁

出版发行 厦门大学出版社
社 址 厦门市软件园二期望海路 39 号
邮政编码 361008
总 编 办 0592-2182177 0592-2181406(传真)
营销中心 0592-2184458 0592-2181365
网 址 http://www.xmupress.com
邮 箱 xmup@xmupress.com
印 刷 厦门市万美兴印刷设计有限公司

开本 720 mm×1 000 mm 1/16
印张 23.75
插页 2
字数 400 千字
版次 2019 年 5 月第 1 版
印次 2019 年 5 月第 1 次印刷
定价 83.00 元

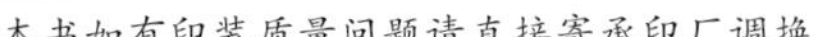

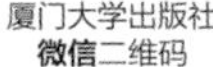

厦门大学出版社
微信二维码

厦门大学出版社
微博二维码

卷首语

国际关系与国际法联系紧密，国际关系学与国际法学相辅相成，在学术发展史上两个学科有着千丝万缕的联系。自 20 世纪 90 年代以来，在两个学科的联结被割裂近半个世纪后，国际关系学与国际法学的跨学科研究再度兴起，并迅速成为这两个学科最新发展的闪亮之处。目前，跨学科研究趋势正从国际关系学与国际法学的表层联系深入到彼此关联的基础性问题，从知识点的互通深入到方法论上的互借等。为了进一步推动国际关系与国际法跨学科研究的发展，构建跨学科的科研平台势在必行，《国际关系与国际法学刊》（简称《学刊》）正由此而创立。

《学刊》由厦门大学法学院国际关系与国际法跨学科研究中心创办，旨在瞄准国际关系学与国际法学的学科前沿，积极开展国内外同行学术交流，荟萃国内外跨学科研究的优秀成果，推动国内外国际关系与国际法跨学科研究的进步。

《学刊》暂定为一年一卷，本卷为 2018 年卷（总第 8 卷），以后根据实际情况再调整。本卷共设“专论”与“经典外文文献选译”两个栏目。

在“专论”部分，本卷共收录了 9 篇论文，主要内容与观点介绍如下：

新时代中国国际法治思想是在 21 世纪中国自身在世界格局中越来越占据主要地位，以及世界逆全球化的双重趋势促动之下形成的制度思想与文化观念。何志鹏教授与都青博士生在《新时代中国国际法治思想》一文中指出，从中华人民共和国成立之初提出的和平共处的外交观念，到党的十九大提出的合作共赢的国际关系格局，中国所提出的关于国际关系与国际法的基本方略既有着浓厚的历史传承色彩，也有着明显的时代发展特征。这种国际法治思想从传统的中国理念文化中脱胎而出，与中华人民共和国成立以来的外交思想和国际法认知有清晰的承继关系，同时又汲取了世界各国关于国际法的优秀成果。在马克思主义世界观和方法论的指导下，酝酿成一种彰显中国特色、维护中国利益、促进世界进步的思想理论体系。它一方面明确而深刻地体现了中国在发展过程中对自身国际地位与国际身份的定位，另一方面也昭示着中国在国际事务中对未来国际法律体系基本原则和格局的构想。它以独立平等为底线和起点，以文明的多样共存为交往原则，以公正有效为行为方式，以互利共赢为最终目标，鲜明反映并主动引领国际社会的新格局，其中提出了一系列的新观念、新方案，为世界发展提供了中国智慧、中国力量。

在《国际法特征与作用：一种工具主义视角的认识》一文中，余锋研究员认为，国际法具有法的一般特征与作用，但对于全面描绘、刻画与理解国际法而言，这还不够。从工具主义视角出发，深刻认识国际法所具有的无政府状态、现实主义、初级阶段和以西方文明为主导的四大特征，并分析它在国际社会中的进攻作用、防御作用、惩罚作用和形象塑造作用，可以从另一个侧面了解国际法在真实世界中的运行，避免因国际法乌托邦而带来不切实际的幻想，以便在充分评估的基础上切实把握和运用国际法，力助中国和平发展战略的实现。

“二战”后建立的内嵌自由主义国际经济法律秩序在20世纪70年代陷入了困境，随后兴起的新自由主义进一步侵蚀了内嵌自由主义。在《内嵌自由主义的衰落、复兴与再生——理解晚近国际经济法律秩序的变迁》一文中，王彦志副教授认为，晚近新自由主义危机和西方民粹主义兴起的深层根源在于国际市场开放与国内社会稳定之间的严重失衡。国际经济法律秩序的未来出路在于重建内嵌自由主义。然而，在新的深度一体化的全球政治经济语境中，仅仅复兴国际市场开放与国内社会稳定之间的传统内嵌自由主义妥协是不够的，还需要进一步再生内嵌自由主义，将自由开放的国际经济法律秩序进一步内嵌于国际合作规制、跨国私人规制和传统道德信仰之中，这就是多重内嵌的古典自由主义与古典保守主义相得益彰的国际经济法律秩序。

国际关系学界和国际法学界对南海问题倾注的研究中，针对南海问题性质认定存在明显分歧。在《公共产品理论视角下南海问题的破解思路》一文中，张相君副教授认为，基于南海问题的历史嬗变可知，南海问题的时间线与中国“二战”前后失去地区局势锚定力密切耦合。同期崛起的美国基于其离岸平衡的需求，于事实上递补成为本地区安全秩序类公共产品的提供者。美国并非一个最合适的提供者，这也是南海问题的另一重要原因。从当前中美相对实力发生重大变迁以及国际格局发生变革的大背景看，南海问题以及更为深层的国际海洋秩序竞争将在未来一段时间更加复杂。基于此，中国应提高对本地区的公共产品供给水平，在公共产品供给与经济合作平衡的基础上，成为经济与安全领域均衡发展的地区大国，南海问题由此也将获得真正的破解思路。

蒋圣力博士在《联合国维持和平行动的法理基础与法律依据探析》一文中指出，维持和平行动作为联合国为维持国际和平与安全而在实践中创设出的方法，在《联合国宪章》中并无明文规定作为其据以实施的直接法律依据，而是以联合国享有的实施维持和平行动的“隐含的权力”作为在上述情况下仍然得以具有国际法上的合法性的法理基础。基于此，一方面，《联合国宪章》序言、第 1 条第 1 项和第 40 条的规定，构成了所有维持和平行动共同的间接法律依据；另一方面，多边或者双边条约或者协定、国际组织决议和国内法等其他表现形式的法律规范，则在不同的维持和平行动中相应地构成了对维持和平行动的法律依据的补充。

武装冲突期间对考古类遗址与博物馆进行盗窃与抢劫已超过战火的直接破坏，成为武装冲突期间文化财产面临的主要威胁。针对这一问题，国际社会一直反对战争期间对文化遗产的非法掠夺，尤其是通过完善国际法和国内法以支持此类文化遗产的返还。钟慧博士在《武装冲突中的文化遗产的非法掠夺及其返还——试论一项新的国际习惯规则》一文中指出，基于相关国家纷纷规定并支持战争期间被非法掠夺文物应该被返还的实践，一个值得探讨的问题是：此类国家的丰富实践是否意味着一项新的国际习惯法正在形成，并有可能在未来被国际社会所确认？这项新的国际习惯法规定占领国须防止文化财产从被占领土非法输出，并且非法输出的财产应返还给被占领土的主管当局。该文旨在论证这项拟议的国际习惯法正在形成，并有可能在未来被国际社会所接受并确立，从而为国际文化遗产的保护提供了新的方向。

亚投行（AIIB）的成立在国际经济治理改革进程中具有里程碑意义。孟于群博士在《亚投行技术援助机制的理论基础与体系生成研究》一文中指出，减少和稳定大气中的温室气体浓度和控制升温被普遍认为是 21 世纪最大规模的全球公共产品，而 AIIB 将发挥其技术援助职能的重要作用，以“绿色”基础设施建设为要旨，为亚洲基础设施建设提供资金和技术支持。国际公共产品供给理论为 AIIB 技术援助机制的构建提供了可能，国际制度作为“国际协调产品”，在技术援助机制构建过程中存在“成本分担”、“搭便车”和“产品（技术）供应的垄断”三大问题。亚洲地区仍存在集体行动协调和激励机制不足，低碳技术下新“中心—外围”体系的形成，以及技术标准和法律存在差异等障碍。以公共选择理论为工具和《AIIB 协定》为依据生成 AIIB 技术援助机制体系，即在 AIIB 现有框架下建立附属机构和相应制度，包括技术援助协调管理机制、资金机制、交易机制，以及监督和绩效评估机制，将其打造成新时期的“智识型”多边开发银行，以促进区域经济的可持续发展和国家能力建设。

企业对社会责任的承担长期以来都是国际社会关注的重点，而金融机构的社会责任，则因其本身货币资源的调配者之定位和能够从外部推动关联企业承担社会责任的特殊性，在2008年金融危机的洗礼下，成为当前瞩目的焦点。

刘盛博士生、刘志云教授在《新的时代背景下中国参与金融机构社会责任国际立法研究》一文中指出，我国参与金融机构社会责任的国际立法，统筹该领域国际国内两个层面的规则，并形成内外发展之联动，不仅是顺应我国经济深度融入世界经济趋势、进一步提升对外开放水平等新的时代背景下的必然选择，也是提高金融机构自身市场竞争力、配合与推进中资企业“走出去”战略的要求，更是协调我国“软实力”和“硬实力”，打造我国良好大国形象的重要组成部分。当前国际社会的金融机构社会责任立法包括“国家间立法”和“非国家间立法”（私政府立法）两种类型，前者进展缓慢而后者发展迅速，两者之间呈现出一种相辅相成、互为因果的正相关关系。参与金融机构社会责任国际立法需要政府主体和金融机构主体的共同行动，目前我国政府主体已经开始积极参与该领域规则的实践和构建，而金融机构主体作为一个“理性人”，要将承担社会责任这一外在义务变成自觉行为，就必须与其商业动机相连接。兴业银行在加入赤道原则之后产生的巨大经济、环境和社会效益无疑为我国金融机构积极参与社会责任国际立法提供了良好的模范效应。在新的时代背景下，我国对金融机构社会责任国际立法应当遵循“国家主体参与”和“金融机构主体参与”的并行路径，而对其具体战略也需要从过去的“积极参与”转变为“参与规则”和“主导规则”并重。同时，应当与时俱进，注重金融机构社会责任国际立法和国内立法之间的互动协调，构建一个具有强制性的国际立法和国内立法的常态性互动机制。

海外投资企业不仅要和东道国政府、商业伙伴打交道，还要处理好与当地社区居民的关系。尽管侵权后的争端解决是非常重要的问题，但海外投资企业面对的更多问题是如何与当地社区沟通互动、如何消除误解、如何预防和化解纠纷，即社区关系问题。于亮副教授撰写的《枫桥经验与中国企业海外社区关系建设》旨在探讨源自国内的以枫桥经验为代表的处理社区关系的优秀经验能否以及如何指导海外投资企业处理社区关系。

在“经典外文文献选译”部分，本卷推出哈伦·格兰特·科本（Harlan Grant Coben）教授撰写的《多边主义的生命周期》一文的编译本，由李雪娇硕士生编译，王彦志副教授校对。关税与贸易总协定、世界贸易组织、联合国、国际人权条约、国际刑事法院罗马规约等在"二战"以后建立起来的多边主义机制，为国际法律秩序提供了俱乐部产品或者全球公共产品，在增加和传播全球财富、稳定和和平等很多方面为人类作出了重大贡献。但是，晚近以来，各种逆全球化因素正在挑战、侵蚀和削弱战后国际法律秩序的多边主义。哈伦·格兰特·科本教授在《多边主义的生命周期》一文中从多边主义谈判和实施的动力因素出发，分析了多边主义的生命周期。当前逆全球化的转变反映的与其说是多边主义的失败，不如说是多边主义的成功。"二战"后大规模多边主义的成功，对全球谈判动态产生了四种既意义深远又错综复杂的影响，这些因素加在一起应该会使各国改变并可能正在使各国偏离这一战略。第一个改变就是真正的全球多极化，这对现有的全球机构是否与真正的多极化相容提出了质疑。第二个改变是议题挂钩的价值递减，在多极化的趋势下，小国或许足够强大或富有，能够达成更好的交易，而不再像以前那样需要更强大的国家了，而传统大国现在正面临着竞争。第三个变化是全球机构的成功正在改变全球谈判动态，随着议题挂钩的价值降低而会员国身份的成本增加，有些国家可能没有动力留下来。第四个变化是，多极化和多边主义的成功可能改变国家从根本上想要从这些谈判中获取的东西，让他们更关注相对福利，而不是绝对福利。总之，多边主义的成功令其进一步的发展更加困难，那些寻求解决全球问题和提供全球公共产品的人将会面临进退两难的境地。随着多边机构的深化，实现全球解决方案的最佳战略可能是鼓励竞争而不是促进合作。在多边主义离去的地方，区域、俱乐部和国家战略可能需要补进。

本刊的创立与连续出版，得到了许多单位与同人的无私帮助。在此，我们要对各位作者、译者、编辑、厦门大学出版社以及资助本刊连续出版的厦门大学法学院表示诚挚的谢意。

最后，需要特别说明的是，在本刊发表的论文，其所论证的各种观点，未必是本刊编辑部所持的立场和见解。秉承"兼容并包，百家争鸣"的学术精神，欢迎持有不同见解的学界同人惠赐佳作，以本刊为平台，针对相关问题，各抒己见，深入探讨，互相补益，共同提高。

《国际关系与国际法学刊》编辑部

2018 年 9 月 10 日

目　录

专　论

经典外文文献选译

附　　录

专　论

新时代中国国际法治思想*

何志鹏　都　青**

内容摘要：新时代中国国际法治思想是在21世纪中国自身在世界格局中越来越占据主要地位，以及世界逆全球化的双重趋势促动之下形成的制度思想与文化观念。从中华人民共和国成立之初提出的和平共处的外交观念，到党的十九大提出的合作共赢的国际关系格局，中国所提出的关于国际关系与国际法的基本方略既有着浓厚的历史传承色彩，也有着明显的时代发展特征。这种国际法治思想从传统的中国理念文化中脱胎而出，与中华人民共和国成立以来的外交思想和国际法认知有清晰的承继关系，同时又汲取了世界各国关于国际法的优秀成果；在马克思主义世界观和方法论的指导下，酝酿成一种彰显中国特色、维护中国利益、促进世界进步的思想理论体系。它一方面明确而深刻地体现了中国在发展过程中对自身国际地位与国际身份的定位，另一方面也昭示着中国在国际事务中对未来国际法律体系基本原则和格局的构想。它以独立平等为底线和起点，以文明的多样共存为交往原则，以公正有效为行为方式，以互利共赢为最终目标，鲜明反映并主动引领国际社会的新格局，其中提出了一系列的新观念、新方案，为世界发展提供了中国智慧、中国

* 本文的研究受到教育部人文社会科学重点研究基地重大项目“提升中国话语权与国际法律制度变革”（16JJD820010）和中央高校基本科研业务费专项资金“文化自信与话语自觉的比较研究”的支持，特致谢忱。

** 何志鹏，法学博士，“2011计划”司法文明协同创新中心、吉林大学理论法学研究中心、吉林大学法学院教授；都青，吉林大学法学院博士研究生。

力量。

关键词:新时代中国;国际法;国际法治思想

目　录

一、问题的提出

中国共产党第十九次全国代表大会提出“新时代中国特色社会主义思想”这一具有重要引领意义的概念,这将是相当长历史时期内观察中国发展、理解中国国际立场的“航标”。伴随这个概念同时出现的另一个论断是对新时代中国社会主要矛盾的升级阐述。[①] 这个新的概念和论断以及相应的措施要求构成了中国未来发展的关键方面,其作为思想指南和行动纲领,必然会在我国经济、社会、文化等领域产生重要影响。

站在一个新的历史节点上,中国知识分子如果想立于时代之潮头,发出思想之先声,就必须认真观察和思考这个新时代的需求。研究新时代的需求应当通古今之变化,深刻洞察社会生活的方方面面并作出准确研判,结合国内实践和国际实践进行总结归纳、反思论断。新时代中国特色社会主义思想必然会广泛且鲜活地体现和渗透到当代中国各方面的社会生活中,演绎成各领域、各门类的理论知识。其中,具有鲜明中国特质的国际法治思想会构成新时代中国特色社会主义思想文化的一个重要组成部分,并融入中国国际关系思想、外交思想的大框架中,对中国未来的发展和世界格局的演变发挥积极的推动

---

① 中国共产党第十九次全国代表大会报告(以下简称“十九大报告”)指出:“中国特色社会主义进入新时代,我国社会主要矛盾已经转化为人民日益增长的美好生活需要和不平衡不充分的发展之间的矛盾……我国社会主要矛盾的变化是关系全局的历史性变化,对党和国家工作提出了许多新要求……我国社会主要矛盾的变化,没有改变我们对我国社会主义所处历史阶段的判断,我国仍处于并将长期处于社会主义初级阶段的基本国情没有变,我国是世界最大发展中国家的国际地位没有变。”报告的摘要版参见《决胜全面建成小康社会　夺取新时代中国特色社会主义伟大胜利:习近平同志代表第十八届中央委员会向大会作的报告摘登》,载《人民日报》2017 年 10 月 19 日第 2～3 版。

作用。从当今国际法发展现状来看,我们只有把握好国际法的发展趋势,准确判断国际关系的主旋律,对法律价值、法律形式、法律发展的步骤有清晰的掌握,才能在更好地维护中国自身利益的同时,找到对其他国家的利益更为合适的尊重和维系方式。

十九大报告以“人类命运共同体”为核心概念,以“一带一路”倡议为实施手段,数次提到了合作、共赢的国际秩序理念。① 这实际上是中国在国家建设和社会发展的新时代确定和开展外交事务的重要原则,是中国与世界其他国家在新时代所确立的国际关系新思路;在国际法上,也是国际法治中国观念、中国话语、中国方案的重要锚点。根据这些论述,中国的国际法治思想是在中国发展与世界的新坐标点上,中国对国际法治的发展方向所提出的观念建议和规划方案。

从概念的层次上分析,国际法与国际法治的关系主要有三个差异:第一,静态与动态的侧重点不同。国际法和国际法治虽然都有“规则”和“规则的运作”两方面内涵,但国际法更侧重静态的规范,而国际法治更强调规则的动态运行。换言之,当人们谈论国际法的时候,主要指的是一种规则、制度,它处于相对平面的状态。当论及国际法治的时候,主要强调制定法律、实施法律的过程,以及司法程序。② 第二,两者的价值主导不同。国际法可以是价值无涉的客观描述,但国际法治必须是包含价值导向的主观期待。国际法是多个维度的,它既具有伦理导向,也是纯技术性的。但是,当分析国际法治时,各项指标中都涵盖着一些价值追求。在考察规则时,符合国际法治要求的规则应当是好的法律,应当反映所有国家对当今世界的美好愿望。在分析规则的运行时,现代国际社会必须构建起公正有效的立法、监督、司法系统,各系统运行必须顺畅且能够形成善治,法治反对强权政治。③ 第三,国际法和国际法治所面对的历史阶段存在差异。国际法涵盖的时期不仅包括现代的国际法体系,而且

---

① “中国将高举和平发展合作共赢的旗帜,恪守维护世界和平、促进共同发展的外交政策宗旨”,“推动建设相互尊重、公平正义、合作共赢的新型国际关系”。“要同舟共济,促进贸易和投资自由化便利化,推动经济全球化,朝着更加开放、包容、普惠、平衡、共赢的方向发展。”《中国共产党第十九次全国代表大会文件汇编》,人民出版社 2017 年版,第 46～47 页。

② 何志鹏:《国际法治论》,北京大学出版社 2016 年版,第 35～38 页。

③ 车丕照:《我们可以期待怎样的国际法治?》,载《吉林大学社会科学学报》2009 年第 4 期。

包括许多历史阶段和形态。国际法在其发展早期主要反映资本主义国家的意图,而现今的国际法不仅包含发达国家的思想,也囊括发展中国家的思想。与之相对,在国际社会推行法治的观念并不是一个历史悠久的理想。法治理念意味着超越传统,在现代化的语境下追求所有国家特别是发展中国家获得公正合理的待遇。在国际关系的进化历程中,国际法治的观念和主张直到20世纪中叶才出现,所以,国际法治应当属于一个现代的观念。国际法治的各项要求和指标反映了国际关系的一系列现代关切。基于现代理念所认识的国际关系,中国学界可以提供许多前人所不具有的思想理念,如可持续发展、人权和国际共同体,由此推动国际关系和外交政策的良性转向。①

如果说,作为中国文化、中国制度、中国理念的一部分,中国的外交思想与国际事务认知同样秉持着"不忘本来、吸收外来、面向未来"的品格的话,那么,中国的国际法治理念当然也存在它的历史根基和时代背景。由此就有必要进一步分析,世界政治经济格局的变化以及中国国内经济的发展对中国的国际法治观带来了哪些影响;在国际法治的发展进程中,中国依然扮演着被动的接受者角色,还是已经在全球治理格局中凭借自己的积极实践占据了一席之地;中国的国际法治理念具有怎样的理论与实践基础,如何体现出继承与发展、承递与创新,如何从当初主张的"和平共处"走向现在倡导的"合作共赢",这种历史发展轨迹的物质基础和思想基础是什么;中国所倡导的国际法治观念在当前的时空环境下究竟包含哪些内容,体现了我们怎样的认知变化。本文拟通过对社会环境审视、历史逻辑分析来探究中国的国际法治观,主要以国际法的一般理论和中国外交史的研究为基础,依据前人对中国传统文化和当代外交思想的总结与归纳,判断当代中国对于国际法治这一概念所提出的理想和路径,而后对中国的规范和实践进行考察,以期得到相应的答案。由此,推进学界对中国国际法治思想观念的认知和研讨,在更为广阔的时空视角下对中国国际法的状态研判和实践方向有更进一步的了解。

---

① 钱静、肖永平:《全球治理视阈下的国际法治构建》,载《学习与实践》2016年第11期。

二、国际法治思想的中国智慧

新时代国际法治的中国思想是在国际关系发展到现阶段，国际法具有一定的规则与组织基础，同时也存在着诸多缺陷和问题的背景下，中国作为一个正在高速发展的发展中大国对国际法的现状和未来发展方向所提出的建议和方案。

（一）国际法治语境下"中国"的含义

探索中国的国际法治思想，在主体方面特别有必要剖析和甄别"什么是中国"这个问题。鉴于"中国"这个概念有着地理、文化、民族不同层面的不同含义，当我们借用"中国"这个概念的时候，就非常有必要辨识清楚"中国"的内涵和外延。具体而言，"什么是中国"包含以下几点内涵：

首先，从地理意义上讲，中国划分为几个不同的区域，包括中华人民共和国大陆、香港特别行政区、澳门特别行政区、台湾地区。按照这样的一个地理区域标准来进行划分，根据相关地区的资源、人口数量，以及相关机构的设置，就不难看出，大陆最有资格且最有能力代表中国。

其次，从中央和地方的关系来讲，中国作为一个单一制国家，地方政府应当在对外关系上与中央政府保持一致。地方政府是中国整体的一部分，在自身享有权利和履行义务的范围内，自己的事务可以由其自己全权负责。但是，在国际事务上，其所持的立场观念应当与国家的整体思路和中央政策保持高度统一。

再次，从代表国家的具体人员上看，可以按照国际法上对国家代表的认识来予以分析。根据签订条约和习惯国际法形成要素中对国家实践的要求，可以代表一国政府的有该国的司法机关、行政机关、国家元首和政府首脑。[①] 所以，这些部门所表达的关于国际秩序、世界图景的认知和理解，都属于同一个

① James Crawford, *Brownlie's Principles of Public International Law*, 8th ed., Oxford: Oxford University Press, 2012, pp. 371-372; Jan Klabbers, *International Law*, 2nd ed., Cambridge University Press, 2017, pp. 48-49; Malcolm D. Evans, *International Law*, 4th ed., Oxford University Press, 2014, pp. 170-171; Peter Malanczuk, *Akehurst's Modern Introduction to International Law*, 7th ed., Routledge, 1997, pp. 39-41.

国家的立场。由此，中国政府各个部门特别是中国国家领导人所提出的关于国际关系、国际法律体系的分析和评价，自然属于国际法治中国立场的一部分。

最后，需要说明的是，中国学界对国际法律秩序的分析、评论、反思，虽然也在一定程度上代表着中国的立场和观点，但除非该项研究受到政府部门的委托，并且政府部门已经认可其代表性，否则应当视其为学术讨论，而不具有国家立场的地位。

（二）大国对于国际法治格局的引领作用

国家总是主导着国际法的发展，而在各种各样的国家之中，大国尤其起到了中坚作用。从世界近500年的发展进程，不难发现由崛起的大国引领世界主旋律的基本规律。其中包括15—16世纪的西班牙和葡萄牙、17世纪的荷兰、18世纪的英国、19世纪的法国、20世纪以后的美国，以及21世纪之后的中国。

值得关注的是，这些大国在引领世界发展的时候，并不仅仅是使用强硬的实力，而更多是建立起伦理高点和治理的制度性、结构性、组织性模式，然后用道德的力量、规则的力量来领导其他国家与其共舞。由此我们可以发现，荷兰在17世纪界定了战争与和平的国际法规则和海洋自由的观念；英国在18世纪以亚当·斯密的“国富论”为理论基础提出了贸易自由的观念，并推动了全世界市场体系的贯通发展；法国在19世纪用人权、民主这样的现代政治文明来改造自身，同时给全球治理秩序带来了一股新空气；美国在20世纪提出了以国际组织营造集体安全、以国际法引领全球秩序的主张。尽管这些思想主张在实现的过程中总是遇到各种不同的困扰，但是这种规律一直影响着国际社会治理框架的构建和完善过程，尽管各国都有机会表达自己的观点，但这种观点的表达最终并不一定能够获得利益。

概略评价，在国际社会的发展进程中，大国在用自己的硬实力和软实力来满足自身发展要求、实现自身梦想的过程中，也一直在用国际公共利益、公共需求、共同伦理的主张来满足其他国家的诉求，使得国际社会能够避免完全靠实力说话的状态。与此同时，这些国家又不总能做到真正贯彻其所主张的伦理标准。例如，荷兰在倡导海洋自由的同时也在展开掠夺行径，英国在促动全球市场构建的时候也会将亚非国家视为非文明国家，并为其所签署的一系列不平等条约提供微弱的借口。美国虽然以自身的愿望和力量主导了联合国，但在数十年的联合国大会上多次被谴责对古巴封锁的时候，却长期保持充耳不闻的态度。这种掩耳盗铃式的做法说明了美国所主张的伦理标准是双重的,一方面要求其他国家遵从、严守这一标准,另一方面其自身却不一定按照这一标准执行。以上合理解释了为何到现在为止,国际关系依然没有实质性地脱离大国政治、强权竞争的状态。实际上,这种状态的风险是很大的,可能带来的不利后果是严重的。冷战时期的安全困境仍然没有远去,而大国对于小国的任性欺凌仍然历历在目。在这种国际环境下,如何保证世界和平、安全与发展,各国做到言行一致守住其伦理主张、道德标准就是一个非常重要的条件。

(三)中国作为发展中大国的特殊性

当明确了可以代表中国发出声音的行为主体后,在思考国际法治的中国理论、中国观念的时候,还有必要进一步厘清"何以中国"的问题,也即为什么要由中国来提出其具有自身特色的国际法治观念与理论,为什么中国有必要且有可能提出自己的国际法治观念。要分析这个问题,必须关注中国所处的国际地位和历史阶段。换言之,提出国际法治的中国立场,是由中国在国际社会所处的地位及其在当今这个新时代所面临的历史问题共同决定的。

就中国在国际社会所处的地位而言,中国是一个亚洲大国。这意味着中国有不同于欧美大国的立场。一个良好的国际法律秩序应当建立在什么样的原则和理念基础之上,不同的国家基于不同的文化传统可能会提出不同观点。如果中国是一个与欧美国家具有同样历史背景和价值取向的大国,那么,中国的价值观念、基本思路可能与现有的国际法思想理念差异很小,而提出具有自身特色的国际法理念、国际法思维的可能性就不大。由于地理位置和文化心态的特性,作为非西方大国,中国在世界格局中具有较为特殊和重要的地位,其所能提出的观点和主张必然会与西方国家的观念立场存在深刻差异。[①] 这种差异表现为中国在很大程度上代表了亚洲、非洲、拉丁美洲的地理心态和秩序主张,并且由此倡导一种国际关系的新秩序,[②]这是在世界大变革时期最需要了解和把握的世界发展方向的新航标。

就当今中国所面临的历史问题而言,首先需要关注的是中国是一个大国。

① 谭再文:《三大国际关系范式的理论构成及其与中国传统理论模式之比较》,载《国际观察》2009年第4期。

② 徐崇利:《新兴国家崛起与构建国际经济新秩序:以中国的路径选择为视角》,载《中国社会科学》2012年第10期。

地理上，它占据着相当大的领土和海洋面积，在海洋政策、环境政策等领域具有至关重要的影响。人口上，中国迄今仍然是世界上人口最多的国家。在可持续发展的问题上，中国有更多的关切和更大的发言权。在人权的保障方面，中国有更为深刻的责任和更具有说服力的经验。中国在人口控制和扶贫开发方面所作出的努力和贡献举世瞩目，如果没有这方面的努力，显然中国对国家社会的负面影响将会极为严重。政治上，中国不仅国内事务的处理结果获得了国际社会的普遍关注，而且会对周边国家产生直接影响，会对世界所有国家产生波及效应。中国还是联合国安理会的常任理事国之一，始终积极直接参与国际事务的讨论和决策，对世界的和平与安全有着特别突出的使命和责任。经济上，中国的国民生产总值全球第二，这意味着中国的经济发展态势和经济政策一定会对世界经济总体发展的步调、发展轨迹产生重要影响。这一点在中国着力推进的国际经济法律机制构建中已经显示出来了，很多国家都愿意积极加入中国所倡导的国际经济法律构架，如“一带一路”倡议、亚投行等，这是作为大国地位的直接影响。当然，不可否认，中小国家也同样可以提出具有自身特色的国际法理念、国际法思想甚至国际法整体的方向性评估和指针。但作为大国，它承载着更多的国际社会期待。因此，中国所提出的国际法治思想、国际法的认知和建议，更能够吸引国际社会的注意力。

(四)世界与中国所处的历史时期的际会

从时间节点上看，中国现今处在一个重要的战略机遇期。① 其具体表现为——中国与世界的关系出现了“东升西降”的新局面。所谓“东升西降”，是指西方国家的全球影响力在下降，而发展中大国在世界上的地位在不断提升。

由于民粹主义的泛滥，长期主张全球化、推进全球化的西方发达国家开始

---

① 王立君：《世界格局的新变化和中国的战略机遇期》，载《江淮论坛》2016 年第 2 期；秦亚青：《国际体系转型以及中国战略机遇期的延续》，载《现代国际关系》2009 年第 4 期；杨毅：《战略机遇期的中国国家安全》，载《教学与研究》2006 年第 4 期；杨洁勉：《美国的全球战略和中国的战略机遇期》，载《国际问题研究》2003 年第 2 期。

逐渐走向逆全球化的新阶段。[①] 西方很多发达国家都对全球化进程产生了很大的忧虑,因而出现了全球化进程的逆转。之所以会出现这种逆全球化的现象,主要有以下四个方面的原因:第一,原有的全球化进程出现部分领域的突进,超过了人类社会生活的客观承受能力和需要。特别是在金融领域,在各国国内现有监管制度还不能匹配跟进的条件下,市场驱动形成了高度全球化的跨国金融体系,由此难免形成世界金融的彼此依赖。在缺乏全球系统性有效金融监管的情况下,就必然会酝酿起全球性金融危机的风险。无论是1999年的亚洲金融危机,还是2008年美国次贷危机所造成的世界经济整体增速放缓,都是金融活动在操作层面自发搭建起的全球运行机制,而在制度层面缺乏全球性规制应对的矛盾体现。因此,许多人认为全球化走快了,需要停一停,甚至倒一倒。第二,过去的全球化在方向上可能出现了问题。冷战结束后,全球化进程明显加快,而主导全球化所依赖的思想观念或者可以被称为意识形态的部分是西方的自由主义理念。这种理念强调自由化、私有化,强调对个人的自由与财富予以充分保护,强调限制政府的监督和管理,过度鼓吹自由竞争。然而,这种泛自由方式的科学性却没有真正有过多少有说服力的实践证明,很多都仅仅是书斋里的空想。这种自由竞争模型一方面可能会引发垄断,另一方面可能会导致市场的混乱无序。从国际关系角度看,考虑到发展程度、发展能力的国别差异,推进自由竞争所有可能带来的不良结果,就是一些没有发展能力的国家在这种自由竞争中被剥夺或排斥,由此"马太效应"会扩大,财富鸿沟和数字鸿沟相继出现,落后国家的落后程度和数量在过去的一段时间里逐渐增加。这使得国际社会对自由主义的全球化模式产生诸多不满,其构成全球化遭遇阻碍的重要缘由。第三,全球化的引领者在世界上缺乏说服力。在以往的进程中,全球化都是以欧美国家特别是以美国作为引领者,但美国在国际社会中因其霸权主义行径引发诸多道德非议,特别是其一贯以自身利益出发去主导其外交政策,给很多国家和民众带来诸多灾难或者难以接受的后果。种种有悖国际法基本原则的行为使得美国在国际社会的声誉急剧下降,

---

① 对于这一问题的研讨,参见赵可金:《大众的反叛:第三波民粹化浪潮及其社会根源》,载《国际政治研究》2017年第1期;俞可平:《全球化时代的民粹主义》,载《国际政治研究》2017年第1期;林红:《当代民粹主义的两极化趋势及其制度根源》,载《国际政治研究》2017年第1期;吴宇、吴志成:《全球化的深化与民粹主义的复兴》,载《国际政治研究》2017年第1期;蔡拓:《被误解的全球化与异军突起的民粹主义》,载《国际政治研究》2017年第1期;佟德志:《解读民粹主义》,载《国际政治研究》2017年第2期。

即便凭借它的财富和强大军事实力也难以挽回其在国际治理格局中下降的地位。因此，国际社会对美国所引领的全球化也存在很多负面情绪和反对声音。第四，全球化的原有引领者和带动者失去了继续引领全球化的信心和能力。在全球化的相当长时期内，西方国家普遍充满信心地认为，全球化不仅可以促进其自身能力和财富的增加，而且会巩固其在国际社会中的地位。甚至，他们还残存着使原有的殖民体系继续维持、财富供应链条持续发挥作用的帝国主义、殖民主义思想。但实践证明，在席卷诸国的全球化浪潮中，事物并不完全是线性发展的。有些时候，西方国家自己也会成为其主张的理论、原则和其所创造并依据的规则的受害者。当发生这种情况时，他们对全球化的进程便失去了信心和热情，因而继续引领和推进全球化的思想就不再像以往那般明晰和迫切了。

这种“东升西降”的风云际会，使得中国有意愿、有信心、有动力去积极参与全球治理，推动国际法治的形成与发展，在国际政治经济等领域主导建构起一个妥当的法治新秩序。

在过去数十年的发展过程中，中国已经从农业社会叠加了工业社会的特质，并且特别发挥了信息社会的新产业革命所具有的后发优势，以“互联网＋”的方式革新经济交往和政府治理。中国的管控能力和治理水平不仅不亚于传统强国，甚至在很多领域明显超越了传统强国。政治上，中国的国际地位相对稳定，在很多国际事务上具有相对有分量的决定权和话语权。经济上，中国在世界经济中所占的体量平稳进步，上升趋势明显，这对世界各国而言，都是非常具有吸引力和感召力的。文化上，中国文化也越来越受到重视，世界上很多学术研究机构和高等学校都有亚洲研究中心等类似的部门，其中中国研究又得到特别关注。这些现象表明，中国在世界上的地位越来越重要。中国自身也开始关注其在国际社会的地位和作用，在国际舞台上不断提出在外交、安全、发展等事务上的一系列新观念，这些观念构成了国际法治中国观念的前提和基础。[①] 由此，中国逐渐积累了主动推动和引领全球化及全球治理的信心和能力。将这些观念和国际法制度的现实结合在一起，中国的国际法治理念就呼之欲出。

① 唐永胜：《国际体系变迁与中国战略选择》，载陈国平、赵远良主编：《国际体系变迁与中国战略选择》，中国社会科学出版社 2017 年版，第 72～77 页。

三、中国国际法治思想的资源基础

新时代中国的国际法观念和国际法治理论，是中国思想与观念发展到当代社会的阶段性成果，是国际关系的理论和智慧与中国具体实践相互碰撞所生发的新文化。其所汲取的资源包含以下四个方面的维度：

（一）近现代中国的历史经验

新时代中国国际法治思想是历史进程中所展现的观念、认知、建议与方案，所以，它深深地植根于历史特别是中国历史的情境中。中国历史经验是中国国际法治思想的重要财富，其中既包括近代中国屈辱的历史，也包括当代中国在外交和内政上的探索。[①] 近代中国的屈辱史和奋斗史是理解中国外交立场和国际法观念的源泉。如果没有鸦片战争、《南京条约》、甲午战争、《马关条约》等历史的经验和教训，中国可能就不会采取坚决反对帝国主义的外交路线和国际法态度。[②] 因此，理解中国必须从近代中国，也就是1840年以来中国在国际关系中所处的地位、所采取的措施、所获得的反馈入手，这是中国能够形成国际法观念、国际法思维、国际法治方案的最有说服力的解释路径。[③] 自1949年中华人民共和国成立以来，中国政府从采取"一边倒"的外交政策；发展到与美国、苏联都较为对立的阶段；再到20世纪70年代采取开放的外交姿态，包括进入联合国、与美国和日本正式建立外交关系；直至邓小平时代的改

---

① 中国对国际形势、对国际法的认知、理解、参与是在近代以后中国社会的剧烈运动中、在中国人民反抗封建统治和外来侵略的激烈斗争中不断成熟、发展、变化、更新的。参见赖骏楠：《国际法与晚清中国：文本、事件与政治》，上海人民出版社2015年版，第14～17页。

② 郭廷以：《近代中国史纲》，上海人民出版社2009年版，第43～56、190～192页；陈恭禄：《中国近代史》，中国工人出版社2012年版，第44～53、254～272页。"甲午战争以后，由于严重的民族危机和民族资本主义的初步发展，使原来以著书立说为主的变法维新思潮，迅速形成具有一定群众性的变法维新政治运动。"参见陈旭麓主编：《中国近代史》，高等教育出版社2010年版，第219页。正是因为有一系列的挫折和惨痛经历，实现中华民族伟大复兴才会成为近代以来中华民族的最伟大梦想。

③ 曾涛：《近代中国与国际法的遭逢》，载《中国政法大学学报》2008年第5期。

革开放，一直发展到21世纪初加入世界贸易组织等一系列的外交实践，[①]都是理解中国如何评价国际法、如何对待国际法的关键依据。半个多世纪以来，中国在外交和国际法律问题上积累的经验教训和思想实践是当代中国国际法治观的重要财富。[②] 中国的这些历史经验构成了中国政府长期主张、经常提及的国际关系准则和国际法原则的理论背景，与中国国际法理念的塑造有非常密切的关系。

(二)中国的传统思想文化

与中国近现代历史中的现实境遇同时塑造着中国当代国际法观念、国际法治理论的，当然还包括中国的传统文化和传统智慧。文化构成了整个社会的思维土壤，传统文化是中国人思考问题挥之不去的思维背景。从先秦时代开始，中国就处在一个多国家较衡的状态。这种状态相比古希腊的斗争并不逊色。因此，在国际关系中，如何运用规则、如何靠规则发展起自己的国家力量、国家影响，中国先贤们的思考讨论从未间断，并得出了很多有益的结论。先秦诸子对国家治理和国际事务处理的观点特别具有启示性。[③] 老子关于"小国寡民"社会场景的畅想，虽然在当代世界看起来已经不可能，但其毕竟为中国推进全球治理的路径和方案提供了前车之鉴，如他提出的"治大国若烹小鲜"的思想指导我们在思考国家治理和世界治理措施的时候要谨慎细致，要全方位地审视我们预期采取的手段会不会对国际各种行为主体形成过多干扰。孔子所倡导的用道义、礼制和信誉作为基点，去赢得国际关系中的权力、影响，促进国家之间的合作，形成国际和平的思维，对当代国际关系理论仍然具有指导意义。此外，儒家所主张的和而不同、义以利先、德不孤必有邻等概念和论断，对迄今为止中国所倡导的和平共处、求同存异的原则和义利观、发展观、安

---

① 何沁主编:《中华人民共和国史》，高等教育出版社2009年第3版，第25～27、198～203、248～254、517～521页;郑谦、张化:《中华人民共和国史·1966—1976》，人民出版社2010年版，第100～102、367～373、377～382页。

② 21世纪以来，中国在外交领域推进多边主义，在联合国、区域和周边层面的外交上深入参与，大力推进、建立互信，发展经济合作，坚持原则的坚定性与策略的灵活性相结合，逐步融入国际体系。齐鹏飞:《中华人民共和国史》，中国人民大学出版社2009年版，第483～492页。

③ 阎学通:《借鉴先秦思想创新国际关系理论》，载《国际政治科学》2009年第3期;阎学通:《中国先秦国家间政治思想选读》，复旦大学出版社2008年版。

全管理观都有着重要的指导意义。[①]《孙子兵法》作为一部名为兵法的书，其所强调的重点其实在于军事实力之外的因素，也就是一个国家的政治智慧、外交能力。孙子认为，如果能够在政治和经济的层面解决问题，就不至于发起战争。由此，有些国外学者看了《孙子兵法》后由衷地慨叹——如果英国人能够更早看到这部书并读懂这部书，大英帝国就不至于覆灭，甚至第一次世界大战、第二次世界大战都不至于爆发。这种"上兵伐谋、其次伐交"的思维，对中国处理国际关系，特别是主张和平共处的国际法律秩序，具有非常重要的指引价值。[②] 在考虑战争问题的时候，首先进入孙子思维体系的，并不是片面的战争能力，而是在军队、战斗力背后所蕴含的人力资源和物力资源的成本，基于这些因素，孙子主张从经济节制角度要尽量少用军队。这在一定程度上迎合了老子所说的"兵者不祥之器也"论断。与孙子的观点非常相近，当孟子被问到如何打赢战争的时候，他首先讨论国家施行仁政于人民，使得人民愿意与君主和政府团结在一起进行对外斗争的思想，这种观念对今天思考如何处理好内政和外交关系都是非常具有启示意义的。与此同时，孟子还进一步深入阐述了关于仁德、义利之间的关系，又特别提出"惟仁者为能以大事小""惟智者为能以小事大"的国际关系观念。[③] 类似的，直接涉及国际关系的《战国策》通过很多故事表达了中国古代政治谋略家对处理世界事务的思想和观念。[④] 正如《战国策》中高度重视人才的主张一样，《墨子》的"亲士"篇开始就提到"入国而不存其士，则亡国矣"。[⑤]战略人才的重要意义，在这些经典著述中可见一斑。这些论著对我们如何看待外国、如何形成本国的力量与形象、如何在国际斗争中立于不败之地，提供了非常丰富有益的素材。在先秦之后，中国史书中所记载的三国时期的实践，尤其是古典文学名著《三国演义》对国家之间分合

---

① 杨伯峻:《论语译注》，中华书局 2015 年版，第 203、212 页；有关分析参见王日华:《孔子主义国际关系理论与中国外交》，载《现代国际关系》2011 年第 5 期；余丽、董文博:《孔子国家间道义思想与当代国际关系建构》，载《国际关系学院学报》2012 年第 3 期。

② 李零:《〈孙子〉十三篇综合研究》，中华书局 2009 年版，第 22～24 页。

③ 杨伯峻:《孟子译注》，中华书局 2016 年版，第 32、46、92 页。相关分析参见阎学通:《王霸天下思想及启迪》，世界知识出版社 2009 年版；包天民:《孟子与世界秩序理论》，载《国际政治科学》2010 年第 3 期。

④ 阎学通、黄宇兴:《〈战国策〉的霸权思想及启示》，载《国际政治科学》2008 年第 4 期。

⑤ 谭家健、孙中原:《墨子今注今译》，商务印书馆 2009 年版，第 1 页。

关系的总结归纳，也是此后历代中国人看待世界和处理国际关系的理论宝藏。至于宋代的苏轼、明代的王守仁，[①]乃至晚清学者对世界事务的观察、思考和评价，[②]更构成了我们当前去看清世界、妥当对待规则、找准国际关系的位置并发挥作用的智慧源泉。

（三）西方国际关系与国际法的优秀部分

新时代中国的国际法观念、国际法治理论还离不开西方思想中的优秀部分。世界文化除了在有些方面体现出较强的地域性，在诸多领域展示的都是人类共同的智慧。人类社会自诞生之日起就面临着一些共同的问题，如生命有限而事业无穷、资源稀缺而欲望无穷，公民个体和国家都追求自身利益的最大化，由此存在国与国之间的冲突和矛盾，也存在人与人之间的竞争。基于这些共性的环境，人们会有很多共通的思考。西方人思考的优秀成果也会启迪一代又一代的中国人去观察世界、思考国际关系的秩序与格局，为我们如何认识、如何设计世界发展路径提供有益的启示。从中国思想的发展进程看，一方面，我们不能崇洋媚外，把西方的国际法思想、国际法论断不加批判地盲目接受，不可直接归入我们的观点和思想，甚至奉之为评判我们本土思想与认知的圭臬。另一方面，我们不能故步自封，完全抛弃属于人类共同智慧的部分，抛弃前人的探索与思考就是浪费他们利用汗水和智慧积累下的宝贵财富，从绿地建设开始，以朴素的头脑思考世界并从零开始推出我们自身的理论和观念，显然是不可行的。人类迄今为止所取得的伟大进步，人类社会之所以能够在相当短的历史时期内快速前进，取得其他物种无法取得的巨大成就，就是因为人类掌握了知识和经验的传承能力。放弃传承、放弃借鉴是不明智的。聚焦到国际关系和国际法领域的传承与借鉴就不难看出，自从古希腊的修昔底德、希罗多德撰写历史，[③]一直到 17 世纪格劳秀斯发表《海洋自由论》《论战争与和平法》，[④]西方先贤们对国家利益与国际公正的思考无不给我们深刻启发。尤其是 17 世纪以后，欧美各国在国际制度建设方面所取得的经验和教训，更是我们在理解国际秩序、判断国际规则发展方向、参与全球治理规则建设、引

---

① 何波：《论中国古代对“夷狄”的教化观》，载《民族教育研究》2000 年第 3 期。

② 周宁：《天下辨夷狄：晚清中国的西方形象》，载《书屋》2004 年第 6 期。

③ Phil Williams, et al. (ed.), *Classic Readings of International Relations*, 2nd ed., Wadsworth, 1999, pp. 18-20, 222-230.

④ 杨泽伟：《国际法史论》，高等教育出版社 2011 年版，第 96～110 页。

领世界格局的法治转型中非常重要的借鉴。

(四)马克思主义的世界观和方法论

中国是一个由共产党领导的国家,共产主义是中国的意识形态。当然,这种意识形态并不停留于马克思主义的经典作家,中国的思想家和革命者们同样也在实践中不断反思、不断前进、不断发展、不断完善,形成了新时期的马克思主义思想,也就是中国特色社会主义理论。这一思想和理论是对社会发展总体规律的认知和解释,渗透着共产主义一百多年实践探索的经验与教训。其中既包括对世界人民共同利益、共同命运的追求,也包括对一个国家自身发展核心利益的高度概括和认真维护。当代中国的马克思主义不仅有19世纪中叶以后马克思恩格斯等经典作家对世界发展趋势的分析和评价,还包括20世纪以来苏联等国家在共产主义建设过程中所取得的经验成就和面临的挑战、教训,更为重要的是中国自身的实践基础。无论是马克思恩格斯的科学社会主义、列宁和斯大林的思想,还是毛泽东、邓小平、江泽民、胡锦涛、习近平的社会主义思想,各个时代的马克思主义理论有一个共同特点:观念、主张与社会实践紧密相结合,思想、理论与现实境况直接联系在一起。马克思主义者从来不是空谈的,应当是直面问题的。回望中国近百年来的发展历程,从武装革命夺取政权到社会建设的除旧布新,从在一穷二白中建起社会主义到国富民强建设小康社会,从支持亚非拉各国人民的正义斗争到倡导和谐世界、人类命运共同体,与什么样的国家结为朋友、与什么样的国家进行斗争,一直是中国在思想观念层面必须认真面对且要妥善解决的问题。当代中国作为一个共产党领导的国家,马克思主义思想指导的落脚点在于,我们不是靠侵略的方式向世界输出意识形态,而是依靠自身的经济发展成就起到榜样作用,通过在文化经济等领域的合作构建起人类命运共同体。这是新时代中国国际法治思想不可忽视的重要指导性理论。

纵贯古今,横连中外,中国当代的国际法治思想就是在丰厚的思想文化土壤中成长起来的参天大树。当代中国国际法治理念、建议、方案,就是在广博的理论滋养和长期的实践探索中逐渐形成的立场与行动规则体系。

四、中国国际法治思想的主要维度

从中国对国际法治的一系列观念和主张来分析和归纳,可以看出,新时代中国国际法治思想和西方的国际法治思想相比，有以下几个方面的特质：

（一）强调主权独立，反对干涉侵略

国际法是国家之间的规则。超越了国家，国际法就无处容身。尽管在未来的国际社会体系中，可能通过不断的变革会呈现出全球统一的体系，导致法和国家逐渐弱化甚至消亡，但在我们可见的、相当长的历史时期内，这种形态应该不会出现。在当前的国际环境下，必须高度重视国家存在的重要意义，不能像某些西方政府和学者一样一厢情愿地、充满理想主义地去主张世界法律或全球规范，不能追随一些西方国家用一种单方面主张的所谓“全球共同价值”去要求其他所有国家必须遵守。为了避免国际关系走上歪路或邪路，需要注意三点：(1)国家的独立和平等是国际社会得以存在和健康发展的前提和基础，换言之，国家必须首先成为一个国家然后才能够考虑国际关系和国际法治。国家安全必须处于最重要的位置，保障了国家安全才有国际社会、国际关系和国际法可言。(2)全球共同的思想观念和利益追求必须在全球共同协商的基础上才能成立，绝不能单方面地提出并强压给其他国家。(3)国家之间彼此尊重、相互不侵犯是国际社会得以稳健存在的前提和基础，任何试图将这一前提进行改换的行为，无论是出于何种美好的理想，当人类的资源开发能力和制度建设能力无法达到这一目标的时候，就会给人类带来灾难性后果。如果国家之间处于冷战思维，强国出于文化优越感或者地缘政治的初衷采取对其他国家或政府颠覆的手段，那更会给国际社会带来深重的灾难。基于自身的历史和现实、传统文化和意识形态，中国提出不干涉、不侵犯、不称霸的基本思路，成为中国国际法治思想的奠基石，也是中国推进国际法治秩序的底线思维。新时代中国国际法治思想对国家独立自主的高度强调，具有非常深刻的思想和实践基础，在中国长期受压迫凌辱的历史经验脉络中所提炼出的思想与西方观念有显著区别。

（二）尊重主权平等，倡导文化多元

在国际法的体系里，国与国之间的平等是弱小国家长期追求的目标，具体体现在1945年的《联合国宪章》里。但是，真正意义上的平等特别是在文化心态上的平等，至今还没有实现。新时代中国国际法治思想所主张和强调的相互尊重，在“新殖民主义”和“后殖民主义”思想甚嚣尘上的背景下，就显得特别重要，这种观念更有利于促进国家之间的真诚合作、良性互动。

中国的国际法治思想深刻地体现了对平等的重视。历史上中国长期遭受不平等对待，这不仅体现在自1840年后被帝国主义欺凌，还体现在中华人民共和国成立后，苏联共产党曾经以“老子党”自居，对中国共产党采取不平等对待。这种对国家发展方式和国家之间合作战略的设计，给了中国领导人和中国人民很大的刺激，中苏两国的论战以及在相当长历史时期内保持对立局面的国际关系，就是不平等对待的结果，中国的抵抗也是中国人民对不平等秉持坚决反抗心态的一种具体表现。[①] 因此，在中华人民共和国成立后相当长的革命建设时期，中国都会格外强调国与国之间的平等。[②] 中国的外交政策中已经形成了“积极联合世界上平等待我之国家、民族，共同奋斗”的基本立场，其实这种思路从孙中山先生就开始了。[③] 不过，因为孙中山先生没有长期、真正领导过中国外交，中国的很多国际事务在军阀混战的历史阶段被耽误和搁置。在和平共处五项原则公布之前，毛泽东就系统地阐释了以平等为核心的中国外交理念，而且能够形成具体的政策措施。[④] 和平共处五项原则提出以后，以平等为底线思维的中国国际法原则或立场就始终得以坚持。[⑤] 总言之，追求独立与平等的国际关系理念在中华人民共和国成立以后一直表现得非常清晰，对平等的高度重视也构成了中国所倡导的国际法治秩序的底色。它不仅体现在我们要求其他国家平等待我，而且也体现在我们平等对待其他国家。中国会对弱小国家采取较为妥当的对待措施，在进行经济上援助的同时，不要求他们在思想意识和政策上根据中国的要求予以变革，这是中国援助政策和

---

① 邓小平：《结束过去 开辟未来》，载《邓小平文选》（第三卷），人民出版社 1993 年版，第 291～295 页。

② 毛泽东：《论人民民主专政》，载《毛泽东选集》，人民出版社 1991 年第 2 版，第 1472～1475 页。

③ 吴东之主编：《中国外交史·中华民国时期（1911—1949）》，河南人民出版社 1990 年版，第 141 页。

④ 毛泽东：《否认一切卖国外交》，载《毛泽东外交文选》，中央文献出版社、世界知识出版社 1994 年版，第 63 页；毛泽东：《中国政府和外国政府建立外交关系的原则》，载《毛泽东外交文选》，第 116 页；毛泽东：《大国小国应当平等相待》，载《毛泽东外交文选》，第 334 页。

⑤ 毛泽东：《和平共处五项原则应该推广到所有国家关系中去》，载《毛泽东外交文选》，第 163～176 页；毛泽东：《和平共处五项原则是一个长期的方针》，载《毛泽东外交文选》，第 177～196 页；邓小平：《和平共处原则具有强大生命力》，载《邓小平文选》（第三卷），第 96～97 页；邓小平：《以和平共处五项原则为准则建立国际新秩序》，载《邓小平文选》（第三卷），第 281～283 页；习近平：《弘扬和平共处五项原则 建设合作共赢美好世界》，载《人民日报》2014 年 6 月 29 日第 2 版。

西方援助政策的显著差别。这种做法在20世纪五六十年代的时候是这样,在21世纪的今天仍然如此。在毛泽东时代,中国就反复强调过永不称霸。[①] 邓小平1974年到联合国参加特别大会提出中国主张的时候,也再次声明中国不称霸的观念。[②] 今天在中国共产党第十九次全国代表大会的报告中,中国新一代领导核心习近平一以贯之地强调了中国不称霸的思想。

(三)推进互利合作,寻求共建共赢

中国的国际法治观念特别强调互利合作。所谓互利合作其实包含两方面的内容:一是所有合作必须以利我为基础,换言之,即使是我们的援助,也一定是于我有利的,中国不可能采取那些对自身有害而对他人有利的合作方式;二是这种合作必须让对方也获利,这是对方能够参与合作并保持合作姿态的重要前提。如果一项合作仅仅是一方得利,另一方却承受损失,那么合作就不会长久,也会产生消极影响。殖民时代的国际关系,宗主国和殖民地国之间的合作经常在当代受到诟病,就是因为这种合作不是互利的,单向有利于某些国家的结果使得财富单向地向某些国家输出。中国在毛泽东时期,就已经明确地提出合作必须是有利于双方的,否则合作不可能长久。习近平提到的"共商、共建、共赢"理念是互利合作的新版本,中国提出的"一带一路"倡议就是这种国际关系理念的鲜明表达。中国设计的所有国际制度、国际组织架构都应当实现民主协商、互利共赢等积极的目标。

(四)引领实效施行,反对清谈空想

希望中国所主张的国际法律制度能够超越语言的层面,进入到实际行动中去。中国的文化传统中,有"行胜于言"的思想,中国对国际关系、国际制度进行评价的时候,也格外注重这些制度主张和组织架构能不能真正转换成国家的行为指南、国家权利义务与行为方式有效配置的方案。习近平在很多国际事务上的讲话都提到避免清谈、加紧合作、努力采取实际行动的观点。要求国际法律制度能够付诸实施并有效地转化为国际秩序的中国文化是传统与现

---

① 《毛泽东外交文选》,中央文献出版社、世界知识出版社1994年版,第228、231～232、256页。

② 邓小平:《在联合国大会第六届特别会议上的发言》,载《邓小平文集(1949—1974)》(下卷),人民出版社2014年版,第345～355页;关于背景及影响,参见当代中国研究所:《中华人民共和国史稿(第三卷1966—1976)》,人民出版社、当代中国出版社2012年版,第204～205页。

代的完美结合,既有中国文化的特征,又对国际事务的发展具有极为重要的指引意义。鉴于国际社会的无政府体系,国际法处于一种没有中央权力的分散状态,故而很多国际法律规则的实施力比较差,很多国际法律机制形同虚设,并不能够真正要求某个具体国家去做什么。多数情况下,国际法所确立的权利义务和责任都取决于国家自身的意愿,在具体国家没有这方面意愿的时候就不能强制性地要求其采取某些行动,国际制度目标不能够落实、不能转化成国际法的有效预期,这对国际关系的平稳发展显然是不利的。因而,在21世纪想要构建起更令人信任和可预期的国际制度体系,就必须着眼于其可实施性。中国所倡导的"坐而论道不如起而行之"的观点,实际上是切中国际法之弊端,这是推动国际法治真正实现的重要举措和关键环节。

五、中国国际法治思想的概念凝结:"人类命运共同体"

新时代中国国际法治思想的理念创新就是中国根据国际社会、全球治理的新阶段,根据中国与国际格局互动的新状态面向世界阐述的全球治理体系变革的新主张、新理念、新构想、新举措。[①] 其中最为突出的是,在以往政策宣示的基础上,中国共产党十九大进一步强调了构建"人类命运共同体"这一具有传承和发展意义的重要概念,[②]由此对国际社会的发展方向提出了自己新的阐释。如何认识"人类命运共同体"的内涵?如何看待"人类命运共同体"的实现路线?这几个问题具有鲜明的理论意义和实践价值。[③] 对此,我们至少可以在以下几个方面进行宏观探索。

(一)"人类命运共同体"思想的底线内涵

"人类命运共同体"最基本的内涵是一种底线思维,也就是倡导国家、国际

---

① 曾令良:《推进国际法理念和原则创新》,载肖永平、黄志雄编:《曾令良论国际法》,法律出版社2017年版,第93页。

② "以推动国际关系法治化的目标考察,国际法治是构建人类命运共同体的实现路径。"谢海霞:《人类命运共同体的构建与国际法的发展》,载《法学论坛》2018年第1期。

③ 人类命运共同体意识与国际法的价值观相符合,体现为人本意识、合作意识和共进意识三个层次,以维护或推进全人类的共同利益为其最高宗旨。黄德明、卢卫彬:《国际法语境下的"人类命运共同体意识"》,载《中共浙江省委党校学报》2015年第4期。

组织、企业乃至个人等国际社会的各种行为主体形成同呼吸、共命运的认知。

首先“人类命运共同体”的主体是“人类”。尽管在法哲学上有些环境权利的主张者认为，自然界动物、植物、自然体也拥有权利，也拥有主体的资格。这种观点值得商榷。人类所应当关注且能够关注的起点，仍然是人类自身，而不包括其他物种或者非生命体。“人类命运共同体”是以人的基本生活境况、人的幸福、人的未来作为思考的起点和终点的，研究者并不能把关切的范围任意扩及所有的领域。实际上，即使在考虑环境问题的时候，目标也是人类自身的利益和命运。① 习近平总书记反复强调“绿水青山就是金山银山”，保护了“绿水青山”，“金山银山”才有可能，这就是一种以人的幸福生活作为基本关切、基础思维起点的认知思路。在这一点上，中国的主张就脱离了那些虚无缥缈、经不起实践检验、在理论上也难以自圆其说的激进环境伦理学，我们始终将人类是否能够幸福生存和发展作为考虑这一问题的起点。

其次，“人类命运共同体”是一种“命运”的共同体。所谓命运就是面临着共同的未来，彼此在生存条件、面临的机遇和挑战上具有的共同性。“命运”在很大程度上仍然是一个底线思维，起点是针对共同的风险与问题。② 在这一点上，中国观念并没有把目标设定得过于理想化，也没有唱高调，不去设想一蹴而就地实现共同的美好生活，我们不认为人类在崇高的终极理想上可以共同形成一个其乐融融的状态。中国既不会要求所有不同政治制度的国家都认可实现人类的共产主义伟大目标，“命运共同体”也不要求组建高级的“世界政府”，而是特指人类在生态环境、核武器、全球经济交往中可能带来的全球性风险的背景下思考人类合作与发展的可能样态，其基本出发点是国际社会为了避免共同的厄运而选择同舟共济、共同筹划。该理念重点强调每个国家把自己最为忧虑、最为担心的问题放在一起进行磋商，以求一起应对最主要的困难，避免出现最糟糕的局面。

---

① 罗欢欣认为，人类命运共同体思想倡导“命运不可分”的世界整体观和“以世界观世界”的方法论，是扼制分裂主义思维的有效进路。它将国内与国际问题加以综合，将国家利益与人类整体利益、长久利益视为一个共同体，丰富了利益表达方式。罗欢欣：《人类命运共同体思想对国际法的理念创新——与“对一切的义务”的比较分析》，载《国际法研究》2018 年第 2 期。

② “国内与国际问题相互交融，民族与宗教、核危机、生态环保、大规模移民、恐怖主义等各类冲突在全球化深入的背景下，呈现出越来越复杂的趋势。”罗欢欣：《人类命运共同体思想对国际法理念的创新》，载《中国社会科学报》2018 年 2 月 7 日第 5 版。

最后，“人类命运共同体”是一个有限的共同体。这种主张绝不是文化上的霸权主义，更不是政治上的帝国主义，而是在求同存异的基础上仅仅在关涉人类未来命运的少数问题上达成最低限度的一致，以求共同应对风险。确切地说，“人类命运共同体”是一种将国际期望“最小值”的“最大化”，或者可以称之为“基本关切”的“普遍化”，即各个国家都把自己所遇到的最棘手问题、所面临的最基本需求和最紧迫的未来关切聚集在一起，寻求各国彼此共同关切的领域，其类似于数学上的“最大公约数”。① 这种关切的领域显然不会是人类的最高理想。这也就意味着在文化等诸多领域，中国的立场与方案并不要求对其他各国强行求同。中国既不会盲目尊崇其他文明的先进性，满足某些文明的优越感，也不会主张自己文明的一枝独秀或一家独大，我们要求在求同存异的基础上进行协商和建设以求得各参与国的最大公约数。②

（二）“人类命运共同体”思想的观念导向

确立“人类命运共同体”的思想，在很大程度上意味着对人类命运的重新思考，要求在全球维度上思考人类的发展，在人类的维度上探讨国际关系问题。基于此，国际关系、世界事务领域应当提出一些新的要求，特别是避免一些认知的偏差。

在各种负面性认知中，最需要排除的是将本国的利益置于其他国家利益的对立面。正确的做法是把所有国家的利益综合考量、整体评估，这实际上是对以往的冷战思维和现实主义国际关系理论中本国利益至上观念的深刻反思。国家之间如果总是呈现出为了本国的利益而与其他的国家进行斗争的状态，那么人类社会将陷入“修昔底德陷阱”，耗竭自己的资源用于无谓的纷争，在彼此的斗争和竞争中逐渐走向衰落，世界将会永无宁日。因此，“人类命运共同体”思想时刻警醒我们，不能片面地、单纯地、自私地去追求国家利益，而应当通盘考虑各国利益之间的相互依赖关系，充分考虑到人类共同生存于一

---

① 李赞认为，作为新时期中国外交事务的重要指导思想，人类命运共同体概念蕴含着深刻的国际法思想与内涵。它基于主权又超越主权的国际社会本位理念，是人类命运共同体建设的思想基础。李赞：《建设人类命运共同体的国际法原理与路径》，载《国际法研究》2016年第6期。

② 龚柏华提出，人类命运共同体理念是国际法原则的综合和升华，但又要靠具体的国际法规则落实和保障，所以需要共商共建共享。共商是国际法治的民主化，共建是国际法治的共同义务，共享是国际法治的追求目标。龚柏华：《“三共”原则是构建人类命运共同体的国际法基石》，载《东方法学》2018年第1期。

个星球，而近期在其他星球生存与发展不现实的状况，这是“人类命运共同体”给予全人类思考世界性事务的第一个，也是最重要的启发。

“人类命运共同体”对于国际事务的影响，还包括每一个国家都必须首先保障自身的存续和发展，而后才有能力考虑和服务于全球性利益。换言之，“人类命运共同体”不是“舍己为人”，应当是和平共处、和谐共存、合作共进。任何一个国家在走向全球化的时候，都不能抛除本国的利益，走无原则的国际主义路线。一个国家如果连自身最基本的利益、最基本的安全与存续都难以保障，那么所谓的“人类命运共同体”就不可能实现，因为这个国家本身就是人类的一部分，这个国家的前途就是其所追求的人类命运体的一部分。如果不能把本国发展好、建设好，从经济发展到法律完善形成一个良好的局面，从物质生产到精神文明使一国居民获得满足，那么我们就很难达到“人类命运共同体”局面。

(三)“人类命运共同体”思想的政策影响

人类社会当今所处的时空条件，使我们不得不认真思考我们所面对的共同命运。人类的生产生活方式进一步决定了我们必须认真思考人类的共同命运、审慎地应对人类的共同命运。全球变暖造成一次次的灾害性气候，冰川溶解、海平面上升导致人类宜居地面积缩减，核武器对人类生命健康和环境的威胁，以及经济交往，特别是全球金融交易引发的全球性金融危机，网络安全导致的军事与领土安全、经济与个人信息安全。[①] 这些问题都要求各个国家充分协商，在国际组织和多边协定的框架内彼此合作，共同应对这些可能对全人类的未来构成灾难的问题。“人类命运共同体”观念在政策层面的影响，至少可以从低级到高级分成以下几个层次：

首先，国家之间保持和平，避免争端升级。维护世界和平、避免局部和大规模的战争仍然是当今世界各国必须面对的问题。核武器、常规武器等巨大杀伤能力武器的滥用仍然时时威胁甚至危害着人类。[②] 每一个国家的安全都关系着人类共同的安全，各国必须把安全放在第一位。中国历来主张和平的发展，永远不会采取侵犯和凌辱其他国家的发展方式，永远不会走殖民化的道

① 刘志云、刘盛:《基于国家安全的互联网全球治理》，载《厦门大学学报(哲学社会科学版)》2016 年第 2 期。

② 杨剑、郑英琴:《“人类命运共同体”思想与新疆域的国际治理》，载《国际问题研究》2017 年第 4 期。

路。国家之间尽管存在大小之别，但不能因此就恃强凌弱，也不能以小犯大。中国始终主张，以协商和谈判的方式和平解决国际争端，我们承诺在任何时候都不希望争端升级为武力打击。

其次，国家之间在经济事务上的密切合作。人类所面临的共同问题，有很多是由于发展需求形成的，也有很多是为了提升自身的发展能力要共同应对的。发展的问题必须从发展的角度去解决，其他领域的问题也必须通过发展来提升有效应对问题的能力。由此可见，"人类命运共同体"的有效应对策略必然包括提升发展领域的治理水平，使各国在经济方面进一步深化合作。贸易、投资、知识产权、金融等各个方面的合作、互通都有助于促进各国发展能力的提升。由此也解释了为什么"一带一路"倡议在很大程度上是为了打造"人类命运共同体"、应对人类共同的风险与问题的有效手段。"一带一路"既是经济合作之路，也是文化交流之路和文明沟通之路。沿线各国之间的互联互通不仅有助于避免文明之间的隔阂、猜疑和误解，而且能够通过发展的话题来解决和应对人类所共同面临的诸多问题和挑战。

最后，国家之间在人权、环境等社会事务上的协商和对话。除了传统安全和非传统安全等高政治领域问题、经贸合作等中等重要程度的问题之外，还有一些属于低政治领域的问题，其中引起广泛关注的是环境、社会、文化和人权问题。[①] 在这些方面，中国所主张的"人类命运共同体"也具有非常丰富的启示性意义。例如，在人权领域，"人类命运共同体"意味着避免将某一种人权观视为是唯一且正统的人权观，将彼此不同的人权观视为"山寨"人权观的做法是不可取的。多元化价值要求下，应当避免把某些人权实践看成是世界各国的典范，而把另一些与其不同的人权实践排除在尊重和保护人权的框架之外。针对环境问题也是一样，人类虽然面临着共同的环境，但由于历史发展阶段、发展能力的差异，中国与诸多发展中国家始终主张"共同但有区别的责任"。从区别中去寻求共同的命运，共同的命运才有实现的可能。如果强行求同，按照同样的标准去保护环境，强制要求各国在环境保护领域采取同样的措施，那么很有可能有些国家根本就看不到未来，"人类命运共同体"的愿望就会付诸东流。中国在国际事务中主张共商共建共赢，就包括不能将某些国家的意志强加给另外一些国家，国际社会上更多提倡的是民主。如果能够坚持在"求同

---

① 张彪：《构建命运共同体的国际政治经济意义》，载《学术界》2015 年第 11 期。

存异”的基础上展开合作，国际治理就能够呈现出更有朝气、有希望的新局面。

六、从和平走向发展：中国对国际法治时空格局的判断

历史不断证明，政治因素和经济因素在国际关系中起着重要的作用，这也符合马克思主义的辩证唯物主义理论。[①] 自 1949 年中华人民共和国成立以来，无论是国际政治、国际经济的外部环境，还是国内经济增长、社会发展的内部环境都处在不断发展变化的态势中，该变化对中国参加国际关系、处理国际事务有着深刻的影响，中国国际法治观的形成也不能脱离或忽视这些变化因素。因此，中国国际法治观的考察必然要对国内外环境进行深刻审视。

（一）战争与和平是冷战时期的国际关系主题

20 世纪 40 年代中期以后，以美国为首的资本主义阵营和以苏联为首的社会主义阵营之间开始了长达数十年的冷战，现代历史上第一次真正出现了权力两极化。[②] 由此形成了紧张的国际局势，彼时国际上的主要矛盾是战争与和平问题。[③] 总体观察，国际关系的基调是在筹划战争的过程中怎样维持脆弱的和平，国际法的基本问题就是如何避免大规模战争以及如何维持一个基本和平的局面。

对中国而言，中华人民共和国成立之初，国内就存在尖锐而复杂的矛盾，解放战争仍在推进，祖国统一远未完成。我们对外还面临着紧张的国际局势，可以说处于内忧外患的紧张状态。1950 年爆发的朝鲜战争对我们更是雪上加霜，中国和以美国为首的西方国家进入了直接的军事对抗状态，使得我们的国际生存环境愈加严峻。对内而言，经济建设上我们百废待兴，得到美国支持的台湾当局又窃据了我们在联合国的席位，这些问题都使得我们举步维艰，很难参与到广泛的全球性国际事务中去。在这样的时代背景下，保持一个和平

① [美]罗伯特·吉尔平：《国际关系政治经济学》，杨宇光等译，上海世纪出版社 2011 年版，第 2 页。

② [美]约翰·刘易斯·加迪斯：《长和平：冷战史考察》，潘亚玲译，上海人民出版社 2011 年版，第 293 页。

③ 《周恩来外交文选》，中央文献出版社 1989 年版，第 58 页。

稳定的国际环境对中国的发展至关重要。基于此，自 1949 年以来中国共产党、中华人民共和国政府就一直坚持和平的外交方针。①

中国坚持和平的外交政策，也被明确写入《中国人民政治协商会议共同纲领》中："中华人民共和国外交政策的原则，为保障本国独立、自由和领土主权的完整，拥护国际的持久和平和各国人民间的友好合作，反对帝国主义的侵略政策和战争政策。""中华人民共和国可在平等互利的基础上，与各外国的政府和人民恢复并发展通商贸易关系。"②

在这一历史时期，毛泽东和周恩来都反复强调和平，反复说明中国人民是爱好和平的，③中国要为持久和平而努力。④ 1950 年，毛泽东在中共第七届中央委员会第三次全体会议中做报告指出："世界各国争取和平反对战争的人民运动有了发展，新的世界战争是能够制止的。"⑤毛泽东认为全世界都需要和平，一切爱好和平的国家和人民要团结起来，为全世界的和平而努力。⑥ 朝鲜战争结束后，1954 年日内瓦会议的召开，达成了关于印度支那停火的协定，有效推动了世界政治的和平化发展趋势。⑦

与此历史的足印相映衬，1953 年年底，中印代表团就两国在西藏地方的关系问题进行谈判时，周恩来在我国既有的外交理念基础上提出了"互相尊重领土主权、互不侵犯、互不干涉内政、平等互惠、和平共处"的和平共处五项原则。随后，这五项原则被正式写入了《关于中国西藏地方和印度之间的通商和交通协定》中。⑧ 在之后的中印、中缅联合声明中都重申了和平共处五项原则，并在中印联合声明之后，中国将"平等互惠"改为"平等互利"；在 1954 年的"中苏联合宣言"中将"互相尊重领土主权"改成"互相尊重领土和主权完整"。

---

① 《周恩来外交文选》，中央文献出版社 1989 年版，第 48 页。

② 当代中国研究所编：《中华人民共和国史编年（1949 年卷）》，当代中国出版社 2004 年版，第 553 页。

③ 《周恩来外交文选》，中央文献出版社 1989 年版，第 22 页。

④ 《周恩来外交文选》，中央文献出版社 1989 年版，第 1 页。

⑤ 《毛泽东外交文选》，中央文献出版社、世界知识出版社 1994 年版，第 135～136 页。

⑥ 《毛泽东外交文选》，中央文献出版社、世界知识出版社 1994 年版，第 148 页。

⑦ 肖娴：《刘少奇外交思想与实践研究（1949—1966）》，中国社会科学出版社 2013 年版，第 52 页。

⑧ 《周恩来外交文选》，中央文献出版社 1989 年版，第 63 页。

随后,中国在1954年《中华人民共和国宪法》的序言部分申明了这一基本立场。[①]“我们认为,这五项原则不应该只限于处理中印和中缅关系,它也可以适用于全亚洲,甚至于全世界各国。”[②]在1955年的万隆会议中,我们强调并重申了和平共处五项原则。[③] 在这一时期,和平共处五项原则是我国处理国际关系问题的一个长期的方针。毛泽东在与印度总理尼赫鲁、缅甸总理吴努、印度尼西亚总理阿里·沙斯特罗阿米佐约谈话时都强调了这一主张,认为和平共处五项原则应当推广到所有的国际关系中去,[④]国家之间的合作必须是互利的,[⑤]五项原则适合亚洲、非洲绝大多数国家的情况,我们要追求稳定,不仅是国际上要稳定,国内也要稳定。[⑥] 我们要团结起来,不能互相损害,坚持互利,不仅在商业上和文化上如此,在政治上也进行合作。[⑦] 1954年周恩来在日内瓦会议上发言表示:“亚洲国家应该互相尊重各国的独立和主权,而不互相干涉内政;应该以和平协商方法解决各国之间的争端,而不使用武力和威胁;应该在平等互利的基础上建立和发展各国之间的正常的经济和文化关系,而不容许歧视和限制。”[⑧]根据和平共处五项原则,政治制度不同的国家也是可以共处的。[⑨] 周恩来认为我们在中华人民共和国成立以来就根据平等互利的原则同外国做买卖。[⑩] 在中英、中日关系中,我们也倡导和平合作、和平共处。[⑪] 在平等互利的基础上进行合作,发展前途是无限的。[⑫] 刘少奇也认为,

---

① 当代中国研究所编:《中华人民共和国史编年(1954年卷)》,当代中国出版社2009年版,第674页。

② 《周恩来外交文选》,中央文献出版社1989年版,第91页。

③ 《周恩来选集(下卷)》,人民出版社1984年版,第149～151页。

④ 《毛泽东外交文选》,中央文献出版社、世界知识出版社1994年版,第163～167页。

⑤ 《毛泽东外交文选》,中央文献出版社、世界知识出版社1994年版,第167页。

⑥ 《毛泽东外交文选》,中央文献出版社、世界知识出版社1994年版,第177～196页。

⑦ 《毛泽东外交文选》,中央文献出版社、世界知识出版社1994年版,第208～213页。

⑧ 《周恩来外交文选》,中央文献出版社1989年版,第70页。

⑨ 《周恩来外交文选》,中央文献出版社1989年版,第112～120页。

⑩ 《周恩来外交文选》,中央文献出版社1989年版,第51页。

⑪ 《周恩来外交文选》,中央文献出版社1989年版,第79～93页。

⑫ 《周恩来外交文选》,中央文献出版社1989年版,第412～421页。

要以和平共处原则为基础推动新中国的和平外交。① 我们要坚定不移地根据这五项原则来进行外交活动，争取在这五项原则的基础上同一切资本主义国家建立和改善关系。②

总而言之，中国密切关注着冷战的国际局势，并面对这一局势坚持和平的外交政策，坚持以和平共处五项原则为核心处理国际关系。和平共处五项原则提出了国际法的“不结盟道路”，确立了国际法中国立场的基调。③ 和平共处五项原则是中国对国际法的贡献，坚持和平共处五项原则也为中国的稳定和发展奠定了基础。

(二)合作与发展在20世纪80年代成为世界基调

20世纪80年代以后，冷战的对立格局逐渐弱化，国家之间趋向于对国际问题进行和平处理，国际局势缓和，世界局面显得更加理性化，国家之间的冲突在事项领域和地域上越来越局限。④ 在和平的大环境下，国家处于一种较为稳定的局面，才有条件考虑本国的发展问题。在这一历史时期，国家更注重如何促进经济发展、社会稳定、文化繁荣，和平与发展成了世界的主旋律。

中国在这一历史时期也进入了稳定的发展阶段。在国际关系上，中华人民共和国政府1971年恢复了在联合国的合法席位，与美国、日本、苏联等国家的关系都迅速走入正常化。在这种和平的国际环境中，中国也开始考虑本国的发展问题，特别是在1978年十八届三中全会之后，中国正式大步走向了现代化大国的道路，解放思想，大力开展民主和法制建设，营造改革开放的政治和社会环境。⑤

在这样的时代背景下，邓小平敏锐地判断——当前世界主要有两个问题，一个是和平问题，另一个是发展问题。⑥ 在处理国际关系的问题上，邓小平指

---

① 肖娴:《刘少奇外交思想与实践研究(1949—1966)》，中国社会科学出版社2013年版，第57页。

② 《建国以来刘少奇文稿》(第7册)，中央文献出版社2008年版，第116页。

③ 何志鹏、孙璐:《大国之路的国际法奠基——和平共处五项原则的意义探究》，载《法商研究》2014年第4期。

④ 何志鹏、孙璐:《中国的国际法观念:基于国际关系史的分析》，载《国际关系与国际法学刊》第5卷。

⑤ 何志鹏、孙璐:《国际法的中国理论》，法律出版社2017年版，第94～95页。

⑥ 《邓小平文选》(第三卷)，人民出版社1993年版，第281页。

出，“中国的对外政策是独立自主的，是真正的不结盟”。[①]“现在国际形势不可测的因素多得很，矛盾越来越突出。……第三世界有一些国家希望中国当头。但是我们千万不要当头，这是一个根本国策，我们当不起，自己力量也不够。”[②]这一历史时期，逐渐壮大的中国积极参与国际事务，对于国际政治经济秩序，邓小平认为，“目前是建立国际政治新秩序的时期。国际政治领域由对抗转向对话，由紧张转向缓和，出现了许多新的情况，因此应该提出一个建立国际政治新秩序的理论”。[③] 并且，邓小平认为应当以和平共处五项原则为准则建立国际新秩序。可以说，在 20 世纪八九十年代，邓小平提出的指导对外关系的方针原则的核心是“不结盟、不干涉内政、不当头”。[④] 在 20 世纪末，中国的目标是争取和平，在争取和平的前提下，一心一意搞现代化建设，发展自己的国家。[⑤]

可以说，20 世纪末，中国抓住了合作与发展这一世界主旋律，并努力地促合作、谋发展。在处理国际关系问题和国际法律事务上，和平共处五项原则始终没有丧失生命力，仍然是我们处理外交事务的核心理念。我们在维护世界和平的同时，亦谋求发展，经济、社会、文化等在内政和外交的维度上都不断向前推进，中国也逐渐成为世界上重要的政治经济体，步入现代化大国的行列。

(三)发展在 21 世纪国际事务中的重要性日渐提升

21 世纪以来，全球化越来越深刻地影响着世界，国家之间的联系愈加密切，在这个时代，很难有国家能够像孤岛一样存在于国际社会中，即使是一些高度“闭关锁国”的国家，也必须和其他国家至少在经济上互有往来。随着国家之间相互依赖的提升，开放包容、多元互鉴成为国际关系的主基调，相互联系、相互依存成为世界事务的大潮流，和平、发展、合作、共赢被视为外交战略

---

① 《邓小平文选》(第三卷)，人民出版社 1993 年版，第 57 页。

② 《邓小平文选》(第三卷)，人民出版社 1993 年版，第 363 页。

③ 《在会见日本国际贸促会访华团时邓小平倡议建立国际政治新秩序，希望新秩序以和平共处五项原则为基础，超级大国和地区性的霸权主义及集团政治非约束不可》，载《人民日报》1988 年 12 月 3 日。

④ 李文、沈予加：《论邓小平外交思想对构建新型国际关系的指导意义》，载《政治学研究》2015 年第 2 期。

⑤ 《邓小平文选》(第三卷)，人民出版社 1993 年版，第 57 页。

的主旋律。[①] 但同时也应该看到，有一些问题需要全人类共同面对，国家单凭自己的力量无法解决，需要国际社会予以关注、共同合作，如气候变化、恐怖主义等问题。很多时候，世界和平与安全的问题是发展不充分、不平衡所导致的，也只能通过发展的手段予以解决。因此，这个充满全球性风险的时代要求国际社会进行更加密切的合作，而全球治理是最好的回应方式。国际法治在公正、合理、有效地开展全球治理中具有更加举足轻重的地位。[②]

而在全球化的时代背景下，我国通过前一历史阶段的改革开放取得了巨大且显著的发展成就，经济总量跃升至世界第二位，成为世界上第二大的经济体。综合国力、国际竞争力、国际影响力都迈上了一个大台阶。[③] 中国正在努力以一个负责任的大国的形象活跃在国际舞台上，积极参与国际事务，倡导国际政治经济新秩序，推进全球治理。这种观念明确地体现于我国在21世纪处理国际关系的准则和在继承中创新的外交思路与观念中。2012年中共十八大报告指出：过去十年来，我们加强同世界各国的合作交流，推动全球治理机制变革，积极促进世界和平与发展，在国际事务中的代表性和话语权进一步增强，未来我们要坚持和平发展，增进人类共同利益，中国将以更加积极的姿态参与国际事务，发挥负责任大国的作用，共同应对全球性挑战。[④] 十八大以来，中国政府对于国际社会的基本格局有了更为积极的判断，也就是反复强调国家之间以互利为基础的合作十分重要。习近平总书记认为，加强全球治理、推进全球治理体制变革已是大势所趋。[⑤] 中国所理解的全球治理体系要义在于全球共商、共建、共享。作为世界上最大的发展中国家和第二大经济体，中国是现行国际体系的参与者、建设者、贡献者。[⑥]

---

① 习近平：《共倡开放包容 共促和平发展——在伦敦金融城市长晚宴上的演讲》，载《人民日报》2015年10月23日第2版。

② 黄进：《习近平全球治理与国际法治思想研究》，载《中国法学》2017年第5期。

③ 资料来源于新华网 http://news. xinhuanet. com/18cpcnc/2012-11/17/c_113711665. htm，下载日期：2017年11月26日。

④ 资料来源于新华网 http://news. xinhuanet. com/18cpcnc/2012-11/17/c_113711665. htm，下载日期：2017年11月26日。

⑤ 《习近平在中共中央政治局第二十七次集体学习时强调：推动全球治理体制更加公正合理 为我国发展和世界和平创造有利条件》，载《人民日报》2015年10月4日第1版。

⑥ 《习近平接受华尔街日报采访时强调：坚持构建中美新型大国关系正确方向 促进亚太地区和世界和平稳定发展》，载《人民日报》2015年9月23日第1版。

七、中国国际法治思想的理论解释：国家需求提升

由上文所述，随着时代背景的演变，中国的国际法治观随之也有相应的革新，从和平共处到合作发展再到全球治理，这种变化背后有着国家发展的基本法则，有着国际关系发展的基本规律。

（一）国家需求层次理论

本文在这一部分将借鉴和拓展美国社会心理学家马斯洛的需求层次理论来进行问题的阐释。马斯洛于1943年在《心理学评论》中发表论文《人类动机的理论》(*A Theory of Human Motivation*)，在这篇文章中他提出了“需求层次理论”(Maslow's hierarchy of needs)，[①]随后1954年他在《动机与人格》一书中将“需求层次理论”进行了完整的阐释。[②]根据马斯洛的“需求层次理论”，人的需求分为不同的层次，分别是生理需求、安全需求、社交需求、[③]尊重需求、认知需要、审美需要、自我实现的需要。[④]这几个需求层次之间有着递进关系，不同层次要按照次序实现，由低层次一层一层地向高层次递进，只有先满足低层次的需求才有动力去满足高层次的需要。[⑤]比如说，生理需求是人最基本的需求，包括饮食、居住、睡眠等，只有当生理需求得到基本满足，我们才能去考虑下一层次的需求，即安全需求。

国际关系学者的理论构建模式经常把国家类比为个人，这也是国家在多数情况下的决策模式。由此，马斯洛的“需求层次理论”有助于分析和解释国

---

① A. H. Maslow, A Theory of Human Motivation, *Psychological Review*, Vol. 50, 1943, p. 370.

② A. H. Maslow, *Motivation and Personality*, NY: Harper, 1954.

③ 国内也有学者将社交需求表述为爱与归属，参见胡家祥：《马斯洛需要层次论的多维解读》，载《哲学研究》2015年第8期。

④ 何志鹏、孙璐：《国际法的中国理论》，法律出版社2017年版，第134～135页；胡家祥：《马斯洛需要层次论的多维解读》，载《哲学研究》2015年第8期；姚顺良：《论马克思关于人的需要的理论——兼论马克思同弗洛伊德和马斯洛的关系》，载《东南学术》2008年第2期。

⑤ 何志鹏、孙璐：《国际法的中国理论》，法律出版社2017年版，第135页。

家在国际关系中的行为。国家也会有不同方面的需求,国家的需求可以按照层次形成一个自下而上的金字塔。最基本的需求是生存和安全,这是国家最基本、最核心的需求。国家首先要能保证自己的存续,才可能去考虑下一层次的安全问题。在保证本国的安全处在一个和平的国际环境时,进而就会考虑与其他国家的联系、合作。最后一个层次是一个国家的自我实现,也就是为世界提供公共物品。① 没有低层次需求的实现,就没有高层次的需求。国家之间没有共存,就谈不上合作。

(二)从和平到合作意味着国家需求层次的提升

从这样一个格局上看,每一个国家的独立生存是最基础的。互利合作,形成一个全球的治理共同体、命运共同体是一个较高的阶段或层次。在这种逻辑范式下讨论国家之间的交往方式和国际法治的层次就有了一个清晰的脉络。由上文所述,中国的国际法治观从和平共处到合作发展,再到全球治理,正体现了从低级需求向高级需求实现的过程。中华人民共和国成立初期,首先要保障自己的存续,即满足自己的安全需求。在满足安全需求的基础上,我们开始追求和平,只有在一个和平的、稳定的国际环境中,我们才能保证自己的安全,才有能力去与其他国家进行交往,才能考虑自身的发展问题。因此,在冷战时期,我们一直倡导维护世界和平,坚持以和平共处五项原则作为我国开展外交活动的指导方针。而到了20世纪80年代,世界局势愈加理性化,国家之间的冲突有限,维持着和平的国际环境,在这种态势下,合作与发展成了时代的主题。根据建构主义国际关系理论,国家与国际社会是在持续互动中建构的。② 随着国际经济相互依存关系的发展,以及更具战略性的国际环境的形成,一个国家的行动必然会影响到其他国家的利益,这就增加了国际合作的必要性。③ 在这种时代背景下,国家之间来往密切,合作共赢,又实现了更高层次的需求。在此基础上,21世纪以来,中国在全球化的时代背景下,积极构建国际政治经济新秩序,促进全球治理,倡导人类命运共同体的构建正是为世界提供公共物品,是国家自我价值的实现,也是实现国际法治最高层次的必

① 何志鹏、孙璐:《国际法的中国理论》,法律出版社2017年版,第136~137页。

② [美]卡伦·明斯特、伊万·阿雷奎恩-托夫特:《国际关系精要》,潘忠岐译,上海人民出版社2012年版,第88页。

③ [美]罗伯特·吉尔平:《国际关系政治经济学》,杨宇光等译,上海人民出版社2011年版,第338页。

经之路。

虽然根据马斯洛的“需求层次理论”，不同层次要按照次序实现，由低层次到高层次的需求呈现出一种递进的关系，低级需求未实现的情况下，高级需求无从谈起。但是值得注意的是，高层次需求的实现并不意味着将低层次的需求彻底剥离，即使实现了最高层次的需求，低层次的生存需求、安全需求对一个国家来说仍然是最根本的基石。这也是和平共处五项原则一直具有蓬勃生命力的内在动因。

(三)从和平到合作标志着国际法治理念的迭代

从低层的国家需求，到高层的国家需求，没有一个法治的国际环境，大抵都不免付诸东流。国际法治是一种关于国际关系发展方向与存在状态的理念，要求“良法”和“善治”在不同的层面得以实现。① 国际法治意味着法律规范在国际事务中得到了良好的遵守和实施，②是国际社会接受公正的法律治理的状态。③ 国家是国际关系最重要的参与者，是国际法治的核心主体，而国际法规则是国际法治所依据的规范。在如今全球化的大时代背景下，国家已经不能脱离国际社会而存在，基于国际社会无政府的特性，国际法治在国际关系中显得尤为重要。国际法治能够有助于构建并提升良好的国际秩序、④和平解决冲突，国际法治已经成为整个国际社会共同关切的议题，在联合国的各种正式文件中也屡见不鲜。联合国大会自 1992 年以来将法治作为一个议程进行审议，自 2006 年以来重新予以关注。⑤ 2012 年联合国大会决议通过《国内和国际的法治问题大会高级别会议宣言》，强调法治与发展密切关联，相辅相成，要同时推进国内和国际的法治，并确认各国作为国策的一部分在法治推向前进方面所取得的进展。⑥ 国际法治也是实现法治中国的重要组成部分。对于中国而言，法治能够确立中国作为负责任的大国形象，我们的发展也需要

① 何志鹏:《国际法治论》，北京大学出版社 2016 年版，第 3 页。

② 何志鹏:《国际法治何以必要——基于实践与理论的阐释》，载《当代法学》2014 年第 2 期。

③ 车丕照:《国际法治初探》，载车丕照主编:《国际经济法研究》，法律出版社 2015 年版，第 166 页。

④ 何志鹏:《国际法治论》，北京大学出版社 2016 年版，第 52～57 页。

⑤ 资料来源于 http://www.un.org/zh/ruleoflaw/，下载日期:2017 年 11 月 24 日。

⑥ UN, A/RES/67/1.

国际法治环境的支撑。①

法治在经历了许多艰辛与波折之后，幸运地进入到中国发展战略的高度。中共十八大报告中明确提出“全面推进依法治国，法治是治国理政的基本方式”。② 2013年中共十八届三中全会作出《关于全面深化改革若干重大问题的决定》提出了“建设法治中国，坚持法治国家、法治政府、法治社会的一体化建设”。③ 2014年中共十八届四中全会中首次专题讨论了依法治国问题，并通过了《中共中央关于全面推进依法治国若干重大问题的决定》，提出要积极参与国际规则的制定，增强我国在国际法律事务中的话语权和影响力。④ 中华民族复兴的伟大“中国梦”和中国和平发展的伟大征程步入法治中国的新时代。⑤ 在全球化的大背景下，国内法治与国际法治并不是毫无关联的两个维度，不能将二者割裂开来，国家治理的现代化必须重视国际法，不能无视国际法治。⑥

以时代环境的变化为线索纵观中国对于国际关系与国际法的基本方略，中国始终肩负着努力维护世界和平的使命。仅从改革开放以后的视角看，从中共十一大到中共十九大，中国一直坚持独立自主的和平外交政策，中国人民希望有一个和平的国际环境，中国一直致力于维护世界和平，坚持以和平共处五项原则为指导方针与世界各国交往，发展友好合作关系，不干涉他国内政，反对霸权主义，反对强权政治。20世纪80年代以来，中国的对外政策一直围绕着和平与发展这两大主题。十三大以来，我们不断加强和扩大与世界各国在平等互利基础上的合作，积极参与国际事务，重视联合国作用，倡导构建和平、稳定、公正、合理的国际新秩序，不断走向建设社会主义现代化强国之路。

---

① 何志鹏：《国际法治论》，北京大学出版社2016年版，第58～63页。

② 资料来源于新华网 http://news.xinhuanet.com/18cpcnc/2012-11/17/c_113711665_6.htm，下载日期：2017年11月26日。

③ 资料来源于新华网 http://news.xinhuanet.com/politics/2013-11/12/c_118113455.htm，下载日期：2017年11月26日。

④ 《中共中央关于全面推进依法治国若干重大问题的决定(2014年10月24日)》。

⑤ 曾令良、冯洁菡主编：《中国促进国际法治报告(2014年)》，武汉大学出版社2015年版，第2页。

⑥ 曾令良：《国际法治视野下的国家治理现代化》，载《法制与社会发展》2014年第5期；曾令良、冯洁菡主编：《中国促进国际法治报告(2014年)》，武汉大学出版社，第2页；赵骏：《全球治理视野下的国际法治与国内法治》，载《中国社会科学》2014年第10期。

进入了21世纪,面对全球化的世界,自中共十六大以来,我们依然坚定不移地维护世界和平,坚持走和平发展的道路,坚持和平共处五项原则。同时,作为一个负责任的大国,我们也肩负着维护人类共同利益的使命,承担着推进全球治理的责任。在十六大报告中,我们提出要"维护全人类的共同利益",在十八大报告中也强调"要倡导人类命运共同体意识,在追求本国利益时兼顾他国合理关切,在谋求本国发展中促进各国共同发展,建立更加平等均衡的新型全球发展伙伴关系,同舟共济、权责共担,增进人类共同利益"。①

在这些思想观念积累的基础上,中国的国际法治理念迭代升级。习近平总书记提出了辩证统一的全球治理与国际法治观点,即构建人类命运共同体、走和平发展道路、构建以合作共赢为核心的新型国际关系、维护以联合国宪章的宗旨为核心的国际秩序和国际体系、推动国际秩序与全球治理体系朝着更加公正合理的方向发展、加强国际法治工作等等。② 在和平共处五项基本原则发表60周年纪念大会上,习近平总书记提出,"我们应该共同推动国际关系法治化。推动各方在国际关系中遵守国际法和公认的国际关系基本原则,用统一适用的规则来明是非、促和平、谋发展"③。他在庆祝中国共产党成立95周年的大会上指出:"中国将积极参与全球治理体系建设,努力为完善全球治理贡献中国智慧,同世界人民一道,推动国际秩序和全球治理体系朝着更加公正合理的方向发展。"④10月24日是联合国日,王毅外长在那天发表文章,提出"坚持推进国际法治,促进国际公平正义"。⑤ 在中共十九大报告中,更是进一步强调要构建人类命运共同体,积极推进全球治理体系和国际秩序的变革,

① 资料来源于新华网 http://news.xinhuanet.com/18cpcnc/2012-11/17/c_113711665.htm,下载日期:2017年11月29日。

② 黄进:《习近平全球治理与国际法治思想研究》,载《中国法学》2017年第5期。

③ 习近平:《弘扬和平共处五项原则 建设合作共赢美好世界——在和平共处五项原则发表60周年纪念大会上的讲话》(2014年6月28日),载《人民日报》2014年6月29日第2版。

④ 习近平:《习近平在庆祝中国共产党成立95周年大会上的讲话》,载《人民日报》2016年7月2日第2版。

⑤ 王毅:《中国是国际法治的坚定维护者和建设者》,载《光明日报》2014年12月24日第2版。

秉持共商、共建、共享的全球治理观,倡导国际关系民主化,[①]不断推进全球治理体系的变革。中国将继续发挥负责任大国作用,积极参与全球治理体系改革和建设,不断贡献中国的智慧和力量。[②] 在全球化的21世纪,中国政府与人民仍然坚定不移地维护世界和平,倡导国际合作,实现互利共赢,和平共处五项原则仍然是我们处理国际关系的核心准则。中国将"始终不渝走和平发展道路、奉行互利共赢的开放战略,坚持正确义利观,树立共同、综合、合作、可持续的新安全观,谋求开放创新、包容互惠的发展前景,促进和而不同、兼收并蓄的文明交流,构筑尊崇自然、绿色发展的生态体系,始终做世界和平的建设者、全球发展的贡献者、国际秩序的维护者"[③]。

从和平共处到和平发展,再到合作共赢和全球治理,中国在发展对外关系、处理国际事务时所秉承的、不断发展丰富的方针战略就是中国国际法治观的支柱理念。

八、中国国际法治思想的历史审视:继承、发展与创新

中华人民共和国成立以来,中国的国际关系认知、国际法观念乃至外交理念、外交方针,都深刻地打上了一代又一代领导人学识与风格的烙印。新时代的中国国际法治观念在先前积累的中国国际法知识、理解和操作方式的基础上,既有继承,又有发展和创新。

(一)新时代中国国际法治思想的立场继承

毛泽东说过,人的正确思想从来不是天上掉下来的,也不是某些天才自然而然地创造形成的,[④]而是在人类智慧的继承和发展进程中形成的,是在人类

① 《中国共产党第十九次全国代表大会文件汇编》,人民出版社2017年版,第48~49页。

② 《中国共产党第十九次全国代表大会文件汇编》,人民出版社2017年版,第48~49页。

③ 《中国共产党第十九次全国代表大会文件汇编》,人民出版社2017年版,第20~21页。

④ 毛泽东:《人的正确思想是从哪里来的?》(1963年5月),载《毛泽东文集》(第八卷),人民出版社1999年版。

不断地实践探索中形成的。中国的国际法治思想也有着长期的思想承递关系。这种继承关系在前文分析中国国际法治思想资源的时候已经进行了初步阐发。其中始终坚守的部分是对国家主权的尊重和不干涉内政原则的坚持。这实际上表明了来自中国传统文化和中国特色马克思主义理论的基本方向和核心论点的继承。仅从中华人民共和国成立以后的外交思想观念发展上,就不难看出,在1949年中华人民共和国刚刚成立的时候,毛泽东就代表中华人民共和国赴苏联进行谈判,并且由周恩来等外交家起草,与苏联签订了友好同盟互助条约。这个条约是中华人民共和国在建立之后形成的一个里程碑式的国际法文件。它在很大程度上意味着列强对中国剥削压迫、凌辱要挟的时代已经成为历史。它采取法律的形式庄严宣告——中国以一个独立自主的面貌出现在世界民族之林。

在这样的时代背景下,当时提出的和平共处观念表达了中国国际法治观的底线思维。如前所述,和平共处五项原则在20世纪50年代提出以后,一直受到中国政府,特别是领导人的高度肯定和反复重申。和平共处五项原则成为中国认识和参与国际治理的基调,是中国对待国际社会发展方向的底线思维。国家之间没有和平的关系,没有对于主权的尊重,没有对于领土完整的维护,以后更进一步的合作就根本无法达成。因此,中国始终尊重国家主权和领土完整。和平共处五项原则是中国外交政策的长期立场、主导动机。在这个方面,我们主要是对国际和平基本格局的维护。例如,针对核武器,中国对核武器始终采取极为克制的态度,一贯倡导全面禁止和彻底销毁核武器,中国自拥有核武器之日起就郑重声明,在任何时候、任何情况下都不首先使用核武器,并承诺无条件地不对无核武器国家和无核武器区使用或威胁使用核武器,并且一直在推动所有核国家以法律形式确定上述承诺。中国对核武器的基本立场被写进了历年的国防白皮书中。[①] 此外,中国坚定支持《全面禁止核试验条约》和《不扩散核武器条约》。中国认为,核能利用必须以安全为前提。中国支持国际社会采取切实措施加强核能安全,积极开展相关国际合作,以促进核

① 资料来源于 http://www.mod.gov.cn/affair/book.htm,下载日期:2017年11月26日。

能的健康、可持续发展。① 对于常规武器，中国是《特定常规武器公约》的缔约国，中国认为，应该在平衡处理各国军事安全和人道主义关切的基础上，不断加强和完善常规军控法律机制。② 针对和平解决国际争端的立场，中国政府积极倡导和平解决争端，一直是和平解决国际争端原则的坚定维护者和促进者，并且认为和平解决争端是国际法基本原则，与国际法治建设密不可分，是法治原则的必然要求。此外，中国主张争端各方通过谈判、对话和协商等方法妥善解决国际争端，维护国际和平与安全，强调选择和平解决国际争端的方法必须依法尊重当事国的自主选择权。③

(二)新时代中国国际法治思想的倡议发展

中国对于国际法治的认知不断随着时代的进步而发展迭代。此种发展不仅体现在思想和文件上，更体现在一系列的国际法律行动之中。国际法具有“不成体系”和“变动性”两个鲜明的特征，这使得国家在国际法面前不仅是一个被动的接受者，还是一个主动的参与者和引领者，国家可以通过自身的努力塑造国际法，通过自己的智慧与力量推进和完善国际法体系。④ 从历史的角度看，在中华人民共和国成立以前，中国的国际地位比较低，大多时候都只是国际事务的被动参与者，被动接受国际法，更无从谈起中国的国际法治观。在中华人民共和国成立之后，中国积极参与国际事务，主动参与国际规则的制定，逐渐使自己从国际法、国际法治的被动参与者转变为主动参加者和受益者。⑤ 这种在国际事务的法治化进程中表达自己的观点、阐述自己的立场、说

---

① 《第65届联合国大会中国立场文件》，资料来源于 http://www.fmprc.gov.cn/web/ziliao_674904/tytj_674911/zcwj_674915/t751978.shtml，下载日期：2017年11月26日。

② 曾令良、冯洁菡主编：《中国促进国际法治报告(2015年)》，社会科学文献出版社2016年版，第102页。

③ 《常驻联合国副代表王民大使在第66届联大六委关于“国内和国际的法治”议题的发言》，资料来源于 http://www.fmprc.gov.cn/ce/ceun/chn/zgylhg/flyty/ldlwjh/t865157.htm，下载日期：2017年11月26日。

④ 何志鹏：《国际法治中的全球共识与中国贡献》，载《光明日报》2015年5月13日第14版。

⑤ 何志鹏：《国际法治的中国表达》，载《中国社会科学》2015年第10期。

明自己的实践、显示自己的存在、体现自己的参与的行为，就是国际法治的中国表达。[①] 中国在参与塑造国际法、完善国际法体系，参与国际事务并表达观点、阐述立场、说明实践的过程中所体现、秉承的理念、原则等内容就是中国的国际法治观。

中华人民共和国成立近70年以来，在国际法基本原则、国际关系基本理念方面的一个重要的发展，就是从最初的“和平共处”到“合作共赢”，发展到“共商共建”。互利共赢的国际法律格局、推进国际经济新秩序，是在20世纪90年代以后中国一直主张的一种秩序建构思维。而后到21世纪，就进一步发展为共商、共建、共赢，这显然是在和平共处的基础上的一大进步，国家之间并不仅仅是处于同一个国际框架之内，还是为了一个互相促进的目标而努力，形成一个共同发展的群体。共商、共建、共赢是随着国际社会大趋势的进步，以及中国自身能力的提升，对国际关系、国际法律格局提出的进一步要求，是在以往和平共处的思维前提下的进一步拓展，是升级版的和平共处原则。如果说“和平共处”还是一个相对消极的思维模式的话，[②]那么互利共赢就变得更为积极，它追求国家之间以彼此协调、同样获益、相互促进、共同发展为目标的合作，更强调国家之间的伙伴关系。

(三)新时代中国国际法治思想的理念创新

客观实践不断地发展变化，促动着理论和制度相应的沿革和创新。中国的国际地位不断提升，国际形势不断变化，这也推动着中国国际关系理念、中国国际法治思想的演化和更新。当和平安全的国际环境已经成为国际社会的体系性基础之时，中国就开始追求全球共商、促进共赢型合作。在以往，中国政府和领导人也提出过一些对关于世界格局的认知。比如，中国在冷战时期曾经判断，在短时期内不可能打起世界大战；在20世纪80年代的时候，邓小平曾经提出和平与发展是世界的基本主题。[③] 到21世纪初，中国领导人提出

---

① 傅攀峰：《第十二届国际法论坛“国际法治与全球治理”国际学术研讨会综述》，载《国际法研究》2016年第1期；何志鹏：《国际法治的中国表达》，载《中国社会科学》2015年第10期。

② “和平共处”这一概念的公认翻译是 peaceful coexistence，但笔者认为，中文的“共处”一词在含义上不仅包含“coexistence”(共存)，而且有 interaction(互动)的含义。如果这个理解站得住脚的话，那么当初中国提出这一原则的态度就比单纯的“共存”要积极一些。

③ 邓小平：《和平和发展是当代世界的两大问题》，载《邓小平文选》(第三卷)，人民出版社1993年版，第104～106页。

了建设“和谐世界”的主张。十八大后新一代领导人开始主导中国的外交政策的时候，就提出要实现“中国梦”的目标。“中国梦”并不是一枝独秀的梦，而是世界共同繁荣的梦。“中国梦”的实现有助于世界各国人民得到更加充分的发展，有可能为世界赢得更加美好的未来。这种对于人类命运共同体的阐述并不仅仅是口头上的倡导，中国政府更注重在国际法律制度中通过亚投行、“一带一路”倡议、[①]金砖国家新开发银行、上海合作组织等一系列举措和机制中予以推进。这表明中国不仅仅要一个有法律的世界，而且要一个存在好法律的世界。中国不仅仅要一个依靠法律运行的世界，而且要求法律获得良好的运行。包括人类命运共同体在内的一系列国际关系、国际法治的新主张，以及一整套相应的制度设计，都体现了中国在国际法治领域的创新意识和创新能力。

21世纪的初期，世界走向一个新时代。中国要在全球治理领域积极作为，就必须妥善利用国际组织机制的各种因素，进一步建立和发展以规则为基础、以规则为主要框架结构、以规则为运作方式的国际关系样态，而这种样态的最佳表现形式就是国际法治。国际法治是法治这个社会秩序构建原则的国际化，同时也意味着国际事务的法治化。国际法治是处理国际事务低成本、高效率、小阻力、接受范围广的方式。中国意图在国际关系中取得较好的局面，就必须按照法治的思维、法治的理念去推进合作，积极地迎接挑战，形成符合社会发展方向的法律规则，并维护那些良好规则的权威，使之促进各国利益的有效实现，以奋勇直前的精神无畏奋斗、更新观念、创新理论，形成有利于追求和建设人类美好未来的法治环境、法治工程、法治秩序。

继而，在可以得到和平的外交环境、国际格局基本目标初步达到的前提下，中国政府也非常注重经济环境等事务领域的合作。其中在经济领域的合作，最为重要的显然是“一带一路”倡议。其次值得关注的是亚洲基础设施投资银行、金砖国家新开发银行等新举措。这样一些规则和机构都是为了促进国际发展而设计的新型国际法律制度和国际法治模式。

全球化带来的不仅是机遇，更包括挑战。面对全球经济复苏乏力、区域经

---

① 对于这一问题的初步探索，参见何志鹏：《国际法治的中国方案：“一带一路”的全球治理视角》，载《太平洋学报》2017年第5期。

济多元发展的形势，面对中国经济发展的新阶段以及纷繁复杂的国际和地区局面，①习近平总书记在2013年提出了"一带一路"倡议，②"一带一路"经济带的范围包括历史上丝绸之路和海上丝绸之路行经的国家和地区。它的核心内容是促进基础设施建设和互联互通，对接各国政策和发展战略，深化务实合作，促进协调联动发展，实现共同繁荣。③ 在推进"一带一路"建设方面，习近平总书记提出了"五通"的思想，即政策沟通、设施联通、贸易畅通、资金融通和民心相通。自"一带一路"经济带建设以来，中国与沿线国家在经济、文化上合作更为密切。比如，"一带一路"沿线国家贸易自由度不断提高，物流体系的建设、跨国铁路的建设，能源基础设施互相联通，加强旅游合作等都为中国和沿线国家带来了新的机遇。"一带一路"把沿线各国的经济紧密联系在一起，真正实现了沿线各国的合作共赢。对于中国而言，以设施的联通为例，铁路的建设为像兰州一样的内陆城市带来了陆港货运的机遇，中欧班列的建设促进了我国内陆城市，如成都、义乌等地的经济发展。而对于沿线国家，以数字来说明，2015年与2016年，中国企业对"一带一路"相关国家直接投资额达293.5亿美元，截至2016年年底，中国企业在"一带一路"沿线国家建立初具规模的合作区56家，入区企业1082家，为当地创造就业岗位近18万个。④ 在2015年3月的博鳌亚洲论坛开幕式上，习近平总书记强调说："'一带一路'建设秉持的是共商、共建、共享原则，不是封闭的，而是开放包容的；不是中国一家的独奏，而是沿线国家的合唱。"中国经济和世界经济高度关联，是中国扩大和深化改革开放的需要，也是加强和亚欧非及世界各国互利合作的需要，中国愿意

---

① 《共同建设丝绸之路经济带和21世纪海上丝绸之路的愿景与行动》，资料来源于新华网 http://news.xinhuanet.com/world/2015-03/28/c_1114793986.htm，下载日期：2017年11月29日。

② 《共同建设"丝绸之路经济带"》(2013年9月7日)、《共同建设"二十一世纪海上丝绸之路"》(2013年10月3日)，载《习近平谈治国理政》，外文出版社2014年版，第287～290、292～295页。

③ 《携手推进"一带一路"建设(习近平在"一带一路"国际合作高峰论坛圆桌峰会上的开幕词)》，载《习近平谈治国理政》(第二卷)，外文出版社2017年版，第506～516页。

④ 资料来源于 http://politics.people.com.cn/n1/2017/0414/c1001-29209934.html，下载日期：2017年11月29日。

在力所能及的范围内承担更多的责任义务，为人类和平发展做出更大的贡献。[①] 中国在经济领域倡导的合作除"一带一路"外，还有亚投行和金砖国家新开发银行等，亚投行为亚洲基础设施的建设筹集资金，加强了中国同亚洲其他国家和地区的合作，促进亚洲区域内的互联互通建设，推进亚洲的经济一体化进程。金砖银行的宗旨是对成员国，新兴市场国家和其他发展中国家提供基础设施和项目建设融资，并以此开辟发展中国家合作新模式。这些中国所倡导的经济领域的新的合作模式，不仅促进了中国和这些合作国家的经济增长，更是中国作为负责任的大国参与国际合作、构建国际经济新秩序、推进全球治理的体现。

国际法正在走向人本主义，全球治理也重视个人的利益。在人权方面，中国政府认为，人权具有普遍性，其中最重要的人权是生存权和发展权。[②] 中国已经加入近30项国际人权公约，包括《防止及惩治灭绝种族罪公约》《关于难民地位的公约》《儿童权利公约》《消除对妇女一切形式歧视公约》等。中国尊重和保障人权，积极参与人权全球治理，认真履行国际人权条约所规定的义务，并通过国内法予以保障。2004年3月在修改《中华人民共和国宪法》时，第33条增加一款"尊重和保护人权"，之后在对《中华人民共和国刑事诉讼法》进行修改时将"尊重和保障人权"写入了总则。此外，中国也不断提升人权承诺。[③] 比如，国务院新闻办公室在2009年、2012年、2016年分别发布《国家人权行动计划（2009—2010年）》《国家人权行动计划（2012—2015年）》和《国家人权行动计划（2016—2020年）》。中共十八大强调以人为本，中共十九大报告中也明确指出要加强人权法治保障。但是，我们坚决反对任何国家利用人权问题干涉别国内政，在中共十四大报告中强调"人权问题说到底是属于一个国家主权范围的事"，我们反对任何国家利用人权问题推行自己的价值观念、

① 《推动共建丝绸之路经济带和21世纪海上丝绸之路的愿景与行动》，资料来源于新华网 http://news.xinhuanet.com/world/2015-03/28/c_1114793986.htm，下载日期：2017年11月29日。

② 何志鹏、孙璐、王彦志、姚莹：《国际法原理》，高等教育出版社2017年版，第346页。

③ 何志鹏、孙璐、王彦志、姚莹：《国际法原理》，高等教育出版社2017年版，第349～350页。

意识形态、政治标准和发展模式。①

气候变化等环境问题是国际社会所共同关切的问题，涉及全人类的共同利益，需要国际社会的共同努力来推进全球治理。在环境合作方面，中国积极参与国际环境条约，认真履行国际条约所规定的义务，推进环境方面的全球治理。中国批准或加入了多项有关环境的公约或议定书，包括《国际油污损害民事责任公约》《生物多样性公约》《气候变化框架公约》《京都议定书》《巴黎协议》等。中国推动着国际环境法基本原则的发展，推动国际气候大会谈判。比如，2015 年 12 月习近平总书记在巴黎气候变化大会上强调，中国坚持正确义利观，积极参与气候变化国际合作，对谈判进程的推进起到了积极的促动作用。此外，中国也积极推动国际生物资源保护公约和议定书的谈判，推动世界文化和自然遗产保护公约的发展，积极主动解决国际环境争端，积极推进环境公约和议定书的实施。② 中国坚持以合作应对气候变化。③ 环境法治的现状和行动表明，国际环境法治离不开中国的参与，中国将继续向世界展现一个负责任的环境大国的形象。④

作为负责任的大国，中国坚持以和平共处五项原则为指导方针，坚定不移地走和平发展的道路，秉持共商共享共建的全球治理观，推进国际关系民主化，倡导人类命运共同体，构建国际政治经济新秩序，积极参与全球治理的体系改革和建设。

从和平共处到合作共赢，是中国国际事务观念和国际法治思想的认知迭代。所以，它既不适合被认识为中国外交思路和国际法治观念的拨乱反正、弃旧图新，也不适合被视为中国外交思想和国际法治理念的范式转换、除旧布新，而应当被理解成中国的外交思想与国际法治观念的层次增加和升级迭代，也就是在原有的思想基础上加入新的因素，是原有版本的继承与发展，是基于中国对国际社会的格局注入了新的因素、中国自身发展进入了新的阶段，而提出的新理解和新主张。这种理解和主张并不是对以往的摒弃和抛除，而是在

---

① 何志鹏、孙璐、王彦志、姚莹：《国际法原理》，高等教育出版社 2017 年版，第 346 页。

② 曾令良、冯洁菡主编：《中国促进国际法治报告（2015 年）》，社会科学文献出版社 2016 年版，第 32 页。

③ 《中国共产党第十九次全国代表大会文件汇编》，人民出版社 2017 年版，第 47 页。

④ 曾令良、冯洁菡主编：《中国促进国际法治报告（2015 年）》，社会科学文献出版社 2016 年版，第 32 页。

以往的基础上进一步地提升到更高的层次,原来的理解和认知仍然存在,并且发挥着基础性的作用,而新的因素则面对新的状况、新的格局、新的中国与国际社会互动而提出,是一种向下兼容的新模式。这种新并不是辞旧迎新,而是发展创新,是在不剥离、不放弃、不改变原有的主张基础上,仅仅加入一些新的层次的做法。这种新层次的加入使得原有的国际关系格局更为丰富,更符合时代的新要求。与此同时,原有的那些要求和理解仍然存在,在时代发生逆转和变革的时候,我们仍然有机会回到更加安全和稳定的基础系统。对于国际关系提供这种多种层次、多重要求的理解是一个自下而上、自基础而高阶的发展进程,是符合历史唯物主义的世界观和方法论,从而也会更坚实、更稳定地推进中国的建设与发展。

九、结　论

站在21世纪的初年,回望国际关系的历史进程,我们总能体会到公平和正义的波浪式前进和螺旋式上升;审视世界事务的异彩纷呈,我们常会看到实力和伦理的冲突与平衡;展望全球治理的未来方向,我们或可看到民主和法治的未来曙光。21世纪,在世界上逐渐升起的中国是一个经历过辉煌,也体验过多灾多难的大国。即使不追溯汉唐时期外交事务上的多种尝试,从1840年鸦片战争以后中国在国际事务上所处的低谷期就是中国看待和思考国际体系的重要参考系。1840—1911年间痛苦的彷徨,以1894年甲午战争的失败最为惨烈。而1911—1949年间的求索与准备,中国政府和公众、军队和平民都作出了巨大的努力,使得中国的很多主张在国际社会上受到了重视。其中不仅有"一战"时期在法国劳工的贡献,更有像顾维钧这样杰出的外交家所付出的智慧。1943年中国废除大量不平等条约,是中国自身在国际地位上的努力得到了初步回报的体现。1949年之后,中国进入了国际事务的起飞期。无论是和平共处五项原则还是求同存异的原则,都体现了第一代领导人对国际事务的认知和伦理引领。到了21世纪,当我们提出中国梦与世界梦紧密相连,提出中国要与世界各国联手打造命运共同体的时候,我们就走向了在全球治理的格局中提出中国主张、引领世界发展的新台阶。2018年3月,《中华人民共和国宪法》修正,增加了坚持和平发展道路、坚持互利共赢开放战略和推动构建人类命运共同体这三个关于外交政策方面的内容。中国的主张与以往西方国家主张的显著差异在于，我们力图言行一致、力图戒除空谈，走向实际操作。而“一带一路”正是这种务实精神的鲜明表现。“一带一路”背后蕴藏着中国对于国际关系的全新理解，是一个超越零和博弈范式的新体系。[①] 互利共赢的国际关系通过规范化的沉淀，成为一种法治结构，逐渐提升国际社会的法治水平，为世界的公正、合理、持续发展做出贡献。

（本文编辑：温长庆）

China's Thoughts on International Rule of Law in the New Era

He Zhipeng　Du Qing

Abstract: China's thoughts on international rule of law in the new era is an institutional thought and cultural concept formed in the 21st century. From the diplomatic concept of peaceful coexistence put forward at the beginning of the founding of the People's Republic of China to the pattern of international relations for win-win cooperation proposed by the 19th National Congress, the basic strategy on international relations and international law put forward by China has a strong historical heritage. It also has obvious characteristics of the development of the times. This international rule of law thought emerged from the traditional Chinese culture and has had a clear inheritance relationship with the diplomatic ideology and international law awareness since the founding of the People's Republic of China, but it also captured the excellent results on international law by states. Under the guidance of the Marxist world outlook and methodology, ideological and theoretical systems that evoke Chinese characteristics, safeguard Chinese interests, and promote world progress are brewed. On the one hand, it profoundly and unambiguously reflects China's position in its development process for its own international status and international identity. On the other hand, it also indicates China's concept of the basic principles and structure of the future international legal system in international affairs. It

① 刘志云：《国际法重塑中的“中国道路”》，载《中国社会科学报》2015 年 12 月 4 日第 6 版。

takes independence and equality as the bottom line and starting point, uses the principle of diversity and coexistence as the principle of interaction, uses fairness and effectiveness as the mode of action, takes mutual benefit and win-win results as the ultimate goal, clearly reflects and takes the initiative to lead the new state of the international society, and proposes a series of new ones. Concepts and new programs have provided Chinese wisdom and Chinese power for world development.

Key Words: New Era of China; International Law; the Thoughts of International Rule of Law

国际法特征与作用:一种工具主义视角的认识[*]

余　锋[**]

内容摘要:国际法具有法的一般特征与作用,但对于全面描绘、刻画与理解国际法而言,这还不够。从工具主义视角出发,深刻认识国际法所具有的无政府状态、现实主义、初级阶段和以西方文明为主导的四大特征,并分析它在国际社会中的进攻作用、防御作用、惩罚作用和形象塑造作用,可以从另一个侧面了解国际法在真实世界中的运行,避免因国际法乌托邦而带来不切实际的幻想,以便在充分评估的基础上切实把握和运用国际法,力助中国和平发展战略的实现。

关键词:国际法的特征;国际法的作用;国际法的运行;工具主义国际法

目　录

---

* 本文系教育部哲学社会科学研究重大课题攻关项目“中国的立法体制研究”(项目批准号:15JZD006)阶段性研究成果。

** 余锋,男,法学博士,华东师范大学立法与法治战略研究中心研究员。

二、国际法的作用

（一）进攻作用

（二）防御作用

（三）惩罚作用

（四）形象塑造作用

结　论

引　言

国际法是法，是不折不扣的法，“当一个国家受到国际法指责时也在使用国际法的名义进行自我辩解，国际法是法这一命题就得到反证”[①]。“法律是每个社会组织自己及管理自身事务的方法之重要部分，国际法是整个世界组织自己以及管理自身政治和经济事务的方法之重要部分。然与其他法律体系或法律体系之其他议题比较，理解和实践国际法则要困难得多”[②]，因为国际法是一个与国内法相区别的法律体系，而现有关于法律的丰富理解与实践，绝大多数是基于对国内法的观察而得出的。国际法之所以相别于国内法的法律体系，主要原因有二：国内社会是一种纵向的权力结构，而构成国际共同体的国家之间在很大程度上是一种横向结构；国内法的主要调整对象是自然人、法人及其相互间的关系，国际法的主要调整对象是国家、国际组织及其相互间的关系。“尽管个人和团体跨越国界的交往关系很重要，近代国际社会是以国家为主角的，因而，一般地说，特别是在国际关系与国际法上，国际关系指的是国家之间的关系。”[③]

了解国际法特征与作用，有诸多不同的视角和进路，不同视角和进路得出的结论亦不尽相同，甚至差异甚大。在科学技术急速发展和政治经济结构处于调整与变化的当代，对国际法特征与作用的分析，既需要有规范的方法，探

---

① 何力：《纵横国际法：势力均衡与帝国理念》，立信会计出版社 2013 年版，第37 页。

② 万鄂湘、王贵国、冯华健主编：《国际法：领悟与建构——W. 迈克尔·赖斯曼论文集》，法律出版社 2007 年版，中文自序第 1 页。

③ 王铁崖：《国际法引论》，北京大学出版社 1998 年版，第 1 页。

求国际法的应然状态；也需要有工具主义的分析手段[①]，窥清国际法的实然情况。应然固然重要，实然也不容忽视；无视实然的应然，是乌托邦得以令人“醉美”的前奏。诚如有观点坦言，“国际法是各国政府达成它的国家政策或国家利益的一项主要的工具”，[②]且“各国都把国际法作为处理包括贸易、金融、投资、安全、文化和科技等众多国际事务的一种不可缺少的工具”[③]。

从工具主义视角认识国际法特征与作用的意义，用比喻的方式进行描述，难免会被提出不够周延的商榷，但因其简洁明了的吸引力，使得这个风险仍然值得尝试。

倘若把国际法比作一根棍棒，无疑，作为这根棍棒的使用者必须首先对它的特征进行详细的了解。比如，是由钢、铁、铜、锡、金、木、塑料等何等材质做成的。假设这根棍棒是木头材质的，那么当青龙偃月刀迎头砍下的时候，就不能直接架起这根棍棒迎头抵挡，否则不但棍棒存在被劈断的可能，而且使用者亦有被青龙偃月刀砍破头的风险。认识到棍棒的材质亦即质量之后，还需要了解它的重量；如果太重，而使用者瘦弱、气力不够，使用者意图通过棍棒发挥进攻与防御的作用，大打折扣实属在所难免。此时，要么请有能力、有气力的人出头代为使用以应对不利情势或发挥棍棒应当具有的威力；要么先把自身的肌肉和臂力练出来，再自行舞棒应对。即便对质量和重量有了清楚的了解之后，仍难说已经足够，因为它的硬度和强度，也是实战过程中应当予以关注的重要事项。

其实，到这里还没有结束。倘若用工具主义视角认识国际法，材质、重量、强度、硬度等是工具本身的基本构成要素，使用者对这些内容的了解并不能与自如无碍地使用画上等号，因为使用者对棍棒舞耍的招式、套路、技巧与诀要等的掌握，亦不可或缺。譬如，使用猪八戒钉耙的攻防之法使用棍棒，不但无法有效应对不利情势，反而可能会严重误伤自己。

综上可知，棍棒毋庸置疑具有攻防作用的应然认识，在实然面前不能不说需要受到更多的检验和挑战。也正是在这个意义上，讨论国际法的特征与作用，其价值无须赘言。

---

① 工具主义可以细分为现实主义的工具主义和制度主义的工具主义，基于行文便利之考虑，本文不作详细区分。

② 吴嘉生：《当代国际法》（上），台湾五南图书出版股份有限公司 2008 年版，第 79 页。

③ 杨泽伟：《国际法》，高等教育出版社 2012 年第 2 版，第 10 页。

一、国际法的特征

通常认为,调整对象主要是国家、法律渊源主要是条约和习惯国际法、制定者是国家、效力依据是各国间的协调意志,是国际法的主要特征。这些特征总结与概括,对于理解国际法具有积极意义;但从工具主义的视角看,这些特征尚无法直接反映出国家在使用国际法时需要受到制约的框架,无法直接洞悉国际法的实然情势。结合国际关系与国际法的发展阶段之现状,可以将国际法的特征重述如下:

(一)国际法是无政府状态下的法律规范

"国际体系与国内体系的一个本质区别在于,前者处于无政府状态而后者处于有政府状态。"①无政府状态是当代国际社会的基本特征,②无政府状态的国际社会需要基本的法律规则以维护其存在和继续,"国际法是国家为了管制和调整它们各自在相互关系中的行为,以有助于保证有限的稳定性和可预见性而创立的一套规范"。③

---

① 周方银:《无政府状态下小国的长期存在》,载《世界经济与政治》2005年第2期。需要说明的是,国际关系理论对无政府状态并没有统一的定义,它至少有两种含义:一种是指缺少秩序,这意味着混乱和无序;另一种是指缺少政府,但什么是政府又有不同的认识。有观点将政府与合法使用武力的垄断权联系在一起,有的观点则把法律、立法机关、司法机关和行政机关作为政府存在的依据。参见[美]海伦·米纳尔:《国际关系中的无政府假设》,载[美]大卫·A. 鲍德温主编:《新现实主义和新自由主义》,肖欢荣译,浙江人民出版社2001年版,第146～149页。另外,无政府状态和国际秩序两者之间是"共存"关系,而不是"互斥"关系。一方面国家主权从原则上排除了主权国家之上建立共同政府的可能性,而世界政治中共同政府的缺乏正是无政府状态的一般含义;另一方面国家的主权地位也成为一种制度,从而确立了引导国家间关系的规则,构成了国际秩序的基础。如此,由于国家主权成为一种制度,无政府状态和国际秩序产生了某种逻辑上的联系。参见田野:《国际关系中的制度选择:一种交易成本的视角》,上海人民出版社2006年版,第65页。

② "几乎所有学者都认为国家间关系是无政府状态的,而且这是世界政治最独特、最重要和最持久的特征之一。"[美]戴维·莱克:《国际关系中的等级制》,高婉妮译,上海世纪出版集团2013年版,第2页。

③ 参见[美]熊玠:《无政府状态与世界秩序》,余逊达、张铁军译,浙江人民出版社2001年版,第243页。

无政府状态需要国际法,国际法只有在无政府状态下才得以存在。一旦世界政府得以组建,立基于“国际”的国际法也就失去了其赖以存在的土壤。认清这一特征有助于理解作为调整国与国横向关系的国际法,难有可据以倚仗的“纵向”强制力,其系通过国与国在交往中反复博弈而得以创立和实施。“各个行为者主要基于自己的利益函数去采取行动、进行博弈、建立关系。国际社会和国内社会存在着一套完整而有效的政治与行政体系不同,迄今为止,世界上还没有建立起如国内法律体系一样的、规范垂直运作的宪政体系,也就昭示着在国际社会实行法治面临着比国内法治更多的困难和更复杂的问题。”①

(二)国际法是现实主义的法律制度

“国际法不但是规则与制度系统,也是传统与政治的课题。”②所有社会秩序都从一些特定的事实出发,对于这些事实,法律旨在部分地予以保护,部分地予以变更或消除;但因为国际法不是统治权的秩序,而是以平等主权国家之间的协作为基础的,所以在国际法中,特别强烈地着重法律的维持因素。因此,在国际法中,实效原则起着巨大的作用。③“很大程度上说,国际法是建立在有效性原则基础之上的。换言之,国际法的规定只对那些有效的诉求才会产生积极法律效果;新出现的局势在法律上不会被认为是有效的,除非人们发现这些局势是建立在持续的权威展示基础之上。”④

值得说明的是,现实主义的法律制度,并不意味着“唯利是图”及“唯力是从”。强胜弱败,这是人们的一般认识,但如果机械教条地加以理解,就无以解释古今中外不胜枚举的以少胜多、以弱克强的鲜活事例。⑤作为调整和维护国家间关系的国际法,要想长久地存在下去,都需要在某种程度上满足公正变革的要求和考虑正义的主张;同样,有关公正变革的主张和正义的要求,也要

---

① 何志鹏:《国际法治论》,北京大学出版社 2016 年版,第 9 页。

② Martti Koskenniemi, The Fate of Public International Law: Between Technique and Politics, *Modern Law Review*, Vol. 70, 2007, p. 1.

③ 参见[奥]阿·菲德罗斯、斯特凡·菲罗斯塔、卡尔·策马内克:《国际法》(上册),李浩培译,商务印书馆 1981 年版,第 166～167 页。

④ [意]安东尼奥·卡塞斯:《国际法》,蔡从燕等译,法律出版社 2009 年版,第 16～17 页。

⑤ 参见武心波主编:《大国国际组织行为研究》,上海人民出版社 2010 年版,第 125 页。

考虑到现实情势之实然状态。不顾实然地追求应然之理想，就像鸟儿猛然企图冲向远远超出其飞行能力的高空，不是翅膀被折断，就是重重地摔在地上。对于这只鸟儿，更理性或更有战略思路的飞翔办法，或许是提高体能、锻炼肌肉，循序渐进地一次一次提高自己的飞翔能力和飞翔高度，哪怕每次都只比以前的飞翔高度高那么一点点，只要坚持不懈，最终发现自己已经到达最初想要到达的地方观赏风景。同时，无论如何锻炼，飞翔的高度始终是受限制的，至少无法脱离地心引力。基于现实主义去理解和使用国际法亦如是：在国际关系中，国家既不可能存粹以"力"服人，也无法存粹以"理"服人，力与理相互倚仗，有理无力，行不通；有力无理，难以长久行走于国际关系的江湖。

王铁崖教授也描述道："这种现实主义，不是像有些西方学者以'权力政治'为内容的现实主义或者以'政策定向'为主导的现实主义，因为我所谓的现实主义的现实乃是国际关系的现实，是为法律所制约的现实……这种现实主义可以说是法律现实主义。"① 国际法不可能与国际关系、国际政治绝对隔离，② 忽视这个"现实"或刻意与该"现实"进行人为隔离的"临床手术"，无法有效地全面把握和理解国际法。当然，需要了解的是，基于现实主义而作出的国际法律行为，并不经常是以现实主义的方式表现出来，反倒是经常以理想主义的面目呈现在大众眼前。

(三)国际法是处于初级阶段的法律机制

国际法作为一种社会存在，其自身也有一个产生、发展和成熟的过程，是沿着从低级到高级、从简单到复杂，形式上从不确定性到确定性、从随意性到系统性，内容上从片面保护到全面保护、从权利义务分立到权利义务统一、从权益不均等逐步均等的趋势和方向进步的。这是国际法自身的嬗变与演进规律，而且这一规律总体上也是不以人的主观意志为转移的，尽管个别时期、个别地区之国际法可能会出现反复、倒退的倾向或现实，但那只是国际法演进与发展过程中的小插曲。③

与国内社会相比，国际社会无论是从形态还是组织结构上看，都处在一种初级阶段的状态，反映国际社会政治、经济、军事、文化、科技之现实的国际法

---

① 王铁崖：《国际法引论》，北京大学出版社1998年版，序第2页。

② Tim Hill, *Sourcebook on Public International Law*, Cavendish Publishing Limited, 1998, p. 7.

③ 参见李道军：《法的应然与实然》，山东人民出版社2001年版，第9页。

同样也处于初级阶段,虽不同领域之国际法成熟程度不尽相同,如外交与领事关系法比国家责任法要成熟和发达,但总体而言,“国际法是循序渐进、逐步接近其目标的。没人说京都议定书就能有效阻止全球变暖。它仅是一个叫醒电话,一个预备性步骤”,①“国际法并非处在法律发展的发达阶段,而是处于尚未充分成熟的阶段”。②

国际法处于初级阶段的这一认识,对于深刻理解国际法的局限性有帮助。“我知道国际法常常让世界上千千万万的人失望,而且会继续如此。我也知道国际法并没有在世界范围内消除贫困或促进社会公平和健康,也没有根除战争。”③但我们还是要把某些东西寄托于国际法,因为社会越是无序,越加需要法律的规制。“可能有一些国际法规则还不太完美,但它们提供了一个最低的行为标准,并在一定程度上,确认了人类一些共同的理念。它们为评判国际行为的正当性提供了独立的标准。”④“仅有对全球规则的尊重不会使得这个世界变成一个更安全的所在,但是不尊重这些规则,显然已经使得这个世界更加危险。”⑤初级阶段的国际法,“它试图创建一个框架,无论多么初级,作为一种减震器,澄清并缓和各种主张,以平衡利益”。⑥

国际法处于初级阶段的这一认识,对于深刻理解中国在国际法发展和变动中可能起到的作用有帮助。对于一个比较完备和成熟的法律制度而言,立法参与者至多只能在现有的框架和体系内对之进行非常有限度的修改和调整;但对于处于初级阶段的国际法而言,意味着国际法许多领域还存有空白,不少地方还有待进一步细化,意味着国际法之制定、改造、调整、重塑、修订,比完善成熟的国内法律体系的需求更强烈一些,国际法主体的参与机会也更多

---

① [英]菲利普·桑斯:《无法无天的世界:当代国际法的产生与破灭》,单文华、赵宏、吴双全译,人民出版社 2011 年版,第 81 页。

② 何力:《纵横国际法:势力均衡与帝国理念》,立信会计出版社 2013 年版,第 39 页。

③ [英]菲利普·桑斯:《无法无天的世界:当代国际法的产生与破灭》,单文华、赵宏、吴双全译,人民出版社 2011 年版,第 17 页。

④ [英]菲利普·桑斯:《无法无天的世界:当代国际法的产生与破灭》,单文华、赵宏、吴双全译,人民出版社 2011 年版,第 226 页。

⑤ [英]菲利普·桑斯:《无法无天的世界:当代国际法的产生与破灭》,单文华、赵宏、吴双全译,人民出版社 2011 年版,第 265 页。

⑥ [英]马尔科姆·N. 肖:《国际法》,白桂梅、高建军等译,北京大学出版社 2011 年第 6 版,第 10 页。

一些。当代，世界政治经济结构正在变动之中，国际法适应这种变动的方式，就是对相应法律规则进行修补、增加、删减，中国的发展与崛起，为积极有效地参与这个过程提供了可靠的基础。可以认为，国际法从初级阶段发展到中级或高级阶段，有一个缓慢的过程，正因为国际法处于初级阶段以及这个阶段的长期性，使得中国之国家利益及中国关于国际公义之呼声在国际法中的表达留下了许多空间与机遇。

（四）国际法仍是一个以西方文明为主导的法律体系

"西方的殖民开发与扩张则加剧了西方世界作为文明代表者的自负和优越感，在强大经济军事力量的支撑下，西方文明优越论及欧洲中心论顽固地持续到当今时代。"①从国际法史的角度看，虽然在古代东方、古希腊、古罗马都有国际法的痕迹，②但"国际法原则与规则是西方文明的产物，打上了欧洲中心主义、基督教意识形态以及自由市场观念的烙印。国际法原则与规范主要是由大国或中型国家，尤其那些通过征服或扩张建立起幅员辽阔的殖民地帝国的国家制定的。它们炮制了这些国际法规则，以服务于它们的自身利益。比如，它们对威胁使用武力或使用挑起战争的暴力行为没有施加任何限制；不管一国公民在什么时候诉称某一外国政府对其实施不法行为，他都可以请求其母国政府进行干预，并要求该外国政府对被控制国际不法行为作出赔偿"③。

英美学者也承认，"国际法乃以同一社会学基础（独立国家组成之国际社会）以及同一价值基础（希腊与基督教西方文化）为依据"④，"当今人们所理解的国际法的基础牢固地建立在西方文化和政治组织之上"⑤；甚至国际组织也是欧洲中心主义式观点的产物，它们被认为是"华盛顿共识"的促成者，被逐渐视为是自由市场观念的支持者，支持弱化管制和以美国为中心的其他结构性改革，以及只是促进那些与西方自由国家联系到一起的公民权利、政治权利以

---

① 马永平：《揭开西方法治话语体系的另一层面纱：评魏磊杰译〈法律东方主义〉》，载《人民法院报》2016年10月21日第6版。

② 参见周甦生：《国际法》（上），武汉大学出版社2009年版，第33～34页。

③ [意]安东尼奥·卡塞斯：《国际法》，蔡从燕等译，法律出版社2009年版，第41页。

④ [美]孔慈：《变动中之国际法》（上），王学理译，商务印书馆1971年版，第1页。

⑤ [英]马尔科姆·N.肖：《国际法》，白桂梅、高建军等译，北京大学出版社2011年第6版，第11页。

及“民主”治理形式。[1]

自欧洲人向外扩张之后,国际法发展的历史,可以说是西方国家以“文明标准”对非西方国家设置歧视性门槛的历史。例如,在西方国家眼中的晚清中国,并非文明国家,至多可给予“半文明”的地位。被视为“半文明国”或是“野蛮国”的中国,并不被欧美国家承认完全享有国际法上主权国家的权利;[2]因此,将不平等条约、片面最惠国待遇、领事裁判权等施加于中国就显得名正言顺。怎样才能由“野蛮”“半文明”进步至“文明”的境界呢?答案是必须改革。在这个意义上,中国实行戊戌维新乃至新政改革,改革司法制度、修订法律、立宪以及成立国会、议会等,其目标就是获取国际法的主体资格,建构“文明国”,[3]为在对外关系中平等适用西方国际法和享有完全的主权而做的努力。诚如有观点正确地指出,中国依然纠结于对“文明”构成要素的查找之中;当“文明”标准未能统一时,非西方国家只能在一个空洞的“文明”绝对命令之下,用尽一切可能的手段让自己在任何方面都“无可挑剔”,从而尝试获得其原先被剥夺的完整主权。这些手段包括但不限于政治与法律的改革、对国际公约的积极缔结、对国际组织和国际会议的积极参加、对战争法规的主动遵守,以及对“民族性”的改造。[4] 进入当代,自柏林墙倒塌和美国“9·11”恐怖袭击事件之后,反恐、人道干涉、市场经济、民主等为新“文明标准”,是否会成为西方国家控制国际法发展与解释进路的依凭,是一个值得进一步仔细体察的问题。

“现代的国际法体系是从欧洲文明的背景中推演出来的,但这已经得到了

---

① 参见何塞·E.阿尔瓦雷斯:《作为造法者的国际组织》,蔡从燕等译,法律出版社2011年版,第919~921页。

② 1875年国际法研究院(Institut de Droit International)海牙会议的议题之一就是关于欧洲国际法对于东洋各国的适用可能性。与会学者就欧洲“文明国家”内部产生的国际法是否应该或是否可能扩大适用范围这一问题,展开了激烈的争论,很多西方学者热衷于对不同地域的文明加以排序,凸显出欧洲文明的优越地位,将其他国家贬斥为半文明国或者野蛮国家。参见禾木:《被遗忘的话语:20世纪初期中国学者眼中的中国古代国际法》,载中国国际法学会主办:《中国国际法年刊》(2014),法律出版社2015年版,第284~285页。

③ 林学忠:《从万国公法到公法外交:晚清国际法的传入、诠释与应用》,上海古籍出版社2009年版,第100页。

④ 参见赖骏楠:《国际法与晚清中国:文本、事件与政治》,上海人民出版社2015年版,第61页。

改变,美国和苏联的崛起印证了欧洲的衰落”[①],但“国际法体系从本质上说,是一个将美国的原则传递到世界其他地方的体系”[②]。国际法仍然是一个以西方文明为主导的法律体系,这一认识有助于加强对现行国际法的认知深度和找寻变革现行国际法的中国立场与出发点。

不可否认,国际法也有部分公正内涵,也必须照顾非西方国家的意愿和利益。鉴此,不能只抱“宁为玉碎,不为瓦全”的变革心理,盲目冒进地追求非西方国家或发展中国家的利益和诉求在国际法体系内得到绝对充分的表达,不切实际地要求将现行国际法“推倒重来”。同时,也不应对以西方文明为主导的国际法体系持“抱残守缺”的态度,以避免“青蛙现象”[③]的产生。一方面,没有积极力量的注入,国际法体系严重受西方主导的现状很难得到改善;另一方面,消极地等待可能会失去变革国际法体系的最佳良机。[④]

迄今为止全球体系确实一直受到西方强国的支配,其中确实包含大量不公正、不合理的成分,但这不是中国拒绝参加全球治理进程的充分理由,[⑤]而恰恰可以在适当的情势下,采用“刺猬法则”[⑥]提出符合多数国家利益和要求的全球治理目标步骤的机会,多元利益的调和是国际法治秩序得以形成的内在规则,在妥协与调和中才能逐步确立国际法治权威,也只有妥协与调和才能

---

① [英]马尔科姆·N.肖:《国际法》,白桂梅、高建军等译,北京大学出版社2011年第6版,第35页。

② [英]菲利普·桑斯:《无法无天的世界:当代国际法的产生与破灭》,单文华、赵宏、吴双全译,人民出版社2011年版,第224页。

③ “青蛙现象”是指,把一只青蛙直接放进热水锅里,由于它对不良环境的反应十分敏感,就会迅速跳出锅外。如果把一个青蛙放进冷水锅里,慢慢地加温,青蛙并不会立即跳出锅外,水温逐渐提高的最终结局是青蛙被煮死了,因为等水温高到青蛙无法忍受时,它已经来不及,或者说是没有能力跳出锅外了。青蛙现象说明的是,一些突变事件,往往容易引起人们的警觉,而易置人于更糟的情势却是在自我感觉良好的情况下,对实际情况的逐渐恶化,没有清醒的察觉。

④ 参见余锋:《和平发展视阈下的国际法治观》,载曾华群主编:《国际经济新秩序与国际经济法新发展》,法律出版社2009年版,第135页。

⑤ 参见王逸舟:《创造性介入:中国外交新取向》,北京大学出版社2011年版,第89页。

⑥ “刺猬法则”指的是,两只困倦的刺猬,由于寒冷而拥在一起。可因为各自身上都长着刺,于是它们离开了一段距离,但又冷得受不了,于是凑到一起。几经折腾,两只刺猬终于找到一个合适的距离:既能互相获得对方的温暖而又不至于被扎。

使大中小各国以最少的成本获得最大收益，[①]只不过，妥协与调和不应是披上伪装的投降，它的过程应当是积极的，应当促进各方参与的兴致，它的过程应是合乎理性的，愿意妥协及调和与有原则地维护自己的立场或批评别人的立场，这两者之间毫无抵触之处。[②]

二、国际法的作用

欠缺国际法专门知识，甚至不知道国际法的微妙之处会给一国带来沉重代价，就像"蝴蝶效应"[③]一样。譬如"一个政府官员一句话说错了就可能导致一国失去大片领土，一个地位卑微的乡村警察如何对待一个外国人也能产生外交事件，如何庇护国民在国外之安全、财产、商业及其他利益亦需遵守国际法规则"[④]。作为调整和规范国家间关系的国际法，其作用有多种表现形式，如对国际法主体的行为进行指引、预测国际关系互动中的相对方行为、调整国际关系、缓和局势、维护国际安全、促进国际合作、评价是非曲直以及构建共识文化等等。然而，在以西方文明为给定框架的初级阶段法律体系下，从如下四个角度认识无政府状态的现实主义国际法之作用，亦具有不可或缺的参考价值。

(一)进攻作用

在国际关系理论的进攻现实主义学派看来，国家为了生存而追求权力，并诉诸各种自助行为。[⑤] 作为工具的国际法恰好可以为国家追求权力提供"合

---

① 参见杨力：《社会学视野下的法律秩序》，山东人民出版社 2006 年版，第 336 页。

② 参见[美]科恩：《论民主》，聂崇信、朱秀贤译，商务印书馆 1988 年版，第 185～186 页。

③ 20 世纪 70 年代，美国一个名叫洛伦兹的气象学家在解释空气系统理论时说，亚马孙雨林一只蝴蝶翅膀偶尔振动，也许两周后就会引起美国得克萨斯州的一场龙卷风。蝴蝶效应是说，初始条件十分微小的变化经过不断放大，对其未来状态会造成极其巨大的差别。

④ [英]郑斌：《国际法院与法庭适用的一般法律原则》，韩秀丽、蔡从燕译，法律出版社 2012 年版，中文版序言第 8 页。

⑤ 参见[美]约翰・米尔斯海默：《大国政治的悲剧》，王义桅、唐小松译，上海世纪出版集团 2003 年版，第 4～12 页。

法"的借口或手段。例如,美国以伊拉克藏有大规模杀伤性武器并暗中支持恐怖分子为由,绕开联合国安理会,于2003年3月对伊拉克发动军事行动,单方面对伊拉克实施军事打击。虽然是霸权国,但美国并没有丝毫不作解释地公开径直实施攻打行为,而是借用自卫制度为"先发制人的武力打击"提供国际法支撑。国际法固然具有诸如正义、秩序和安全等价值,但从工具主义的视角看,国际法就像菜刀一样,可以用来切菜,也可以用来行凶。将国际法作为进攻性工具使用的,通常都是居于霸权地位的国家,并且大多的方式是利用国际法的模糊之处,将之解释为有利于己的说辞,为掩盖其非法行为服务。也正是从这层意义出发,国际法的进攻作用,其实是一种消极作用。

然而,"进攻"未必总是贬义词;这就如同霸权国也有"仁慈型"(benevolent)霸权和"胁迫型"(coercive)霸权之分。"仁慈型"霸权,强调霸权国在创设和维持国际制度时,会容忍其他国家"免费搭便车"享用国际制度提供的各种便利、利益及功效。"胁迫型"霸权则认为,霸权国在创设和维持国际制度时,要求其他国家分担国际制度之创设与维持的成本。[①] 譬如,奥巴马总统在接受采访时声称中国三十年的发展是搭了美国的便车;中国国家主席习近平在蒙古议会演讲时表示,中国愿意为周边国家提供共同发展的机遇和空间,欢迎大家搭乘中国发展的列车,搭快车也好,搭便车也好,都欢迎。

作为欢迎世界各国搭发展便车和快车的中国,更主动地使用国际法以促进中国与友好伙伴之间的积极合作,共同构筑符合中国利益的国际体系,建立和谐国际政治经济新秩序,是为进攻性使用国际法的另一个面向,即积极主动是"进攻"的含义内核。申言之,发挥国际法之进攻作用的积极面,要将立基点设定在对现有国际法体系中不公正的部分进行修正和变更之上,参与国际法体系中空白部分之议题的"国际立法"工作,争取在初始分配阶段,为国家利益在国际法制度体系中的固定设定相应的安排,以"国际宪政"的方式将国家利益内嵌和钉入国际法制度体系之中,欢迎其他国家"免费"享用国际制度提供的各种便利、利益及功效。

(二)防御作用

与进攻现实主义者不同的是,防御现实主义者认为,无政府状态鼓励国家

---

① 参见徐崇利:《新现实主义国际关系理论与国际法原理》,载刘志云主编:《国际关系与国际法学刊》(2016),厦门大学出版社2016年版,第12~19页。

采取防范措施，促使均势的维持而不是打破均势，国家的首要顾虑是维持他们在体系中的位置。[①] 比如，“二战”后英国的实力有所削弱，它的对外政策则表现出对国际法的尊重，因为它现在是一个中等大国，它需要并依靠对国际法的尊重。[②] 国际法的主权制度，其防御作用较为明显，可以防止他国干涉己国内政，[③]防止他国侵犯政治独立、经济独立和领土完整。

当然，就像冷兵器中盾牌在具有防御作用的同时，也可以作为砸人的武器一样，有时候，利用国际法进行防御，也可以看作是一种进攻，即“进攻是最好的防守”。比如，尼加拉瓜在受到美国不法入侵时，在力量对比显著失衡时，尼加拉瓜没有采用“鸡蛋碰石头”之硬碰硬诉诸武力的做法，而是将纠纷提交至国际法院。最终国际法院借助任择性强制管辖权，受理了该案，并判决美国败诉。

防御自身的另一面是抑制他人之恣意，国际法防御作用发挥功效的结果就是对霸权国的“任性”予以抑制和制约。但是，需要了解的是，防御并不等于坚不可摧，即便练就了“金钟罩”或“铁布衫”，也有薄弱环节和“一捅就破的气眼”。主权这面防御之盾，正在经受着“人道主义干涉”“保护的责任”和“全球命运共同体”等国际法之“矛”的进攻，究竟是矛把盾刺穿，抑或是盾把矛给隔钝，都无法过早作出结论。其启示意义在于，在现在的国际利益分配制度中，正在崛起的中国，要善于利用国际法的防御功能，防止国家利益被他国不合理挤占，也不能天真烂漫地依靠国际法为国家利益提供无懈可击的防御之盾。尽管国家利益并非总是先验地被给定，且具有鲜明的层次性。[④]

（三）惩罚作用

惩罚是对主动和故意违反国际法的不合作行为的事后制止及行为矫正手段，权力、观念、长期利益、声誉、国际法的权威性、关联性以及规模效应等，都

---

① 参见[美]肯尼思·华尔兹：《国际政治理论》，信强译，上海世纪出版集团2003年版，第135～137页。

② Philippe Sands, *Lawless World: Making and Breaking Global Rules*, Penguin Group, 2005, p. 1.

③ 参见陈一峰：《论当代国际法上的不干涉原则》，北京大学出版社2013年版，第81～103页。

④ 参见刘志云：《国家利益的层次分析与国家在国际法上的行动选择》，载《现代法学》2015年第1期。

是国际法惩罚作用得以发挥效果的来源。①

惩罚作用之于小国与大国的意义不尽相同。对于大国而言，其利用国际法的惩罚机制施加于小国，可以起到事半功倍的效果，避免因使用“强力”或“暴力”而带来的“霸蛮”形象。对于小国来说，利用国际法的惩罚机制针对大国，可能不过是“隔靴搔痒”，处理得不好甚至会“自伤一万，杀敌仅百十余”，就好比蚂蚁咬大象的腿，不但无法伤及大象，蚂蚁反倒时刻冒着被踩踏的生命风险。但这并不是说国际法的惩罚作用对大国毫无作用，因为大国违反国际法之后，若用力量去对抗小国借用国际法机制施加的惩罚，其所遭受的声誉损失，也可能得不偿失。质言之，如果说小国对实力惩罚怀有畏惧的话，那么，大国则对声誉惩罚心怀芥蒂。

诚如有观点指出的，“在一个相互依赖、相互联系的世界上，可靠性的声誉至关重要”，②声誉很高的国家在国际关系中有时候不必通过权力就能得到自己想要的东西。③ 声誉对于国家加入或选择某项国际条约的作用是可以被感知到的。④ 守法的声誉是一个国家在国际社会中的一项资产，与有声誉国家签订的协议，其他国家更加愿意遵守，其出价也更容易为他国所接受，⑤而不能践约的声誉使其今后在促进以谈判手段为依据的政策之实现上变得极为困

---

① 参见刘志云等:《后危机时代的全球治理与国际经济法的转型》，法律出版社 2015 年版，第 23 页。

② Abram Chayes & Antonia Handler Chayes, *The New Sovereignty: Compliance with International Regulatory Agreement*, Harvard University Press, 1998, p. 230.

③ 参见[美]罗伯特·吉尔平:《世界政治中的战争与变革》，宋新宁、杜建平译，上海世纪集团 2007 年版，第 37 页。

④ 1948 年联合国公布《防止及惩治灭绝种族罪公约》，当时英国虽然对该条约的某些具体条款持有严重疑虑，但在 1948 年的联合国大会上还是决定不对该条约投反对票，否则英国就会被孤立成反对派，并且可能成为唯一投反对票的国家。直至 1970 年，英国勉强决定批准该公约，因为倘若英国仍然游离在一个只有很少国家没有参加和批准的国际条约之外，它在联合国以及其他地方就会面临持续的批评，会不断被指责存在反犹太主义或者对纳粹大屠杀反应迟钝，以及其国际声望的持续受损。See Brian Simpson, Britain and the Genocide Convention, *British Year Book of International Law*, Vol. 73, 2002, pp. 13-48.

⑤ 参见徐崇利:《科学主义国际关系理论与国际法原理》，载刘志云主编:《国际关系与国际法学刊》(第 4 卷)，厦门大学出版社 2014 年版，第 29 页。

难；[①]这是因为，计算积累声誉的价值或者计算破坏声誉的损失，无法圈定在一个清晰可见的时空范围之内，积累声誉的价值或破坏声誉的损失，都可能是玩家自己意想不到的，这将迫使玩家更加珍视自己的声誉。[②] 当然，必须指出的是，声誉惩罚也并不总是一定能够奏效，即声誉惩罚作用的限度是非常明显的，当违法的潜在收益足够大，声誉根本就无足轻重，在“使用武力”等重大事项上，声誉甚至根本就无关紧要。[③]

(四)形象塑造作用

每个人在自己的国家电视台都经常可以看到或发现外交部门对一些国家进行抗议，谴责它们违反国际法的消息或新闻；由此，在本国人的眼中，其他国家经常违反国际法，自己国家则很少违反国际法。即使是美国，也常常在国际社会里扮演无辜的可怜的受害者形象。之所以会如此，是因为在国际法层面占理的国家，可以通过国际法塑造一个正面的国家形象；而在国际法层面不占理的国家，则容易被国际社会贴上负面国家形象的标签。[④] 一旦被贴上“无赖国家”“邪恶国家”或“法外国家”[⑤]之类的形象标签，将对这个国家的发展构成相当大的障碍，影响并损害其国家利益的实现。

作为负责任的发展中大国，中国不仅需要国际法的“防御性”作用，也需要国际法的“进攻性”作用，同时还需要善用国际法的“惩罚性”作用和形象塑造作用；这要求中国在维护当代国际法体系基本稳定的同时，树立良好的守法形象，并以积极姿态参与国际体系变革和国际规则制定，参与全球性问题的治理，使之能够更多地反映自身利益与立场诉求，同时推动国际法与国际社会的进步和发展。[⑥] 但是，在利用国际法之作用以实现国家利益问题上已经准备

---

① 参见[英]杰夫·贝里奇：《外交理论与实践》，庞中英译，北京大学出版社 2005 年版，第 76 页。

② 参见桑本谦：《私人之间的监控与惩罚：一个经济学的进路》，山东人民出版社 2005 年版，第 70 页。

③ Andrew T. Guzman, A Compliance-Based Theory of International Law, *California Law Review*, Vol. 90, 2002, pp. 1883-1884.

④ 参见何力：《纵横国际法：势力均衡与帝国理念》，立信会计出版社 2013 年版，第 21 页。

⑤ Gerry Simpson, *Great Power and Outlaw States: Unequal Sovereigns in the International Legal Order*, Cambridge University Press, 2004, pp. 339-348.

⑥ 参见刘志云：《国家利益视角下的国际法与中国的和平崛起》，法律出版社 2015 年版，第 260～261 页。

好了吗?"答案是,还没有准备好。这不是技术上没有准备好,而是心态上没有准备好。"[①]其实,中国目前不但需要进行心态上的准备,同时也需要技术上的准备;心态与技术,互为因果,相互影响,只有技术与心态齐头并进,中国才可能将国际法的进攻作用、防御作用、惩罚作用和形象塑造作用发挥到最佳状态。

结　论

"遇到与国家的存亡相关的问题时,国际法可能处于次要地位。"[②]这句话所包含的道理,不但适用于国际法,国内法也不例外。譬如,当个人在生死关头时,对法律的敬畏会远低于在正常情况下的程度。

作为工具的国际法其作用毋庸置疑。[③] 就积极面而言,"国际法不仅存在,而且在日常生活中是有效的。如果有人怀疑国际法的存在或其重要性,那么他只需想象一下没有国际法的世界就可以了:那里将没有国家的安全或政府的稳定,领土和领空将得不到尊重,船只只能再持续的危险中航行,无论是处于领土之内的还是之外的财产,都将遭受肆意的掠夺,个人将得不到法律和外交的保护,协议将无法达成和遵守,外交关系将终止,国际贸易将止息,国际组织和国际安排将消失"[④]。就消极面来说,如同中国传统的治理技术和法典曾经在东亚形成过文化霸权和政治霸权,国际法的西方中心主义绝非仅是纯粹的学术推断,而是要创设世界权力,以实现没有暴力和殖民者的殖民主义。因此,应当清醒地看到,国际法是可以顺理成章地被演绎成一种纯粹的技术与

---

① 刘志云:《新形势下中国国家利益再定位与国际法上的转变》,载刘志云主编:《国际关系与国际法学刊》(第4卷),厦门大学出版社2015年版,第141页。

② [英]马尔科姆·N.肖:《国际法》,白桂梅、高健军等译,北京大学出版社2011年第6版,第7页。

③ Donald R. Rothwell, Stuart Kaye, Afshin Akhtarkhavari et al., *International Law: Cases and Materials with Australian Perspectives*, 2nd ed., Cambridge University Press, 2014, p. 8.

④ [美]卡伦·明斯特:《国际关系精要》,潘忠岐译,上海世纪出版集团2007年第3版,第184页。

工具，从而为下一步的干预和掠夺奠定正当性基础。① 消极面毋庸悲观，积极面也不用夸大，“国际法同时也是脆弱的”，②它不是万能的，它无法调整国与国之间所有的关系。

深刻认识国际法的特征及其发挥作用所需的框架与条件，无法单纯地从教义法学③的角度得到答案；直描国际法特征，把影响国际法发挥作用的各种变量纳入其中，运用社科法学④的思维，探知与分析国际法，虽有过于“浅白”的风险，但只有这样才有助于认识国际法在真实世界中的运行，避免因国际法乌托邦而带来不切实际的幻想，以便在充分评估的基础上切实把握和运用国际法，力助中国和平发展。也正是在这个意义上，国际法教学与研究中的教义国际法学“一条腿走路”的现象应予改变，以国际法与国际关系理论相勾连和贯融为表现的社科国际法学之兴起，为“两条腿走路”做好了铺陈。

（本文编辑：陈冽风）

The Characteristics and Functions of International Law: A Opinion Based upon Instrumentalism

Yu Feng

Abstract: International law has characteristics and functions the same as that of law. However, It is not enough for us to comprehensively describe, depict and understand international law. From the perspective of instrumentalism, we can find that anarchy, realism, primary stage and dominated by western civilization are the four important characteristics of international law, and international law has the functions of attacking, defensing, punishing and image-building. Knowing these characteristics and functions, it is useful to

① 参见马永平：《揭开西方法治话语体系的另一层面纱：评魏磊杰译〈法律东方主义〉》，载《人民法院报》2016 年 10 月 21 日第 6 版。

② ［德］W. G. 魏智通主编：《国际法》，吴越、毛晓飞译，法律出版社 2012 年第 5 版，第 17 页。

③ 法教义学是对法条和司法案例中的法规范构成的实定法秩序作出体系化解释的法学方法。参见凌斌：《什么是法教义学：一个法哲学追问》，载《中外法学》2015 年第 1 期。

④ 社科法学倡导运用社会科学的方法分析法律问题，这与以规范文本为中心的法解释学及其新兴衍生品法教义学有显著的区别。参见侯猛：《社科法学的传统与挑战》，载《法商研究》2014 年第 5 期。

understand how international law works in the real world and to avoid falling into the phantom of a international law Utopia. Accordingly, we can grasp and utilize international law on the bases of correct evaluation to give supports to the achievement of Chinese peaceful development strategy.

Key Words: Characteristics of International Law; Functions of International Law; Working of International Law; Instrumentalism of International Law

内嵌自由主义的衰落、复兴与再生

——理解晚近国际经济法律秩序的变迁

王彦志*

内容摘要:"二战"后建立的内嵌自由主义国际经济法律秩序在1970年代陷入了困境,随后兴起的新自由主义进一步侵蚀了内嵌自由主义。晚近新自由主义危机和西方民粹主义兴起的深层根源在于国际市场开放与国内社会稳定之间的严重失衡。国际经济法律秩序的未来出路在于重建内嵌自由主义。然而,在新的深度一体化的全球政治经济语境中,仅仅复兴国际市场开放与国内社会稳定之间的传统内嵌自由主义妥协是不够的,还需要进一步再生内嵌自由主义,将自由开放的国际经济法律秩序进一步内嵌于国际合作规制、跨国私人规制和传统道德信仰,这就是多重内嵌的古典自由主义与古典保守主义相得益彰的国际经济法律秩序。

关键词:国际经济法;国际经济秩序;新自由主义;民粹主义;内嵌自由主义;保守主义

目　录

* 王彦志,吉林舒兰人,经济学博士,吉林大学法学院副教授。

引　言

"二战"以后,世界秩序缔造者们吸取了19世纪英国治下自由放任主义国际经济法律秩序崩溃的教训,建立了国际自由开放与国内社会稳定之间妥协平衡的内嵌自由主义(embedded liberalism)国际经济法律秩序,①带来了三十年的世界经济繁荣与稳定。② 1970年代,西方经济陷入滞胀状态,高福利国家陷入危机,③国际经济法律机制约束乏力,内嵌自由主义陷于困境。④ 于是,英美两国为摆脱危机而在国内推行新自由主义经济政策,在国际推动新自由主义的经济全球化,内嵌自由主义进一步受到侵蚀,⑤国际经济法律秩序逐渐从内嵌自由主义转向新自由主义。新自由主义带来了三十年的世界经济繁荣与活力,但是也引发了一系列国内与国际经济、社会与政治问题与危机,其中尤以2008年以来的美国次贷危机、欧洲主权债务危机以及由此引发的世界

---

① John Gerard Ruggie, International Regimes, Transactions, and Change: Embedded Liberalism in the Postwar Economic Order, *International Organization*, Vol. 36, 1982, p. 379; Mark Blyth, Capitalism in Crisis: What Went Wrong and What Comes Next, *Foreign Affairs*, Vol. 95, 2016, p. 172.

② Manfred B. Steger, Ravi K. Roy, *Neoliberalism: A Very Short Introduction*, Oxford University Press, 2010, pp. 5-9.

③ 参见高德步:《西方世界的衰落》,中国人民大学出版社2009年版,第374~382页。

④ 约翰·鲁杰认为,GATT贸易机制约束乏力,IMF货币机制解体,都只是在规范控制下的机制内变迁,战后国际经济法律机制的内嵌自由主义性质没有改变。See John Gerard Ruggie, International Regimes, Transactions, and Change: Embedded Liberalism in the Postwar Economic Order, *International Organization*, Vol. 36, 1982, pp. 404-413.

⑤ David Harvey, *A Brief History of Neoliberalism*, Oxford University Press, 2005.

经济萧条和西方社会撕裂最为突出。新自由主义危机催生了西方国家底层民众甚至中产阶层愈演愈烈的反全球化运动，进而引发美欧主要国家反精英反建制的右翼民粹主义、保护主义和民族主义政治势力抬头和政治人物当选。[①]从内嵌自由主义视角来看，新自由主义是自发调节的市场运动，民粹主义则是自我保护的社会运动，二者是矛盾共生的双重运动，其背后则是"二战"后内嵌自由主义妥协被打破，国内国际社会契约被破坏。在新的深度一体化的全球政治经济语境中，如何重新缔结国内国际社会契约，如何复兴和再生内嵌自由主义妥协，已成为国际经济法律秩序变迁的当务之急。

一、内嵌自由主义的衰落

(一)新自由主义的兴盛

约翰·鲁杰(John Gerald Ruggie)在1980年代初期提出内嵌自由主义概念之时就认为，可能构成战后内嵌自由主义国际经济法律秩序中断的最大威胁并不是各种所谓的新保护主义，而是自由资本主义(新自由主义)精神的复活。[②] 到了1990年代中期，约翰·鲁杰进一步明确指出，新的世界经济越来越从战后国家与社会之间的国内社会契约之中脱嵌出来，国内社会契约受到侵蚀，政策态度已经转向了新自由主义。[③] 新自由主义的兴起和盛行体现在国际经济机制的各个主要领域。

在货币机制领域，新自由主义最典型的体现就是资本账户自由化。国际货币基金(IMF)协定本身体现的是货币领域的内嵌自由主义妥协，其宗旨和目标是便利国际贸易的扩张和平衡增长，促进和维持高水平的就业和真实收入，促进生产性资源的开发，稳定汇率，消除阻碍世界增长的经常项目外汇管

---

① 参见刘擎:《2016年西方思想年度述评》，载《学海》2017年第2期。

② John Gerard Ruggie, International Regimes, Transactions, and Change: Embedded Liberalism in the Postwar Economic Order, *International Organization*, Vol. 36, 1982, p. 413.

③ John Gerard Ruggie, At Home Abroad, Abroad at Home: International Liberalisation and Domestic Stability in the New World Economy, *Millennium: Journal of International Studies*, Vol. 24, 1995, p. 507.

制,帮助成员国解决国际收支失衡。在IMF协定下,成员国有权维持资本账户外汇管制,而且IMF没有实施资本账户自由化的权限。在1980年代中期至1990年代中期,在IMF章程性协定本身没有修改的情况下,IMF工作人员开始通过IMF监督、融资、技术援助等活动,积极倡导和推进资本账户项下资本流动自由化。IMF曾经试图修改章程性协定,将促进资本账户自由化纳入其宗旨、目标和权限,但因东亚金融危机而没有能够成功。① 在IMF的推动和影响下,许多国家都放宽了对资本项目的管制,进而促成了国际资本流动日益自由化。② 对于IMF为什么发生此种变迁,美国和其他西方大国的权力和利益固然是个中原因,却不是最重要的原因,早在美国开始明确推动IMF促进资本项目自由化之前,IMF内部已经开始倡导和推进资本账户自由化了。实际的情形是,没有明确法律权限,也没有来自成员国或IMF管理层积极影响,IMF内部工作人员受到新自由主义经济学的影响,抛弃了其早期所坚持的凯恩斯主义,转而信奉了新自由主义,并以非正式的方式,在其具体操作活动中,积极推进资本账户自由化。其中,IMF工作人员的观念改变和IMF作为国际组织的规范建构起到了最重要的作用。③

IMF协定和国际复兴开发银行(IBRD)协定都规定,IMF和IBRD在实现和履行其宗旨、目标、职能和权限中,都要确保受款国的国内自治,都体现了内嵌自由主义的妥协和平衡。在1980年代和1990年代,这两个机构在解释其章程性协定、制定具体决定、实施具体操作中,都扩张了其各自的职能和权限,将新自由主义的华盛顿共识作为其指导思想和政策内容,其核心内容就是贸易自由化、国有企业私有化、外国直接投资自由化、放松政府管制、加强私人财产保护、加强财政约束、公共财政优先投入教育等公共物品领域,从而将受款国的基本治理体制、主要经济体制、宏观经济政策等极其广泛且非常重要的事项都纳入了其建议、指导、监督或约束范围。④ 这些变迁也主要是受到国际组

---

① Ralf J. Leiteritz, Explaining Organizational Outcomes: The International Monetary Fund and Capital Account Liberalization, *Journal of International Relations and Development*, Vol. 8, 2005, p. 1.

② 参见余劲松主编:《国际经济法学》,高等教育出版社2016年版,第354页。

③ Jeffrey M. Chwieroth, *Capital Ideas: The IMF and the Rise of Financial Liberalization*, Princeton University Press, 2010.

④ Ngaire Woods, *The Globalizers: The IMF, the World Bank, and Their Borrowers*, Cornell University Press, 2006.

织自身的独立性、新自由主义经济学专业知识的影响。① 这些政策过分片面强调了自由市场、自由贸易和资本自由流动,而没有审慎考虑受款国的实际情况和自主政策空间,没有充分考量其对于受款国的社会与政治的复杂影响和不利后果。

关税及贸易总协定和世界贸易组织(GATT/WTO)的情形也是如此。在GATT时期,除了1980年代几起贸易争端以外,世界贸易法及其争端解决一般都更强尊重各国国内规制自主和政策空间。乌拉圭回合谈判大大推进了贸易自由化,将纺织品和服装贸易纳入多边框架,就服务贸易、投资措施、知识产权等新议题达成协议,加强了各个领域的协定和约束,建立了正式的制度化、法律化和司法化的世界贸易组织及其争端解决机制。WTO协定文本虽然规定了各种限制、例外、豁免等灵活的政策空间,因此表面来看仍然属于内嵌自由主义性质,②但是,其谈判和内容体现的是新自由主义的指导精神,其约束对象进一步深入到边界内措施,其裁判进一步从约束歧视性的保护主义措施扩展到非歧视性的贸易规制措施,其对成员国正当贸易规制措施审查可能更严格,其对成员国合理政策空间约束可能更广泛,这些都体现了新自由主义的性质。③

在外国直接投资领域,同样体现了新自由主义性质。④ 与贸易机制的贸

---

① 参见[美]迈克尔·巴尼特、玛莎·芬尼莫尔:《为世界定规则:全球政治中的国际组织》,薄燕译,上海人民出版社2009年版,第70～110页。

② 内嵌自由主义本身包含了国际市场开放和国内社会稳定之间的紧张和矛盾,国际市场开放不是静态不变的,也不是一次性完成的,而当贸易自由化不断推进、扩展和深化时,必然进一步侵蚀各国国内政策空间,平衡国际市场开放和国内社会稳定也必然越来越困难。作为区域经济一体化程度最高并且仍在不断推进一体化的典范,晚近欧盟面临的危机和挑战就证明了这一点。因此,衡量是否属于内嵌自由主义,不仅取决于是否规定了货物、服务、资本、人员等自由流动的限制、例外、豁免等灵活性条款,还在于是否能够审慎平衡各国主权自治空间。如果过于偏向于自由市场,不够尊重各国合理的政策空间,就会招致正当性危机,就属于新自由主义。

③ Andrew Lang, *World Trade Law after Neoliberalism: Reimagining the Global Economic Order*, Oxford University Press, 2011; Robert Howse, The World Trade Organization 20 Years On: Global Governance by Judiciary, *European Journal of International Law*, Vol. 27, 2016, p. 9.

④ 参见王彦志:《新自由主义国际投资法律机制:兴起、构造和变迁》,法律出版社2016年版,第57～72页。

易互惠性质不同,投资机制最初主要就是在发达国家与非发达国家之间缔结的大量双边投资条约组成的。长期以来,在发达国家与非发达国家之间一般并不存在彼此相互投资的投资互惠性质。1960 年代以来,发达国家只是从资本输出国立场出发,订立了片面保护外国投资者权益的国际投资条约,并订入了投资者可以单方面直接提出国际仲裁请求的投资者与国家间投资争端仲裁机制。1990 年代,在新自由主义的影响下,双边投资条约数量迅速增长,非发达国家一般都被纳入了至少一项双边投资条约的约束之内。这些双边投资条约规定了保护外国投资者及其投资的一般性的、抽象化的、宽泛的待遇和待遇标准,如包括投资合同在内的投资定义、公平公正待遇、充分保护与安全、保护伞条款、自由汇兑和转移、征收与补偿、投资者与国家间仲裁等等。但是,与 GATT/WTO 不同,早期的投资条约一般都极少甚至没有规定旨在保障东道国正当公共政策目标规制权的各种例外、限制等灵活性条款。在投资争端案件中,仲裁庭往往宽泛解释这些投资条约的管辖权条款和实体待遇条款。可以说,投资机制因其片面保护外国投资者利益,而没有充分考虑和平衡东道国主权和公共利益,在整体上属于新自由主义性质。

总之,随着冷战结束和自由市场的全球扩张,战后内嵌自由主义国际经济秩序失去了其内嵌的、保护性的品质,越来越被看作是一项旨在便利资本家们全球周游交易的新自由主义谋划。[①] 1980 年代以来,IMF、IBRD 在实践中的政策变迁,在一定程度上 GATT/WTO 文本和裁判实践的变迁,双多边区域自由贸易协定的激增,总体上都体现了新自由主义的意识形态,[②]都更偏向于自由市场,都没有充分尊重各国正当的主权公共政策空间,致使战后内嵌自由主义总体上不断受到侵蚀和消解。

从国际机制理论可以进一步理解战后国际经济法律秩序的新自由主义转向。在国际机制的原则(关于事实、原因和公正的信念)、规范、规则和决策程序四要素中,原则和规范界定了机制的基本性质。[③] 在理解机制变迁中,原则

---

① G. John Ikenberry, The Plot against American Foreign Policy: Can the Liberal Order Survive, *Foreign Affairs*, Vol. 96, 2017, p. 9.

② 参见刘志云:《当代国际法的发展:一种从国际关系理论视角的分析》,法律出版社 2010 年版,第 355~362 页。

③ Stephen D. Krasner, Structural Causes and Regime Consequences: Regimes as Intervening Variables, *International Organization*, Vol. 36, 1982, p. 186.

具有特殊的重要地位，有时纸面上的原则和规范并没有改变，但是其背后的精神理念却发生了重大改变，指导机制运作的精神理念发生了改变，从而导致机制的实际运作与纸面上的原则和规范有所不同或偏离，这时机制本身已经发生了性质变迁。就此而言，1980 年代以来，GATT 乌拉圭回合贸易谈判、IMF 和 IBRD 倡导华盛顿共识、IMF 工作人员倡导资本账户自由化、投资条约数量迅速增长、投资条约仲裁忽视东道国主权公共政策空间等等都表明，贸易、货币、投资等诸领域战后国际经济法律秩序的精神、气质、信条整体上转向了新自由主义，而内嵌自由主义的精神、气质、信条则整体上衰落了。

（二）民粹主义的抬头

卡尔·波兰尼（Karl Polanyi）认为，自发调节的市场与自我保护的社会是一种双重运动。[①] 新自由主义注重自由市场的资源配置、财富创造等积极作用，这是有其合理性的。但是，片面强调自由市场，而不够重视社会保护，就会引起社会自我保护的反抗运动，就会引发国际经济法律秩序的正当性危机，随之就会引起各国政府的政治回应。这种回应可能是对自由市场、自由贸易的合理限制，这是在回归内嵌自由主义。但是，也可能是不合理的保护主义甚或民粹主义，其激进形式就可能是左翼或右翼极端民粹主义，这都是在另一极端上对内嵌自由主义的侵蚀和破坏。晚近右翼民粹主义在美欧发达国家的兴起，尤其是右翼民粹主义政治势力的抬头和右翼民粹主义领导人当选，就既包含了对新自由主义及其精英建制派的合理反抗，也包含了排斥甚至否定自由市场和自由贸易的不合理因素。

自由市场、自由竞争和自由贸易是重要的，但也是有局限的。人性中包含了自私和贪婪，人的理性是有限的，信息往往是不对称或不充分的，竞争是不完全的。对此，新自由主义（当代的古典自由主义）也是深刻认识到的，而且新自由主义也强调政府需要承担基本的国防、基本的司法、基本的治安、基本的公共物品职能。不过，新自由主义强调自生自发、分散扩展的自由秩序，反对福利国家、社会分配正义和政府对于生产、消费、价格等市场运行本身的规制和干预。[②] 市场经济内在地包含了不稳定性，会不定期发生经济萧条或危机，

---

① 参见[英]卡尔·波兰尼：《大转型：我们时代的政治与经济起源》，冯钢、刘阳译，浙江人民出版社 2007 年版，第 178～186 页。

② 参见[美]拉齐恩·萨丽等：《哈耶克与古典自由主义》，秋风译，贵州人民出版社 2003 年版。

在全球化的世界经济中，经济萧条或危机也是全球化的。2008年美国次贷危机及其引发的世界经济萧条就是仅次于1930年代资本主义世界经济危机的一次大危机、大萧条。有学者认为，此次危机和萧条的成因在于，美联储实行持续的低利率政策和信贷扩张因而扭曲了市场信号，美国政府对房地产市场实行刺激政策和信贷担保因而导致了道德风险。① 然而，除了政府的不当干预，受到新自由主义理念影响而不断放松管制，尤其是不断放松银行和证券等金融管制，也是造成此次危机和萧条的重要原因。这就不仅是政府失灵，也是市场失灵。"金融产业的反监管运动走得太远了，夸大了自由放任资本主义的恢复力，即自我疗救的能力。"②自由市场、自由竞争、自由贸易必然有赢家和输家，经济衰退、经济萧条、经济危机则会造成更大范围的经济不景气、生活不安定、收入下降、厂商倒闭、工人失业。

在1980年代至1990年代新自由主义兴起和盛行之际，对新自由主义的批判和对新自由主义经济全球化的反抗就如影随形。③ 1999年抗议西雅图WTO部长级会议④是大规模反全球化抗议的标志性事件，此后声势浩大的非政府组织反全球化运动此起彼伏。不同反全球化群体的主张形形色色，如环境、文化、劳工等诉求，其中有很多都不是当下美欧民粹主义所关心的，甚至可能是其所反对的，如环境保护。但是，其中不乏民粹主义群体和民粹主义主张，最典型的就是主张全球化削弱了劳工保护或者造成了收入不平等。美国次贷危机、欧洲主权债务危机、世界经济萧条、欧洲移民危机加速了美欧右翼民粹主义崛起并在政治上成了气候。

一般认为，民粹主义并没有一套明确系统的理论主张，其内容因其所反抗

---

① 参见张维迎：《理解经济危机》，载[美]默里·罗斯巴德：《美国大萧条》，谢华育译，上海人民出版社2009年版，第1～14页；Deepak Lal, The Great Crash of 2008: Causes and Consequences, *Cato Journal*, Vol. 30, 2010, p. 265; Deepak Lal, After the Fall: A Classical Liberal Perspective on the Great Crash of 2008, *Biblioteca della Libertà*, Vol. 45, 2010.

② [美]理查德·波斯纳：《资本主义的失败：〇八危机与经济萧条的降临》，沈明译，北京大学出版社2009年版，第4页。

③ Andrew Lang, *World Trade Law after Neoliberalism: Reimagining the Global Economic Order*, Oxford University Press, 2011, pp. 62-81.

④ 参见[美]I. 戴斯勒：《美国贸易政治》，王恩冕、于少蔚译，中国市场出版社2006年版，第273～274页。

的对象而有所不同,其实质是以“人民”“公意”的名义而反建制、反精英。[①] 美欧右翼民粹主义主要是底层和中产阶层不满并反抗新自由主义经济全球化的统治精英,认为贸易、金融、外国投资、移民自由政策剥夺了其就业、福利、安全、稳定和平等地位。在欧洲,民粹主义主要体现为主张反对和退出欧盟、反对和限制自由贸易、反对和限制外来移民。在美国,民粹主义主要体现为主张反对和限制自由贸易、反对和限制外来移民。一国社会变迁所造成的厂商减产或破产、失业、收入减少、社会不平等的原因是复杂的,如技术创新就是极其重要的因素之一。新自由主义经济全球化对于各国的经济、社会、文化等各个领域的效应也是有利有弊的。不过,可以肯定的是,经济全球化既有赢家也有输家,经济全球化是造成各国厂商减产或破产、失业、收入减少、社会不平等的重要因素之一。一项基于1988年至2008年经济全球化高峰期全球不同收入群体或阶层收入变化的最新研究表明,在这20年间,新兴发展中国家的中低层收入群体的收入增长了50%~80%,主要来自发达国家的全球最富的1%群体的收入大幅度增加,且其收入基数本来就高因而其绝对财富增长更多,发达国家的底层和中层群体成了经济全球化最大输家,其收入停滞甚至下降了。[②] 在经济全球化所带来的结构调整和利益重组中,各国利益受损者如果不能得到充分的补偿援助,就必然会产生不满和反抗。而且,不但绝对收入和生活水平的下降会引起不满和反抗,相对收入和生活水平的下降也会引起不满和反抗。这就解释了为什么在此番经济危机之后美欧发达国家民粹主义能够得势。在新自由主义经济全球化过程中,经济精英与政府建立密切联系,操纵了国际制度,为他们自己的利益服务,而中产阶层、工人阶层等普通民众则被抛弃,作为战后内嵌自由主义妥协的社会契约被破坏,民粹主义在西方国家内部兴起,矛头直指国内建制派和美国主导建立的以西方国家为中心的战后

---

① Jan-Werner Müller, *What Is Populism?*, University of Pennsylvania Press, 2016; Cas Mudde & Cristóbal Rovira Kaltwasser, *Populism: A Very Short Introduction*, Oxford University Press, 2017.

② Branko Milanovic, *Global Inequality: A New Approach for the Age of Globalization*, Harvard University Press, 2016; Christoph Lakner, Branko Milanovic, Global Income Distribution: From the Fall of the Berlin Wall to the Great Recession, *World Bank Economic Review*, Vol. 30, 2016, p. 203.

自由主义国际经济法律秩序。[①] 作为战后自由主义国际经济法律秩序的缔造者和主导者的西方发达国家，如今反而成了民粹主义反全球化的大本营和主力军。这意味着，未来一段时间，在反全球化情绪的影响下，在民粹主义领导者掌权的情况下，有些西方国家对于经济自由化、一体化的贸易、投资条约可能不会那么态度积极了，甚至还可能抵制或退出一些贸易、投资条约或条约谈判，英国退欧、美国特朗普退出 TPP 就是如此。[②] 当然，这只是暂时现象，自由贸易对于一国经济增长和社会发展具有重要积极作用，抵制自由贸易或退出贸易协定对其自身也会造成严重损害，经过一段时间以后，美欧民粹主义将会逐渐衰落。

不过，民粹主义反全球化确实暴露了新自由主义经济全球化本身存在的问题，也暴露了西方资本主义经济和资本主义民主的危机，[③]其实质是越来越去除管制、越来越自由化的市场对于一国社会和政治稳定秩序的冲击，而各国又没能够补偿全球化利益受损者，从而打破了国际市场自由开放与国内社会政治稳定之间的内嵌自由主义妥协和平衡，引发了社会自我保护运动。

二、内嵌自由主义的复兴：重建国内内嵌

如今，全球政治经济语境已经发生了巨大变迁。战后经济秩序和经济全球化已经促成了世界经济的制度大转型，传统边界壁垒已经大幅度削减甚至逐步消除了，国内与国际的边界越来越模糊了，各国边境内的制度模式和政策措施对于国际经济交易的影响越来越凸显，要想继续推进经济全球一体化，就必然会进一步触动传统上本属于各国边境内的政策措施和制度模式，从而会进一步侵蚀各国国内社会与政治的深层基础，这种大转型严峻挑战了战后经

① Jeff D. Colgan and Robert O. Keohane, The Liberal Order Is Rigged Fix It Now or Watch It Wither, *Foreign Affairs*, Vol. 96, 2017, p. 36.

② Anthea Roberts, Being Charged by an Elephant: A Story of Globalization and Inequality, https://www.ejiltalk.org/being-charged-by-an-elephant-a-story-of-globalization-and-inequality/，下载日期：2017年4月19日。

③ 参见[美]理查德·波斯纳：《资本主义的失败：〇八危机与经济萧条的降临》，沈明译，北京大学出版社2009年版；[美]理查德·波斯纳：《资本主义民主的危机》，李晟译，北京大学出版社2014年版。

济机制和各国经济政策的基本前提和制度基础，国际自由开放与国内社会稳定之间的妥协和平衡越来越困难了。①

对于这种大转型所引发的政策困境，丹尼·罗德里克（Dani Rodrik）将其概括为全球化世界经济治理的三难政治悖论。具体来说就是，我们不能同时拥有超级全球化（深度一体化）、民主和民族自决（民族国家主权），我们充其量只能三选二。如果想要保持民族国家主权和超级全球化，就必须忘掉民主，这样国际经济交易成本降低了，但要承受全球化带来的经济和社会冲击。如果想要超级全球化和民主，就必须放弃民族国家主权，这样就需要实行各种形式的全球治理。如果想要民主和民族国家主权，就得和超级全球化说再见，这样就可以保有国内层面的民主正当性。②

显然，牺牲民主，被迫承受全球化造成的转型、调整、冲击和损害，是不可欲的，长期而言实际上也是不可行的，如今的新自由主义经济全球化已经在不同程度上造成了此种负面后果，而形形色色的反全球化运动和民粹主义运动就是明证。超级全球化与民主组合的全球治理是一种可能的选择，但是，超大规模的全球治理也是有限度的。面对经济全球化及其后果，不同社会的具体情况、特定偏好和实际治理能力存在深层分歧，通过全球治理也只能达成有限的全球协调，而不能有效解决这种分歧，硬要将不同社会的多样性纳入单一的全球治理，也是既不可行也不可欲的。③ 那么，最重要的出路就在于回归战后内嵌自由主义妥协的原则与精神。但是，战后内嵌自由主义妥协在 1970 年代和 1980 年代就已被侵蚀，在金融全球化和深度贸易一体化的双重压力下，如今看起来已经不可逆转地解体了。④ 在新的经济全球化语境下，要想重建内嵌自由主义国际经济法律秩序，就不能再放任超级全球化，而需要将民族国家与民主相互结合，确保合理的全球化，节制超级全球化。

---

① John Gerard Ruggie, At Home Abroad, Abroad at Home: International Liberalisation and Domestic Stability in the New World Economy, *Millennium: Journal of International Studies*, Vol. 24, 1995, p. 507.

② Dani Rodrik, *The Globalization Paradox: Why Global Markets, States, and Democracy Can't Coexist*, Oxford University Press, 2011, pp. 200-205.

③ Dani Rodrik, *The Globalization Paradox: Why Global Markets, States, and Democracy Can't Coexist*, Oxford University Press, 2011, pp. 220-229.

④ Dani Rodrik, *The Globalization Paradox: Why Global Markets, States, and Democracy Can't Coexist*, Oxford University Press, 2011, p. 235.

那么,在一个仍在推进单双边、区域和多边自由化、一体化、全球化的世界经济中,如何找到国际自由开放与国内社会稳定之间妥协平衡的合理标准和边界呢?这并没有绝对明确的统一标准。这可能会因单边、双边、区域、多边等不同层面而有所不同,也可能会因货物贸易、服务贸易、知识产权、货币、金融、直接投资、竞争、税收等不同议题而有所不同。在这些不同层面和不同议题之中如何确定微妙平衡的边界,则取决于各个领域专家、学者、法律人、各国政府和国际组织官职人员等社会精英,体察民情,倾听民意,结合政治、经济、科学、法律等各个领域的知识、技巧和智慧,审慎权衡各种不同政策选择和制度设计的整体效果,审慎权衡信仰、道德、文化、民主、科学、法治等各种政策或价值依据和目标,审慎进行各个领域国际经济法的谈判、制定、执行和裁判。在一个民主化、科学化、法治化、全球化的世界中,这是一项越来越艰难但必须认真对待的任务。抽象而言,在货物、服务、资本等国际市场准入立法领域,需要审慎权衡自由化的领域、范围、程度、次序、例外、保留。在市场准入和准入后待遇方面,尤其是在涉及边界内或称边境后措施的国际法约束方面,主要应限定在限制和消除不合理的歧视性待遇和保护主义,而对于非歧视性的东道国政府措施的合理性审查方面,应该尊重各国基于正当公共政策目标而善意非歧视行使的规制权,不应过度限制各国国内的民主、共同体偏好和政策空间。

例如,在资本项目自由化方面,即便是许多新自由主义经济学家也都认为,只有贸易自由化的福利效应才是得到公认的,而包括资本账户自由化在内的金融自由化的福利效应却是有争议的,如果掌握不好,甚至是具有破坏性的,短期资本流动尤其如此。① 但是,“许多人说,不要再小心翼翼地限制资本流动,只需汲取一个教训,那就是义无反顾地取消一切限制,让资本完全自由流动。危机来了自有锦囊妙计,即进一步巩固IMF(国际货币基金组织)作为最后贷款者的地位,由它向陷入危机的国家发放救援款”。“然而,资本流动的好处被说得天花乱坠,但没什么说服力。”“资本流动可能一而再、再而三地引发危机”,“每次一国由于资本流入而遭到危机打击,都会付出沉重代价”。②

---

① 参见[美]贾格迪什·巴格瓦蒂:《现代自由贸易》,雷薇译,中信出版社2003年版,第94~101页。

② 参见[美]贾格迪什·巴格瓦蒂:《现代自由贸易》,雷薇译,中信出版社2003年版,第94~96页。

权力、利益、知识等各种因素相互作用，导致各国政府、国际组织、知识精英、金融产业不够审慎地、不负责任地积极倡导和推动了资本项目自由化和金融自由化，导致了一次次的金融危机，对当事国甚至在更大范围造成了一系列破坏性的后果。晚近多次金融危机的教训就是，要确保和尊重各国在资本账户自由化和更大范围金融交易自由化方面的正当的审慎规制权。

在国际投资法领域，发达国家最初只是国际投资条约体系中的资本输出国，片面地只考虑如何更好地保护本国海外投资者的权益，而没有认真对待资本输入国正当的主权公共政策空间和规制权。当发达国家以资本输入国和投资仲裁案件被申请人身份出现时，才开始意识到传统投资条约的许多条款是不够审慎的，于是开始注重兼顾和平衡东道国正当主权公共政策空间和规制权。具体而言，主要是通过投资定义的澄清和限定、投资者定义的澄清和限定、国民待遇及其条件和例外、最惠国待遇及其例外、公平公正待遇及其含义范围和认定条件、充分保护与安全的含义范围、汇兑和转移的限制和例外、直接征收和间接征收的认定和例外、税收措施例外、金融审慎监管措施例外、一般例外、企业社会责任、投资者义务、投资者与国家间仲裁的限定和透明度等条约内容改革，推动国际投资法律机制的社会化、平衡化。晚近国际投资法的总体发展趋势就是，越来越尊重和保障东道国主权公共政策空间及其规制权的正当行使。

在国际经济争端裁判中，裁判机构和裁判人员也应该微妙权衡国际市场自由开放与各国正当主权公共政策空间，审慎智慧地解释和适用法律、裁判案件。[①] 在投资条约仲裁早期，就已经有仲裁员意识到仲裁庭必须敏感考虑、审慎兼顾平衡东道国主权政策空间。例如，让·保尔森(Jan Paulsson)指出，投资条约仲裁的未来前景取决于往往尚未充分认识到投资条约义务深远后果的各国政府将来是否会被惊吓而废除投资条约仲裁，而这又取决于仲裁员在裁判时所表现出来的老练程度，只要有一次一个冒失的仲裁员在一起敏感的案件中超越了其管辖范围就足以招致反弹；反之，如果能够明智运用，就会对促进国际经济生活的法律安定做出重要贡献。[②] 伯纳多·克里麦德(Bernardo

① 参见王彦志:《国际经济法总论:公法原理与裁判方法》,华中科技大学出版社2013年版,第195～201页。

② Jan Paulsson, Arbitration without Privity, *ICSID Review*, Vol. 10, 1995, pp. 232-257.

M. Cremades)等也指出,投资仲裁应该透明、问责、与民主决策和国家主权保持兼容。[①] 不过,在国际投资仲裁实践中,仲裁员在面对宽泛的投资定义、投资待遇、投资保护、投资者与国家间仲裁条款裁判投资争端案件时,即使按照条约解释规则可以有多种不同选择,仲裁员往往宽泛地解释投资定义条款、管辖权条款、投资待遇和保护条款,而没有审慎权衡保护投资者权益和保障东道国主权公共政策空间,结果引起了越来越广泛的对于投资者与国家间仲裁进而对整个国际投资法律机制的批评、质疑,甚至主张彻底废除投资者与国家间仲裁机制。但是,也有的仲裁庭和仲裁员强调尊重东道国主权公共政策空间,尊重东道国正当行使公共政策目标规制权。[②] 例如,Philip Morris v. Uruguay 案仲裁庭在解释和适用老一代片面保护投资者利益的双边投资条约的公平公正待遇和间接征收条款时,在对待东道国基于公共健康实施烟草控制的立法、执法和司法措施的审查标准方面,就比较尊重东道国正当的主权公共政策空间。[③] 在 WTO 争端解决实践中,尤其是在 GATT 第 20 条一般例外、TBT、SPS 等直接涉及成员方正当主权公共政策空间和规制权案件中,上诉机构在解释和适用有关条约条款时就比较尊重成员方正当的主权公共政策空间和正当规制权的行使,在成员方的国内政策和规制自主与贸易自由化义务之间,区分歧视性的保护主义措施和非歧视性的国内规制措施及其正当行使,寻求审慎平衡,从而在面对新自由主义如日中天时期谈判达成的浸透了新自由主义气息的 WTO 协定本文时,尽可能体现出了战后内嵌自由主义妥协的精神。[④] 在将来的国际经济裁判中,裁判者应通过尽可能明确的、一致的、充分的法律解释、适用和说理,更加审慎地尊重和保障各国在国际经济法诸领域的正当主权公共政策空间和公共利益规制权。

---

① Bernardo M. Cremades, David J. A. Cairns, The Brave New World of Global Arbitration, *The Journal of World Investment & Trade*, Vol. 3(2), 2002, p. 209.

② UNCTAD, *IIA Issues Note*, Vol. 1, 2017, p. 28.

③ Philip Morris Brands Sàrl, Philip Morris Products S. A. and Abal Hermanos S. A. v. Oriental Republic of Uruguay, ICSID Case No. ARB/10/7, Award, July 8, 2016.

④ Robert Howse, The World Trade Organization 20 Years On: Global Governance by Judiciary, *European Journal of International Law*, Vol. 27, 2016, p. 9.

三、内嵌自由主义的再生:走向全球治理

约翰·鲁杰最初提出的“内嵌自由主义”是将国际市场自由开放内嵌在国内社会稳定之中,而国内社会稳定则是指各国在社会、经济、政治等各个方面实施必要的国内政府干预,①所以,我们可以将其概括为将国际自由主义内嵌在各国国内政府干预之中。战后国际经济法律秩序的一个主要特征就是,在贸易、投资、货币、金融、税收、财政等各个经济领域的国际法中,比较发达成熟的内容主要是促进、保护和便利国际市场自由开放的原则、规范和规则,而监督、管控、规制国际市场主体交易活动的内容则多是政策性的和软法性的,国际经济微观规制和宏观调控的硬法主要留给了各国国内政府规制和国内法。这恰恰是内嵌自由主义范式在国际经济法律体系中的体现。各国国内法对于市场主体的跨国经营从市场准入、市场经营和市场退出等各个环节,从税收、反垄断、公平竞争、消费者保护、劳动者保护、投资者保护、公用事业、公共健康、环境保护、国家安全、反恐怖、反腐败、反洗钱、人权、人道、刑法等各个领域,对跨国公司和其他商业主体施加直接的约束和管制。在主要仍然以民族国家划分的世界中,各国国内社会稳定目标仍将以各国政府干预为主,国际立法、国际监督和国际裁判应该审慎尊重各国经济、政治、社会、文化的多样性,审慎保障必要的、合理的各国国内政府干预。

但是,随着经济越来越自由化、一体化、全球化,单纯国内法层面的规制已经越来越难以充分有效监督、管控和规制国际市场主体交易活动的负面影响了,简单复兴传统的内嵌自由主义已经不足够了。各国之间越来越相互依赖,私人的国际经济交易活动错综复杂地全球化了,各国政府干预也越来越具有外部性了。在很多领域,一个国家的政府干预往往难以有效实现其维护国内社会、经济和政治稳定的目标,国际市场自由开放已经无法简单内嵌在各国国内政府干预之中了。还需要在以各国国内政府干预为主的基础上,进一步走向各种形式的全球规制,将国际市场自由开放内嵌在全球治理之中,通过各国

① John Gerard Ruggie, International Regimes, Transactions, and Change: Embedded Liberalism in the Postwar Economic Order, *International Organization*, Vol. 36, 1982, p. 379.

之间协调干预、合作管理，进而通过各种形式的私人规制及其全球化，才能实现各国国内社会、经济和政治稳定目标。这进一步推动了国际法层面的市场规制和宏观调控的软法和硬法的不断加强，这就是政府规制全球化和私人规制的全球化。

就政府规制全球化而言，主要是国际货币基金组织(IMF)、经济合作与发展组织(OECD)、巴塞尔委员会、西方七国集团(G7)、金融稳定理事会(FSB)、二十国集团(G20)、联合国等在全球市场规制、宏观经济政策协调、发展合作等各方面所不断推动、制定、达成和实施的各个领域的全球经济治理软法文件和条约。例如，二十国集团历次会议通过了一系列包括国际税收监管、国际金融监管等全球市场规制合作和全球宏观经济政策合作在内的全球经济治理规范文件。这不仅仅体现在国际经济法领域，在整个国际法领域，都存在着国际法的“规制转向”，即从防范政府、保护私人的国际法转向强化政府、规制私人的国际法。① 在国际金融监管方面，巴塞尔委员会先后于1998年、2004年、2010年制定和升级了一系列国际银行监管软法文件，即巴塞尔协议I、II、III，不断加强银行资本监管标准和银行监管合作。② 除了银行监管之外，在其他各个领域，各国相应政府规制部门之间也合作制定实施了大量的各个领域跨国经济规制的跨政府政策网络软法。此外，联合国千年发展目标(UNMDG)则在贫穷、饥饿和粮食安全、健康、教育、性别平等和妇女权能、水和环境卫生、能源、经济增长、基础设施和工业化、不平等、城市、可持续的消费和生产模式、气候变化、海洋、森林、荒漠化和生物多样性、和平与正义等更广泛的领域和范围内，将国际市场自由开放嵌入全球可持续发展目标。在人权、人道、环境、健康、反腐败、反恐怖、反洗钱等各个领域的国际法也在不断进一步发展。这些都是从各个不同领域对国际市场经营主体和国际市场自由开放施加的间接或直接的约束和限制。

对于跨国公司和其他商业主体及其跨国经营活动，在市场经营活动越来越自由化、一体化、全球化的语境下，不同发展水平的国家和地区有时由于各种原因不能或不愿有效实施的国内法层面的市场规制，这就需要在跨国层面

---

① Jacob Katz Cogan, The Regulatory Turn in International Law, *Harvard International Law Journal*, Vol. 52, 2011, p. 322.

② 参见廖凡:《国际货币金融体制改革的法律问题》，社会科学文献出版社2012年版，第159～180页。

直接实施规制。传统的以国家为中心的国际多边主义和国内干预主义之间的内嵌自由主义妥协已经不能充分有效确保国际市场效率与国内社会目标之间的平衡了，这就需要对内嵌自由主义妥协进行重构和升级，将内嵌自由主义带到全球层面，构建全球版本的内嵌自由主义妥协，达成新的全球宏大交易和妥协(grand bargain and compromise)。[①] 也就是，在以国家为中心的传统多边主义基础上，推进公民社会组织与企业等全球社会组织、政府间国际组织和国家之间的多种形式的新型多边主义，制定、监督和实施企业社会责任。例如，联合国全球契约就是一项多种利害相关者之间公私混合模式的新型多边机制，由公司、政府、公民社会、学界、联合国等合作，制定、监督和实施人权、环境、劳工、反腐败四大领域的十项原则。[②] 联合国人权理事会(原联合国人权委员会)通过了约翰·鲁杰经过多年调查、研究、对话而开发出来的《工商企业与人权：实施联合国"保护、尊重和救济"框架的指导原则》(GPs)，规定了国家保护人权的义务、工商业企业尊重人权的义务、受害者获得有效救济三个方面的具体内容，并通过联合国、联合国成员国政府、工商企业和非政府组织等多种利害相关者共同实施并监督这些指导原则的落实情况，因此也是一个超越国家中心主义的新型多边主义的全球治理机制。此外，经济合作与发展组织《跨国公司指南》也是这样的多中心治理机制。在全球经济各个领域，已经有越来越多的私人的、多种利害相关者形成的新型多边主义的全球私人规制治理机制。[③] 跨国企业在全球层面运作，而政治权威仍然是碎片化的，政治权威最终主要配置在领土主权国家，国际组织又缺乏类似市场、公司和公民社会行为体那样的全球触角，又受制于主权国家，因此，任何有效的解决方式都必须不仅包括国家和国家间的合作，还要包括市场主体、公民社会和人权理念本身

---

① John Gerard Ruggie, Global Markets and Global Governance: The Prospects for Convergence, in *Global Liberalism and Political Order: Toward a New Grand Compromise*, edited by Steven Bernstein and Louis W. Pauly (ed.), State University of New York Press, 2007, pp. 23-48.

② 参见孙伊然：《内嵌的自由主义——全球经济治理的折中之道》，上海社会科学出版社 2014 年版，第 129～142 页。

③ David Vogel, The Private Regulation of Global Corporate Conduct: Achievements and Limitations, *Business & Society*, Vol. 49, 2010, p. 68; Tim Büthe & Walter Mattli, *The New Global Rulers: The Privatization of Regulation in the World Economy*, Princeton University Press, 2011.

的内在力量，这就需要采取新型多中心治理机制。① 这就是内嵌自由主义走向全球治理的根源所在。

四、内嵌自由主义的扎根：回归保守主义

约翰·鲁杰的内嵌自由主义国际经济秩序的概念是从卡尔·波兰尼的市场内嵌概念借鉴过来的。在卡尔·波兰尼的概念中，内嵌是多层次的，他不但强调市场内嵌在特定的社会组织结构之中，更强调在特定的社会组织结构制度化的框架中，财物的有序生产和分配是由普遍的行为准则规训过的各种个人动机来保证的。在这些动机中，逐利动机并不突出，习俗、法规、巫术与宗教相互协作，共同引导个体遵从一般的行为准则，正是这种行为准则最终保证他在经济体系中发挥自己的作用。② 因此，个人和市场不但内嵌在法律之中，而且内嵌在传统、习俗、道德、宗教信仰之中。但是，在约翰·鲁杰的概念和丹尼·罗德里克的分析框架之中，③都只强调国内社会稳定和物质性的社会组织结构关系，而没有深入到精神性的社会组织结构关系和个体的心灵秩序之中。

其实，很多古典自由主义和新自由主义学者和思想家都强调过，自由市场的正常运转不能仅仅依赖于不讲道德的原子式个体依据一般抽象的法治而进行的单纯交换和契约，也要依赖于大量的介于个体与政府之间的"自发性"结合的群体（如家庭、教会、地方社群等）以及蕴含于其中的道德、习俗、传统。④然而，严格来说，这些学者和思想家一般更重视个人选择和自由市场，他们所主张的只是那种特定的契合个人选择和自由市场的道德、习俗和传统，而那些阻碍了自由市场自发扩展的道德、习俗、传统就必须被淘汰。例如，哈耶克

---

① John Gerard Ruggie, *Just Business: Multinational Corporations and Human Rights*, W. W. Norton & Company, 2013, pp. 201-202.

② ［英］卡尔·波兰尼：《大转型：我们时代的政治与经济起源》，冯钢、刘阳译，浙江人民出版社2007年版，第47页。

③ Dani Rodrik, *The Globalization Paradox: Why Global Markets, States, and Democracy Can't Coexist*, Oxford University Press, 2011.

④ 参见［美］拉齐恩·萨丽等：《哈耶克与古典自由主义》，秋风译，贵州人民出版社2003年版，第7页。

(F. A. Hayek)主张,传统的变迁是一个由成功决定的优胜劣汰之选择过程的产物,道德的变化常常会伤害人们继受来的那些情感,但这些变化并不是道德沦丧,而是自由人组成的开放社会得以兴起的一个必要条件,向市场经济、开放社会等文明状态的过渡必然要破坏那种支配小群体的团结,那种对于更具人情味和更具人格化的伦理道德的怀旧情调只是不开化的部落社会小群体的返祖本能和自然情感,因而必须让位于开放社会的非人格化的市场道德。[①] 安·兰德(Ayn Rand)则更是明确彻底否定一切道德和宗教,而认为个人主义的理性自私就是最高的道德。[②] 这实际上已经触及了古典自由主义的限度和现代性的限度。早期的古典自由主义者还多少真正关注和重视习俗、道德、宗教信仰,而当代的新自由主义者则大多是信奉科学主义、实证主义和物质主义,而并不真正重视传统习俗、道德和宗教信仰。

然而,国内国际自由市场必须依托于强有力的习俗、道德、宗教化的或非宗教化的有神正信之中,否则,人性的贪欲、知识的不足、制度的漏洞等就会侵蚀和毁坏正常的人性和社会关系,引发各种各样的人性混乱、经济危机或社会灾难,进而,也就谈不上什么内嵌、扎根,而只剩下脱嵌、无根了。这不但是对社会和谐的破坏,也是对自由市场自身的破坏。这就涉及新(古典)自由主义与保守主义之间的内在紧张关系和有时混淆不清纠缠不清的关系了。许多新(古典)自由主义者都认为保守主义不符合个人主义和自由主义的精神,因此都试图与保守主义划清界限。[③] 人们对某些古典自由主义学者和思想家究竟应该归入自由主义还是保守主义也是各执一词。[④] 究其原因,许多古典或新自由主义者并不真正重视传统、习俗、道德、宗教信仰,或者没有系统阐明传

① 参见[英]弗里德利希·冯·哈耶克:《法律、立法与自由》(第二、三卷),邓正来译,中国大百科全书出版社2000年版,第231～260、497～544页。

② 参见[美]安·兰德等:《自私的德性》,焦晓菊译,华夏出版社2007年版,第36～43页。

③ 例如,参见[英]弗里德利希·冯·哈耶克:《自由秩序原理》(下),邓正来译,生活·读书·新知三联书店1997年版,第185～206页;[美]詹姆斯·M.布坎南:《为什么我也不是保守派:古典自由主义的典型看法》,麻勇爱译,机械工业出版社2015年版,第1～13页。

④ 例如,参见刘军宁:《保守的柏克 自由的柏克》,载《读书》1995年第3期;蒋庆:《柏克是保守主义的柏克而非自由主义的柏克——评刘军宁〈保守主义〉一书对柏克保守主义思想的严重误解》,载陈明、朱汉民主编:《原道》第6辑,贵州人民出版社2000年版,第3～45页;高全喜:《休谟的政治哲学》,北京大学出版社2004年版,第284～324页。

统、习俗、道德、宗教信仰与现代自由市场及其道德和法治之间的关系，或者其思想本身是丰富复杂的，同时包含了保守主义和自由主义各自的成分，使得后来的古典自由主义者只是断章取义地片面强调了其思想中个人主义和自由主义的成分，而忽视或者无视其思想中保守主义的成分。① 从根本上来说，则是因为，古典传统、习俗、道德、宗教信仰与自由市场及其道德、法治之间，进而重德敬神的古典（传统）与世俗物化的现代之间，有时存在着内在的紧张、矛盾甚至冲突，而在此情形下许多“真个人主义”的自由主义者往往就会选择自由市场而非传统道德。然而，新（古典）自由主义者关于在现代社会中正义与善、法律与道德、公共与私人的区分和次序诸多相互关联的问题的基本观点其实是成问题的。古典自由主义者警惕有人借口自由市场的限度、打着道德主义的旗号而推行形形色色的集体主义和极权主义，这当然是极其重要的，也是古典保守主义者所认同所强调的。但是，不能因此而回避或否认自由市场及其抽象法治与传统道德、宗教信仰之间存在的内在紧张关系，市场竞争能够促进与之匹配的新道德，但市场竞争的压力也会侵蚀传统道德和宗教信仰，进而会侵蚀人性、毁坏文明，在此情形下，市场道德本身都失去了其根本的依托，因此应该正视和重视传统习俗、道德、宗教信仰对于人性贪欲的节制作用。②

国内国际市场自由开放不能仅仅内嵌在国内国际各种表层的社会组织结构和物质性的社会关系之中，还必须进一步内嵌在各种纯真良善的精神性的社会组织结构关系及其所蕴含的传统、习俗、道德、宗教的或非宗教的有神正信和心灵秩序之中。对此，德国新自由主义或称奥尔多（秩序）自由主义学者勒普克（Wilhelm Röpke）有深刻洞见。③ 勒普克反对计划经济、从坟墓到摇篮的福利国家等形形色色的集体主义、社会主义乃至极权主义，主张通过市场、价格、竞争而形成自发自由合作的经济秩序，但是，他同时也反对自由主义、社

---

① 参见高全喜：《休谟的政治哲学》，北京大学出版社2004年版，第298页。

② 在2008年美国次贷危机爆发之后，美国坦普尔顿基金会提出的年度“大问题”就是“自由市场会侵蚀道德品格吗?”，13位著名学者和公共人物对此作出各自的回答。参见刘擎：《纷争的年代：当代西方思想寻踪2003—2012》，广西师范大学出版社2013年版，第65～67页。

③ Ralph E. Ancil, The Third Way: Wilhelm Röpke's Vision of Social Order, *Intercollegiate Review*, Vol. 22, 1986, p. 33; Bradley J. Birzer, More than "Irritable Mental Gestures": Russell Kirk's Challenge to Liberalism, 1950-1960, *Humanitas*, Vol. 21, 2008, p. 64.

会主义所共有的功利主义、进步主义、世俗主义、理性主义、乐观主义、社会诺斯替主义等各色“主义”。① 勒普克认为，市场经济就像一个空房子，它需要高于供求法则和价格竞争的强有力的伦理储备和高级秩序支撑，市场竞争和供求法则并不创造其所需要的伦理储备，反而要以这些伦理储备为前提，并且消耗着这些伦理储备，市场、价格、竞争、效率、大众化、集中化及其背后的前述种种“主义”侵蚀、消解和毁坏了人性尊严、人的内在丰富性和人类文明；在更广泛的意义上，现代文明病的根源在于精神和宗教危机，人用自己取代了神的位置，人迷信于人自身、渎神或不虔敬的科学和艺术、人的技术成就、人的世俗王国。在市场中彼此竞争的人们必须拥有自律、正义感、诚实、公正、骑士精神、节制、公共精神、人性尊严、坚强的伦理规范、宗教信仰，才能支持市场和竞争免于退化。因此，要进行从家庭到教堂、邻里以及其他各层各种自然的和亲密的共同体（社群）的社会组织建设，用其中所蕴含的人性温暖、自然团结、邻里精神、纯真的文明感、传统、习俗、道德、宗教等制衡供求法则和自由竞争。②

可见，勒普克既是新（古典）自由主义者，又是古典保守主义者，更是古典保守主义者。③ 勒普克深刻认识到，国内国际自由市场经济对于保障个体和人类自由、防范国家集权和极权具有极其重要的内在价值。但是，国内国际自由市场经济本身存在非常严重的内在局限，确保自由市场经济秩序健康持续发展的终极源泉不仅在于去除各种形式的政治经济集中化，更在于用古典保守主义的传统、习俗、道德、宗教信仰来节制和制衡个人主义的、自发的、自由的市场价格和竞争机制。

在越来越自由化、一体化的新全球政治经济语境下，国际市场自由开放不能仅仅内嵌在各国国内政府干预和各种形式的全球治理之中，最重要的是将

---

① Wilhelm Röpke, *Humane Economy: The Social Framework of the Free Market*, English Translation by Elizabeth Henderson, Henry Regnery Company, 1971, pp. 3-4.

② Wilhelm Röpke, *Humane Economy: The Social Framework of the Free Market*, English Translation by Elizabeth Henderson, Henry Regnery Company, 1971, pp. 1-150; Wilhelm Röpke, *The Moral Foundations of Civil Society*, English Translation by Cyril Spencer Fox, Transaction Publishers, p. 32, 154.

③ 关于古典保守主义与古典自由主义之间的差别，参见 Robert Nisbet, Conservatives and Libertarians: Uneasy Cousins, *Modern Age*, Vol. 24, 1980, p. 2; Bruce P. Frohnen, Russell Kirk: Redeeming the Time, *Modern Age*, Vol. 36, 1993, p. 79。

其深度内嵌在复兴、更新、创造性转换了的各国各民族的传统、习俗、道德、宗教化了或非宗教化的纯正信仰之中。在一个与人性尊严相适应的去除各种形式的政治经济集中化的国内国际社会中，个人的角色既是经济体系中的企业家、管理者、投资者、劳动者或者消费者等各种经济活动参与者，同时又是家庭、信仰群体和各种自然的人性化的共同体（社群）的成员，家庭、信仰群体和各种自然的人性化的共同体（社群）所蕴含的节制、勇敢、公正、善良、中庸、公共精神等各种美德将会对国内国际市场经济秩序提供强有力的道德和信仰秩序支撑。这正是新（古典）自由主义所欠缺的，也正是古典保守主义所重视的。从古典自由主义回归古典保守主义，将古典自由主义与古典保守主义相互结合，将古典自由主义内嵌在古典保守主义之中，这就是内嵌自由主义的再生。

结　语

战后建立的内嵌自由主义国际经济法律秩序带来了长期的全球经济繁荣和各国国内稳定之间的妥协平衡。但是，在1980年代以来，这种妥协平衡被逐渐打破，国际经济法律秩序从内嵌自由主义转向了新自由主义。在单边、双边、区域和全球多边等各个层面，谈判达成了一系列贸易、投资乃至更广泛更全面的经济协定，不断推进各国和全球经济的自由化、一体化和全球化。这一方面释放了各国和全球市场效率，促进了全球经济增长，但是，另一方面，对环境、健康、人权、安全、道德、文化等与经济有关的议题和政策价值目标不断带来挑战，晚近美国次贷危机、欧洲主权债务危机、全球经济萧条、全球化影响下的各国内部与国家之间的不平等鸿沟，对各国和全球经济、社会和政治稳定和谐带来了巨大挑战。在这种情形下，一方面需要在国际经济法律秩序中充分尊重各国正当的公共政策目标规制权，以复兴传统的以国家为中心的多边主义的内嵌自由主义妥协；另一方面需要在国际经济法律秩序中将国际市场自由开放进一步内嵌到公共的、私人的、公私混合的全球经济规制治理体系之中，将内嵌自由主义妥协升级到全球治理层面，这就是内嵌自由主义妥协的全球治理版本。不过，要想真正拥有健康永续的国际市场自由开放，还必须进一步返本开新各国各民族传统的良善习俗、道德、宗教和正信，将古典自由主义内嵌在古典保守主义的心灵习俗和政策框架之中。

（本文编辑：刘博涵）

The Decline, Revival and Rebirth of the Embedded Liberalism: Understanding the Changing International Economic Legal Order

Wang Yanzhi

Abstract: In the 1970s, the embedded liberal economic order met with great dilemma and was eroded by the then rising neo-liberal economic order. Recently deep causes of crisis of neo-liberalism and rise of populism lie in great unbalance between open international market and domestic social stability. In order to resolve such dilemma, we should rebuild the embedded liberal economic order. However, in the context of deep integrated global political economy, simple revival of embedded liberalism is not enough to regain the embedded liberal compromise. Further solution lies in the rebirth of embedded liberalism so that open international market can be embedded both in domestic social stability supported by national governmental intervention and in globalization of public and private regulation of global market, including cooperative international regulation, private global regulation. The deepest roots of national and international market lie in good traditional morals, religions and beliefs, which combine classical liberalism and classical conservatism.

Key Words: International Economic Law; International Economic Order; Neo-liberalism; Populism; Embedded Liberalism; Conservatism

公共产品理论视角下南海问题的破解思路[*]

张相君[**]

内容摘要:国际关系学界和国际法学界对南海问题倾注的研究中,针对南海问题性质认定存在明显分歧。基于南海问题的历史嬗变可知,南海问题的时间线与中国"二战"前后失去地区局势锚定力密切耦合。同期崛起的美国基于其离岸平衡的需求,于事实上递补成为本地区安全秩序类公共产品的提供者。美国并非一个最合适的提供者,这也是南海问题的另一重要原因。从当前中美相对实力发生重大变迁以及国际格局发生变革的大背景看,南海问题以及更为深层的国际海洋秩序竞争将在未来一段时间更加复杂。基于此,中国应提高对本地区的公共产品供给水平,在公共产品供给与经济合作平衡的基础上,成为经济与安全领域均衡发展的地区大国,南海问题由此也将获得真正的破解思路。

关键词:公共产品;南海;国际秩序

目　录

---

* 本文为作者主持的福建省法学会课题"21 世纪海上丝绸之路建设对南海争端的影响"[FLS(2015)D07]阶段性研究成果。

** 张相君,女,河南兰考人,福州大学法学院副教授,法学博士,福州大学智库"21 世纪海上丝绸之路核心区法律研究中心"负责人,主要研究方向为国际公法理论、国际海洋法。

（二）美国的公共产品供给及其对中国在南海地区作用的影响

二、问题的主要原因分析：基于公共产品理论的视角

（一）国际社会的公共产品以及美国的提供者角色

（二）中国为何需要重构公共产品提供能力

（三）中美提供公共产品形成的竞争

三、问题进一步复杂化：中美实力对比变迁可能引发的海洋秩序之争

（一）国际秩序变化与中美实力变迁的大背景

（二）南海仲裁“翻篇”之后的中美军力对抗演变可能

（三）中美之间的海洋规则对抗演变可能

四、问题的突破点：中国需要承担的国际公共产品责任

（一）国际公共产品的模式与内容更新

（二）基于21世纪海上丝绸之路建设对南海地区公共产品的提供

（三）建构性参与未来国际海洋秩序的演进：代结语

一、问题的提出：中美安全供给影响下的南海地区冲突与合作

根据国内外国际法学者以及国际关系学者对南海问题的研究，南海争端的表象和原因可以图1简要表示，其中纵轴表示争端涉及的国家范围，横轴表示争端的原因，四象限表示争端表象。

国内国际法学者的主流观点基本奠定于赵理海先生的论述之上，认为南海之争是图A点所在位置，即典型的权利“定分”之争：岛礁主权、海洋划界以及衍

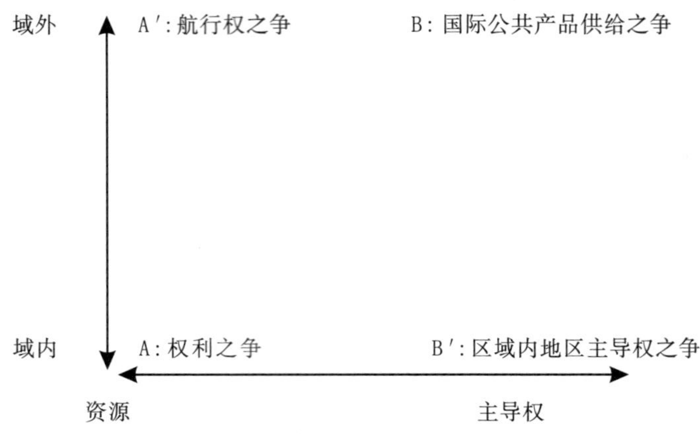

图1　学界对南海之争的探讨

生的海底自然资源归属之争。① 这和研究者的专业立场以及观察角度相关,也是法学研究者的专业自信和意义证成。其中被忽视或者被遮蔽的基本问题在于,这一"定分"之争的产生,恰恰是中国失去了地区局势锚定能力之时产生的;而且如果只是权利之争,则以国际司法途径解决是可选途径,为何研究者最终的结论都明显地偏好非司法或者政治解决途径。② 而且也是由于问题定性和问题解决路径之间的这种分歧,2013年菲律宾根据《联合国海洋法公约》附件7提出南海仲裁申请时,国内学界的应对显得有些仓促和措手不及。

国内国际关系研究者的观点遵从了国际法学者的观点,并认为以美国为代表的域外大国介入使得南海问题更加难以解决,③南海之争不仅是主权和

---

① 赵理海先生先是提出南海主要矛盾在南沙群岛、争议焦点是领土主权的观点,参见赵理海:《从国际法看我国对南海诸岛无可争辩的主权》,载《北京大学学报》(哲社版)1992年第3期;后进一步提出了南海划界问题,参见赵理海:《关于南海诸岛的若干法律问题》,载《法制与社会发展》1995年第4期;之后顾德欣明确提出南海问题集中于领土要求和划界,参见顾德欣:《南海争端中的海洋法适用》,载《战略与管理》1995年第6期。这一提法成为当前国际法研究者普遍接受的观点。关于台湾地区持有此类观点的,参见Shih-Ming Kao, Nathaniel S. Pearre, Potential Alternatives to the Disputes in the South China Sea: An Analysis, *China Oceans Law Review*, 2013, p. 264.

② 关于学者解决南海争端的观点述评,参见李忠林:《南海争端解决方案的学理分析》,载《世界经济与政治论坛》2016年第3期。

③ 王翔宇、黎文龙:《析南海问题中的美国因素》,载《贵州师范大学学报》(社科版)2001年第3期;王传军:《区外大国对南海地区的渗透及其影响》,载《当代亚太》2001年第11期。

划界之争，还是实力之争；[①]是中国和其他沿岸国家或者中美之间的地区主导权之争，[②]即图上 B′点位置所示。

国际上的国际法研究者认为，南海之争是权利之争，[③]其不同于国内学者的观点在于美国学者认为权利之争在区域内主要是经济性质的渔业资源以及油气资源之争，[④]还有更重要的中美航行权之争，[⑤]即 A′点位置所示。并基于此逻辑，力主通过国际司法途径解决南海问题。国际关系研究者则认为中国国家实力的演变影响着南海地区的局势，[⑥]南海之争是中美间地区主导权之争。[⑦]

基于对已有研究的检视，国内国际法研究者的主流观点问题有二：其一，研究仅着重于法律问题的一点而忽视此问题的整体性，由此与中国官方主张不符；其二，于法律逻辑上无法自证为何排除国际司法途径作为选择项。国际上的国际法研究者观点整体上忽视了中国的国家利益以及对本地区航行自由的维护，其中存在的尚为可取之处在于：南海周边国家所希望获得的是海域内的经济资源。国内外国际关系研究者提出的中国实力对南海争端的影响，以

---

① 李金明：《南海主权争端的现状》，载《南洋问题研究》2002 年第 1 期。

② 钟飞腾：《南海问题研究的三大战略性议题——基于相关文献的评述与思考》，载《外交评论》2012 年第 4 期；巩建华：《中国南海海洋政治战略研究》，载《太平洋学报》2012 年第 3 期。

③ Florian Dupuy and Pierre-Marie Dupuy, A Legal Analysis of China's Historic Rights Claim in the South China Sea, *American Journal of International Law*, Vol. 107, 2013, p. 124. See also Robert Beckman, The UN Convention on the Law of the Sea and the Maritime Disputes in the South China Sea, *American Journal of International Law*, Vol. 107, 2013, pp. 142-143.

④ Christopher Stock, The Underlying Economics of the South China Sea Conflict, *Baltimore Journal of International Law*, Vol. 3, 2015, p. 139.

⑤ James W. Houck, Nicole M. Anderson, The United States, China, and Freedom of Navigation in the South China Sea, *Washington University Global Studies Law Review*, Vol. 13, 2014, p. 441. 关于中国学者对于此观点的辩驳，参见 Yang, Zewei, The Freedom of Navigation in the South China Sea: An Ideal or a Reality, *Beijing Law Review*, Vol. 3, 2012, p. 137; Zhang, Xinjun, The Latest Developments of the US Freedom of Navigation Programmes in the South China Sea: Deregulation or Re-balance, *Journal of East Asia and International Law*, Vol. 9, 2016, p. 167.

⑥ Marwyn S. Samuels, *Contest for the South China Sea*, Methuen, 1982, p. 5.

⑦ Aaron L. Friedberg, *A Contest for Supremacy*, W. W. Norton & Company, 2011, pp. 1-6.

及南海争端作为一个问题谱系的说法,①都更具有现实意义。其不足则在于中国实力究竟意指为何,以及如何通过实力构建对南海争端的解决产生积极影响。

基于已有的丰富翔实的历史证据,研究者不但应该培养出对中国经略南海以及对岛礁无可辩驳主权的认识,还应该形成这样一个研究意识:中国历史上对南海形成的稳定经营和管辖,②是缘于当时对地区安全的绝对锚定能力。在中华朝贡体系与西欧主权国家体系正面遭遇并逐渐屈服于后者的过程中,具体的时间点是"二战"前后,周边其他国家趁机获取了一些利益,并获得美国作为地区安全公共产品提供者的支持;加之当时海洋法规则出现的区域划分和向海主张更多权益的趋势,这些国家看到以窃占岛礁为砝码获取利益的可能,③南海才由此出现纷争现象并延续至今。

(一)公共产品供给与南海地区冲突与合作之间的关系

南海出现纷争的时间点,与西欧主权国家体系和中华朝贡体系冲突结果开始显现,并从陆地蔓延至海洋的时间一致。此期间,20 世纪 20 年代发生过日本、法国以及中国就日本公司开采岛礁鸟粪的争议,④之后,法国、日本占据西沙以及南沙岛礁。⑤ "二战"结束后,基于《开罗宣言》以及《波茨坦公告》的签署,南海局势事实上趋于恢复稳定。

我们需要意识到这种稳定只是基于法律文本上的、脆弱的稳定,由于中国对地区安全供给的缺乏,这种稳定状态注定难以持久。地区秩序和安全的空白为同时期的超级大国美国所填补。作为战后最主要国际公共产品提供者,美国为实现在亚洲的利益,在韩国、日本、菲律宾、新加坡设立军事基地,与这

① 巩建华:《中国南海海洋政治战略研究》,载《太平洋学报》2012 年第 3 期。

② 傅崐成:《南(中国)海法律地位之研究》,台湾 123 资讯出版社 1995 年版,第 1 页,第 57~62 页。

③ Yann-huei Song & Stein Tønnesson, The Impact of the Law of the Sea Convention on Conflict and Conflict Management in the South China Sea, *Ocean Development & International Law*, Vol. 44,2013, pp. 238-239.

④ Marwyn S. Samuels, *Contest for the South China Sea*, Methuen, 1982, p. 3.

⑤ 傅崐成:《南(中国)海法律地位之研究》,台湾 123 资讯出版社 1995 年版,第 89~93 页。

些国家缔结防务合作协议；[①]与日本合作成立亚洲开发银行，使日元成为国际货币，将其他成员纳入《关税与贸易总协定》，由此在事实上成为本地区安全和秩序公共产品的提供者。由于其提供的产品与以往中国提供的产品不一致，导致接受者在接受相关产品时与既往体系持续出现冲突。在“二战”结束后的数十年间，南海地区沿岸国之间的军事冲突显得有些频发。[②] 提供安全产品的外部大国在南海显示了其存在。[③] 南海地区冲突表现为沿岸国之间的军事与非军事冲突，[④]以及域外大国与中国的冲突。[⑤]

中国在恢复经济建设和国家实力的过程中，天然地重视区域内的国家间合作并取得进展。根据《联合国海洋法公约》第 122 条和第 123 条的规定，南海属于半闭海。[⑥] 中国注意到半闭海国家的相关义务，即在协调生物资源养护、管理、勘探和开发上，以及保护海洋环境和协调科研政策上“应互相合作”。

---

① Ralf Emmers, Joseph Chinyong Liow, See Seng Tan, The East Asia Summit and the Regional Security Architecture, *Maryland Series in Contemporary Asian Studies*, No. 3, 2010, pp. 4-6.

② Peter Dutton, Three Disputes and Three Objectives: China and the South China Sea, *Naval War College Review*, Vol. 64, 2011, pp. 42-43, see also Yann-huei Song & Stein Tønesson, The Impact of the Law of the Sea Convention on Conflict and Conflict Management in the South China Sea, *Ocean Development & International Law*, Vol. 44, 2013, p. 239.

③ Amitai Etzioni, Who Authorized Preparations for War with China?, *Yale Journal of International Affairs*, Vol. 8, 2013, p. 39.

④ 关于中越之间的海战，参见 Marwyn S. Samuels, *Contest for the South China Sea*, Methuen, 1982, p. 1；关于马来西亚和越南由于外大陆架界线引起的争端，参见 http://www.un.org/depts/los/clcs_new/submissions_files/mysvnm33_09/chn_2009re_mys_vnm.pdf(May 7, 2009)；关于中越之间的冲突，参见 John D. Ciorciari & Jessica Chen Weiss, The Sino-Vietnamese Standoff in the South China Sea, *Georgetown Journal of International Affairs*, Winter/Spring, 2012, p. 61.

⑤ Liselotte Odgaard, Holding the Reign? The US and the Emerging Security Structure in South-East Asia, *Korean Journal of Defense Analysis*, No. 1, 1994, p. 6. 关于中美南海撞击事件，参见 Robert T. Kline, The Pen and the Sword: the People's Republic of China's Effort to Redefine the Exclusive Economic Zone through Maritime Lawfare and Military Enforcement, *Military Law Review*, Summer, 2013, p. 123.

⑥ Robert Beckman, The UN Convention on the Law of the Sea and the Maritime Disputes in the South China Sea, *American Journal of International Law*, Vol. 107, 2013, p. 143.

为积极履行条约义务，在美国布什政府时期由于反恐需要将国际战略重心转移至中东时，中国与南海周边各国的建构性努力进展较为顺利。①

事实表明，当域外大国对本地区安全秩序不再强行推行自己的模式时，南海的岛礁主权和划界争议并不会实质妨碍中国与南海周边国家的合作。相应地，如果南海问题仅仅是岛礁主权和划界问题，则其存在实不足为虑。而中国对地区局势锚定能力增强过程中，域外大国虽然有干涉也不能阻却中国与周边其他国家的合作。

重新审视图 1 并结合上文论述可知，南海问题其实是一个法律问题和政治问题交织的产物。本研究认为，南海问题的主轴是 AB，A′B′则是其附属影响。

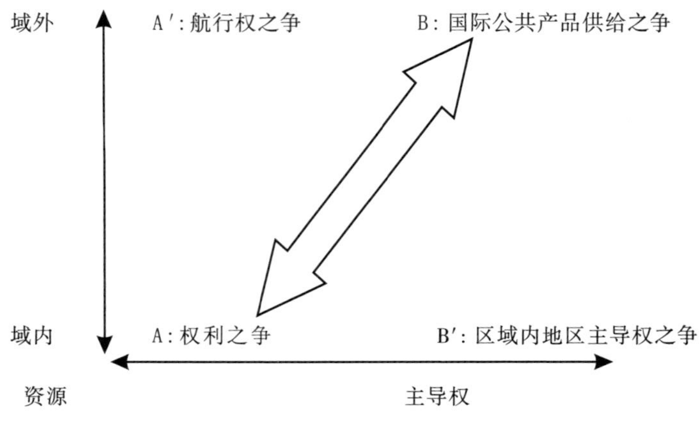

图 2　本研究的南海之争论点

① 关于此期间就南海问题达成的协议，参见 Serene Hung, China in ASEAN-Led Multilateral Forums, *Maryland Series in Contemporary Asian Studies*, Issue 2, 2006, p. 9. 关于中、越、菲三方在非传统全领域达成的合作，参见 Zou Keyuan, Joint Development in the South China Sea: A New Approach, *The International Journal of Marine & Coastal Law*, Vol. 21, 2006, p. 104. 关于中国-东盟海上合作基金的情况，参见康霖、罗亮：《中国-东盟海上合作基金的发展及前景》，载《国际问题研究》2014 年第 5 期，第 27～28 页。Limsira, Patthara, Thailand as an ASEAN-China Coordinator Country on the South China Sea Disputes, *Journal of East Asia and International Law*, Vol. 7, 2014, p. 559. 关于中国-东盟间合作对地区安全的效果，参见 Michael York, ASEAN's Ambiguous Role in Resolving South China Disputes, *Indonesian Journal of International Law*, Vol. 12, 2015, pp. 306-307.

如图2所示，政治性质的国际公共产品供给问题是釜底之薪；权利之争的法律问题是汤中之沸。意欲解决南海问题，法律途径可以适用并且有明显的适用边界；根本问题则在于如何以中国今后供给的更全面的公共产品取代美国所提供的区域公共产品，恢复中国对本地区的主导能力。

（二）美国的公共产品供给及其对中国在南海地区作用的影响

美国向本地区输出安全秩序产品的过程，与南海地区冲突与合作时间线之间具有明显关联。1974年中越西沙海战爆发时，正是中美关系改善之后不久。美国国务院针对此次冲突明确表态，争端应由争端方自行解决。① 分析者认为中国能顺利收复西沙群岛和美国的不选边站立场以及背后的希望和中国保持一定程度的合作政策密切相关。② 1988年中越南沙海战，也受此影响。此后，中国和菲律宾发生美济礁冲突时，美国澄清1951年《美菲共同防御条约》的适用时指出，条约并不自动适用于南沙岛礁，美国继续保持中立。③

虽然如此，中美关系亦愈加紧密，④但整体看，20世纪90年代中期后，美国对南海局势的立场从消极转向积极。⑤ 美国开始明确反对使用武力或威胁使用武力解决争议，并强调其在维护南海的和平与稳定上具有稳定利益。⑥ 1999年，美国时任国务卿奥尔布赖特女士表示，美国不能只是安坐旁观；同时，美国认为中国在南海的主张越来越积极，经济以及军事影响力也在提高，

---

① Y. Wang, Rethinking the South China Sea Issues: A Perspective of Sino-US Relations, *Pacific Focus*, Vol. 21, 2006, p. 112.

② Kamrul Hossain, The UNCLOS and the US-China Hegemonic Competition over the South China Sea, *Journal of East Asia and International Law*, Vol. 6, 2013, p. 120.

③ Kamrul Hossain, The UNCLOS and the US-China Hegemonic Competition over the South China Sea, *Journal of East Asia and International Law*, Vol. 6, 2013, p. 121.

④ Yann-huei Song, United States and Territorial Disputes in the South China Sea: A Study of Ocean Law and Politics, *Maryland Series in Contemporary Asian Studies*, Issue 1,2002, p. 226.

⑤ Kamrul Hossain, The UNCLOS and the US-China Hegemonic Competition over the South China Sea, *Journal of East Asia and International Law*, Vol. 6, 2013, p. 121. See also Lai To Lee, China, the USA and the South China Sea Conflicts, *Security Dialogue*, 2008, p. 35.

⑥ A. Espina, *Recent Development in the South China Sea and Prospects for Joint Development*, RCAPS Working Paper Series "DOJO", Ritsumeikan Asia Pacific University, Vol. 24, 2013.

这影响了其一直致力维持的地区均势。① 也是在这一年，美菲达成《访问部队协定》(Visiting Forces Agreement)，美国恢复对菲律宾的常规军事联系，包括军舰访问以及联合军事演习。美国立场转向积极之后不久，中美间发生了南海撞机事件并引发外交危机。

2001年美国"9·11"恐怖袭击事件后，美国战略重心转移至中东，南海在美国的外交地位明显下降。2008年，美国国防大学的几位学者提出，美国的重心转移使得其忽视了本地区。结合中国与周边各国的合作事实看，地区内影响力均势的确发生了改变，而这种改变偏向于利于中国。这些学者提出，美国如果不对此作出回应，将损及美国利益。美国可以欢迎中国在区域内的建设性作用，但同时应确保美国亚洲目标的全方位实现。② 美国的亚洲再平衡战略开始实施。此后即发生了前文提及的冲突频仍现象。

美国对南海的立场取决于其对外关系中亚洲战略的地位。美国继承了欧洲时代处理国际关系的逻辑：保持国家间均势并试图充当离岸平衡手的角色，③不允许欧亚大陆出现任何一个具有霸权地位的国家。④ 当这一制衡无法实现时，美国就要以支持盟友或者亲自下场的方式寻求亚洲地区各方影响力的平衡。美国在与苏联交恶时改善对华关系、在中国日渐强大时强化其与日韩以及东南亚各国的联系，均基于此逻辑。

不仅如此，美国还试图突破欧洲时代的平权型国际关系，以贸易自由化以及军事同盟化形成核心国家对边缘国家的权力序差。美国向地区内提供的公共产品，经过数十年的演进和强化形成一定的制度韧性和惯性。由于美国是域外大国，其在本区域内的利益以及对亚洲的均势要求，不足以促使其成为合格的地区公共产品提供者，这也是当前南海问题持续复杂化的更为深层次的原因。

---

① Aaron L. Friedberg, Bucking Beijing: An Alternative US China Policy, *Foreign Affairs*, Vol. 91, 2012, p. 48.

② Ellen L. Frost, James J. Przystup, and Phillip C. Saunders, China's Rising Influence in Asia: Implications for US Policy, *Strategic Forum*, No. 231, 2008, p. 1. See also Aaron L. Friedberg, Bucking Beijing: An Alternative US China Policy, *Foreign Affairs*, Vol. 91, 2012, p. 49.

③ [美]约翰·米尔斯海默：《大国政治的悲剧》，王义桅、唐小松译，上海人民出版社2003年版，第2、54页。

④ Aaron L. Friedberg, Bucking Beijing: An Alternative US China Policy, *Foreign Affairs*, Vol. 91, 2012, p. 50.

二、问题的主要原因分析：基于公共产品理论的视角

（一）国际社会的公共产品以及美国的提供者角色

上文提及的公共产品虽然在国际社会长期存在，其理论产生却较为晚近。其经典定义来自塞缪森：每个人消费这种物品或劳务不会导致别人对该种产品或劳务的减少。① 基于公共产品的基本特征：效用不可分、消费的非竞争，以及受益不可排他，通常认为公共产品不可能由市场有效提供，必须由政府予以提供；政府向产品使用者征收税款以获得对价。②

此理论用于解释国际问题时会暴露出其局限：国际社会的公共产品提供者不能直接向使用者征税，无法获得对价，因此会出现国际公共产品供给中的"恃弱凌强"现象。③ 现实主义学派的霸权稳定理论提出者在试图弥补此局限时提出，霸权国家通过提供国际公共产品获取的利益可能以及具有的现实提供能力，会促使其自愿成为国际公共产品的提供者，其提供的内容包括安全、秩序、机制、平台、汇率稳定、基础科学知识等，④提供的范围则包括区域和全球。

前文提及的军事同盟、经济合作以及货币合作，使得美国在本地区成为最重要的公共产品提供者。通过将各国纳入与美国存在权力差序的机制和体系下，本地区许多国家逐渐成为所提供公共产品的接受者以及对其能力的依赖者。

随着中国日渐强大以及对地区局势主导能力的恢复，⑤中国意图实现的区域局势与美国试图保持的权力差序机制目标之间，出现越来越大的分歧。

---

① Paul Samuelson, The Pure Theory of Public Expenditure and Taxation, *The Review of Economics and Statistics*, Vol. 36, 1954, p. 387.

② P. B. Anand, *Financing the Global Public Goods*, UNU World Institute for Development Economics Research, 2002, p. 1.

③ Timothy Meyer, Global Public Goods, Governance Risk, and International Energy, *Duke Journal of Comparative & International Law*, Vol. 22, 2012, p. 319.

④ Scott Barrett, *Why Cooperate: The Incentive to Supply Global Public Goods*, Oxford University Press, 2007, p. 1.

⑤ Ellen L. Frost, James J. Przystup, and Phillip C. Saunders, China's Rising Influence in Asia: Implications for US Policy, *Strategic Forum*, No. 231, 2008, p. 1.

美国感受到其传统影响力受到了来自中国影响力的抵消。① 换言之,美国作为全球主要的公共产品提供者,在东亚地区遭遇到中国日渐提供的地区性公共产品的竞争甚至替代。

(二)中国为何需要重构公共产品提供能力

中国对实现国家复兴具有明确的规划,这些规划随着中国对地区影响力以及重塑国际秩序能力日增,②为外界逐渐感知。中国成为亚洲许多国家的最重要贸易伙伴,并且积极参与地区合作和自由贸易区的构建。相应的,中国开始日渐恢复对本地区的公共产品供给。

在这种供给过程中,中国面临为何要提供公共产品的问题。经常可见的理由包括:其一,存在公共问题或公共利益就意味着必须合作。根据奥尔森在《集体行动的逻辑》一书中所指出的,公共利益的存在并不必然导致合作。③其二,大国愿意提供国际社会的公共产品,因为这也有利于大国各种利益的实现。但这等于将国际社会的共同需求置于某一个国家身上,由此会出现供给不足或赤字现象,而且大国也将由于将资源用于提供公共产品而在与其他国家的经济发展竞争中处于不利地位。④

排除上述两种解释,一个可接受的解释是由于当前国家间相互依赖日渐深广,⑤以及由于这种相互依赖对大国产生的影响。相互依赖的国家间关系的基本特征是国家与国际社会之间的相互影响和渗透力大大增强,一国的政治决策和治理会越来越影响国际社会,国内政治对国际冲突或合作会产生外溢效应;⑥国际力量对国内政治经济变迁会产生影响,也可称为国际制度对一

---

① Stewart Patrick, Irresponsible Stakeholders? The Difficulty of Integrating Rising Powers, *Foreign Affairs*, Vol. 89, 2010, p. 46.

② See Aaron L. Friedberg, *A Contest for Supremacy*, W. W. Norton & Company, 2011, preface, XV.

③ [美]曼瑟尔·奥尔森:《集体行动的逻辑》,陈郁等译,上海人民出版社 1995 年版,第 2 页。

④ Paul Kennedy, *The Rise and Fall of the Great Powers*, Unwin Hyman Limited, 1988, xvi.

⑤ [美]罗伯特·基欧汉、约瑟夫·奈:《权力与相互依赖》,门洪华译,北京大学出版社 2002 年版,第 3 页。

⑥ [美]罗伯特·基欧汉:《霸权之后:世界政治经济中的合作与纷争》,苏长和等译,上海人民出版社 2001 年版,译序第 4 页;苏长和:《全球公共问题与国际合作——一种制度的分析》,上海人民出版社 2009 年版,第 5 页。

国内部事务的制约。其共同作用的结果,就是国际社会公共产品问题越来越突出。①与此相对的,是公共产品提供不足或者说赤字问题。② 这种不足或赤字,通常对新兴大国最为不利。其根本原因在于既有大国在充当公共产品提供者角色时,往往随之塑形有利于自身的国际秩序图景以及具体国际规则;此国际秩序和规则对新兴大国既有利又会形成制衡,其临界点在于新兴大国是否开始追求有利于自己的国际秩序图景和国际规则。

中国正是处于此临界点上的一个新兴大国,或者说复兴大国,由此在国际秩序上继续搭便车已经行不通。③ 如果不积极提供该区域以及全球公共产品,许多时候就会授柄于人以及受制于人。可以说,中国提供这些公共产品的根本原因在于中国的变化。④

(三)中美提供公共产品形成的竞争

美国在奥巴马政府时期提出的重返亚洲或者亚洲再平衡策略,⑤基础在于美国对中国在地区内的作用日渐加大越来越不安。美国许多分析人士认为,随着中国实力尤其是海军实力的增强,中国必然隐藏着某些不合法意图。⑥ 中国军事实力增强,导致邻国的不安全感增强,以及为消除此不安全感也随之提升军事实力的举动,更成为国际关系安全困境的实例。⑦

---

① Todd Sandler, Financing International Public Goods, in *International Public Goods: Incentives, Measurement, and Financing*, edited by M. Ferroni et al. (ed.), Kluwer Academic Publishers, 2002, p. 81.

② Scott Barrett, *Why Cooperate: The Incentive to Supply Global Public Goods*, Oxford University Press, 2007, p. 1.

③ Elizabeth C. Economy, The Game Changer, Coping with China's Foreign Policy Revolution, *Foreign Affairs*, Vol. 89,2010, p. 43.

④ Elizabeth C. Economy, The Game Changer, Coping with China's Foreign Policy Revolution, *Foreign Affairs*, Vol. 89,2010, p. 42.

⑤ Ronald O'Rourke, Congressional, Research Service R. 42784, *Maritime Territorial and Exclusive Economic Zone (EEZ) Disputes Involving China: Issue for Congress*, Vol. 41, 2013, p. 16. See also Aaron L. Friedberg, Bucking Beijing: An Alternative US China Policy, *Foreign Affairs*, Vol. 91, 2012, p. 51.

⑥ Denny Roy, *Return of the Dragon: Rising China and Regional Security*, Columbia University Press, 2013, chap. 4.

⑦ John H. Herz, Idealist Internationalism and the Security Dilemma, *World Politics*, Vol. 2,1950, pp. 171-201.

中国崛起以及所采取的一系列行动，被不乏其人的新经典现实主义解读为愤愤不平的新大国谋求势力范围、威胁邻邦、恶化地区安全的举动。① 不可避免地，地区内其他较弱小的国家要寻求一个足以制衡中国的大国。美国在“二战”后成为亚太地区最强大的国家，②并且承担了东亚地区安全供给的责任。中美由此进入了一种复杂的关系状态。尤其是2008年经济危机以来，美国认为中国的言行举止越来越强势，对外界要求的经济和人权改革声音具有更大抵制力量，更公开地展示军事实力，更直接警告周边邻国，更主动地以经济力量为杠杆实现外交目的，更公开地挑战美国在亚洲以及世界的长久领导地位。③ 基于美国对中国采取的接触与制衡政策，④在中美关系上，有人解读为霸权转移，有人解读为美国对中国遏制，也有人认为美国允许中国在国际法框架内的和平崛起和竞争。⑤

无论如何解读，中美之间存在不可避免的竞争已经得到越来越多研究者的认可，并且成为国际政治现实。⑥ 南海是一个最适合二者竞争的场所，⑦也因此成为近年来局势最为不稳的区域。在这种不稳定局势中，美国通过指责中国违反国际法，试图将中国的形象塑造为地区内的麻烦制造者以及平衡破

---

① Denny Roy, *Return of the Dragon: Rising China and Regional Security*, Columbia University Press, 2013, introduction.

② Denny Roy, *Return of the Dragon: Rising China and Regional Security*, Columbia University Press, 2013, chap. 3.

③ Aaron L. Friedberg, *A Contest for Supremacy*, W. W. Norton & Company, 2011, XVI.

④ Aaron L. Friedberg, Bucking Beijing: An Alternative US China Policy, *Foreign Affairs*, Vol. 91, 2012, p. 48.

⑤ Denny Roy, *Return of the Dragon: Rising China and Regional Security*, Columbia University Press, 2013, chap. 3.

⑥ Aaron L. Friedberg, *A Contest for Supremacy*, W. W. Norton & Company, 2011, preface.

⑦ Kamrul Hossain, The UNCLOS and the US-China Hegemonic Competition over the South China Sea, *Journal of East Asia & International Law*, Vol. 6, 2013, p. 124.

坏者。这些指责包括中国在南海谋求非为国际法支持的过大主张、①驱逐他国渔民、②限制海洋自由、③阻碍地区合作,④以及破坏生态环境。⑤

与美国对中国这些指责相一致的,是美国持续派出军事船舰进入南海地区进行实际作业与航行,以及与中国开始就海上和空中军事船舶飞机相遇进行谈判等。这实际上也正是其自卡特政府时期起实行的全球航行自由计划内容:外交抗议、与相关沿岸国代表会谈、进入相关区域开展实际作业或行动。⑥

因此,我们看到中美双方就有关专属经济区内的军事活动合法性展开了激烈辩论。从国际法角度看,美国基于《海洋法公约》第 58 条以及第 87 条的依据似乎更有说服力;而且从国家实践角度看,真正有能力在其他国家专属经济区进行军事测量或其他活动的国家,包括美国、俄罗斯、澳大利亚、南非、英国以及中国,⑦都不会通知沿岸国;从公约谈判历史看,专属经济区内军事活

---

① Commander Dustin E. Wallace, An Analysis of Chinese Maritime Claims in the South China Sea, *Naval Law Review*, Vol. 63, 2014, p. 128.

② Andreas Zimmermann, Navigating through Narrow Jurisdictional Straits: The Philippines-PRC South China Sea Disputes and UNCLOS, *Law and Practice of International Courts and Tribunals*, Vol. 12, 2012, p. 453.

③ Jonathan G. Odom, A China in the Bull Shop? Comparing the Rhetoric of a Rising China with the Reality of the International Law of the Sea, *Ocean and Coastal Law Journal*, Vol. 17, 2012, p. 228.

④ Christopher Linebaugh, Joint Development in a Semi-Enclosed Sea: China's Duty to Cooperate in Developing the Natural Resources of the South China Sea, *Columbia Journal of Transnational Law*, Vol. 52, 2014, p. 545.

⑤ Aviana Cooper, South China Sea Taker: Destroying Fisheries and Creating Economic Dead-Lands for Surrounding Coastal States, *University of Baltimore Journal of International Law*, Vol. 4, 2015-2016, p. 165.

⑥ Dennis Mandsager, The US Freedom of Navigation Program: Policy, Procedure, and Future, *International Law Studies*, Vol. 72, 1998, p. 113, 118.

⑦ Joe Baggett & Raul (Pete) Pedrozo, *Briefing for Center for Naval Analysis Excessive Chinese Maritime Claims Workshop*, Vol. 20, Aug. 7, 2013, p. 6. Florian Dupuy & Pierre-Marie Dupuy, A Legal Analysis of China's Historic Rights Claim in the South China Sea, *American Journal of International Law*, Vol. 107, 2013, p. 124.

动是允许的。[①] 但从深一层次的角度看，美国试图实现的，是其对全球海洋秩序的主导，以及对其作为全球海洋领域内公共产品提供者和决定者地位的维护。简言之，美国基于其超乎寻常强大的军事实力，数十年来派遣军舰进入其认为是国际海域的区域内开展行动，也是对其所追求的权力差序国际结构的强化。"斯诺登事件"的爆发，也证实了这一点。

基于此，由于中美竞争而发生的冲突进入国际司法领域，出现美国主导的菲律宾诉中国的国际仲裁案实在不足为奇。因为全球化造成的国家间依赖以及核武器带来的绝对战争可能性，大国间战争几乎不可想象。[②] 这一点在"二战"后的国际关系学者中基本上是共识，包括汉斯·摩根索、[③]查尔斯·蒂利等学者均认同。[④] 但这并不意味着大国冲突消失，冲突于一定程度上从热战转变成了国际法领域的角斗。

中美之间的分歧和冲突，归根结底是中国对地区秩序以及安全公共产品提供能力在增强，并已经形成对美国所供给产品的竞争。双方在这一点上，存在根本的利益不一致。[⑤] 因此，美国产生了一种微妙且自我矛盾的心态，一方面似乎应该接受中国成为强国并对东亚地区产生绝对影响。但另一方面，美国对中国始终处于西式"自由民主"体制之外感到不安，而且美国也不可能自愿放弃多年来实行的平衡策略，从亚洲撤出。[⑥]

---

① James W. Houck, Nicole M. Anderson, The United States, China, and Freedom of Navigation in the South China Sea, *Washington University Global Studies Law Review*, Vol. 13, 2014, pp. 446-447.

② Randall Schweller, Emerging Powers in an Age of Disorder, *Global Governance*, Vol. 17, 2011, p. 286.

③ Hans Morgenthau, *Politics among Nations: The Struggle for Power and Peace*, Knopf, 1948, pp. 292-305.

④ Charles Tilly, *Coercion, Capital and European States AD* 990-1990, Basil Blackwell, 1990, p. 67.

⑤ Aaron L. Friedberg, Bucking Beijing: An Alternative US China Policy, *Foreign Affairs*, Vol. 91, 2012, p. 50.

⑥ Aaron L. Friedberg, Bucking Beijing: An Alternative US China Policy, *Foreign Affairs*, Vol. 91, 2012, p. 51.

三、问题进一步复杂化：中美实力对比变迁可能引发的海洋秩序之争

（一）国际秩序变化与中美实力变迁的大背景

当前，后冷战时代的单极国际格局正在发生重大变化的观点已成为学界共识。[①] 从世界范围看，财富与权力从北方和西方转移至南方与东方，欧美主导的国际格局正让位于非欧美新兴大国参与的国际格局。[②] 美国从影响力巅峰衰退之后的过程中，[③]中国被认为是未来国际格局变革的最大动能之一，[④]甚至可能随着中国的崛起或复兴，国际社会将进入中美共存的双极时代，[⑤]或

---

① William W. Burke-White, Power Shifts in International Law: Structural Realignment and Substantive Pluralism, *Harvard International Law Journal*, Vol. 56, 2015, p. 15.

② G. John Ikenberry, Internationalism after America, *Foreign Affairs*, Vol. 90, 2011, p. 56.

③ Charles Krauthammer, The Unipolar Moment, *Foreign Affairs*, Vol. 70, 1990-1991. For an introduction to unipolarity, see Robert Jervis, Unipolarity: A Structural Perspective, *World Politics*. Vol. 61, 2009. Some have argued that Europe represents a second pole in the current political order. See Andrew Moravcsik, Europe: Rising Superpower in a Bipolar World, in *Rising States, Rising Institutions: Challenges for Global Governance*, edited by Alan S. Alexandroff & Andrew F. Cooper(ed.), 2010. p. 191. For the debate over the durability of this order, see Christcpher Layne, The Unipolar Illusion Revisited: The Coming End of the United States' Unipolar Moment, *International Security*, Vol. 31, 2006, p. 7; William Wohlforth, The Stability of a Unipolar World, *International Security*, Vol. 24, 1999, p. 5, 8.

④ 王逸舟：《关于国际格局变迁与中国和平崛起的两点看法》，载《现代国际关系》2014 年第 7 期。

⑤ See generally Noah Feldman, *Cool War: The Future of Global Competition*, Random House, 2013; Aaron L. Friedberg, *A Contest for Supremacy*, W. W. Norton & Company, 2011.

者中国、美国、欧盟、俄罗斯以及新兴大国集团各为一极的多极时代。① 无论在哪种预想中,中国都是其中重要一极。其原因则在于中美间相对实力在进入 21 世纪之后发生的变化。

表 1　2002 年世界主要国家 GDP 对比

(单位:10 亿美元)

国别	GDP(排名)	对美国 GDP 占比	对世界 GDP 占比
美国	10977.51(1)	——	32.00%
日本	4115.12(2)	37.5%	12.00%
德国	2079.14(3)	18.9%	6.10%
英国	1757.57(4)	16.0%	5.10%
中国	1470.55(5)	13.4%	4.29%

表 2　2017 年世界主要国家 GDP 对比

(单位:10 亿美元)

国别	GDP(排名)	对美国 GDP 占比(↑↓)	对世界 GDP 占比(↑↓)
美国	19390.60(1)	——	24.00%(↓)
日本	4872.14 (3)	25.1%(↓)	6.04%(↓)
德国	3677.44 (4)	19.0%(↓)	4.56%(↓)
英国	2622.42 (5)	13.5%(↓)	3.25%(↓)
中国	12237.70(2)	63.1%(↑)	15.17%(↑)

数据来源:世界银行②。

① See, Christcpher Layne, The Unipolar Illusion Revisited: The Coming End of the United States' Unipolar Moment, *International Security*, Vol. 31, 2006, p. 5, 7, arguing that "the 'unipolar moment' ... will give way to multipolarity"; Kenneth Waltz, Structural Realism after the Cold War, *International Security*, Vol. 25, 2000, p. 5, 34, noting that "sooner or later, usually sooner, the international status of countries has risen in step with their material resources". For a view suggesting China has not yet developed the profile of a major global power, see generally David Shambaugh, *China Goes Global: The Partial Power*, Oxford University Press, 2013. 苏长和:《从历史维度认识国际秩序的演进》,载《现代国际关系》2014 年第 7 期。

② 数据中 GDP 均以现价美元计,http://databank.worldbank.org/data/download/GDP.pdf,下载日期:2018 年 7 月 2 日。

从表1、表2可知，中国经济的快速发展，使得中美经济差距日渐缩小。① 以及，实现对美国国家间经济差距缩小且能保持这种缩小趋势的，只有中国。亦且，基于中美GDP增长率看，中国在未来10年左右的时间点上，有很大概率会成为世界第一经济体。另外还有一个关键的数值是工业或者说制造业总值的变化。中国的工业总产值从2011年起超过美国成为世界第一。② 这一数值之所以关键，是因为我们所处的发展阶段本质仍然是工业文明阶段。也是基于此，有相当一批国际关系学者认为未来国际社会会进入两极时代而不是多极时代。③

从军事实力看，美国的军事力量仍然最强大，优势十分明显。④ 而新兴国家中只有中国的军事实力得到扩张。目前来看，军费开支超出1000亿美元的国家只有美国和中国，当然美国军费是中国军费的4～5倍。⑤ 从密歇根大学开发出的国家战争能力综合指数内容看，⑥即从军费开支、常备军数量、能源消耗、钢铁产量、城市人口以及总人口六个方面衡量，中国都具有强大的实力。

从国家软实力看，根据学者的分析，软实力首先依附和产生于硬实力，其自身不足以产生变革国际秩序或结构的能力；⑦其次，软实力主要依靠吸引和劝说获得他人的认同感，体现为一国国际吸引力、国际动员力和政府国内动员

---

① Aaron L. Friedberg, *A Contest for Supremacy*, W. W. Norton & Company, 2011, preface.

② 人民网.中国工业产值超美国26%取代其成头号制造国，http://finance.people.com.cn/n/2013/0904/c1004-22803247.html，下载日期：2018年6月15日。

③ Paul Kennedy, *The Rise and Fall of the Great Powers*, Unwin Hyman Limited, 1988, p. 2.

④ Barry Posen, Command of the Commons: The Military Foundations of US Hegemony, *International Security*, Vol. 28, 2003, p. 5.

⑤ 美国2017财年国防预算为5827亿美元，http://www.janes.com/article/57655/pentagon-budget-2017-carter-previews-usd582-7-billion-defence-budget；中国2017年国防预算为1510亿美元，http://www.janes.com/article/68524/china-announces-7-increase-in-2017-defence-spending，下载日期：2018年1月3日。

⑥ Correlates of War, National Material Capabilities Dataset (v. 4.0), http://www.correlatesofwar.org/data-sets/national-material-capabilities/national-material-capabilities-v4-0，下载日期：2018年6月15日。

⑦ Robert Jervis, Unipolarity: A Structural Perspective, *World Politics*, Vol. 61, 2009, p. 192.

力的总和。[①] 虽然小布什时代的对伊战争被认为是对美国软实力的一次破坏性消耗,但美国在软实力上的优势依然明显。2008 年,中国的软实力大约是美国软实力的 1/3;从至今的变化上看,中国在软实力的量化上或许众说纷纭,但整体上升是一个事实。

基于此可知,中美之间实力对比发生了重大变化。这一变化最终是否会以国际秩序上的权力更迭为结果,仍有待观察。但国际格局正在变化是不容忽视的事实。中美间竞争是源于驱动国际体系结构性变化的动力而形成的。[②] 尤其进入 2016 年,英国脱欧、美国特朗普当选、意大利修宪公投失败等事件的发生,都标志着欧美正在放弃"二战"后积极推行的全球化语言,以及开始背弃促成全球化的规则和体系。美国在多边贸易立场上的动摇,更昭示着这些以战后规则和体系建设者与维护者、国际法的守诺者自诩的国家,也会成为规则的破坏者。

这一情势继续演化,我们会发现以往预测国际秩序变化的研究者们所秉持的前提:发达国家作为自由国际秩序的坚定维护者,就不再成立。既有大国的角色是复合的:有时候是维护者,有时候是破坏者,有时候是沉默者;新兴大国角色也是如此。二者交互作用下,未来国际社会可预期的一点,就是规则和秩序会衰减,混乱与无序会增多。

未来国际社会中,中美之间的竞争和冲突演变成正面战争的可能性很低,而其演变成非战争对抗的可能性则非常高。基于此,南海在未来相当一段时间仍将是冲突和矛盾的演练场。这种冲突和矛盾既会呈现为军力对抗,也会呈现为法律规则对抗。此二者有时候相互支持,有时候相互牵制,有时候各行其是。[③] 国际法规则中,海洋法规则受国家军事实力影响较大,[④]贸易规则受国家经济实力影响较大,[⑤]知识产权与网络安全受一国技术实力影响较大。这几方面,中美间经济和军事领域的实力对比变化在快速发生,技术实力变化

① 参见阎学通:《中美软实力比较》,载《现代国际关系》2008 年第 1 期。

② Aaron L. Friedberg, *A Contest for Supremacy*, W. W. Norton & Company, 2011, p. 1.

③ Joel P. Trachtman, Integrating Lawfare and Warfare, *Boston College International and Comparative Law Review*, Vol. 39, 2016, pp. 267-268.

④ John J. Chung, The Role of Naval Power in the Development of Customary International Law, *Quinnipiac Law Review*, Vol. 34, No. 1, 2015, pp. 39-44.

⑤ 参见徐崇利:《软硬实力与中国对国际法的影响》,载《现代法学》2012 年第 1 期。

正在开始发生。据此看,海上非战争的军力对抗以及规则竞争都将成为常态。

(二)南海仲裁"翻篇"之后的中美军力对抗演变可能

南海仲裁的"翻篇"以及中菲关系的改善,并未也不会让南海区域进入长久的和平稳定。① 这一则说明南海仲裁在国际法上的无效,二则说明南海仲裁背后的中美海上军事实力竞争的复杂和长期性。

21 世纪之前,美国海军力量足以对中国形成单方面压制。尽管如此,美国两位颇有影响力的军事战略家安德鲁·马歇尔以及安德鲁·科瑞品维奇,自 20 世纪 90 年代起即开始提示美国要注意中国的实力以及侵略性意图。美国军方认同此观点,并自 2011 年起实行了 ASB(Air Sea Battle)行动,即空军和海军力量联合行动,以实现在所有作训领域(包括空中/海上/陆地/太空以及网络空间)均能协同。基于此,美国对华的长期情报搜集、军事巡航以及侦察都将持续下去。

ASB 引发的中美反应都很激烈。美国陆军以及海军陆战队因预算削减产生不满,分析者认为此计划可能引发军备竞赛,美国军方也提出了替代方案;中国军方表示中国人民解放军不得不实行反 ASB 计划。有研究者指出,中美之间因此出现海上冲突以及危险海军事故的可能性会上升。②

虽然美国对中国的绝对军事优势依然存在,并认为中国军方依然算不上具有全球投送力以及责任的"蓝海"海军,③中国在本地区的军事实力上升却是事实。基于美国所认为的中国海洋利益及主张与其不一致、④中国在南海相关岛礁布置武器防御系统、⑤中国台湾当局在太平岛部署预警雷达阵、⑥美

① 参见金灿荣:《南海仲裁案后中国面临的压力与应对之道》,载《太平洋学报》2016 年第 7 期。

② Amitai Etzioni, Who Authorized Preparations for War with China?, *Yale Journal of International Affairs*, Vol. 8, 2013, pp. 41-42.

③ Raul(Pete) Pedrozo, The US-China Incidents at Sea Agreement: A Recipe for Disaster, *Journal of National Security Law & Policy*, Vol. 6, 2012, p. 209.

④ Raul(Pete) Pedrozo, The US-China Incidents at Sea Agreement: A Recipe for Disaster, *Journal of National Security Law & Policy*, Vol. 6, 2012, p. 209.

⑤ 参见外交部 2016 年 12 月 15 日例行记者会报道,http://www.fmprc.gov.cn/web/fyrbt_673021/jzhsl_673025/t1424499.shtml,下载日期:2018 年 6 月 15 日。

⑥ 参见国务院台办新闻发布会辑录(2016-10-26),http://www.gwytb.gov.cn/xwfbh/201610/t20161026_11604530.htm,下载日期:2018 年 6 月 15 日。

国与中国台湾地区军事交流可能升级,[①]以及中国可能由于控制南海而获得战略核潜艇基地等事实,[②]中美之间在南海的军力对抗事件将会可预期地增多。2016 年中方在南海相关水域捕获水下无人潜航器事件,不会孤立发生。

可能继续发生的军力对抗,除了美方重复甚至强化以前的联合军演、抵近侦察、进入岛礁 12 海里等,[③]不排除基于与中国台湾地区军事交流升级背景下的军事行动可能。中国基于南海岛礁建设以及武器布防,不排除宣布划定南海上空防空识别区可能。

(三)中美之间的海洋规则对抗演变可能

除了军力对抗,中美之间的海洋规则对抗也将持续且频繁发生。国际海洋规则的发展,对有全球投送力意图的海军以及空军的行动依据和范围会产生实际影响。基于美国认为中国对全球海洋秩序的预想与其不一致的前提可知,中美之间的南海军力对抗必然与法律规则对抗相伴生。

根据美国学者的定义,法律规则对抗是指利用或误用法律以替代传统军事途径达成战争目的的策略,[④]或者更为宽泛的法律与战争共同作用的途径。[⑤] 其要义在于,基于本国利益需求而具有的法律规则制定权和操控力。

美国作为以海权立国的国家,对全球的海洋秩序要求是尽可能广袤的自由海域,[⑥]以此实现其保有的最强大海军全球范围的机动和调度,以及对陆地目标的威慑,进而实现美元作为国际货币的自由流出或流入。中国目前对海

---

① 参见外交部 2016 年 12 月 2 日例行记者会报道,http://www.fmprc.gov.cn/web/fyrbt_673021/jzhsl_673025/t1421110.shtml,下载日期:2018 年 6 月 15 日。

② 参见金灿荣:《南海仲裁案后中国面临的压力与应对之道》,载《太平洋学报》2016 年第 7 期。

③ 参见韦宗友:《解读奥巴马政府的南海政策》,载《太平洋学报》2016 年第 2 期。

④ Charles J. Dunlap, Jr., Lawfare Today and Tomorrow, *International Law and the Changing Character of War*, Raul(Pete) Pedrozo & Daria P. Wollschlaeger (ed.), Naval War College Press, 2011, p. 315. 乔良与王湘穗合著的《超限战》于 1999 年出版时,也提到非军事战争中的种类包括把握先机创立规则的国际法战。参见乔良、王湘穗:《超限战》(15 周年纪念版),长江文艺出版社 2014 年版,第 73 页。

⑤ David Kennedy, *Of War and Law*, Princeton University Press, 2006, p. 125.

⑥ Kristina Daugirdas & Julian Davis Mortenson, United States Conducts Naval Operation within Twelve Nautical Miles of Spratly Islands in the South China Sea, Prompting Protests from China, *American Journal of International Law*, Vol. 110, 2016, p. 120.

洋秩序的需求，一则在于南海成为战略核潜艇基地；二则在于全球范围内，尤其是21世纪海上丝绸之路沿线港口串联的航线安全和畅通。以此保障中国在东亚地区的利益，以及中国继续作为全球贸易秩序稳定器的作用得以发挥。基于此，中美之间的海洋规则对抗有可能会发生在如下几个方面。

其一，从国家实践层面看，美国在南海地区的军事测量、抵近侦察、情报收集以及军事演习，将会继续在上空、水面以及水体组成的立体空间内发生，甚至因其强化与中国台湾地区的军事交流而更具压迫性。美国虽未加入《联合国海洋法公约》，但对国际海洋法规则的演进一直密切关注，并连续数十年派遣军舰进入美国认为存在过度向海主张的国家沿岸海域进行作业，以形成国际法上所要求的“持续公开反对”某一规则，避免其成为国际习惯法。[①] 2015年，美国导弹驱逐舰“拉森号”进入渚碧礁和美济礁12海里的事件，正是这样一个事例。其国际法意义在于影响有关海洋区域法律制度的发展，尤其是在专属经济区的军事测量以及情报搜集等活动是否符合国际法仍存在争议的情形下，美国在南海地区的此类活动是可预期的。

其二，从国际司法途径看，国际法院、国际常设仲裁院、国际海洋法庭作为解决海洋争端的可选国际司法机构，所解决的海洋类纠纷不涉及超级大国之间以及超级大国与大国之间的争端。冷战时期，美苏之间发生的激烈海上对抗行为最终是以双方缔结《海上事故协议》为结果，[②]任何一方也未曾启动国际司法程序对抗另一方。美国曾利用国际法院解决与苏联之间纠纷的事例，是通过联合国向国际法院提交咨询意见的申请方式。在解决中美之间的冲突上，虽然也不可能完全排除这种方式，但基于国际法院一直避免沦为大国利益角斗场的谨慎态度，采用这种方式的可能性也还是很低。毕竟，一旦涉及与国际政治密切相关的争端，即便国际司法机构有能力明确区分法律问题和政治问题，却依然难免让人认为该机构已经成为国际政治斗争的工具。这也将毁坏国际法院多年来努力维护的积极形象——成为各国信赖的司法解决场合。

基于菲律宾在仲裁结束后已经明显转变其在中美之间的立场，美国继续

---

① Joshua L. Root, The Freedom of Navigation Program: Assessing 35 Years of Effort, *Syracuse Journal of International Law and Commerce*, Vol. 43, 2016, pp. 321-322.

② Raul(Pete) Pedrozo, The US-China Incidents at Sea Agreement: A Recipe for Disaster, *Journal of National Security Law & Policy*, Vol. 6, 2012, pp. 207-208.

鼓动南海周边国家利用国际司法途径在南海施压的可能性大大降低。但东海方向上,利用国际司法机构介入中国与日本之间岛礁主权以及划界争端的可能性仍然存在。

其三,从公约的发展看,美国在新一届特朗普政府履任之后,基于其战略收缩的背景,批准《联合国海洋法公约》的可能性有所上升。由此,无论是围绕公约本身的解释和适用还是公约的进一步发展看,中美之间的法律规则对抗可能会更加激烈。这涉及国际海洋秩序的未来发展和主导。包括在北极航道、北极油气开发、①潜艇近岸侦察、②国际海底区域矿产开发等方面的法律制度,其形成都将取决于海洋大国在此方面的利益诉求。

四、问题的突破点:中国需要承担的国际公共产品责任

(一)国际公共产品的模式与内容更新

近年来,中国政府多次公开表示将向国际社会提供更多公共产品。这意味着中国不但意识到当前的公共产品不足以及霸权衰落可能导致国际秩序坍塌的悲观结局,③而且有意愿以负责任大国的角色对国际公共产品进行补缺和更新。

根据表3所示的公共产品聚合技术理论,④中国在四种不同的国际公共产品提供上可采取不同的策略与途径。

---

① Nadia H. Dahab, Spencer G. Scharff, Lost Opportunity: Why Ratifying the Law of the Sea Treaty Still Has Merit, *Arizona Journal of Environmental Law & Policy*, Vol. 6, 2016, pp. 585-586.

② James Kraska, Putting Your Head in the Tiger's Mouth: Submarine Espionage in Territorial Waters, *Columbia Journal of Transnational Law*, Vol. 54, 2015, p. 164.

③ 参见王双:《国际公共产品与中国软实力》,载《世界经济与政治论坛》2011年第4期。

④ 此理论由赫舒拉法提出,经康奈斯以及桑德勒发展。具体可参见吴志成、李金潼:《国际公共产品供给的中国视角与实践》,载《政治学研究》2014年第5期。

表 3

公共产品种类	具体公共产品内容	关键提供者
总和与加权总和技术	碳排放削减 国际环境保护	大国与工业国
最弱环节与较弱环节技术	流行疾病防控 金融秩序稳定	大国
最优环节与较优环节技术	技术创新与研发 全球公域	技术先进国家
临界值技术①	联合国维和	大国与中等国家

这四种公共产品中，超级大国的优势都非常明显，但超级大国并不会在每一个领域中都具有充分的提供意愿，以及与其他提供者进行合作的意愿。

第一种公共产品主要体现在环境保护领域，既具有全球一体性，又具有地区属性。这有赖于以美国为首的发达国家与中国等新兴大国合作。而由于此领域公共产品提供上正向与反向收益都不明显，此领域公共产品提供经常会出现赤字。超级大国甚至期望其他国家能提供此领域的公共产品，自身则成为搭便车者。美国特朗普政府意欲退出应对气候变化的《巴黎协定》，不是一个令人意外的事例。

第二种公共产品并不具有全球一体性，甚至说为实现稳定，应该存在不同的公共产品提供者。国际货币多样化、大型致死疾病疫苗以及药物多样化，都是典型的事例。由于此领域公共产品提供的正向收益非常明显，超级大国往往意图进行垄断性提供，并通过知识产权规则将收益稳定化并减少搭便车者。中国在此领域，应该具有联合以及独立的提供能力。

第三种公共产品提供也不具有全球一体性，而且超级大国并不必然具有垄断性地位以及绝对优势。此领域公共产品的正向收益非常明显。中国在此领域，应该具有联合以及独立的提供能力。

第四种公共产品的地区性很明显，其正向收益通常体现在其他领域，但也非常明显。中国在此领域，必须具有在区域内的独立提供能力以及国际上的联合提供能力。

结合南海地区实际看，美国向本地区提供的公共产品主要是第四类，即以地区安全领导者形象，与其他国家通过建立军事同盟提供地区安全产品。除

① 此类公共产品中，一个或更多国家领导集体行动有助于达到临界值。参见吴志成、李金潼：《国际公共产品供给的中国视角与实践》，载《政治学研究》2014 年第 5 期。

此之外，还有一定限度的金融类和技术类公共产品，但非常有限。换言之，本地区有待补缺的公共产品空间十分巨大。中国提出的“一带一路”倡议以及亚洲基础设施投资银行，恰恰是美国供给十分有限的种类。地区安全上，中国虽然有十分强烈的意图进行提供，但压力也十分巨大。而作为新一代公共产品提供者和补缺者，这种压力并非全无益处。

（二）基于21世纪海上丝绸之路建设对南海地区公共产品的提供

中国要实现对本地区公共产品的提供，基于中美之间的关系，基于中国的优势与地区需要，第二类以及第三类公共产品都将是重点领域，第四类是应该日渐提升的领域，第一类则是可以长远规划的领域。具体来说，可以从经济发展角度入手，扩展进入海洋基础知识和技术提供、洋底资源勘探开发技术提供、外太空开发和利用技术提供以及海洋交通航行等非传统安全领域，长期进行海洋生态环境合作保护。当然，同时要逐步强化对安全公共产品的提供能力。

目前，中国在经济发展上已经开始提供一定的公共产品，并且通过21世纪海上丝绸之路建设提供持续的更多的此类产品。中国与地区内国家的经济合作，相当成功，这让美国的分析者提出地区内多数国家都将中国视为关键的贸易伙伴而非威胁。① 在这种合作下，可考虑推进区域贸易人民币结算系统的使用、区域自由贸易区的深化、区域争端解决机制的建设。

21世纪海上丝绸之路建设虽然是以经贸合作为主要内容，其对海上秩序和安全的需求却远不止于此。这就需要中国在此方面提供惠及本地区所有国家的公共产品。

在此方面，《联合国海洋法公约》有关半闭海以及半闭海沿岸国合作义务的规定，将提供很好的助力。一如研究者指出，公约虽然不能直接用于解决复杂的南海争端，②也足以让各方克制己方的主张并避免使用武力。③

---

① Ellen L. Frost, James J. Przystup, and Phillip C. Saunders, China's Rising Influence in Asia: Implications for US Policy, *Strategic Forum*, No. 231, 2008, p. 1.

② John D. Ciorciari & Jessica Chen Weiss, The Sino-Vietnamese Standoff in the South China Sea, *Georgetown Journal of International Affairs*, Winter/Spring, 2012, p. 62.

③ Stein Tønnesson, The South China Sea Law Trumps Power, *Asian Survey*, Vol. 55, 2015, pp. 455-456.

根据《联合国海洋法公约》第122条和第123条有关各方合作义务的规定，中国可以主导建立本地区的海洋生物资源养护机构，依据此机构发布地区渔业基本数据，包括最大可捕捞量并管理各方的捕鱼配额，辅以地区渔业协定的有国际法拘束力形式的要求各方履行的养护义务，执行休渔期。同理，在海洋环境保护保全、海洋科学研究方面均可如此。

另外，基于中国北斗导航已经可以完全覆盖亚太，中国政府也可以此技术手段为支持，实现对南海危险航段的卫星导航覆盖。为了保障南海海上航行安全，中国在建设岛礁的基础上，可考虑提供避险场地，即对于南海航行过程中因天气或其他原因遭遇航行危险状态的船舶，提供停靠地。基于中国外太空开发技术，可考虑亚洲区域内的外太空开发合作规则构建。

为打击南海始终存在的海盗，中国也可实现护航或常规巡防，并发布航行风险提示。为避免如同当年"非典"传染性疾病的再度流行，可联合进行疫情疾病控制监测与实验。

在提供公共产品的基础上，中美在南海以及整个东亚地区的竞争会愈加激烈。最终大概率可能出现的结果，是美国接受中国在本地区的完全崛起，在进行战略回撤的同时保持在未来数十年内仍然是强大国家甚至是头号世界强国的地位。① 中国在重新恢复对亚洲地区局势的稳定能力的同时，成为真正的世界秩序的维护者和稳定者。

(三)建构性参与未来国际海洋秩序的演进:代结语

中国对陆权的重视由来已久，对海权的重视则刚刚开始。能否有效实现海权，取决于多重因素，其中很重要的一个方面则是建构性参与海洋法规则的演进。海洋法规则演进至今，虽然有"宪章"性的《联合国海洋法公约》，但其演进需求并未被完全回应。宏大如涉及"人类共同继承遗产"的海底区域、北极区域的相关规则的执行，细微如低潮高地的法律地位、礁石与岛屿的区分，易产生争议如外大陆架界线、专属经济区内的军事测量活动、争端解决程序等，都需要进一步的澄清与发展。

这些规则如何发展，取决于海权大国对未来国际海洋秩序的预想是什么。此预想的最终结果将受到这样一种张力状态的影响：一方面是坚持海洋自由

---

① Amitai Etzioni, The Devolution of American Power, *Fletcher Forum of World Affairs*, Vol. 37, 2013, p. 13.

的旧时海洋大国，另一方面是尊重科学技术进步带来国际海洋空间需求的变化的新兴海洋大国。前者坚持的海洋秩序内容大致如下：假设海洋无限广袤不可分割，要求在全球建立军事基地以保障兵力投送由此确保对航行秩序的主导，要求保留最大公海，要求以技术水平决定可获得的海洋空间与资源。后者应该注意到：其假设不再成立，全球快速打击能力的建设削减了兵力投送的重要性，最大公海以及技术水平决定可获得空间与资源只会形成海洋上的丛林竞争模式，并产生诸如渔业资源耗竭、海洋污染事故、海盗劫掠行为等负公共产品；陆域吹填技术的成熟运用更意味着海洋的有限性已经彻底取代其无限性，甚至可能成为排他物权主张的客体。

据此看，国际海洋秩序或者正处于演进中的关键转折点，即主宰海洋秩序的海洋自由论或者会让步于当日令人匪夷所思的海洋可封闭性理论。中国应注意到，未来的国际海洋秩序或许会遵从陆地秩序的演变：空间边界与权利边界逐渐明晰、共同合作以解决公共空间内的公共问题，以共同但有区别的责任承担公共产品提供等。中国的崛起或复兴，也意味着承担更大国际责任的意愿和能力。在实现经济实力增强所带来的军事实力提升以及承担国际责任能力的提升过程中，南海是一个最为关键的节点。中国能否在本地区实现公共产品提供与经济发展的平衡，将是中国能否真正成为大国、能否建构性参与和主导国际海洋秩序以及国际秩序的前哨。

（本文编辑：龙稳全）

Tackling the South China Sea Situation with a Public Goods Perspective

Zhang Xiangjun

Abstract: Researches on the South China Sea situation have not reached an agreed solution over its nature and contents. When looking back, it's convincing that the timeline of such a situation is nearly the course of China losing her traditional influence over Asia and the South China Sea as well. The US has been playing a role of public goods supplier in Asia and in the South China Sea for decades, who has been taking the position of China and trying to be an offshore balancing power. Whereas the US has not been an appropriate public goods supplier, but a contributor to the complexities of the problem. With the background of relative power shift between China and the US, disputes over the South China Sea and even with the regime for international seas and oceans will be more complicated. The conclusion is that a higher level of supply of public goods by China, with the existing close economic cooperation between China and other coastal nations, will enhance the cooperation and make cooperation realizable. Consequently, China may find a way to the solution of the problem.

Key Words: Public Goods; South China Sea; International Order

联合国维持和平行动的法理基础与法律依据探析[*]

蒋圣力[**]

内容摘要：维持和平行动作为联合国为维持国际和平与安全而在实践中创设出的方法，在《联合国宪章》中并无明文规定作为其据以实施的直接法律依据，而是以联合国享有的实施维持和平行动的"隐含的权力"作为在上述情况下仍然得以具有国际法上的合法性的法理基础。基于此，一方面，《联合国宪章》序言、第 1 条第 1 项和第 40 条的规定，构成了所有维持和平行动共同的间接法律依据；另一方面，多边或者双边条约或者协定、国际组织决议和国内法等其他表现形式的法律规范，则在不同的维持和平行动中相应地构成了对维持和平行动的法律依据的补充。

关键词：联合国；维持和平行动；《联合国宪章》；隐含的权力；法律规范

目　录

---

* 本文系国家社会科学基金重点项目"中国参与联合国维和行动的经验、问题与思考"（批准号：16AZD033）阶段性研究成果。本文另受到"华东政法大学博士毕业生后续学术发展支持计划"资助。

** 蒋圣力，男，法学博士，博士后研究人员，华东政法大学科学研究院助理研究员，研究方向为国际法学、军事法学。

引　言

联合国作为当前国际法治的重要构建者和维系者，其为履行维持国际和平与安全职责而在实践中创设的维持和平行动具有国际法上的合法性这一点，本应当是不存在疑问的。然而，由于《联合国宪章》以及其他具有较高法律效力和位阶的国际法律文件均未对维持和平行动作出明文规定，因此，国内外学界关于维持和平行动是否具有法律依据，以及何者构成其法律依据等问题的争论始终存在。

对此，应当认识到：法律依据是对维持和平行动确实具有国际法上的合法性的反映，即在维持和平行动在国际法上的合法性已经得到肯定的前提下，以法律规范的形式（如国际条约中的具体规定、国际组织决议中的具体内容等）将其反映出来；而法理基础则是在缺乏国际法律文件明文规定的情况下，使维持和平行动仍然得以具有国际法上的合法性的原因，或者说，是对维持和平行动在国际法上的合法性之所以能够得到肯定的说明。

由此，唯有首先阐释清楚维持和平行动的法理基础，才能够明确其相应的法律依据；而维持和平行动的法律依据实际上即体现了其法理基础的已有的法律规范，以及因实施维持和平行动的需要而根据其法理基础作出的新的法律规范。

一、确定维持和平行动法律依据的法理基础

诚如有学者指出的，除了享有基于组织约章的明文规定而被赋予的明示的权力之外，国际组织及其职能机构还应当享有必要的“隐含的权力”

(implied power),即基于该国际组织的目的和宗旨而根据其组织约章所推得的权力。① 由此,尽管作为联合国组织约章的《联合国宪章》并未将维持和平行动明文确立为联合国为履行维持国际和平与安全职责而应当采取的方法,也未明文授权联合国大会或者安理会得以通过决议决定实施这一在《联合国宪章》中无确切的定义和规则可循的特殊行动,但是,联合国在实践中创设维持和平行动却并非是"越权的""非法的";恰恰相反,实施维持和平行动是联合国基于自身的目的和宗旨而应当享有的一项必要的"隐含的权力"。此处所谓的"隐含的权力"实际上正是在缺乏《联合国宪章》等国际法律文件明文规定的情况下,使维持和平行动仍然得以具有国际法上的合法性的法理基础。

一般认为,国际法院于 1949 年 4 月 11 日就"执行联合国职务时所受损害的赔偿案"作出的咨询意见是肯定联合国,乃至所有国际组织应当具有"隐含的权力"的重要国际法依据。② 在该咨询意见中,国际法院指出,尽管《联合国宪章》并未对联合国为实现其目的和宗旨所必须具备的某些权力作出明文规定,但由于相关权力对于联合国履行职责而言是必不可少的,因此,应当认为联合国被赋予上述权力是《联合国宪章》所必然具有的含义。③ 由此,又因为如前所述的,一方面,《联合国宪章》序言和第 1 条第 1 项的规定明确将维持国际和平与安全确立为联合国最为主要的目的和宗旨;另一方面,现实中确实存在根据《联合国宪章》第六章的规定,通过和平解决国际争端的方式不足以消除的破坏或者威胁国际和平与安全的冲突同时又尚未达到须根据《联合国宪章》第七章的规定,以强制性的集体安全措施予以应对和处置的程度的情况,所以,实施维持和平行动以控制和解决上述冲突、恢复或者维持冲突地区的和平应当构成联合国为履行维持国际和平与安全职责所必须具备的一项权力;易言之,基于其维持国际和平与安全的目的和宗旨,实施维持和平行动应当是《联合国宪章》当然地赋予联合国的一项"隐含的权力"。

当然,联合国得以具备的"隐含的权力"并非是无限的,而是应当受到须是

---

① 饶戈平:《国际组织法》,北京大学出版社 1996 年版,第 255 页。

② 饶戈平、蔡文海:《国际组织暗含权力问题初探》,载《中国法学》1993 年第 4 期。

③ 参见《国际法院判决、咨询意见和命令摘要(1948—1991)》,第 9 页,http://www.icj-cij.org/homepage/ch/files/sum_1948—1991.pdf,下载日期:2018 年 1 月 23 日。

“必要的”和“至关重要的”等要求的制约。[①] 由于维持国际和平与安全是联合国最为重要的目的和宗旨，倘若联合国不通过实施维持和平行动控制和解决上述特定的冲突，并以此在事实上填补《联合国宪章》第六章和第七章的规定之间的空白，那么便会导致因为无法采取适当的、有效的方法对上述特定的冲突予以处置和应对而只得任由其对国际和平与安全造成破坏或者威胁，因此，无论是基于实现维持国际和平与安全的目的和宗旨的需要还是为维持国际和平与安全本身，实施维持和平行动对于联合国而言毋庸置疑地是一项必要的且至关重要的“隐含的权力”，而赋予联合国该项权力也并非任意地扩张联合国的权力或者扩大解释《联合国宪章》的相关规定。同时，基于与“必要的”和“至关重要的”等要求相符的事实，实施维持和平行动还可以被视为根据联合国维持国际和平与安全的一般权力而推得的一项具体权力，并且因此虽然未经《联合国宪章》明文赋予，却得以为联合国所合法享有。[②]

此外，有学者指出，国际组织根据所享有的“隐含的权力”作出的决议应当具有可预见性，即该国际组织的成员国应当可以预见其将会受到诸如上述决议的约束。[③] 对此，根据《联合国宪章》第 4 条第 1 款的规定，联合国会员国须是自愿接受《联合国宪章》所载的各项义务并且确实有能力履行义务的、爱好和平的国家，由此，由于维持国际和平与安全作为联合国最为重要的目的和宗旨当然地也是联合国应予履行的职责和联合国会员国应予履行的义务，因此，采取包括实施维持和平行动在内的适当的、有效的方法以维持国际和平与安全应当并不致超出联合国会员国可以合理预见的、其应予履行的义务的范围；易言之，联合国会员国应当可以预见其将会受到要求其履行上述义务的决议的约束。同时，根据前述《联合国宪章》第 43 条第 1 款的规定，以及迄今为止已有 125 个联合国会员国派遣人员参与维持和平行动的事实，实施维持和平行动对于联合国会员国而言不仅是一项可以被预见到的义务，更是一项确实应当履行并且有能力可以履行的义务。是故，联合国根据其享有的实施维持和平行动的“隐含的权力”而作出的相关决议符合须具有可预见性的要求。

---

① K. Skubizewski, Implied Powers of International Organization, in *International Law at a Time of Perplexity*, edited by Y. Dinsterin (ed.), Martinus Nijhoff, 1989, p. 861.

② 周忠海：《和平、正义与法》，中国国际广播出版社 1993 年版，第 299 页。

③ 黄瑶：《国际组织决议的法律效力探源》，载《政治与法律》2001 年第 5 期。

二、关于维持和平行动法律依据的学界争论

如前所述，《联合国宪章》以及其他具有较高法律效力和位阶的国际法律文件关于维持和平行动的明文规定的缺失，使得国内外学界对于维持和平行动是否具有法律依据，以及何者构成其法律依据等问题始终存在争论。而在笔者看来，上述无论是否定维持和平行动具有法律依据的观点，还是肯定维持和平行动具有法律依据并提出具体的法律规范作为其法律依据的观点，均存在不尽周全和片面之处，应当首先予以指出并进行分析、阐释。

否定维持和平行动具有法律依据的观点认为，由于维持和平行动游走在《联合国宪章》第六章通过和平方式解决国际争端与第七章采取强制性措施解决冲突之间的“真空地带”，因此，维持和平行动的法律依据应当处于空白的状态。[①] 对此，应当明确的是，尽管维持和平行动的实践情形确实不仅超出了依照《联合国宪章》第六章规定的为和平解决国际争端而应当采取的各项方式的限度，同时又与《联合国宪章》第七章关于采取强制性的集体措施恢复或者维持国际和平与安全的规定并不相符，但是，诚如前文所指出的，维持和平行动实际上恰恰填补了《联合国宪章》第六章和第七章之间的空白，是专门应对和处置依照《联合国宪章》第六章的规定尚不足以消除，而又无须依照《联合国宪章》第七章的规定加以解决的冲突情势的方法；并且，因为上述冲突情势在客观上当然地对国际和平与安全造成了破坏或者威胁，所以，通过实施维持和平行动对此进行有效的、适当的应对和处置，应当是联合国履行维持国际和平与安全职责的应有之义。是故，从这一意义上看，至少《联合国宪章》序言和第1条第1项将“维持国际和平与安全”确立为联合国最为重要的目的和宗旨的规定，可以被视为对维持和平行动应当具有虽然是间接的，但是充分的法律依据的证明。而这也就使得因为维持和平行动的实践情形与《联合国宪章》中的明文规定不相适应而否定维持和平行动具有法律依据的观点是无法成立的。

肯定维持和平行动具有法律依据的观点所提出的作为维持和平行动法律依据的法律规范基本均为《联合国宪章》中某一或者某些具体的条文规定；并

① J. Ruggie, Wandering in the Void, *Foreign Affairs*, Vol. 72, Issue 5, 1993, pp. 26-31.

且，诸如上述的观点似乎均将《联合国宪章》中的具体规定视为维持和平行动的直接法律依据，即认为联合国大会或者安理会之所以得以决定实施维持和平行动，是因为得到了相关具体规定的授权。对此，应当指出的是，在缺乏《联合国宪章》等国际法律文件明文规定的情况下，真正地使维持和平行动仍然得以具有国际法上的合法性的应当是前述联合国所享有的必要的“隐含的权力”，而非《联合国宪章》中的具体规定。这是因为：倘若无论联合国享有实施维持和平行动的“隐含的权力”这一法理基础，那么，基于《联合国宪章》并未就维持和平行动作出任何明文规定，以及维持和平行动的实践情形与《联合国宪章》第六章和第七章的明文规定均不相适应的事实，仅凭《联合国宪章》中某一或者某些具体的条文规定是根本无法推知维持和平行动具有国际法上的合法性的。由此，在联合国享有实施维持和平行动的“隐含的权力”这一法理基础使得维持和平行动在国际法上的合法性得到了肯定的前提下，《联合国宪章》中的具体规定作为以法律规范的形式对此的反映，应当是维持和平行动的间接法律依据；易言之，唯有首先明确得以实施维持和平行动的法理基础，而后再将《联合国宪章》中的具体规定与之进行对照、说明，才能够周全地阐释维持和平行动的法律依据。

除了上述共同存在的问题之外，在肯定维持和平行动具有法律依据的观点提出的作为维持和平行动法律依据的《联合国宪章》中的若干具体规定中，多数与维持和平行动的实际情况也并不契合。

有观点认为，维持和平行动属于通过和平方式解决国际争端的范畴，因而《联合国宪章》第六章的规定应当构成其法律依据。例如，在“联合国的某些经费问题案”中，加拿大代表 Marcel Cadieux 在向国际法院进行口头陈述时指出，联合国安理会决定实施“联合国刚果行动”所依据的是《联合国宪章》第 33 条至第 38 条，即《联合国宪章》第六章的规定；①挪威代表 Jens Evensen 对上述观点也表示认同，并在其口头陈述中指出，联合国安理会之所以得以决定实

① “Certain Expenses of the United Nations”, The International Court of Justice, Oral Statements, CR 1962/26, p. 302. http://www.icj-cij.org/docket/files/49/9321.pdf，下载日期：2018 年 1 月 23 日。

施“联合国刚果行动”,即是因为得到了《联合国宪章》第六章的规定的授权。①

对此,应当认识到,维持和平行动的实际情况与《联合国宪章》第六章关于通过和平方式解决国际争端的规定至少在以下两个方面不相适应:其一,由于无论基于何种原因、通过何种形式的对武力的使用,均无法被视为是“和平的”,因此,《联合国宪章》第六章所称的“和平方式”与使用武力是相互排斥的;而如前所述,为保护平民和遏制针对维和人员的暴力侵害行为,维和部队在实施维持和平行动的过程中却是可能使用武力的。由此,至少在实施过程中使用了武力的维持和平行动是无法被纳入“和平方式”的范畴中;而这就使得认为维持和平行动完全地属于“和平方式”的观点是难以成立的。其二,诚如有学者所指出的,从《联合国宪章》第36条第1款、第37条第2款和第38条规定的文本含义看,②《联合国宪章》第六章的规定实际上仅授权联合国安理会“建议”联合国会员国通过和平方式解决国际争端,而并未赋予其直接采取任何方法的权力。③ 与之相对的,从维持和平行动的实践情形看,除了两项是由联合国大会决定实施的之外,其余68项维持和平行动则均是联合国安理会通过其具有强制性的法律拘束力的决议决定实施的;而倘若依据仅赋予了其“建议”权力的《联合国宪章》第六章的规定,联合国安理会是无法作出上述具有强制力的决议以实施维持和平行动的。是故,笔者认为,诚如在上述“联合国的某些经费问题案”中,苏联代表 G. I. Tunkin 在其口头陈述中指出的,《联合国宪章》第六章的规定并不得作为维持和平行动在《联合国宪章》中的法律

① “Certain Expenses of the United Nations”, The International Court of Justice, Oral Statements, CR 1962/26, p. 352. http://www.icj-cij.org/docket/files/49/9321.pdf,下载日期:2018年1月23日。

② 《联合国宪章》第36条第1款规定:“属于第三十三条所指之性质之争端或相似之情势,安全理事会在任何阶段,得建议适当程序或调整方法。”第37条第2款规定:“安全理事会如认为该项争端之继续存在,在事实上足以危及国际和平与安全之维持时,应决定是否当依第三十六条采取行动或建议其认为适当之解决条件。”第38条规定:“安全理事会如经所有争端当事国之请求,得向各当事国作成建议,以求争端之和平解决,但以不妨碍第三十三条至第三十七条之规定为限。”

③ [英]M. 阿库斯特:《现代国际法概论》,汪瑄等译,中国社会科学出版社1981年版,第260页。

依据。①

另有观点认为,《联合国宪章》第七章中关于采取强制性措施恢复或者维持国际和平与安全的若干具体规定可以作为维持和平行动的法律依据。例如,时为哈佛大学法学院教授的 Louis B. Sohn 认为,《联合国宪章》第 41 条关于采取非武力的强制性措施的规定可以作为维持和平行动在《联合国宪章》中的法律依据;②而英国学者 G. Schwarzenberger 则在其于 1960 年第 49 届国际法协会大会上所作的《联合国维和部队的法律问题报告》中指出,由于维持和平行动是由联合国安理会决定实施的,并且,实施维持和平行动的维和部队在性质上属于武装部队,因此,《联合国宪章》第 42 条关于采取武力的强制性措施的规定应当对其适用。③

对此,应当认识到,如前所述,维持和平行动与集体安全机制之间既存在联系又存在差异,虽然两者并非非此即彼、相互分离的关系,但维持和平行动从根本上并非集体安全机制的组成部分或者从属于集体安全机制。尽管随着实践的发展,维持和平行动在效果和目的、对武力的使用,以及联合国会员国的参与等方面,与集体安全机制的界限已经不再泾渭分明,但是,维持和平行动与集体安全机制在法律性质上的差异仍然十分显著。具体而言:《联合国宪章》第 41 条和第 42 条规定的集体安全措施具有强制性这一根本属性;与之相对的,维持和平行动则具有非强制性的法律性质,主要表现为其须以相关各方的同意作为实施的前提,以及不得以强制性措施迫使冲突当事方接受冲突解决的结果等。④ 由此,诚如有学者所指出的,依据《联合国宪章》第 41 条和第 42 条的规定采取的强制性的集体安全措施,与应一国请求而在该国领土上为

---

① "Certain Expenses of the United Nations", The International Court of Justice, Oral Statements, CR 1962/26, p. 401. http://www. icj-cij. org/docket/files/49/9321. pdf,下载日期:2018 年 1 月 23 日。

② L. Sohn, The Authority of the United Nations to Establish and Maintain a Permanent United Nations Force, *American Journal of International Law*, Vol. 58, Issue 2, 1958, pp. 229-240.

③ G. Schwarzenberger, Legal Problems of a United Nations Force, *International Law Association Reports of Conferences*, Vol. 49, 1960, p. 137.

④ 黄惠康:《联合国维持和平部队的若干法律问题》,载《法学评论》1986 年第 3 期。

恢复或者维持和平所采取的非强制性的维持和平行动是有着根本的不同的。[①] 是故，由于维持和平行动与无论是非武力的还是武力的强制性措施均不等同，因此，将适用于上述强制性的集体安全措施的《联合国宪章》第41条、第42条的规定作为维持和平行动的法律依据的观点是不恰当的。

三、构成维持和平行动法律依据的法律规范

如前所述，联合国享有实施维持和平行动的"隐含的权力"这一法理基础，阐明了在缺乏《联合国宪章》等国际法律文件明文规定的情况下，维持和平行动仍然得以具有国际法上的合法性的原因。在此基础上，维持和平行动的法律依据实际上即是以法律规范的形式将维持和平行动的上述法理基础，即其合法性来源直观地反映出来，包括能够适当地体现其法理基础的已有的法律规范，以及因实施维持和平行动的需要而根据其法理基础作出的新的法律规范。至于构成维持和平行动法律依据的具体法律规范，有学者认为其至少应当包括国际公约(《联合国宪章》)，多边或者双边条约或者协定，国际组织决议(包括区域组织或者区域安排作出的决议)，以及国内法等表现形式。[②] 而在笔者看来，《联合国宪章》中与维持和平行动的实际情况相契合的规定即属于能够适当地体现维持和平行动的法理基础的已有法律规范，而上述其他表现形式的法律规范则属于因实施维持和平行动的需要而根据其法理基础作出的新的法律规范。

(一)《联合国宪章》中的规定

由于《联合国宪章》作为联合国据以建立的组织约章，不仅规范了联合国的目的、宗旨和职责，同时还是为联合国及其各机构因履行职责而采取的措施、实施的行动提供法律依据的基本法律文件，因此，维持和平行动作为联合国为履行维持国际和平与安全职责而在实践中创设的方法，同样应当以《联合国宪章》中的相关规定作为法律依据；而前文之所以否定了学界中部分肯定维持和平行动具有法律依据的观点所提出的《联合国宪章》中的若干规定作为维持和平行动的法律依据，是因为上述规定与维持和平行动的实际情况不相适

① E. Miller, Legal Aspects of the United Nations Action in the Congo, *American Journal of International Law*, Vol. 55, Issue 1, 1961, pp. 1-28.

② 盛红生：《联合国维持和平行动法律问题研究》，时事出版社2006年版，第63～69页。

应，而并非《联合国宪章》中的规定本身不得作为维持和平行动的法律依据。在笔者看来，与维持和平行动的实际情况相适应的、能够作为维持和平行动在《联合国宪章》中的法律依据，应当是《联合国宪章》序言、第1条第1项和第40条的规定；并且，上述规定作为维持和平行动的法律依据还应当被划分为不同的层次——《联合国宪章》序言和第1条第1项的规定为一个层次，《联合国宪章》第40条的规定则为另一个层次。①

首先，诚如有学者所指出的，根据《联合国宪章》序言和第1条第1项将维持国际和平与安全确立为联合国最为重要的目的和宗旨的规定，联合国及其各机构被赋予了超出《联合国宪章》明文授权之外的"隐含的权力"，得以执行虽并非《联合国宪章》明文规定所要求的，却是实现上述目的和宗旨所必需的任务，②这就使得《联合国宪章》序言和第1条第1项的规定构成了联合国及其各机构得以基于维持国际和平与安全的需要而享有相应的"隐含的权力"的法律依据。

由此，又因为如前所述的，维持和平行动在缺乏《联合国宪章》等国际法律文件明文规定的情况下仍然得以具有国际法上的合法性的法理基础，是联合国享有实施维持和平行动的"隐含的权力"，并且，该项"隐含的权力"是"必要的""至关重要的"和"可预见的"，是联合国为履行维持国际和平与安全职责而应当享有的权利，所以，维持和平行动即应当被视为联合国根据《联合国宪章》序言和第1条第1项的规定赋予其的"隐含的权力"而在实践中创设的一项旨在维持国际和平与安全的方法，而上述《联合国宪章》中的规定则应当相应地构成联合国基于对所享有的"隐含的权力"的行使而实施的维持和平行动的法律依据。

不过，由于《联合国宪章》序言和第1条第1项并未直接地规定联合国及其各机构得以在明示的集体安全措施和和平方式之外采取其他形式的方法以维持国际和平与安全，因此，上述规定作为维持和平行动的法律依据是相对原则性的。

其次，基于对维持和平行动的实践情形，尤其是实施维持和平行动的维和部队的建立程序、职能范围和行为方式的考察，将《联合国宪章》第40条的规

---

① 杨泽伟、苏彩霞：《〈联合国宪章〉与联合国维持和平行动》，载《甘肃政法学院学报》1997年第3期。

② [奥]阿·菲德罗斯：《国际法》，李浩培译，商务印书馆1981年版，第603页。

定作为维持和平行动在《联合国宪章》中的法律依据，是符合《联合国宪章》立法精神的。① 这是因为根据《联合国宪章》第40条的规定，②联合国安理会为防止破坏或者威胁国际和平与安全的情势的恶化，可以在依照《联合国宪章》第39条的规定作出建议或者决定采取强制性的集体安全措施之前，促请相关当事国遵行其认为必要的、适宜的“临时办法”；而诚如有学者所指出的，实践中，实施维持和平行动已经成了上述“临时办法”的主要形式，而派遣作为维持和平行动的主要类型之一的维和部队以实际地实施维持和平行动则构成了该“临时办法”的有机组成部分。③

同时，倘若进一步地将维持和平行动的实践情形和基本特征与《联合国宪章》第40条规定的具体内容进行比照，便可以推知维持和平行动与上述规定所称的“临时办法”在实质上是相当接近，甚至完全一致的。④ 具体而言：其一，维持和平行动的目的是维持国际和平与安全，“临时办法”的目的则是防止破坏或者威胁国际和平与安全的情势的恶化，两者的目的相一致。其二，根据“旧金山制宪会议”对“临时办法”主要内容和范围所作的列举，“临时办法”应当包括终止战争和武装冲突，将武装部队自特定区域撤离，接受某种形式的国际政治安排，以及终止因敌对而采取报复性措施等；⑤而如前所述，维持和平行动的主要职能包括在冲突区域进行停火观察、开辟隔离区域、恢复社会秩序，以及促成冲突当事方开展停火谈判等。由此，“临时办法”的主要内容和范围与维持和平行动的主要职能是基本重合的。其三，《联合国宪章》第40条规定的文本所使用的“促请”一词表明，从法律的角度看，“临时办法”是更加倾向

---

① L. Sohn, The Authority of the United Nations to Establish and Maintain a Permanent United Nations Force, *American Journal of International Law*, Vol. 58, Issue 2, 1958, pp. 229-240.

② 《联合国宪章》第40条规定：“为防止情势之恶化，安全理事会在依第三十九条规定作成建议或决定办法以前，得促请关系当事国遵行安全理事会所认为必要或合宜之临时办法。此项临时办法并不妨碍关系当事国之权利、要求，或立场。安全理事会对于不遵行此项临时办法之情形，应予适当注意。”

③ 杨泽伟主编：《梁著国际组织法》，武汉大学出版社2011年版，第202～203页。

④ 黄惠康：《论联合国维持和平部队的法律基础》，载《中国法学》1987年第4期。

⑤ 许光建主编：《联合国宪章诠释》，山西教育出版社1999年版，第296页。

于建议性质的，即争端当事国并不负有必须遵行“临时办法”的法律义务，[①]而这则与维持和平行动不得迫使冲突当事方接受冲突解决结果的非强制性的法律性质相当接近。其四，“临时办法”须不得妨碍争端当事国的权利、要求或者立场，而维持和平行动须保持中立和公正，不得对冲突当事方中的任何一方有所倾向或者偏袒，不得介入冲突当事方的内部事务或者冲突当事方之间的利害关系。是故，维持和平行动须符合中立、公正的要求与“临时办法”须符合的不得损害争端当事国利益的要求在本质上是相同的。

综上所述，由于维持和平行动应当可以被视为《联合国宪章》第 40 条规定所称的“临时办法”，因此，直接地规定联合国安理会得以为防止破坏或者威胁国际和平与安全的情势的恶化，即维持国际和平与安全而采取“临时办法”的上述《联合国宪章》规定，便相应地应当构成维持和平行动在《联合国宪章》中的具体化的法律依据。

（二）其他表现形式的法律规范

截至目前已经付诸实施的 71 项维持和平行动的实践情形表明，基于所应对和处置的冲突局势的不同，各项维持和平行动在类型、职能和实施方式等方面存在着较为显著的差异。由此，由于维持和平行动本身即是一项并无定式的、自成一类的法律行为，[②]因此，据以实施维持和平行动的法律依据相应的也不应当是单一的、固定的，而是应当根据其适用的维持和平行动的不同而有所不同。是故，除了前述《联合国宪章》序言、第 1 条第 1 项和第 40 条的规定作为提纲挈领地适用于所有维持和平行动的法律依据之外，针对每一项不同的维持和平行动，还应当有与其类型、职能和实施方式等相适应的其他表现形式的法律规范作为对其法律依据的补充，以满足通过个案方式实施相互之间本就存在差异的维持和平行动的需要。[③] 而如前所述，相对于上述《联合国宪章》中的规定作为在维持和平行动的实践形成之前就业已存在的法律规范，其他表现形式的法律规范则属于因实施维持和平行动的需要而作出的新的法律规范，主要包括多边或者双边条约或者协定，国际组织决议（包括区域组织或

---

① 此外，根据上述《联合国宪章》规定，联合国安理会对于不予遵行“临时办法”的情形仅须予以适当注意，表明争端当事国并不会因为不予遵行“临时办法”而承受不利的法律后果，从而进一步地证成了“临时办法”对于争端当事国不具有强制性。

② ［美］陈世材：《国际组织——联合国体系的研究》，中国友谊出版公司 1986 年版，第 163 页。

③ 刘丹：《联合国维持和平行动的困境及前景》，时事出版社 2015 年版，第 27 页。

者区域安排作出的决议),以及国内法等。具体而言:

多边或者双边条约或者协定通常为联合国与冲突当事方之间,以及冲突当事方之间达成的关于通过实施维持和平行动以终止、消除冲突的条约或者协定。例如,联合国实施的第一项维持和平行动“联合国停战监督组织(中东)”即是以以色列分别与埃及、约旦、黎巴嫩和叙利亚四国签订的“停战协定”作为一项重要的法律依据——根据上述协定,“联合国停战监督组织(中东)”具备了监督、协助“停战协定”的签字国遵守和执行该协定的职能。① 又如,在实施1956年“联合国第一期紧急部队(中东)”的初期,时任联合国秘书长的哈马舍尔德曾先后于1956年11月20日和1957年2月8日,与埃及政府交换了《关于联合国紧急部队驻扎埃及及其基本职能的备忘录》,并与埃及外长通过书信方式缔结了《关于联合国紧急部队地位的协定》,以此作为实施上述维持和平行动的法律依据。②

国际组织决议,尤其是联合国安理会和大会的决议是据以实施维持和平行动的最为直接和主要的法律依据——截至目前已经付诸实施的71项维持和平行动均是由联合国安理会或者大会通过决议决定实施的。并且,除了决定实施维持和平行动的决议之外,联合国安理会或者大会还将根据维持和平行动实际的进展情况,作出对其进行调整、补充和修正的决议,共同构成据以实施维持和平行动的法律依据。③ 此外,区域组织或者区域安排作出的决议在一定情况下也得以作为维持和平行动的法律依据。例如,1993年8月4日,卢旺达内战的交战双方达成了一份“和平协定”,并且请求联合国和非洲统一组织(非洲联盟的前身)合作派出维和部队以促成双方遵守和执行该协定。由此,联合国安理会应上述请求而于1993年10月5日作出了决定实施“联合国卢旺达援助团”的第872(1993)号决议,与非洲统一组织于此前缔结的《阿

① 参见《停战监督组织背景》,http://www.un.org/zh/peacekeeping/missions/untso/background.shtml,下载日期:2018年1月23日。

② 新闻部信息技术科:《联合国已完成的维持和平行动》,http://www.un.org/zh/peacekeeping/missions/past/unef1/,下载日期:2018年1月23日。

③ 例如,在“联合国停战监督组织(中东)”的实施过程中,联合国安理会除了作出决定实施该维持和平行动的第S/RES/50(1948)号决议之外,还作出第S/RES/54(1948)号、第S/RES/73(1949)号、第S/RES/101(1953)号、第S/RES/114(1956)号、第S/RES/236(1967)号、第S/RES/339(1973)号决议,对上述维持和平行动进行了调整、补充和修正。

鲁沙和平协定》,共同构成了该维持和平行动的法律依据。[1]

国内法作为据以实施维持和平行动的法律依据的情况较为特殊,并且,此处所称的"国内法"通常并非一般意义上的一国国内立法,而是处于冲突状态中的一国的权力机关为赋予维持和平行动以必要的权力作出的授权。例如,根据联合国安理会常任理事国达成的《全面政治解决柬埔寨冲突框架文件》和联合国安理会常任理事国与其他19个国家在巴黎会议达成的《全面政治解决柬埔寨冲突协定》,柬埔寨国内的冲突各方一致同意建立"柬埔寨全国最高委员会"作为代表柬埔寨唯一合法的权力机关。为了保障上述《协定》能够得到充分的遵守和执行,该委员会赋予了于1992年3月15日开始实施的"联合国过渡时期权力机构(柬埔寨)"以相当广泛的权力,包括保护人权、组织自由且公正的选举、进行军事安排和民政管理、维持法治和社会秩序、安置难民和流离失所者,以及恢复基础设施等。[2] 由此,诚如有学者所指出的,虽然上述维持和平行动是根据联合国安理会第745(1992)号决议被付诸实施的,但是,其得以行使的权力却来源于"柬埔寨全国最高委员会"的授权。[3] 是故,对于该维持和平行动而言,冲突当事国国内权力机关的授权构成了其据以实施的主要法律依据。

结　语

旨在为遭受冲突的国家创造实现长久和平的条件的联合国维持和平行动,是联合国为维持国际和平与安全而在实践中特别创设的,是迄今为止联合国为帮助相关国家克服艰难险阻、从冲突恢复至和平所采取的最为有效的方法之一。而明确维持和平行动的法理基础和法律依据,则是为了保障维持和平行动在国际法上的合法性,从而使其在发挥维持国际和平与安全作用的同时,也能够与国际法治的要求相适应。

(本文编辑:陈娟)

---

① 资料来源:http://www.un.org/zh/sc/documents/resolutions/93/s872.htm,下载日期:2018年1月23日。

② 新闻部信息技术科:《联合国已完成的维持和平行动》,http://www.un.org/zh/peacekeeping/missions/past/untac,下载日期:2018年1月23日。

③ 盛红生:《联合国维持和平行动法律问题研究》,时事出版社2006年版,第67~68页。

Research on the Legal Basis and Resource of the United Nations Peacekeeping Operations

Jiang Shengli

Abstract: Although the method of maintaining the world peace and security has established by the United Nations in the practices, there is no express provision in the U. N. Charter which can be taken as the legal resource of the peacekeeping operations. Therefore, the "implied power" of taking peacekeeping operation enjoyed by the United Nations constitutes the legal basis of the peacekeeping operations' validity under such premise. Based on that, on the one hand, the Preface, Article 1(1) and Article 40 of the U. N. Charter constitute the general legal resources of all the peacekeeping operations. While on the other hand, bilateral or multilateral treaties, resolutions of international organizations, and domestic laws constitute the supplements of legal resources in different peacekeeping operations.

Key Words: The United Nations; Peacekeeping Operations; The U. N. Charter; Implied Power; Legal Regulations

武装冲突中的文化遗产的非法掠夺及其返还

——试论一项新的国际习惯规则

钟　慧[*]

内容摘要:武装冲突期间对考古类遗址与博物馆进行盗窃与抢劫已超过战火的直接破坏,成为武装冲突期间文化财产面临的主要威胁。针对这一问题,国际社会一直反对战争期间对文化遗产的非法掠夺,尤其是通过完善国际法和国内法以支持此类文化遗产的返还。基于相关国家纷纷规定并支持战争期间被非法掠夺文物应该被返还的实践,一个值得探讨的问题是:此类国家的丰富实践是否意味着一项新的国际习惯法正在形成,并有可能在未来被国际社会所确认。这项新的国际习惯法规定占领国须防止文化财产从被占领土非法输出,并且非法输出的财产应返还给被占领土的主管当局。本文旨在论证这项拟议的国际习惯法正在形成,并有可能在未来被国际社会所接受并确立,从而为国际文化遗产法的保护提供了新的方向。

关键词:武装冲突;文化遗产;非法掠夺和返还 ;国际习惯法

目　录

---

* 钟慧,女,澳大利亚昆士兰大学法学博士,厦门大学南海研究院助理教授。

引　言

叙利亚大马士革老城始建于公元前3000年左右,城内拥有125座建于不同时期的古建筑,具有极高的历史价值,其中有6处古迹被联合国教科文组织列为世界文化遗产。然而,自2011年3月危机全面爆发以来,叙利亚很多历史文化古迹横遭炮火和盗匪摧残,6处文化遗址全部被毁。[①] 这其中包括被ISIS极端组织炸毁的,被誉为"沙漠珍珠"的巴尔夏明神庙。与此同时,大量的珍贵文化财产也惨遭盗窃、劫掠和非法交易。据联合国教科文组织确认,文化财产的非法走私已成为ISIS第二大收入来源。

事实上,武装冲突中对文化、考古类遗址与博物馆进行盗窃的损失已经超

① Emma Henderson, Syria's Six Unesco World Heritage Sites All Damaged or Destroyed during Civil War, https://www.independent.co.uk/news/world/middle-east/syrias-six-unesco-world-heritage-sites-all-damaged-or-destroyed-during-civil-war-a6934026.html,下载日期:2018年7月1日。

过了战火的直接破坏,成为文化遗产保护面临的一个主要威胁。[①] 早在1860年第二次鸦片战争期间,我国的圆明园惨遭英法联军的劫掠,大量的珍贵文物因此遗失海外;[②]第二次世界大战期间,在被占领土上发生了针对文化财产的盗窃、劫掠、侵占与系统性的输出,其规模之大、范围之广前所未有;[③]而在伊拉克战争、阿富汗战争和叙利亚战争中,战争区的文化遗产都毫无例外地遭到了不同程度的非法掠夺。[④]针对战争期间文化遗产的非法掠夺,国际社会一直反对战争期间对文化遗产的掠夺和破坏,尤其是通过完善国际法和国内法以支持此类文化遗产的返还。针对此类国家实践,本文旨在论证一项新的国际习惯法正在形成,这项新的国际习惯法规定占领国须防止文化财产从被占领土非法输出,并且非法输出的财产应返还给被占领土的主管当局。本文分为三个部分:第一,简述国际习惯基本原理和形成的基本条件;第二,分别从国际法和国内法两个层面论证这项国际习惯法形成的法律基础和国家实践;第三,分析与所拟议的国际习惯规则相冲突的国家实践,从而进一步分析该国际习惯规则是否正在形成,以及最终得以确立。本文旨在为国际习惯规则适用于战争期间的文化遗产保护提供法律依据。

---

① 学术界对文化财产(cultural property)、文化遗产(cultural heritage)、文化物品(cultural object),以及返还(restitution、return 和 recovery)的定义和区别都有深入的分析。See Lyndel Prott and Patrick O'Keefe, Cultural Heritage or Cultural Property?, *International Journal of Cultural Property*, Vol. 1, 1992, pp. 307-320; Manlio Frigo, Cultural Property v. Cultural Heritage: A Battle of Concepts in International Law?, *International Review of the Red Cross*, Vol. 86, 2004, pp. 367-373; Wojciech Kowalski, Types of Claims for Recovery of Lost Cultural Property, *Museum International*, Vol. 57, 2005, pp. 85-102.

② Hui Zhong, *China, Cultural Heritage and International Law*, Routledge, 2017.

③ Lynn H. Nicholas, *The Rape of Europa: The Fate of Europe's Treasures in the Third Reich and the Second World War*, Vintage, 1995.

④ Marina Lostal, *International Cultural Heritage Law in Armed Conflict: Case Studies of Syria, Libya, Mali, the Invasion of Iraq, and the Buddhas of Bamiyan*, Cambridge University Press, 2017.

一、国际习惯法的简述

鉴于本文旨在探讨文化遗产领域一个新的国际习惯法正在形成，那么首先要回答的问题就包括：什么是国际习惯法、一个新的国际习惯法的形成条件和基本要求是什么、什么时候可以被视为确立，以及哪些证据可以被视为反映国家实践。以上这些问题及其答案，都将界定一项拟议的国际习惯法是否正在形成并在将来得以确立，从而成为一项新的国际习惯法规则。

首先，国际习惯法是国际法的重要渊源之一。《国际法院规约》第38条明确规定，法院对于陈诉各项争端，应依国际法裁判之，且裁判时应适用的渊源之一就是"国际习惯，作为通例之证明而经接受为法律者"。虽然国际习惯法是重要法律渊源，但其地位和法律价值却颇受争议：一是国际习惯法形成的时间和过程是不确定的，从而导致了一项拟议的国际习惯规则是否确立存在争议；二是作为"不成文"法，国际习惯法没有一个国际法律文本来表现其相关的原则、规则和制度，因而其约束力也受到质疑。① 即便如此，国际习惯法的研究仍然具有必要性和重要性：②第一，条约仅适用于那些批准了该条约的国家。这就意味着，在不同的武装冲突中，要视相关各国批准条约的情形而适用不同的条约。而国际习惯法则具有普遍约束力，从而可以对国家行为进行统一的规范。第二，对于目前占相当比例的武装冲突而言，许多条约法并没有作出很充分的规定。其主要原因在于，目前大多数的武装冲突都是非国际性的，尽管调整这类冲突的条约数目正在不断增加，但与国际性武装冲突相比，仍然要少得多。鉴于此，国际习惯法则为国际法规则适用于国际性与非国际性武装冲突提供了法律依据。第三，有关的国际习惯法规则在法院和国际组织的工作中也扮演重要角色。比如，前南斯拉夫问题国际刑事法庭根据其《国际法院规约》第3条的规定，对违反战争法规与惯例的行为具有管辖权便属于此种情况。因此，国际习惯法作为国际法的重要渊源之一，对于规范国家行

① Malcolm N. Shaw, *International Law*, Cambridge University Press, 2014, p. 57.

② Jean-Marie Henckaerts and Louise Doswald-Beck, *Customary International Humanitarian Law, Volume* 1: Rules, Cambridge University Press, 2005.

为，减少国际法中的不确定性和争议点都具有不可替代的作用。[①] 比如在国际文化遗产法领域，已经确立的国际习惯法规则包括冲突各方必须尊重文化财产。具体体现为，一方面，在军事行动中须特别注意，以避免损害用于宗教、艺术、科学、教育或慈善目的的建筑以及历史纪念物，除非它们属于军事目标；另一方面，禁止将对于每一民族的文化遗产具有重大意义之财产作为攻击之目标，除非为军事必要所绝对要求。[②]

既然国际习惯法是重要的国际法渊源之一，那么接下来要回答的问题是：形成一项新的国际习惯法的基本要求是什么？《国际法院规约》将国际习惯法概括为"作为通例之证明而经接受为法律者"。一般认为，一项国际习惯法规则的存在需具有两个因素，即国家实践和法律确信。正如国际法院在"北海大陆架"案中，国际法院认为国际习惯法必须符合两项基本要求，即"有关的行为必须是已经确定的惯例，并且国家作出该行为的动机是将该惯例作为法律来遵守"。[③] 在"大陆架"案中，国际法院认为"国际习惯法的要素必须在国家实际实践和法律确念中寻找"。[④] 但是，关于这两个要素的确切含义和内容，一直都是学术著作探讨的主题：就国家实践而言，伊恩·布朗利认为，构成国际惯例的国家实践应具有统一性、持续性和普遍性，同时需经历一定的时间阶段。[⑤] 这四项因素对于理解国际习惯法提供了一定的参考价值，但是国家实

① These norms include a general prohibition of the use of non-defensive force by one state against another (See, e. g., *Nicaragua Case*, 1986 I. C. J. Rep. 14, 98-101, para. 187-190; *Wall Advisory Opinion*, 2004 I. C. J. Rep. 136, 171, para. 87.), states' right of self-defence against armed attacks by other states [See *Nicaragua Case*, 1986 I. C. J. Rep. 14, 94, para. 176 (holding that the "right of self-defence" is "of a customary nature"], and a principle resolving disputes between states peacefully [See *Nicaragua Case*, 1986 I. C. J. Rep. 14, 145, para. 290 (affirming that the "principle that the parties to any dispute... should seek a solution by peaceful means" has the status of customary law)].

② Jean-Marie Henckaerts and Louise Doswald-Beck, *Customary International Humanitarian Law*, *Volume 1: Rules*, Cambridge University Press, 2005, pp. 127-130.

③ *North Sea Continental Shelf Cases*, 1969 I. C. J. Rep. 43, para. 74.

④ *Continental Shelf Case* (*Libya v. Malta*), 1985 I. C. J. Rep. 13, 33, para. 27.

⑤ Ian Brownlie and James Crawford, *Brownlie's Principles of Public International Law*, Oxford University Press, 2012, pp. 7-8; Mark E. Villiger, *Customary International Law and Treaties: A Manual on the Theory and Practice of the Interrelation of Sources*, Kluwer Law International, 1997, pp. 167-192.

践的普遍性是否意味着世界各国都应该支持一项拟议的国际习惯规则，或者是只要获得主要国家的支持即可？同时，虽然国际习惯法的形成通常需要一些时间，但是并没有精确的时间要求。除此之外，“法律确信”这一因素更是为国际习惯法的形成和确立带来了更多的问题和不确定性。“法律确信”的基本要求是国家遵守国际惯例的动机并非出于礼让或国际道德，而是将其作为具有法律约束力的规则来遵守，而在实践中，这样的“主观”因素是非常难界定的。①

尽管对于国际习惯形成的基本要件存在分歧，但目前的主流观点是一项新的国际习惯规则的形成应得到“利益深受影响之国家”(specially affected states)的一致接受。② 此项考虑具有两层含义：第一，如果这种实践代表了所有“深受影响之国家”的实践，那么就没必要要求世界上大多数的国家积极参与这种实践了，但至少它们必须默认这些“深受影响之国家”的实践。在“北海大陆架”案中，国际法院指出，国家实践，尤其是其“利益深受影响之国家”的实践在所援引的条款上具有广泛性和统一性。③ 在“核武器的合法性”一案中，国际法院作出决定时提到的是某些核武器国家的做法，而不是整个国际社会的做法。④ 同样，在“庇护”案中，国际法院在其裁定中强调，“哥伦比亚政府必须证明其援引的规则与争议国家的国家实践相一致”。⑤第二，如果这些“深受影响之国家”不接受这一事件，那么，它就不可能发展成为一项新的国际习惯法规则。在“渔业案”中，国际法院处理了一个关于海湾10海里封闭线的类似情况，法院在该案中认为，尽管这样一条线“为一些国家在其国内法和他们的条约与公约中所采用，但是，其他国家采用了不同的界限。因此，10海里的规

---

① Jack L. Goldsmith and Eric A. Posner, *The Limits of International Law*, Oxford University Press, 2005, p. 24.

② Jean-Marie Henckaerts and Louise Doswald-Beck, *Customary International Humanitarian Law, Volume 1: Rules*, Cambridge University Press, 2005, p. XIii.

③ *North Sea Continental Shelf Cases*, 1969 I. C. J. Rep. 43, para. 74.

④ *Nuclear Weapons Advisory Opinion*, 1996 I. C. J. Rep. 226, 263 (holding that "Nor can [the Court] ignore that practice referred to as 'policy of deterrence', to which an appreciable section of the international community adhered for many years.") Peter Malanczuk and Michael Barton Akehurst, *Akehurst's Modern Introduction to International Law*, Routledge, 1997, p. 42.

⑤ *Asylum Case (Colombia v. Peru)*, 1950 I. C. J. Rep. 266, para. 276-277.

制并未获得国际法一般规则的效力"。① 也就是说,一条习惯法规则得以确立的要求是"深受影响之国家"的实践必须广泛且具有代表性。它并不要求支持这种实践的国家达到一个精确的数字或者比例,也不要求这种实践为所有国家普遍奉行,只需要"利益深受影响"的国家的支持即可。"利益深受影响"的国家应全部赞成将所拟议的规则确立成为一项国际习惯法规则,其国家实践应该反映出对这项新的国际习惯规则的支持。② 在某种意义上,一项新的国际习惯法形成的核心,并不取决于有多少国家支持,而是哪个国家支持。这是一个有关质量而非数量的标准。③

既然"深受影响之国家"是影响一项新的国际习惯规则形成和确立的核心因素,接下来的问题是确定将受本文所论证的国际习惯规则影响的国家范围。哪些国家属于在国际法上"深受影响"的国家会因情况的不同而有所变化。例如,在人道援助领域,那些其国民需要人道援助的国家或是那些经常提供此类援助的国家都被视为"深受影响"的国家。在涉及致盲激光武器的合法性问题上,"深受影响之国家"则应包括哪些被认定为一直在研发这种武器的国家。而在文化遗产法领域,最深受国际习惯规则影响的国家则包括了两类:一是伊拉克、叙利亚、阿富汗、马里、柬埔寨、埃及、希腊、意大利、土耳其、韩国、秘鲁和中国等,这些国家的共同特点是通常拥有丰富的文化遗产,却面临不同程度的文化遗产在战争期间被非法掠夺并遗失的威胁。二是英国、美国、法国、日本、德国和瑞士等国家,其共同特点是它们不仅作为国际社会的重要国家将极大地影响战争的进程,同时也是文化财产交易的市场大国。因此,其本身关于打击文化遗产的非法掠夺,以及支持此类文化财产的返还的有关法律和政策,将极大影响拟议的国际习惯法是否能形成并最终确立。因此,本文在论证拟议的国际习惯法的过程中,将涵盖这两类国家的国家实践,从而论证所拟议的国

---

① *Fisheries Case* (*U. K. v. Norway*), 1951 I. C. J. Rep. 131.

② International Committee of the Red Cross, Assessment of Customary International Law, https://ihl-databases.icrc.org/customary-ihl/eng/docs/v1_rul_in_asofcuin,下载日期:2018 年 7 月 1 日; Malcolm N. Shaw, *International Law*, Cambridge University Press, 2014, p. 57; Jörg Kammerhofer, Uncertainty in the Formal Sources of International Law: Customary International Law and Some of Its Problems, *European Journal of International Law*, Vol. 15, 2004, p. 290.

③ Jean-Marie Henckaerts and Louise Doswald-Beck, *Customary International Humanitarian Law*, *Volume* 1: *Rules*, Cambridge University Press, 2005, p. XLIV.

际习惯规则是否得到了"最受影响"国家的支持。

最后,为了查明某项国际习惯法规范是否确立,就必须找到证据。由于国际习惯法是在国际实践中逐渐形成的,其本身作为"不成文"法,并没有一个国际法律文本来表现国际习惯法的原则、规则和制度。因此,确立一项新的国际习惯法是否正在形成的证据只能从国家实践中查找。① 一项拟议的国际习惯规则,只有从与国际实践有关资料中找到已被各国承认为具有法律约束力的充分证据,才能确立为国际习惯,如查找不到证据,则不能确立为国际习惯。本文将从以下几个方面的资料中去查找并论证拟议的国际习惯规则:(1)国际公约;(2)以国家为代表的国际组织的决议和判决;(3)国内立法、司法、行政方面有关的各种资料。②基于上述分析,接下来的部分从国际法和国内法两个层面分析有关这项拟议的国际习惯法的国家实践,从而论述该国际习惯规则是否正在形成,并有可能最终被确立。

二、国际法:基本原则

文化遗产的国际法保护是在战争造成文化遗产的严重毁损和流失的历史背景下产生的。从"拿破仑战争",到"一战""二战",再到近期的伊拉克战争、阿富汗战争和叙利亚战争,一些国家的文化遗产遭到了严重的掠夺和毁坏;与此同时,国际社会对于战争期间的文化遗产的关注不断加深,其国际法保护最终于 20 世纪 50 年代初得以正式形成,并在近 50 年来进一步发展,最终确定

---

① Anthony A. D'Amato, *The Concept of Custom in International Law*, Cornell University Press, 1971, p. 88; Peter Malanczuk and Michael Barton Akehurst, *Akehurst's Modern Introduction to International Law*, Routledge, 1997, p. 28.

② Ian Brownlie and James Crawford, *Brownlie's Principles of Public International Law*, Oxford University Press, 2012, pp. 6-7; Malcolm N. Shaw, *International Law*, Cambridge University Press, 2014, p. 58.

了两个基本主旨:禁止从被占领土上输出文化财产,和返还从被占领土输出的文化财产。[①]

(一)文化遗产国际法保护的演进

在历史上,战争的战胜者掠夺包括文化遗产在内的战利品是惯常的做法。18 世纪下半叶的"拿破仑战争"中,拿破仑在一系列的战争中,掠夺大量的艺术珍品作为庆祝胜利的一种主要方式。虽然当时法国掠夺文化遗产的做法并不违反当时的国际法,但这种对待文化遗产的野蛮行径震惊了整个欧洲社会,直接推动了国际法对于文化遗产的保护。[②] 1899 年和 1907 年海牙和平国际会议上通过的《武装冲突情况下保护文化财产公约》(以下简称《海牙公约》),作为第一个规定包含战时文化财产保护内容的公约,规定了禁止战时掠夺,不能没收、掠夺和摧毁文化财产等保护原则。[③]

20 世纪上半叶,"一战""二战"期间大量遭到损毁的文化遗产,促使国际社会加快制定更加系统的文化遗产保护的法律。"一战"期间,无数历史和艺术纪念物、教堂、历史建筑、古老城镇及其存放的艺术珍品被炮火摧毁。面对被掠夺的文化遗产,战后签署的所有和平条约都规定归还在战争期间从被占领国非法移走的任何文化遗产。[④] 比如法国和比利时提出的与德国的和解协议中,包含了一份广泛的索赔清单。其中规定德国不但必须将"一战"期间被

---

① For a general discussion, see Wayne Sandholtz, *Prohibiting Plunder: How Norms Change*, Oxford University Press, 2007, p. 69; Adam Roberts, *Documents on the Laws of War*, Oxford University Press, 2000, p. 53; Alwyn V. Freeman, General Note on the Law of War Booty, *The American Journal of International Law*, Vol. 40, 1946, pp. 795-796; William Gerald Downey, Captured Enemy Property: Booty of War and Seized Enemy Property, *The American Journal of International Law*, Vol. 44, 1950, pp. 488-489; Kifle Jote, *International Legal Protection of Cultural Heritage*, Juristförlaget, 1994; Roger O'Keefe, *The Protection of Cultural Property in Armed Conflict*, Cambridge University Press, 2006.

② M. Cherif Bassiouni, Reflections on Criminal Jurisdiction in International Protection of Cultural Property, *Syracuse Journal of International Law and Commerce*, Vol. 10, 1983, p. 288.

③ 1907 年《海牙公约》第 27 条和第 56 条。对于文化遗产的部分,1907 年版本在 1899 年的基础上稍作了修改。

④ Jiri Toman, The Hague Convention—A Decisive Step Taken by the International Community, *Museum International*, Vol. 57, 2005, p. 7.

移走的“战利品、档案、历史纪念品或艺术品”交给法国，而且还要求德国必须将在普鲁士战争(1870—1871年)中掠夺的文化财产返还给法国。而在战后起草的《罗里奇公约》，作为世界上第一个专门保护文化遗产的草案，要求各国政府采用必要的国内立法措施确保艺术和科学机构，以及历史纪念物得到保护和尊重。

“二战”期间，文化遗产同样遭到了不同程度的盗窃、劫掠、侵占与系统性的输出。德国纳粹通过“征收”“购买”“紧急转移”“赠予”等手段从其占领的荷兰、法国、奥地利等国攫取了大量文化珍宝，给这些国家造成了深重的文化灾难。鉴于此类文化财产所有权的移转及其输出往往披着“合法”的外衣，17个盟国和法国流亡政府于1943年会聚伦敦，发布了《伦敦宣言》，严正声明，盟国将拒绝承认被占领领土上任何资产的转移为合法，不论是否为善意购买，也不论相关交易方的国籍为何。① 战争结束后，以美、英、法为代表的西方18国在巴黎召开赔偿会议，正式商讨德国对西方盟国的赔偿事宜，并于会议最后一天通过《巴黎会议赔款最终法案》。依据该法，盟军占领德国西部期间，美国、英国与法国占领当局将分别成立归还文化财产的专门委员会，致力于将“所有纳粹从盟国掠夺的艺术品和具有科学或历史价值的物品返还其合法所有人”。②在纽伦堡审判中，希特勒和纳粹军队对文化遗产的战时掠夺、毁损成为控诉方控诉战犯的主要罪行之一，违反了作为战争法规与惯例的1907年《海牙公约》。除此之外，根据1947年签订的《同盟国及其参与国对意大利的和平条约》，意大利有义务向南斯拉夫和埃塞俄比亚返还文化财产。③ 被占领土上文化财产的输出问题，是在“二战”结束后得到盟国高度重视的事项。在此背景下，也推进了《海牙公约》和《第一议定书》的正式通过。

1954年《海牙公约》汇集了以往文化遗产国际保护文件的成果，并在此基础上有所发展，对于保护文化财产免受武装冲突的破坏发挥了积极作用。④

---

① 《伦敦宣言》第3段。

② Lyndel Prott, The History and Development of Processes for the Recovery of Cultural Heritage, *Witnesses to History*, Vol 13, 2008, p. 5.

③ 《同盟国及其参与国对意大利的和平条约》第12条和第37条。

④ David A. Meyer, The 1954 Hague Cultural Property Convention and Its Emergence into Customary International Law, *Boston University International Law Journal*, Vol. 11, 1993; Wayne Sandholtz, The Iraqi National Museum and International Law: A Duty to Protect, *Columbia Journal Transnational Law*, Vol. 44, 2005, p. 238.

作为核心理念，1954 年《海牙公约》明确规定，文化财产的保护既包括对文化财产的“保护”，也包括对文化财产的“尊重”，两者均须对各国在和平时期以及武装冲突期间施加积极性与消极性义务。此外，公约要求缔约国为其用于掩护可移动文化财产的保障所、纪念物中心和其他极其重要的不可移动文化财产提供特别保护。①但是，公约存在的缺陷却限制了其约束力，如军事必要作为文化财产保护的例外是其核心缺陷。尽管公约致力于严格限制军事必要例外的适用，尤其对其适用于特殊保护施加了苛刻的条件，但是，由于公约并没有对军事必要例外进行明确定义，且其使用的限制性措辞明显存在主观性过强、可操作性不足的缺陷，因而在公约实施实践中，该例外被滥用成为一种常态。

1954 年《海牙公约》实施生效的半个多世纪以来，世界大战争得以幸免，但是，地区性武装冲突并不鲜见。客观地说，在一次又一次的武装冲突中，公约虽产生了重大作用，但并未真正成为保护文化财产免受战火影响的坚强“蓝盾”：1980 年，两伊战争爆发，两国境内（尤其是伊朗境内）的诸多文化遗产惨遭破坏；1990 年，伊拉克悍然入侵科威特后，伊军公然洗劫科威特多家博物馆中的珍贵文物；1991 年，南斯拉夫解体，引发了旷日持久的武装冲突，该地区众多的历史文化古迹与博物馆在战乱中受到严重破坏与大肆劫掠。在过去十年里，当代冲突从国家间战事逐渐变为国内冲突，文化财产遭受损坏的规模也越来越大，这一切表明在《海牙公约》的执行方面存在各种缺陷，如军事需要概念的解释、特别保护总体概念的效力、在非国际性冲突中文化财产的保护、对违反《海牙公约》行为的有效制裁以及《海牙公约》管制制度的效率等。在此背景下，改革、完善 1954 年《海牙公约》已迫在眉睫。由此，1999 年 3 月 15 日，在“关于武装冲突时保护文化财产公约第二议定书的外交会议”上通过了《关于武装冲突时保护文化财产公约第二议定书》（以下简称《第二议定书》）。

《第二议定书》在保留《海牙公约》大部分规则的基础上，加强了对文化财产的保护力度：它规定了可以适用“军事需要”概念的条件，从而防止了可能过于宽泛的解释或滥用；它为受到相关国家法律保护、未用于军事目的，且对于人类极为重要的文化遗产提供了新的强化保护；它具体规定了制裁严重破坏

① 《海牙公约》第 8 条。

文化财产行为的刑事责任措施，并界定了追究个人犯罪责任的条件①。最后，另一个重要进展是设立了由12名成员组成的政府间委员会，履行与执行《第二项议定书》有关的职能。《海牙公约》本身没有对这类机构作出规定。应该指出的是，《第二项议定书》是对《海牙公约》的补充，而绝不是代替《海牙公约》。

综上所述，《海牙公约》及其两项议定书构成了适用于武装冲突中保护文化财产的国际法的基本框架。除此之外，其他国际公约也涵盖了武装冲突中对文化遗产的保护，如国际刑法、1970年《关于禁止和防止非法进出口文化财产和非法转移其所有权的方法的公约》、1995年《国际统一私法协会公约》，以及联合国大会和安理会颁布的一系列决议。这些国际法律文件，都为战争期间文化遗产的保护提供了法律保障，并主要体现在两个方面：禁止从被占领土上输出文化财产，和返还从被占领土输出的文化财产。

（二）禁止从被占领土上输出文化财产

第二次世界大战期间，在被占领土上发生了针对文化财产的盗窃、劫掠与系统性的输出事件，其规模之大，前所未有，已然成为武装冲突期间文化财产面临的主要威胁，因此，1954年《海牙公约》第4条第3款规定的具体义务对于保护此类财产免受武装冲突影响起到了至关重要的作用。该款规定如下："各国应禁止、防止及于必要时制止对文化财产任何形式的盗窃、抢劫或侵占以及任何破坏行为。各国亦不得征用位于另一缔约国领土内的可移动文化财产。"该款的第一句话表明，各国不仅应禁止其武装部队盗窃、抢劫、侵占或破坏文化财产，而且有义务禁止有违于其规定的所有行为，不论行为的实施者是当地民众，还是敌对方武装人员。另外，需要指出的是，相较于《海牙公约》规定的其他义务，如各国不应针对其领土内以及其他缔约国领土内的文化财产展开敌对行为，②第4条第3款规定的义务是不受军事必要条款的制约，这也就意味着交战方不得援引军事必要的理论，从而摒弃保护文化财产的义务。③

《第一议定书》要求缔约各方对于1954年《海牙公约》所保护的文化财产，

---

① 《第二议定书》第4章"刑事责任与管辖权"。

② 《海牙公约》第4条第2款。

③ 军事必要的制约是《海牙公约》备受争议的条款之一，因为公约并没有对军事必要的含义进行界定，也没有对援引军事必要条款设立具体的最低标准，亦未规定在实践中判定援引该条款是否正当的权利主体，从而不可避免地对公约实现其宗旨造成了隐患。

应防止其在武装冲突期间从缔约该方所占领的领土内输出。[①] 依据该款规定,《第一议定书》全面禁止文化财产的输出,不论其方式是否合法,也不论输出的主体为何。具体而言,占领国不仅须禁止其占领当局或武装部队从被占领土上输出文化财产,还须禁止私人当事方输出之。另外,由于在出口与抵达目的地之间,所涉及的文化财产有可能经过一国甚至数国中转,而中转国既有可能是 1954 年《海牙公约》及其议定书的缔约国,也有可能不是,所以,为确保文化遗产得到全方位的保护,《第一议定书》要求缔约各方对于"直接"或"间接",从"任何"被占领土输入其自己领土内的文化财产予以接管。此处"间接"系指从第三国(或经更多国家)中转进入其领土的情况。鉴于许多国家并不对文化财产的进口实施管制,《第一议定书》另外规定,"接管应于财产输入时自动实行,或者在未自动实行的情况下,根据上述被占领土主管当局的请求而实行"。综上所述,《第一议定书》针对打击和防止从被占领土上非法掠夺和输出文化财产作出重要的规定,从而有效地保护战争期间的文化遗产。

值得强调的是,20 世纪 90 年代以来,国际刑法在此方面取得了重大进展:文化财产犯罪不仅被明确列为战争罪行,责任人还被国际刑事法庭施以严厉的刑事处罚。1993 年,联合国安理会审议并通过了第 808 号决议,决定在前南斯拉夫的特殊情况下,成立一个国际法庭制止严重违反国际人道法的行为,并对违反国际人道法的人绳之以法。同年 5 月 25 日,安理会通过了附有《前南斯拉夫国际法庭规约》的第 827 号决议,前南斯拉夫法庭成立,专门负责审判自 1991 年以来在前南联盟境内违反国际人道法的犯罪嫌疑人。依据《前南斯拉夫国际法庭规约》,"扣押、破坏或故意损坏专用于宗教、慈善事业和教育、艺术和科学的机构、历史文物和艺术及科学作品"属于违反战争法与惯例的行为。[②] 以此为法律依据,前南斯拉夫国际法庭对多位犯下此罪的责任人作出有罪判决:[③]在"布拉斯基奇"初审判决中,法庭明确指出,"对可能明确确定为专用于宗教或教育事业且在采取行为时未用于军事目的的公共机构建筑

---

① 《第一议定书》第 1 条第 1 款。

② 《前南斯拉夫国际法庭规约》第 3(d)条。

③ 联合国教科文组织:《〈1954 年关于在武装冲突情况下保护文化财产的海牙公约〉及其 1954 年和 1999 年两项议定书的执行报告 》,http://unesdoc.unesco.org/images/0014/001407/140792c.pdf,下载日期:2018 年 7 月 3 日。

物造成的破坏或损坏必须是蓄意所为。此外,这些建筑物不能在军事目标周围”。[①] 在“科尔迪奇”初审判决中,法庭依据《海牙公约》第1条和《第一议定书》第53条,述及了破坏或蓄意损坏专用于宗教或教育事业的公共机构建筑物问题。[②]在“检察官诉米奥德拉格·约基奇”案中,审判庭裁决,按武装冲突法的规定,破坏或蓄意损坏专用于宗教、慈善、教育和艺术及科学事业的公共机构建筑物以及历史纪念物、艺术品和科学成果的行为属于犯罪。审判庭认为这种罪行侵犯了国际社会特别保护的价值。1998年,联合国设立国际刑事法院的全权代表外交会议通过了《国际刑事法院罗马规约》,该规约被视为国际刑法领域迄今为止最全面和最重要的国际公约。依据《国际刑事法院罗马规约》,在国际和非国际武装冲突中发生的、对“专用于宗教、教育、艺术、科学或慈善事业的建筑物、历史纪念物、医院和伤病人员收容所”的蓄意攻击构成战争罪,除非这些地方是军事目标。[③]

鉴于国际刑法在打击文化财产犯罪方面已经取得了实质性突破,1954年《海牙公约》第28条已愈发显得脱离时代,亟待改革与完善。[④] 在此背景下,《第二议定书》设立了更加具体、有效的刑事惩罚措施。《第二议定书》则不仅要求缔约国禁止在该被占领土上“一切文化财产的非法出口、移动或转让”,更规定了极为严格的刑事责任,即任何人不顾《海牙公约》或本《议定书》之规定,故意“偷盗、掠夺或侵占受《海牙公约》保护的文化财产,以及对它们进行破坏的行为”就是对本《议定书》的违反。[⑤] 针对这样的违法行为,《第二议定书》规定“各缔约国应采取必要措施,依据国内法对本条款所列之各种违约行为加以指控,并通过适当刑罚制止此类行为。在这样做时,缔约国应遵守法律的一般

① 前南问题国际法庭,检察官诉蒂霍米尔·布拉斯基奇,判决书,2000年3月3日,第185段。

② 前南问题国际法庭,检察官诉迪里奥·科尔迪奇和马里奥·切尔凯兹,判决书,2001年2月26日,第354~362段。

③ 《国际刑事法院罗马规约》第8(2)(b)(九)条和第8(2)(e)(四)条。

④ 1954年《海牙公约》通篇仅有一个条文涉及制裁,亦即第28条,依之,“各缔约国承允于其普通刑事管辖权范围内采取必要步骤,以对违反或唆使违反本公约的人,不问其国籍,进行起诉并施以刑事或纪律制裁”。显而易见,该条规定过于简单、概括,不仅没有规定哪些行为应受到制裁,也没有对管辖问题作具体规定,而从公约的实践来看,鲜有缔约国在其普通刑事管辖系统内对违反公约的行为作出专门规定。因此,《海牙公约》第28条的规定象征意义远大于实际意义。

⑤ 《海牙公约》第15条第(1)款第(e)项。

原则和国际法，尤其是遵守把个人刑事责任扩大到直接行为者以外之其他人的规则”①。特别值得注意的是，《第二议定书》对武装冲突中破坏文化财产的刑事责任进行了详细规定，而这项规定也被援引成为2016年国际刑事法院就“迈赫迪”一案的法律依据。② 鉴于诸如ISIS极端组织近来针对文化财产的频繁破坏行为，《第二议定书》为国际刑事法庭追究其破坏文化财产的行为提供了法律支持。因此，《第二议定书》在保护战争期间文化遗产的作用毋庸置疑。首先，它明确要求占领国在该被占领土上禁止和阻止一切文化财产的非法出口、移动或转让。这是当代国际法对文化财产面临的此种严重威胁的有力回应。除此之外，通过发展、完善、强化刑事制裁措施，《第二议定书》在一定程度上改变了国际文化财产条约羸弱无力的局面。

针对抢劫和非法出口文化财产的活动，联合国安全理事会也根据“联合国宪章”第七章通过了关于文化问题的若干决议，从而进一步推动了《第一议定书》的执行情况。这些决议的基本原则就是对战争区的文物采取“禁运”的基本要求，具体反映在伊拉克入侵科威特③，以及2003年美军进入伊拉克之后④，联合国安理会都颁布了类似的决议。在最近颁布的2199项决议中，安理会呼吁所有国家“采取适当步骤，阻止分别于1990年8月6日和2011年3月15日从伊拉克和叙利亚非法移走的文化财产，以及其他具有考古、历史、文化和科学价值文物的交易，尤其是包括禁止此类物项的跨境贸易”。

除了以上专门针对战争期间文化遗产保护的公约和联合国安理会决议，1970年《关于禁止和防止非法进出口文化财产和非法转移其所有权的方法的公约》(以下简称《公约》)的规定也间接适用于打击战争期间非法掠夺文化遗产的行为。公约第11条规定“一个国家直接或间接地由于被他国占领而被迫出口文化财产或转让其所有权应被视为非法”。这项规则的重要性在于扩大了文化财产的保护范围，因为受约束的国家不再局限于“占领国”，而是1970

① 《第二议定书》第15条第(2)款。

② 艾哈迈德·法基·迈赫迪(Ahmad Al Faqi Al Mahdi)是马里极端“圣战”头目之一，因于2012年蓄意攻击通布图的宗教和历史建筑，被判犯有战争罪，判处有期徒刑9年。而在此之前，国际刑事法庭从未正式判过毁坏文化遗产这一罪名，迈赫迪一案就此成了第一例。

③ 联合国安理会第661(1990)号决议第3条第(a)款决定“所有国家均应组织原产于伊拉克或科威特并在本决议通过之日后出口的任何商品和产品输入其境内”。

④ 联合国安理会第1483(2003)号决议第7条。

年《公约》所有的缔约国。[①]由于在出口与抵达目的地之间,所涉及的文化财产有可能经过一国甚至数国中转,而中转国既有可能是1954年《海牙公约》及其议定书的缔约国,也有可能不是。但依据1970年《公约》,如果被非法掠夺的文物进入的中转国是1970年《公约》的缔约国,那么其非法流转的行为也将受到法律的规制,从而增强了对战争期间非法流转文化财产行为的打击力度。

综上所述,现行的国际法明确规定冲突各方有义务保护和尊重文化财产:除了冲突各方不得直接攻击文化财产或对其开展敌对行动,或出于军事目的使用它们,冲突各方还必须禁止和防止对文化财产的偷窃、抢劫和非法流转的行为。此类国际法对于讨论所拟议的国际习惯法是否正在形成至关重要,因为其反映了国际社会对战争期间文化财产的非法流转行为的一致反对。联合国教科文组织大会第二十七届会议(1993年10月至11月)通过了第3.5号决议,其中特别指出,"在武装冲突情况下保护和保存文化财产的根本原则也可视为习惯国际法的组成部分"。

(三)返还从被占领土输出的文化财产

对于战争期间文化遗产的保护,禁止非法掠夺是重要措施之一。除此之外,对于此类文化财产的战后返还则是另一重要措施。《第一议定书》第1条明确规定,缔约国应于敌对行动终止时,向先前被占领土的主管当局返还处于其领土内的文化财产,此项财产绝不应作为战争赔偿而予留置。[②] 关于此款,以下两点,尤须关注。第一,依据本款,返还的时间点是"敌对行为终止时",而非"占领终止时"。虽然理论上敌对行为与占领的终止应该是同步的,但在当代武装冲突实践中,敌对行为既有可能与占领同时终止,也有可能出现敌对行为已经终止,但占领状态持续的情况。譬如,塞浦路斯与土耳其之间的敌对行为早已终止,但土耳其占领北塞浦路斯的状态持续至今,在这种情况下,议定书的缔约国应在敌对行为终止时,而非占领终止时,将在武装冲突期间从被占领土输出的文物财产返还给原属国。第二,凡武装冲突期间从被占领土输出的文化财产,在敌对行为终止后,均应由其现所在国予以扣押并返还。这里所产生的问题是,如果现持有人取得文化财产系基于善意,在这种情况下,不予

① Jiri Toman, *Cultural Property in War: Improvement in Protection Commentary on the 1999 Second Protocol to the Hague Convention of 1954 for the Protection of Cultural Property in the Event of Armed Conflict*, UNESCO Publishing, 2009.

② 《第一议定书》第1条第3款。

赔偿而径直剥夺,则显失公平。因此,《第一议定书》要求有义务防止文化财产从其占领领土输出的缔约各方,应向此项财产的善意持有人给付赔偿金。① 由此可见,在这种情况下,赔偿是文化财产的善意持有人与有义务防止文化财产非法输出的缔约国之间须处理的事项,但不构成文化财产返还的前提要件。第三,文化财产现所在国应将之返还给"先前被占领土的主管当局",而非文化财产先前的所有者。其原因在于承担返还义务的国家通常无法确定文化财产的合法所有人,因此,将之交给先前被占领土的主管当局,再由其确定应将之最终返还给谁,不失为切合实际的明智之选。第四,在武装冲突中,不论是国际性武装冲突,抑或国内武装冲突,为了避免可移动文化财产受到破坏,将之暂时转移至安全的第三国予以保存,在很多情况下是必要之举。为了确保这种情况下文化财产的返还,议定书明确要求暂时接受文化财产的国家应于敌对行为终止时由后者返还给此项财产来源地的主管当局。② 依据该条,在敌对行为终止时,该国应将所涉及的文化财产返还给其来源地的主管当局,这是一项绝对的义务,不论它是否曾同意保障该财产,不论其主管当局对该财产被运至其境内是否知情。

1954 年《海牙公约》实施生效的半个多世纪以来,世界大战争得以幸免,但是,地区性武装冲突并不鲜见。而对于在这些地区性冲突中发生的文化财产非法流转的行为,国际社会也采取了一致的态度,即要求此类文化财产应被返还给原属国。1991 年通过的联合国安理会第 686(1991)号决议第 1 条第(d)项要求伊拉克在最短的时间内,"立即开始交换伊拉克攫取的一切科威特财产",包括科威特多家博物馆中的珍贵文物。同样的文物返还要求也体现在安理会有关伊拉克战后重建的第 1483(2003)号决议中。该决议要求"决定所有会员国应采取适当步骤,促进将 1990 年 8 月 6 日第 661(1990)号决议通过以来从伊拉克国家博物馆、国家图书馆和伊拉克其他地点非法取走的伊拉克文化财产以及其他考古、历史、文化、科学稀有和宗教重要物品安全交还伊拉克机构,包括规定禁止买卖或转让这类物品和可合理怀疑是非法取走的物品,并吁请联合国教育、科学及文化组织、国际刑警组织和其他国际组织酌情协助执行本段"。安理会第 2199(2015)号决议再次重申第 1483 号决议,决定所有

① 《第一议定书》第 1 条第 4 款。

② 《第一议定书》第 1 条第 5 款。

会员国都应采取适当步骤,以便将非法从叙利亚和伊拉克流出的文化财产最终安全交还伊拉克和叙利亚人民。

就国际合作方面,私法协会应教科文组织之邀,拟定1995年《国际统一私法协会公约》,该文件作为1970年《公约》的补充文件。各国就归还被盗或非法出口文物做法达成一致,并允许由国家法院直接受理文物归还申诉,从而打击文化遗产的非法贩运。1995年《国际统一私法协会公约》分别针对被盗文物和非法出口文物这两类文物的返还作出规定。关于被盗文物,该公约第3条第1款规定"被盗文物的拥有者应当归还该被盗物"。虽然《国际统一私法协会公约》规定了任何关于返还被盗文物的请求,应该在规定的期限内提出,但是关于"某一特定纪念地或考古遗址组成部分的文物,或者属于公共收藏的文物的请求",则不受请求者应自知道文物的所在地及该文物拥有者的身份之时起三年提出请求的时效限制。这一规定极大地增强了公约对于返还被盗文物的返还力度。除此之外,对于返还该文物是否可以获得公正合理的补偿,《国际统一私法协会公约》对"善意取得"作出明确的界定。① 而对于非法出口的文物,"缔约国可以请求另一缔约法院或其他主管机关命令归还从请求国领土上非法出口的文物",但是需要满足以下两个条件。② 第一,请求国需要证明从其境内移出的文化财产严重地损害了其相关利益,如有关该物品或其内容的物质保存、有关组合物品的完整性、有关诸如科学性或历史资料的保持;或者该文物对于请求国具有特殊的文化方面的重要性。③ 第二,归还请求应当在请求国知道文物所在地和拥有者身份时起的三年内提出。④ 1995年《国际统一私法协会公约》有关被盗文物或非法出口文物的返回规定对于文化财产的保护至关重要,使得文化财产的保护不仅局限于冲突期间,更衍生到了冲突结束后的和平期间,有关文物的文物交易市场规定。

综上所述,国际社会一直反对战争期间对文化遗产的掠夺和破坏,并通过不断完善国际公约以呼吁打击战争期间的文物掠夺,并规定此类文化遗产应

① 《国际统一私法协会公约》第4条。

② 《国际统一私法协会公约》第5条第(1)款。

③ 《国际统一私法协会公约》第5条第(3)款。

④ 《国际统一私法协会公约》第5条第(5)款。

该在战后归还给原属国。国际法在这一层面的规定应该是完善并且全面的。[①] 此类国际法律规定反映了国际社会对于武装冲突期间被非法流转的文化财产返还的支持和认可,对于论证拟议的国际习惯法正在形成也至关重要。

但实践中,一件在战争期间被掠夺的文物是否能最终返还给原属国,很大程度上依赖于持有人所在国,或者市场国(比如美国、英国、瑞士等国)的国内法律政策。作为“深受影响之国家”,这类国家的国家实践对于拟议的国际习惯法是否能最终形成也有重要的影响:如果一项拟议的国际习惯规则缺乏这类国家的支持,那么即便这项规则得到了其他国家的普遍支持,也不能被视为一项新的国际习惯规则的确立。接下来的部分将从国内法的角度出发,分析相关的国家实践,以论证拟议的国际习惯规则正在形成,并最终得以确立。

三、国内法:典型国家实践

(一)美国

美国的国家实践将极大影响所拟议的国际习惯法的形成,不仅因为其作为超级大国将极大影响战争的进程和战争期间文化遗产的保护,更因为其作为重要的艺术品交易市场,美国的国内法将极大决定非法流转的文物在进入美国后,原属国要求其返还的诉求是否能得到美国的支持。因此,美国的国家实践对于讨论拟议的国际习惯法是否正在形成至关重要。如果美国支持返还在战争期间被非法掠夺的文物,则其国家实践对于拟议的国际习惯法正在形成也有支持作用。

对于战争期间文化遗产的保护,尽管美国参与起草了 1954 年《海牙公约》,但美国行政部门最终决定不将该条约提交参议院批准,原因是军方担心该条约可能会在冷战高峰时期影响政策。[②] 冷战结束时,国防部撤回了反对意见。随后,1999 年,比尔·克林顿总统向美国参议院外交关系委员会转交

---

① Marc-André Renold, Cross-Border Restitution Claims of Art Looted in Armed Conflicts and Wars and Alternatives to Court Litigations, http://www.europarl.europa.eu/RegData/etudes/STUD/2016/556947/IPOL_STU(2016)556947_EN.pdf,下载日期:2018 年 7 月 4 日。

② US Committee of the Blue Shield, The 1954 Hague Convention, http://uscbs.org/1954-hague-convention.html,下载日期:2018 年 7 月 4 日。

了1954年《海牙公约》和《第一议定书》，并强调美国的批准和加入公约"将履行我们对保护世界文化遗产的长期承诺，以及我们在战斗中的做法"。[①] 同时，美国蓝盾委员会、保护文化遗产律师委员会和美国考古研究所组成了一个保护组织联盟，向参议院委员会提交了支持批准1954年《海牙公约》及其议定书的专家证词，呼吁美国政府批准并加入公约。最终，美国参议院于2008年9月25日投票同意批准该公约，并宣布美国将于2009年3月13日成为《海牙公约》的缔约国。通过采取这一重大步骤，美国表明了它对保护世界文化、艺术、宗教和历史遗产的承诺，也为保护战争期间的文化财产提供了法律支持和依据。

虽然美国加入《海牙公约》的时间较晚，但美国国内法却为返还在战争期间被非法掠夺的文物提供了法律依据。美国国会于1982年通过了《文化财产实施法》，作为执行1970年联合国教科文组织公约的专门立法。这项立法使美国总统能够根据紧急行动或美国与请求国之间的双边协定，应另一缔约国的请求，对指定类别的考古和人种材料实行进口限制。[②] 例如，中国和美国在2009年达成了一项双边协议，旨在"减少掠夺代表中国丰富文化遗产的不可替代的考古材料的动机"。该协议规定，美国将禁止进口从公元前7.5万至公元907年唐朝末期的旧石器时代的文物，以及所有至少250年前的纪念性雕塑和壁画。因此，对于这些被保护的文化财产，一旦其通过非法渠道进入美国，中国都可以依据本协议要求美国政府协助返还该文物。

虽然目前只有15个国家与美国签订了类似的协议，从而引发了外界对美国是否能有效打击非法流转文化财产的质疑，但需要注意的是所有具有丰富文化遗产的国家，包括秘鲁、希腊、意大利和柬埔寨，都与美国签署了协议，从

---

① The President of the United States, The Hague Convention and the Hague Protocol, https://www.gpo.gov/fdsys/pkg/CDOC-106tdoc1/html/CDOC-106tdoc1.htm，下载日期：2018年7月4日。

② Bureau of Educational and Cultural Affairs, Memorandum of Understanding (MOU), to Protect Categories of Archaeological Material from the Paleolithic Period through the Tang Dynasty, and Monumental Sculpture and Wall Art at Least 250 Years Old, http://eca.state.gov/cultural-heritage-center/international-cultural-property-protection/bilateral-agreements/china，下载日期：2018年6月26日。

而使得更多被非法掠夺的文物得以归还给原属国。[1] 比如2017年12月，美国检察官办公室宣布将归还在黎巴嫩内战期间被盗的三件文物珍品，包括一尊价值约120万美元的古希腊大理石牛头雕像。该珍贵文物在大都会美术馆展出期间，被发现可能是黎巴嫩1975年至1990年内战期间被盗的珍贵藏品后，大都会馆长立即将它移交给了相关部门。2018年5月，美国政府再次宣布将向伊拉克政府正式归还大约3800件走私文物。美国司法部网站公布的法庭文件显示，美国艺术品和工艺品连锁商店好必来公司2010年斥资160万美元在中东地区收购大批伊拉克文物。尽管许多迹象显示这些文物可能劫掠自伊拉克考古遗址，但好必来公司在收购过程中刻意忽视了这些"警示信号"，将这些伊拉克文物贴上"瓷砖样本"的标签通过海运进入美国。2017年7月，好必来公司同意上缴非法收购的伊拉克文物，并同意如今后收到任何可疑文物，将通知美国联邦政府。综上所述，美国的国家实践与拟议的国际习惯法是一致的，都反对战争期间对文化财产的非法掠夺，并支持此类文化财产的战后返还。

（二）英国

2017年2月，英国政府宣布颁布《武装冲突中的文化财产条例》（以下简称《条例》），从而正式签署1954年《海牙公约》以及其两项议定书。英国这项立法规定了新的文化财产罪，其中包括从事有关从被占领土非法出口的文化财产的交易；并且，非法出口文化财产罪的最高刑期为七年。[2] 该《条例》对于任何艺术品经销商或拍卖行都是一个重要的警告，督促他们在实践中对文化财产的来源进行更有效的尽职调查，拒绝从事有关在战争期间被非法掠夺的文物的交易，以免触犯了《条例》的相关规定。而对于被非法出口的文化财产，2017年《条例》明确规定一旦冲突结束，英国会将这些财产归还给原属国的主管当局。据此，英国政府将致力于战争期间文化财产的保护，尤其是防止从冲

---

① Matthew R. Hoffman, Cultural Pragmatism: A New Approach to the International Movement of Antiquities, *Iowa Law Review*, Vol. 95, 2010, pp. 680-682; Bilateral Agreements, For the List of Emergency Actions, Agreements, and Designated Lists of Objects Subject to Import Restrictions, http://eca. state. gov/cultural-heritage-center/cultural-property-protection/bilateral-agreements,下载日期:2018年6月26日。

② UK Government, Cultural Property (Armed Conflicts) Bill, http://www. legislation. gov. uk/ukpga/2017/6/contents/enacted/data. htm,下载日期:2018年6月20日。

突地区非法掠夺文化财产。

除此之外，面对大量从伊拉克战争期间被非法掠夺的文物，英国在战争爆发后立刻颁布了2003年专门的制裁令[Iraq（United Nations Sanctions）Order]，明确禁止向英国进口任何非法移出的伊拉克文化遗产，并且规定从事非法运走的伊拉克文化财产将面临最高7年监禁的刑事处罚。但是，在文物追讨的诉讼中，原属国通常需要证明出口时间不确定等问题，从而使得大部分的文物追讨诉讼都以失败告终。针对这一问题，2003年制裁令改变了在诉讼过程中关于原属国需要承担举证责任的规定，要求目前持有伊拉克文物的人证明其获得该文物的合法性。这一制裁令将是打击、制止在伦敦市场非法贩运伊拉克遗产的一项有效措施，因为它要求拥有人证明他们没有理由相信这些文化材料是从伊拉克非法运走的，否则的话，这些文物的交易行为将被视为非法行为。在此基础上，一部分被盗的伊拉克物品已经归还。2013年，伊拉克被移还了13件古代文物，其中至少有一件在2003年从巴格达伊拉克国家博物馆被盗。基于上述分析，英国的国内法律规定和实践都体现了对所拟议国际习惯法的支持。

(三)德国

“二战”期间，德国纳粹通过“征收”“购买”“紧急转移”“赠予”等手段从其占领的荷兰、法国、奥地利等国攫取了大量文化珍宝，给这些国家造成了深重的文化灾难。战争结束后，德国政府通过不同的形式支持返回战争期间被非法掠夺的文化财产。1955年制定了《文化财产保护法》，规定了敌对行动结束后归还被占领土文化遗产的义务。① 1991年，德国政府宣布完全认可在敌对行动结束后必须归还文化财产的义务，并在所有发现和能够查明文化财产的情况下归还该文化遗产。② 1997年，德国政府重申纳粹政权在“二战”期间盗

---

① Section 1 of Act Implementing the Convention of 14 May 1954 for the Protection of Cultural Property in the Event of Armed Conflict, http://www.kulturgutschutz-deutschland.de/SharedDocs/ExterneLinks/EN/Gesetze_en/KultgSchKonvAG_en.pdf;jsessionid=40024BC88161857C417ADAB4679C55D2.1_cid350?__blob=publicationFile，下载日期：2018年6月20日。

② Jean-Marie Henckaerts and Louise Doswald-Beck, *Customary International Humanitarian Law*, *Volume* 1: *Rules*, Cambridge University Press, 2005, p. 809.

窃和破坏文化财产违反了国际法。[①] 2007 年,德国加入 1970 年《公约》,并于同年制定《文化财产归还法》,从而更加有效地打击非法文物交易。

2016 年 6 月,德国联邦议院最终以绝对多数通过了新的《文化财产保护法》,该法律是将现行的两个有关文化遗产保护的法律,即《文化财产保护法》和《文化财产归还法》,合并为一个统一的法律。德国新法案增强了对文物古玩市场的监管,对非法文物进行登记注册并向公众公布非法文物清单,以防止非法挖掘、偷窃的文物在德国文物市场上进行交易。新法案明确规定,如果该项文物在流出国属非法盗掘、非法出口的范畴,在德国同样被视为非法文物。为此,法案还详细规定了非法文物的返还机制。此外,新法案对来自恐怖组织活动地区或国家文物的交易实行更为严格的控制和审查。新法案规定,来自危机国家的文物和艺术品必须出示来源证书才可以在德国交易。

新法案提出以来,曾遭到一些艺术品经销商和拍卖行、私人收藏家、艺术家甚至博物馆的反对。他们认为,新法案将严重限制其对所持文物和艺术品的所有权,同时还会威胁德国文化和艺术品市场的繁荣。但德国联邦文化与媒体国务部部长莫妮卡·格律特斯是新法案的提出者和坚定支持者,在立法草案的审议过程中,她多次重申,新的《文化财产保护法》将更加有效地保护德国和世界的珍贵文化遗产,打击非法文物交易活动。基于上述分析,包括新的《文化财产保护法》在内的德国国家实践,都反对文化财产的非法流转,并且支持此类文化财产的返还,无疑与拟议的国际习惯法规定的内容是一致的。

(四)荷兰

荷兰的有关战争期间非法返还文化财产的国家实践包括两方面,一方面荷兰的国内法庭对为数不多的战争期间文物返还的诉求作出裁决,但并没有支持文物返还的诉求;另一方面,针对该案,荷兰政府于 2007 年颁布了《返还

① Jean-Marie Henckaerts and Louise Doswald-Beck, *Customary International Humanitarian Law*, *Volume* 1: *Rules*, Cambridge University Press, 2005, p. 809.

来自于被占领地区的文化财产法》(以下简称《返还法》)[①],从而为返还战争期间非法流转的文化财产奠定了法律依据。

在"塞浦路斯希腊东正教教堂诉兰斯"案中,一家塞浦路斯的东正教教堂援引《第一议定书》及其本国关于归还被掠夺文化遗产的规定,要求荷兰方当事人兰斯归还一件古代圣像,而该画像是从土耳其占领塞浦路斯领土期间被掠夺并非法出口的。[②] 然而,荷兰鹿特丹民法庭认为《第一议定书》的具体规定需要国内法的转换和认可,并不能自动执行,但是荷兰并没有颁布相关的法律。此外,荷兰法院更进一步说明,《第一议定书》的相关规定属于政府间性质的义务,因此并不能超越"民法"中关于善意取得财产所有权的规定。[③] 因此,塞浦路斯方的返还请求并没有得到支持。

荷兰法院的这项判决立刻引起了关于《第一议定书》有效性的广泛讨论,尤其是当国内法尚不完善时,法律应该如何规制在战争期间被非法掠夺文物的行为。该判决毫无疑问地推动了荷兰对于其国内法的完善,尤其是2007年《返还法》,从而使得《第一议定书》在荷兰本土得以直接适用。2007年新颁布的《返还法》在序言中声明,其目的是为了归还在武装冲突期间从被占领的领

---

① Act of 8 March 2007 containing rules on the taking into custody of cultural property from an occupied territory during an armed conflict and for the initiation of proceedings for the return of such property, http://www.unesco.org/culture/natlaws/media/pdf/netherlands/netherlands_actmarch2007_engtof.pdf,下载日期:2018年5月4日; Explanatory Memorandum, http://www.unesco.org/culture/natlaws/media/pdf/netherlands/netherlands_memo_returnoccupiedterritory_engtof.pdf,下载日期:2018年5月4日。

② *Greek Orthodox Church of Cyprus v Lans*, Rotterdam Civil Court, 44053 HAZ 95/2403, 4 February 1999.

③ Stephan Matyk-d'Anjony, The Restitution of Cultural Objects and the Question of Giving Direct Effect to the Protocol to the Hague Convention for the Protection of Cultural Property in the Event of Armed Conflict 1954, *International Journal of Cultural Property*, Vol. 9, 2000, pp. 341-346; Francesco Francioni, The Evolving International Legal Framework for the Protection of Cultural Heritage, *Cultural Heritage, Cultural Rights, Cultural Diversity*, Vol. 3, 2012, p. 14.

土上掠夺的文化遗产,并在第三章详细说明了归还的法律程序。[①] 荷兰的国家实践同样反映了对拟议的国际习惯法的支持,认为在战争期间被非法掠夺的文化财产应该归还给原属国。

(五)瑞士

在武装冲突中,为了避免可移动文化财产受到破坏,将之暂时转移至安全的第三国予以保存,在很多情况下是必要之举。2014 年 6 月 20 日,瑞士联邦政府通过了《关于发生武装冲突、灾害和紧急情况时保护文物的联邦法》。[②] 该法旨在"在发生武装冲突、灾害或紧急情况时保护文化财产",并采取一切确实可行的民事措施,以防止或减轻对文化财产的任何损害。[③] 第 12 条规定当文化遗产因武装冲突、灾害或紧急情况而受到威胁时,瑞士联邦政府可以向外国政府提供安全避难所(safe havens),以作为临时托管可移动文化遗产提供的安全场所。为确保暂时保存于他国的文化财产能够在武装冲突结束后返还其原属国,瑞士法律进一步规定此类文化遗产的信托保管应该在联合国教科文组织的主持下进行,并且应该与提出请求的国家就运输的安排、保管期间的完善和维护,以及托管文物的归还等问题签订相关的协议。因此,瑞士的国家实践与拟议的国际习惯法也是相一致的。

基于上述分析,针对武装冲突中对文化遗产掠夺的问题,国际社会一致反对战争期间对文化遗产的非法掠夺,并且规定此类文化遗产应该在战后归还给原属国。这一举措在相关国际法和最受影响国家的国内实践中得到了体现,从而也为拟议的国际习惯法的形成提供了法律基础。介于国际习惯法具有普遍约束力,这也就意味着一国即便没有加入《海牙公约》及其议定书,也将受到该公约的约束,从而使得文化遗产在武装冲突期间得到有效的保护。

---

① Marc-André Renold, Cross-Border Restitution Claims of Art Looted in Armed Conflicts and Wars and Alternatives to Court Litigations, http://www.europarl.europa.eu/RegData/etudes/STUD/2016/556947/IPOL_STU(2016)556947_EN.pdf,下载日期:2018 年 7 月 4 日。

② Federal Law on the Protection of Cultural Objects in the Event of Armed Conflict, Disaster and Emergency Situations, http://www.unesco.org/culture/natlaws/media/pdf/switzerland/suisse_fedactprotcltprop_entof,下载日期:2018 年 7 月 4 日。

③ 《关于发生武装冲突、灾害和紧急情况时保护文物的联邦法》第 6 条。

四、与拟议国际习惯规则相冲突的国家实践

虽然有大量的国家实践来佐证所拟议的国际习惯规则正在形成，但也不能忽视与该规则相冲突的国家实践。此类国家实践为该习惯规则能否最终被确立带来不确定性。首先，自1931年至1945年抗日战争结束，被日本掠夺的中国文化财产共1879箱，文物至少360万件，但日本在对返还在“二战”期间被掠夺中国文物这一诉求一直持否认的态度。2014年，中国民间对日索赔联合会就致函日本天皇和政府，要求归还“中华唐鸿胪井刻石”。该石碑成碑于唐代，确认了唐朝的北部势力范围，也记载着中国统一的历史进程。石碑原本立于旅顺黄金山，1908年4月30日，日军将其作为日俄战争的战利品献给日本天皇，并至今收藏于日本皇宫。但是，日本官方并没有支持这一诉求。[①] 有关中国对日文化遗产的索赔及追讨，其中一个不可忽视的问题是：1972年中日关系正常化时，中国政府宣布放弃对日本的战争赔偿要求。但是这一声明是否意味着中国政府除了国家间的赔偿要求，同时还放弃了国民赔偿要求？日本政府认为1972年《日中和平友好条约》解决了所有战争赔偿问题，而中国政府则坚持中国政府在任何场合都没有宣布放弃国民赔偿要求。[②] 作为“深受影响之国家”，日本的国家实践对于拟议的国际习惯法是否形成至关重要，如果日本的国家实践一直拒绝返还任何战争期间被掠夺的文化财产，那么所拟议的国际习惯规则因为缺少“深受影响之国家”的一致支持，而很难被最终确立。

除此之外，虽然《第一议定书》规定文化财产绝不应作为战争赔款而予以留置。但是，俄罗斯在1907年制定的《被转移的文化财产法案》中规定，基于赔偿权利而进入苏联的文化财产，是俄罗斯联邦的联邦财产。1999年，俄罗

---

① Jane Perlez and Bree Feng, Chinese Group Calls on Japan to Hand Over Tang-Era Stele, http://sinosphere.blogs.nytimes.com/2014/08/21/chinese-group-calls-on-japan-to-hand-over-tang-era-stele/，下载日期：2018年6月4日。

② Hui Zhong, Can Chinese Individuals Request the Restitution of Chinese Cultural Relics in Japan?: A Revisit under International Law, *Journal of East Asia & International Law*, Vol. 10, 2017.

斯宪法法院判定该法合宪，因为该法涉及的是“俄罗斯对于以战争赔款的方式从前敌国输入俄罗斯的文化财产的权利”。①但是德国数次反对这个决定，认为“二战期间和二战后纳粹政权窃取和毁坏文化财产的行为和苏联迁移文化财产的行为都是违反国际法的”。②

另外，对于可能发生的国际冲突，国际社会对于该战争期间文化遗产的保护和返还也是检验所拟议的国际习惯规则是否最终确立的重要标志。比如，也门红海沿岸战事仍在持续，红十字国际委员会敦促冲突各方保护和尊重宰比得古城。③ 宰比得是世界文化遗产，是也门清真寺最集中的地方。宰比得距前线仅有数公里之遥，如果该地有任何文化遗产被损毁，都将是民众、社区和全人类的损失。那么对于潜在的战争危险，国际社会，尤其是“深受影响之国家”的国家实践，将进一步论证本文所拟议的国际习惯法是否正在形成，并最终得以确立。

需要注意的是，虽然这一拟议的国际习惯法在形成后，将为原属国追讨在战争期间被非法掠夺的文物提供法律依据。但在实践中，文物追索和返还仍面临一系列其他法律问题，如所有权的证明、掠夺事实的证明、诉讼时效的抗辩、相关法律的适用等问题。另外，依据国际法惯例，通常认为公约对其生效前发生的文物劫掠和非法出口没有溯及力。比如，2018 年 4 月，英国坎特伯雷拍卖行不顾中国国家文物局和中国民众的严正抗议和强烈谴责，执意将一件疑似中国圆明园流失的珍贵文物以数百万元人民币价格拍出。虽然中国国家文物局通过多种渠道与该拍卖行进行沟通，要求终止对上述文物的拍卖和宣传活动，但该拍卖行以该拍卖“受英国法律保护”为由拒绝撤拍。其原因在于，无论是《海牙公约》及其议定书，或者 1970 年《公约》，都对其生效前发生的文物劫掠和非法出口没有溯及力，因此也不能要求现持有人归还可疑的文物。虽然这些法律问题将影响返还的诉求最终是否能得到法院的支持，但需要说明的是，这些问题和本文所讨论的国际习惯有关联之处，但也应区别对待。

---

① 《被转移的文化财产法案》第 458 段。

② Jean-Marie Henckaerts and Louise Doswald-Beck, *Customary International Humanitarian Law*, *Volume* 1: *Rules*, Cambridge University Press, 2005, p. 138.

③ 红十字国际委员会：《也门：战火逼近，古城的伊斯兰建筑面临危险》，http://www.icrc.org/zh/document/yemen-citys-architectural-connection-islam-risk-fighting-nears，下载日期：2018 年 6 月 4 日。

结　语

武装冲突期间对考古类遗址与博物馆进行盗窃与抢劫已超过战火的直接破坏，成为武装冲突期间文化财产面临的主要威胁。针对这一问题，国际社会一致反对战争期间对文化遗产的非法掠夺，并且规定此类文化遗产应该在战后归还给原属国。此类国家实践，都充分证明了一项新的国际习惯规则正在形成。这项新的国际习惯法规定占领国须防止文化财产从被占领土非法输出，并且须将非法输出的财产返还被占领土的主管当局。但是需要承认的是，即便存在大量的国家实践支持该拟议的习惯规则，但“二战”期间，俄罗斯与德国关于“保留文化财产作为战争赔偿”，中日之前关于战争赔偿等问题，都与拟议的国际习惯规则存在冲突，因而也对该项国际习惯规则是否能够最终确立带来了不确定性。鉴于此，虽然所拟议的国际习惯规则正在形成中，但对于其是否能最终得以确立，则需要更多的国家实践来证明。

（本文编辑：史欣媛）

Restitution of Cultural Property Looted in Armed Conflicts and Wars: An Analysis of an Emerging Customary Rule

Zhong Hui

Abstract: The theft and looting of archaeological sites and museums during armed conflicts has outstripped the direct destruction, becoming a major threat to the protection of cultural property. In response to this problem, the international community has been opposed to the art looting during armed conflicts, in particular by drafting and amending international and national laws to support the restitution of cultural property. Based on such wide state practice, this paper argues that a new customary rule is emerging and will likely come into existence in the future. The proposed customary rule recognizes that cultural property looted during armed conflicts and wars should be returned to the competent authorities of the occupied territory.

Key Words: Cultural Property; Restitution; Armed Conflicts; Customary International Law

亚投行技术援助机制的理论基础与体系生成研究*

孟于群**

内容摘要：亚投行(AIIB)的成立在国际经济治理改革进程中具有里程碑意义。当前，减少和稳定大气中的温室气体浓度和控制升温被普遍认为是21世纪最大规模的全球公共产品，而AIIB将发挥其技术援助职能的重要作用，以“绿色”基础设施建设为要旨，使“资金”和“技术”两条腿走路为亚洲基础设施建设提供资金和技术支持。国际公共产品供给理论为AIIB技术援助机制的构建提供了可能，国际制度作为“国际协调产品”，在技术援助机制构建过程中存在“成本分担”“搭便车”和“产品(技术)供应的垄断”三大问题。且亚洲地区仍存在集体行动协调和激励机制不足，低碳技术下新“中心—外围”体系的形成，以及技术标准和法律存在差异等障碍。以公共选择理论为工具和《AIIB协定》为依据生成AIIB技术援助机制体系，即在AIIB现有框架下建立附属机构和相应制度，包括技术援助协调管理机制、资金机制、交易机制，以及监督和绩效评估机制，将其打造成为新时期的“智识型”多边开发银行，以促进区域经济的可持续发展和国家能力建设。

关键词：亚投行；技术援助；低碳技术；国际公共产品；能力建设

* 本文系国家社科基金青年项目“气候治理的‘逆全球化’态势与国际法应对研究”(项目批准号：18CFX080)阶段性成果。

** 孟于群，女，云南泸西人，法学博士，西南政法大学国际法学院师资博士后，研究方向为国际法学。

目　录

引　言

亚洲基础设施投资银行(简称“亚投行”,AIIB)的成立标志着全球迎来首个由发展中国家倡议和主导的国际金融机构,标志着新兴国家建章立制的能力和作用不断上升,也标志着中国正由“参与”向“研发”国际公共产品的角色转变,这在国际经济治理体系改革进程中具有里程碑意义,AIIB 将在全球金融治理中发挥重要作用。同时,《AIIB 协定》作为各成员国共同遵守的“基本大法”,就技术援助条款而言,传统多边开发银行(Multilateral Development Banks,MDBs)都在其各自协定中明确规定了技术援助(Technical Assistance,TA)为银行重要“职能”之一,而《AIIB 协定》则将技术援助直接规定在业务“原则”条款中具有开创性意义。由于世界经济发展的不平衡规律,技术援助作为国际发展援助的主要方式之一,国际发展援助机构将其用作调节当今各种不平衡矛盾的一种不可或缺的国际经济调节手段。因此,技术援助机制是 AIIB 得以顺利运行的重要组成部分,对 AIIB 技术援助机制体系的构建和完善有着极为重要的意义。

一、AIIB技术援助机制构建之要旨：打造“绿色”基础设施建设

技术援助是一个起源于国际关系领域中的概念，[①]其作为国家和国际组织的行为出现于20世纪40年代的第二次世界大战后，美国政府是最初的倡导者，1949年美国政府提出“第四点计划”，[②]即向不发达国家通过提供所谓“技术人力资源”进行援助。从此，技术援助为西方发达国家的对外援助增加了新的内容。传统MDBs[③]的技术援助构成多边发展援助的重要组成部分，主要是从发达国家的援助体系模式中发展而形成的重要职能。

国内外学界对于技术援助的定义并没有一个统一的共识，由于各国际组织的宗旨和职能的不同，其进行技术援助的方式和内容也各不相同。根据联合国对其技术援助职能的定义，是指联合国组织同它的一些专门机关合作而实施的一个计划，其目的在于通过发展经济上不发达国家的工业、农业、教育制度和卫生服务，保证这些国家的兴起。一般而言，技术援助的传统定义，即为技术先进的国家或多边机构向技术落后的国家在智力、技能、咨询、资料、工艺和培训等方面提供资助的各项活动。之后，“技术援助”这一术语被“能力建设”一词所补充，以强调接受技术援助的受援助方能吸收和消化技术援助，并增强受援助方追求其发展目标的能力[④]。在20世纪70年代以前，由于受技术发展水平的限制，技术转移或技术援助对经济和技术发展的影响和作用也相对有限。到70年代以后，由于科学技术的迅猛发展，以及技术发展的一些新趋势，使以前对技术转移的基本假设和现今的环境条件不相适应。里多塞

---

① 李小云、唐丽霞、武晋：《国际发展援助概论》，社会科学文献出版社2009年版，第18页。

② 前三点计划分别是：支持联合国、战后欧洲经济复兴计划（马歇尔计划）和援助自由世界抵御侵略。

③ 传统多边开发银行一般是指世界银行集团[本研究主要指国际复兴开发银行（IBRD）]和四大地区性开发银行[亚洲开发银行（ADB）、非洲开发银行（AfDB）、美洲开发银行（IADB）和欧洲复兴开发银行（EBRD）]。

④ 陈咏梅：《析WTO对发展中成员的技术援助和能力建设》，载《武大国际法评论》第12卷，第258～279页。

维克指出,新技术的变迁主要表现在以下几个方面:第一,技术变得越来越复杂,对其吸收与掌握的周期也随之变长;第二,新技术和新产品中的知识含量有所增加,并且大部分为意会性知识;第三,学习型的产业组织对技术转移的影响越来越大;第四,由于前两个因素新技术的复杂程度和意会性知识含量的增加,也使新技术的可转移性和复制性难度增加。[①] 以上这些变迁使得技术转移中的接受方,在学习和掌握新技术时变得更加困难,这需要的是一个技术组合,覆盖从项目准备、执行等各个阶段对知识吸收的复杂过程。

由于当前"技术"的发展不断出现新的特点,仅仅通过传统意义上的"援助"方式,对发展中国家的技术创新和能力建设作用是有限且短暂的,且十分不利于发展中国家的趋势是,技术和知识资源越来越集中于发达国家,尤其是发达国家的跨国公司。据统计,发达国家的人口约占世界人口的20%,却因为其具有技术和知识的资源优势及其所创造出来的,且以多种形式垄断的资本优势在使用着世界上80%的能源和其他有形资源,同时还在以投入总量占世界研究与开发活动总投资95%的份额来激励和把握下一轮技术和知识的创新成果。[②] 为此,在新时代下应赋予AIIB技术援助新的寓意,即由多边发展机构或技术先进的国家向技术落后的国家或地区对先进性技术、技能、工艺、资料等包含物理性和意会性知识的转移,以及对咨询和人才培养等服务方面进行资助与合作的各项活动。技术援助职能发展的意义不仅仅只是停留在"援助"层面,而更多的应该是一种包含技术"转移"或"转让"的技术合作。AIIB应更要加强技术援助的职能和效用,借助国际技术转移的多种途径,强化企业、地区和国家的跨国性技术合作,以期高效适用有限资源,突出企业和区域经济发展的核心竞争力,突出国家和地区的战略资源定位,帮助成员国在进行基础设施建设的同时,加强其自身的能力建设和可持续发展。

与此同时,由于基础设施的使用周期较长,对基础设施投资的环境影响可能长达数十年,如果按现有的高密集型发展模式继续下去,将会对区域和全球造成较大的负面影响,对全球气候变化的影响也会不断加大,因此,亚洲未来对大量新建的基础设施在经济和气候变化问题方面要尤为重视。涉及区域基

---

① 蔡声霞:《国际技术转移与发展中国家技术能力建设的互动关系分析》,载《中国科技论坛》2006年第5期。

② 陈向东:《国际技术转移的理论与实践》,北京航空航天大学出版社2008年版,第2页。

础设施建设方面，鉴于亚洲对能源安全性和可持续性的需求日益剧增，重点领域应为能源和交通，这两者也是区域内温室气体的主要排放源，建立绿色能源和交通网络的区域计划迫在眉睫。以低碳技术与绿色基础设施建设为例，在《联合国气候变化框架公约》(以下简称《公约》)、《京都议定书》和《巴黎协定》等国际文件中，都规定了发达国家应通过双边或多边平台向发展中国家提供资金和技术支持。2017 年 12 月 11 日，AIIB 对外宣布首个对华项目落户北京，用于天然气输送管网建设等工程助力“北京蓝”。AIIB 的行长金立群明确表示，“我们毫不动摇地致力于帮助 AIIB 成员实现各自环保和发展目标，尤其是兑现它们在《巴黎协定》框架下的承诺。AIIB 在中国的首个项目也将以可持续的基础设施降低温室气体排放，并帮助这个亚洲最重要的经济中心之一更具活力”①。

笔者认为，技术援助与贷款援助并列为 MDBs 最主要的援助形式，其知识性解决方案是帮助各国应对发展与挑战的重要来源。AIIB 作为“一带一路”倡议的重要组成部分，其首要任务不仅是帮助区域内基础设施建设进行投融资支持，且应使“资金”和“技术”两条腿走路成为一个“智识型”MDBs，为“绿色”基础设施建设提供技术支持。同时，AIIB 将与国家市场和其独特优势联系起来，以打造一个“无缝”对接的亚洲一体化基础设施网络，促进区域经济的可持续发展，满足人民的基本需求和加强国家的能力建设。

迄今为止，亚洲经济一体化都是由市场主导的，很少由正式机构主导。但当前在许多领域都需要进行更为密切的区域合作，特别是在改善跨境工程性基础设施和加强规则制度框架等方面，以支持区域基础设施的有效建设与运行。不完善的基础设施和制度将制约未来的发展，而更好的基础设施和制度将促进未来的进一步增长，并创造出新的机会来推广其效益并减少贫困。这将为亚洲的出口竞争力提供支持，如亚洲产品有中国的高铁或印度信息技术等服务企业，也可以促进增加亚洲的消费和投资，有助于抵消其他地区的需求

---

① 在 AIIB 的一份公告中，董事会已经批准一笔 2.5 亿美元的贷款，用于建设覆盖大约 510 个村落、连接大约 21.675 万户家庭的天然气输送管网等工程。投入使用后，这一项目预计每年可为北京减少 65 万吨标准煤的使用，减少二氧化碳排放量 59.57 万吨、颗粒物排放量 3700 吨、二氧化硫排放量 1488 吨、氮氧化物排放量 4442 吨。新华社：AIIB 首个对华项目落户北京助力“北京蓝”，http://www.chinanews.com/gn/2017/12-11/8397239.shtml，下载日期：2017 年 12 月 18 日。

下降，从而重新平衡全球经济。在提供区域公共产品方面，单个国家通过合作所能实现的供给远大于独立供给。借助区域项目和跨境项目采取集体行动，政府能够帮助提供许多优质的公共或私营产品和服务；同时，区域一体化还有助于提高制度质量，区域合作能够帮助高效地实现国家目标。因此，在基础设施相关领域需要采取集体行动，尤其在技术援助合作领域，其合作的动因和意义在于：

其一，区域连通性是一种公共产品。通过减少远距离贸易的成本，区域连通性可扩大市场和贸易，产生在亚洲广泛分布的巨大经济效益。将遥远的岛屿、内陆国家及与经济中心相隔绝的内陆和偏远地区同区域及全球市场连接起来，是区域连通性极为重要的内容。由于大型网络和集聚效应，区域基础设施的效益将产生跨境溢出效应，因此，国家需要协调其基础设施规划和相关政策，如通过简化和协调通关手续，以利用所产生的效益。

其二，参与国需要解决项目成本和效益在各国间的分配不均问题，以确保“双赢”结果。各国需要共同行动，以应对区域基础设施项目的负面社会效应，如跨境环境破坏、移民、交通事故等。技术援助和区域基础设施合作能够通过分享知识和最佳做法以及突出可能会有悖于国内特殊利益的重点，增加国家决策的价值。

其三，亚洲的区域基础设施投资应为其向更加环保的低碳经济的转变提供支持。考虑到亚洲对能源的巨大需求及其对气候挑战的影响，未来的能源供应计划需要更加重视节能和可再生能源，交通运输需要变得更加环保，优先发展低碳铁路和航道，使用油耗更低的车辆和更加清洁的燃料。因此，技术援助对基础设施建设的技术支持是区域连通性和提高能源贸易效率至关重要的因素。①

其四，要实施协调一致的基础设施战略，就必须解决五大制度性难题，调整法律和监管框架、开展有效治理、控制社会后果和促进环境可持续性、提高私营部门参与，以及促进区域和国际机构的参与。克服以上难题是加强机构及其区域基础设施建设和管理能力所需要的，由于亚洲国家在发展基础设施方面的能力存在巨大差距，因此需要外部提供技术援助。在欧盟，这一职责由

---

① 亚洲开发银行研究院编：《亚洲基础设施建设》，邹湘等译，社会科学文献出版社2012年版，第14页。

欧盟委员会履行;在拉丁美洲,则由不同机构来完成;在亚洲,目前主要由亚洲开发银行胜任这一任务,因为其能力已经在大湄公河区域和中亚区域经济合作中得到证明。

回归功能主义理论,不同类型的国际合作需要不同种类的国际法律制度来满足其功能性需求,具有比较优势的国家将在制度能力上为塑造新的国际体系发挥更大的作用,任何全球发展目标的实现,国际合作都是一个不可或缺的重要机制。与此同时,国际金融机构的法律性质和功能定位决定着国际金融机构业务的经营方向和具体的制度设计。从 AIIB 的法律性质来看,其是一个开放的、区域性的、兼具援助和投资性质的政府间国际金融组织。一方面,AIIB 作为一个政府间的多边开发银行,作为国际发展援助体系的重要组成部分之一,具有明显的援助性质;另一方面,不同于纯粹的政策性银行,除了援助性质外,AIIB 还具有较强的投资性。因此,AIIB 的功能定位需以发展机会和发展空间的利益共享为根本,将其打造成为一个利益共同体。①国际组织是参与气候变化治理的重要推动力量,AIIB 的成立和运行本身具有跨国的公共性,并秉持"精干、廉洁、绿色"的核心理念,其产生的收益能够为亚洲乃至世界各国所共享。AIIB 从成立到后续的一系列制度建设都是为地区或全球范围内提供的国际公共产品,②且都将以自愿合作原则为基础进行集体行动供给国际公共产品。借助 AIIB 这一多边平台构建技术援助机制,可以有效利用其汇集资金的优势,在进行绿色环保基础设施的建设中发挥重要作用。

当前,在国际援助活动中技术援助有两种发展趋势:一是技术援助(技术合作)的份额不断提高。在 20 世纪 60 年代,只有 10%左右的官方发展援助

---

① 有学者认为,AIIB 的功能应当包括以下三个方面:其一,旨在推动区域互联互通和一体化;其二,旨在为亚洲地区长期的巨额基础设施建设融资缺口提供基金支持,弥补基础设施融资的公共产品供给不足;其三,旨在推进亚洲乃至全球的经济发展。参见杨松等:《中国推动国际金融秩序变革的法律问题》,法律出版社 2017 年版,第 122 页。

② 一般而言,通常国际公共产品供给的制度安排需要创建或通过已有的专门性国际组织来进行集体行动。同时,Sandler 提出了国际组织层次设计的辅助性原则,认为国际组织的层次应该与国际公共产品的收益范围相一致,即全球公共产品应由全球性国际组织来提供,而区域公共产品应由区域性组织来供给。辅助性原则起源于 Breton(1965)和 Olson(1969)提出的财政平衡(fiscal equivalence)的概念,用于表示为实现财政平衡,管辖权分配应与公共产品的外溢范围相一致,以保证那些受公共品影响的人能够作出供给决策。

是技术合作，到80年代末，就有约1/3的官方发展援助采取了技术合作的形式；①二是出现混合资金的项目。例如，在贷款项目中融入赠款，而混入贷款项目的赠款部分往往是用于与项目有关的技术合作。这两种趋势针对的是发展中国家缺少知识、技术和管理经验的现状，但也不能排除援助方希望通过执行更多的技术合作项目对受援国产生更大的影响的意图。同时，传统MDBs的技术援助项目多为分散且规模小呈现出碎片化的特点，主要是由于缺乏技术援助总体的、长期性的高层次战略规划和区域内的整体合作框架。这导致技术援助的碎片化申请、实施和交付，不利于多边开发银行技术援助职能的有效运行，也是影响技术援助的"有效性"的关键因素之一。笔者认为，作为新型MDBs的AIIB，其技术援助应朝着体系化、制度化和可持续性等方向发展。然而，目前AIIB对技术援助职能还停留在《AIIB协定》简略的条款规定上，没有具体的运行机制和制度安排对成员国加以规范和指导。为此，以下将试图为AIIB技术援助建立一个规范化和体系化的合作运行机制进行理论探讨和体系生成。

二、AIIB技术援助机制的理论基础

国际关系理论知识与方法至少能为AIIB技术援助机制的体系构建提供三个维度的作用，即在宏观上分析体系层面的制度构建和国际法发展等问题；在中观上解释个体国家在国际立法方面的合作偏好等问题；在微观上分析具体国际规则的制定问题。② 其中，制度分析(institutional analysis)的主流研究方法是理性选择(rational choice)理论。③ 理性选择理论也被称为公共选择理论(public choice)或新政治经济学(new political economy)，其"使用经济学的分析工具，利用逻辑和演绎，研究理性的行为主体如何将他想要得到的东西

① Browne, Stephen. *Foreign Aid in Practice*, New York University Press, 1990, pp. 76-79.

② 刘志云：《国际关系与国际法跨学科研究：探索与展望》，法律出版社2017年版，第196页。

③ 苏长和：《全球公共问题与国际合作：一种制度的分析》，上海人民出版社2009年版，第32页。

的机会最大化，这是对非市场决策行为的经济分析”。① 制度本质上是理性经济人为了解决冲突和达成合作，以减少不确定性而形成和发展出来的规则体系，其通过刚性的约束或柔性的激励对社会经济活动中人们的选择集合进行了确定和限制，长期积淀可形成无欲则刚的社会规范约束，②国际社会亦是如此。

因此，以国际机制理论和国际法相结合为基础，从博弈观的视角对 AIIB 技术援助机制进行理论分析与体系构建。在此还需要说明一个问题，即国际机制与国际法之间的区别和联系，将两者的概念结合在一起，有助于澄清我们想要解释的问题。虽说国际机制是国际法学与国际关系理论之间的联结纽带，但曾在古典现实主义强势下一度松散或分裂后又再次正式联结。对于国际法学者来说，国际机制与国际法联系密切，被定义为“一系列原则、规则、规范以及决策程序”的国际机制与国际法研究的命题具有惊人的相似性。在一些学者看来，国际机制只是国际法的另一种称呼而已。③ 但国际关系的研究者们在国际机制研究的早期阶段，却刻意将国际机制与国际法保持距离。从国际机制的定义来看，虽然尚还存在争议，④但目前得到广泛接受的定义是由斯蒂芬・克拉斯纳所提出的，即“机制为特定国际关系领域的一整套明示或默示的原则、规范、规则以及决策程序，行为体的预期以之为核心汇聚在一

① Iain Malean, *Public Choice: An Introduction*, Basil Blackwell, 1987, p. 1.

② 田国强、陈旭东：《制度的本质、变迁与选择——赫维茨制度经济思想诠释及其现实意义》，载《学术月刊》2018 年第 1 期。

③ J. Craig Barker, *International Law and International Relations*, Continuum, 2000, p. 76.

④ 例如，在 1975 年鲁杰第一次把国际机制的概念引入国际关系研究时，他把国际机制定义为“由一组国家所接受的一系列相互的预期、规则与规章、计划、组织的能力以及资金的承诺”。参见 John G. Ruggie, International Response to Technology: Concepts and Trends, *International Organization*, Vol, 29, No. 3, 1975, p. 570；汉斯认为，机制包括一系列相互协调的规则、规范与程序。参见 Ernst Hass, Technological Self-Relianse for Latin America: The OAS Contribution, *International Organization*, Vol, 34, No. 4, 1980, p. 553；奥兰・扬则提出，国际机制是指在一定问题领域中调节国家行为的多边协定，机制通过概括性指示或明确的指令来规定国家行为所被允许的范围。基欧汉认为，国际机制是指一系列的控制性安排，包括为了规范行为与控制行为所产生影响的一系列规则、标准与程序的总称。Stephen Krasner, Structural Cause and Regime Consequences: Regimes as Intervening Variables, *International Organization*, Vol, 36, 1982, p. 186.

起……其中原则是关于事实、原因和公正的信念;规范是权利和义务的行为标准;规则是对行为特别的指示或禁止;决策程序是作出和应用集体选择的普遍实践”。[①] 但不论何种定义都表明国际法的运作就是一种典型的国际机制。[②] 以罗伯特·基欧汉和亚瑟·斯坦为代表的修正结构主义学派,也强调了国际法是“协调国际间关系的原则、准则、规则和决策程序”的国际机制的核心。[③] 依据国际机制具有广泛性、系统性、主观性、程序性、参与主体多样性等特征和判断标准。国际法发展至今,也已经成为一个具有“广泛性”特征的庞大法律体系,而晚近国际法的发展也有着“系统性”特征的表现[④]。同时,晚近兴起的国际机制“合法化”(法制化)的根本目的,就是为了满足进一步提高或增强国际机制促进合作的各种效能之需求,如贸易机制法制化的直接后果是让国际贸易机制本身具有更大的透明度以及贸易领域的国家行为具有更大的可预期,[⑤]这正是吸引各国与它们的国内利益集团选择法理主义的主要原因。[⑥] 无疑,国际机制与国际法本身的紧密联系,国际机制和国际法研究是两个不同

---

① [美]罗伯特·基欧汉:《霸权之后:世界政治经济中的合作与纷争》,苏长和等译,上海人民出版社 2001 年版,第 79 页。

② Michael Byers, *Custom, Power and Power of Rules: International Relations and Customary International Law*, Cambridge University Press, 1999, pp. 147-148.

③ 在国际机制理论兴起之初,主要有以雷蒙·霍普金斯、唐纳德·普查拉和奥兰·扬为代表的坚持格劳秀斯主义的格劳秀斯学派,以罗伯特·基欧汉和亚瑟·斯坦为代表的国际机制修正结构主义学派(modified structural),以及以苏珊·斯特兰奇为代表的现实主义学派。其中,修正结构主义得到更多的支持,该学派采纳了结构现实主义的假设,假设国际系统使对称的、追求权力最大化的国家是在无政府状态下行事,不过他们认为在无政府状态下试图达到“帕累托最优”结果的个体行为很难成功的情势里,国际机制有着重大的意义。在国际机制体系中,机制是从参与者法律地位平等而自愿达成的协定演变而来的,机制的最基本作用是在特定领域中可以协调国家行为以达到理想的结果,这些协调行为在一些环境下可以发挥很大作用。例如,囚徒困境、斗鸡博弈等。

④ 例如,在国际贸易领域,已经构建起一套以 WTO 为核心的完整法律体系,其最惠国待遇、国民待遇、互惠以及透明度等原则构建起一个相对完整的自由贸易体制之框架,在这些原则的指导下建立其规定成员方权利与义务的“规范与规则”。

⑤ Judith Goldstein and Lisa L. Martin, Legalization, Trade Liberlization, and Domestic Politics: A Cautionary Note, *International Organization*, Vol. 54, 2000, p. 606.

⑥ Miles Kahler, Conclusion: The Causes and Consequences of Legalization, *International Organization*, Vol. 53, No. 3, 2000, p. 662.

学科对一个相近或交叉的事务在不同视角下的研究成果,它们之间具有良好的可通约性以及互相借鉴之意义。①

国际公共产品是在公共产品理论的基础上发展而来的,当然禀赋了公共产品的所有特性,其产生和发展具有深刻的时代背景②。国际公共产品的分类有很多种,最重要的一种分类是根据国际公共产品是否具有排他性(excludability in consumption)③和竞争性(rivalry in consumption)④,分为纯粹国际公共产品和非纯粹国际公共产品。兼具非排他性和非竞争性的为纯粹国际公共产品;具有非排他性和竞争性,或具有排他性和非竞争性的,则属于非纯粹国际公共产品。其中,国际机制和国际法被视为是一种非纯粹国际公共产品(国际协调产品),具有排他性和非竞争性的特点,属于一种"集团式"或"俱乐部式"公共产品,故又称为"排他性国际公共产品"或"国际俱乐部产品"。当然,这里的排他性主要是由它对外部成员的排他性和对内部成员的非排他性性质来界定的。⑤ 例如,国际条约本身就是一种排他性的国际公共产品,只适用于缔约国之间,效力不及于缔约国之外的第三方,具有明显的排他性。但一个缔约国对国际条约的适用,不会减少其他缔约国对该国际条约适用的效用,因此是非竞争性的。又如,外太空的开发和适用、公海上的运输和全球贸易体制等都具有此类特性。同时,这种"俱乐部式"的公共产品还可以分为"封

① 刘志云:《当代国际法的发展:一种从国际关系理论视角的分析》,法律出版社2010年版,第111页。

② 公共产品理论应用到国际层面,最早始于20世纪60年代,首次使用"国际公共产品"一词是1971年奥尔森等学者以北约为案例分析了国家间共同维护安全的问题。参见Mancur Olson, Increasing the Incentives for International Cooperation, *International Organization*, Vol. 25, No. 4, 1971, pp. 866-874.

③ 排他性是指一种物品只能被特定的个人或一个有限的团体来消费,如果一个个体使用某一产品不会妨碍其他个体共享该产品,那么该国际公共产品就是非排他性的。

④ 竞争性是一个个体使用某一产品会减损其他个体共同使用该产品的数量和质量,反之,则为非竞争性。

⑤ 徐崇利:《国际公共产品理论与国际法原理》,载《国际关系与国际法学刊》(第2卷),第3~47页。

闭式”和“开放式”国际公共产品。例如,G8集团[①]主要是由八个工业大国组成的,是一个典型的“封闭式富国俱乐部”,其主要由少数发达国家发起成立,且加入组织的程序和条件十分严格;AIIB当属一个“开放式”国际公共产品,即成立之初便欢迎域外国家申请成员资格,并欢迎其他国际金融组织和投资者与其合作。同时,AIIB所秉持的包容性发展理念,其强调的是“共赢”,而非“零和博弈”的丛林法则,既兼顾了发达国家与发展中国家的利益平衡,也考虑了国际金融秩序既得利益主体与新兴市场国家各方的利益平衡,使其共享亚洲地区发展的成果。由于在全球主义的治理中,国际社会越来越关注国际机制的“民主赤字”(democratic deficit),越来越多的发展中国家参与由发达国家主导的国际机制,甚至成立和主导更具代表性的新型国际机制,此类“开放式”国际公共产品的供给加强了国际机制的合法性,在一定程度上削弱了其排他性的特质,鼓励域内和域外国家,发达国家和发展中国家参与到全球治理中,这将是未来的主要发展趋势。由此,针对国际协调产品的以上两个特质,其中心问题就是怎样合作和建立标准,即制度如何安排以及标准如何确立。

国际公共产品供给理论为技术援助机制的构建提供了可能,在公共选择理论中,公共产品的供给是由集体偏好而非个人偏好所决定的,一般是通过政治程序转化为集体选择的过程,我们将这种集体选择的过程称为全球集体行动的“加总技术”(Aggregation Technology)[②],即指个体对公共产品的贡献方式与公共产品总数量的关系和影响。加总技术大致分为四类,分别为匀质加总技术(Summation)、最弱环节技术(Weakest link)、最优注入技术(Best-Shot)和加权加总技术(Weighted sum),每一种类型对应国际公共产品生产

① 八国集团(Group of Eight,G8),八个工业大国分别是美国、英国、德国、法国、日本、意大利、加拿大及俄罗斯的联盟。G8始创于1975年的六国集团(简称“G6”),6个始创国包括法国、美国、英国、西德、日本、意大利。其后,加拿大于1976年加入,成为七国集团(简称“G7”)。俄罗斯于1991年起参加G7峰会的部分会议,至1997年,被接纳成为成员国,G7正式成为G8。2014年3月24日,白宫宣布,美国总统奥巴马和其他国家领导已经决定,暂停俄罗斯在八国集团成员国的地位。这一决定是西方国家联合反对俄罗斯在克里米亚的动作。其并非一个严密的国际组织,以往被称为“富国俱乐部”。

② 加总技术最早由赫什利弗(J. Hirshleifer)于1983年提出。参见Kaul I., Conceição P., Goulven K. L. (et al.), *Providing Global Public Goods: Managing Globalization*, Oxford University Press, 2003, p. 76.

过程的博弈模式、相关问题和国际制度的安排。[①]

第一类为匀质加总技术，也称为“等权加总技术”，是指每个个体对公共产品的单位贡献加总等于集体公共产品供给的数量，且每个个体之间的单位贡献可以被相互替代。最典型的有抑制全球变暖、防止扩大臭氧层等纯粹国际公共产品，其中心问题是克服供给不足。因为此类加总技术具有可替代性，当一个个体少做一个单位贡献，而另一个个体多做的总量相加不变时，这就容易出现“搭便车”的现象。从博弈论角度看，匀质加总技术的生产过程主要表现为“囚徒困境”[②]的博弈模式，即无论采取何种方式，博弈双方都存在较大的背弃动机，对方背弃总比双方合作给自己带来的收益大，即个人理性有时会导致集体的非理性。例如，全球温室气体减排就属于匀质加总技术的国际公共产品，对减少温室气体的排放，每个国家都可有自己的贡献单位，且一个国家的贡献单位可以为其他国家等量的减排单位所替代，一些国家不愿为减排花费成本，而选择通过“搭便车”从其他国家生产公共产品中获益。

针对此类国际公共产品的国际制度设计原理是：在个体之间达成合作性的集体行动下，为了防止背弃情形这种侥幸心理的发生，需要具有高程度、持续性和激励性的制度安排，制定国际制度时有必要带有禁止、强制和惩罚的特点，即以强制性约束力的国际法律制度降低个体背弃行为的动机，同时还应建立相应的监督程序和惩罚机制。例如，《公约》所确立的“共同但有区别的责任”原则为渐进的持续性激励措施奠定了基础，2016 年 11 月《巴黎协定》的正式生效，说明温室气体的减排义务有强制约束力的国际协定加以保障实施。同时，因为碳排放量具有可替代性，为了克服个体“搭便车”的动机，这才有了碳排放权交易机制的出现。

第二类为最弱环节技术，也称“最弱权重技术”，是指整个集体对公共产品的供应可能由个体对公共产品生产的最小贡献所决定，最典型的有全球流行

---

① 孟于群、杨署东：《国际公共产品供给：加总技术下的制度安排与全球治理》，载《学术月刊》2018 年第 1 期。

② “囚徒困境”（Prisoner's Dilemma）是 1950 年美国兰德公司顾问艾伯特·塔克（Albert Tucker）阐述并命名的博弈论模型，即两个共谋犯罪的人被关入监狱，不能互相沟通情况。如果两个人都不揭发对方，则由于证据不确定，每个人都坐牢一年；若一人揭发，而另一人沉默，则揭发者因为立功而立即获释，沉默者因不合作而入狱五年；若互相揭发，则因证据确实，二者都判刑两年。由于囚徒无法信任对方，因此倾向于互相揭发，而不是同守沉默。

性病毒传播、全球金融稳定和网络整体功能维护等。最弱权重技术生产国际公共产品的过程类似"猎鹿游戏"[①]博弈,与"囚徒困境"不同的是,在"囚徒困境"模式下的个人最优选择(己方背弃,他方合作)变成了"猎鹿游戏"中的次优选择,即个体选择"搭便车",将给自己或集体带来的是较差或是最差的结果。在集体行动过程中,弱势部分往往决定整个集体的水平或对集体行动产生巨大的影响,因此,理性的国家一般不会有"搭便车"的主观动机,供给行为一般为自愿实施,同时禀赋能力较强的国家会有动力去援助能力较弱的国家。例如,某个国家出现流行病毒或是发生金融危机,都有可能危及其他国家,哪怕只有一个国家疏于防范,都可能会在全球范围内扩散酿成全球危机。在此类加总技术的集体行动过程中,弱势部分往往决定整个集体的水平或对集体行动产生巨大的影响,因此,理性的国家一般不会有"搭便车"的主观动机,供给行为一般为自愿实施,同时禀赋能力较强的国家会有动力去援助能力较弱的国家。

此类加总技术的国际制度设计原理是:以多边的国际机构作为平台,融集资金(生产成本)、指挥协调行动,引导把此类公共产品的水平提高到可接受的标准;能力较强且富裕的国家可能直接贡献此类产品来帮助弱国,但较弱且贫穷国家也要加强自身的供给能力,从而形成合作伙伴关系[②]。由于问题的紧迫性和供给行为的自愿性,与之相配的国际法律制度,一般无须具有强制性约束力,且国际法的渊源形式大多为具有普遍性的国际公约和国际习惯。例如,世界卫生组织1951年出台,之后经过多次修改的《国际卫生条例》和1945年各国缔结生效的《国际货币基金协定》等,其所采取的都是"普遍适用"原则。

第三类为最优注入技术,与第二类最弱权重技术相反,其称为"最大权重

---

① "猎鹿博弈"又称"猎鹿模型"(Stag Hunt Model),猎人的帕累托效率,源自启蒙思想家卢梭的著作《论人类不平等的起源和基础》中的一个故事。古代的村庄有两个猎人。当地的猎物主要有两种:鹿和兔子。如果一个猎人单兵最优作战,一天最多只能打到4只兔子。只有两个一起去才能猎获一只鹿。从填饱肚子的角度来说,4只兔子能保证一个人4天不挨饿,而一只鹿却能让两个人吃上10天。这样两个人的行为决策可以形成两个博弈结局:分别打兔子,每人有4个收益;合作,每人有10个收益。

② 蒋经法、杨伊:《加总技术条件下全球性公共品提供及激励机制设计》,载《经贸财经》2008年第12期。

技术”，是指公共产品供给最大贡献的个体就等于整个集体的供给水平。“智猪”博弈[①]为最优注入技术的生产过程提供了策略。在“智猪”博弈中，小猪的最优策略是“等待”，“踩踏板”则是小猪的劣势策略，小猪只有选择“等待”，如果大猪也选择“等待”，就都什么也吃不到，双方收益为零，大猪去踩踏板可以有对半的收益，这就存在小猪“搭便车”的问题，甚至是小猪“剥削”大猪的现象。例如，传统技术援助就属于最优注入技术的国际公共产品，一般由大国担当此类国际公共产品最大权重贡献者的角色，这往往与大国的利益偏好相关。以最优注入技术提供的国际公共产品可能会产生三个方面的问题：其一，由于一般由大国担当供给公共产品的角色和承担研发的任务，小国容易出现“搭便车”的现象，这也是在国际公共产品供给中普遍出现的问题；其二，最优注入技术的贡献者对国际公共产品供应的垄断，形成其他国家对最优技术注入者的依赖，即掌握技术的“中心”国家对技术的垄断，造成“外围”国家对其依赖，形成“中心—外围”的援助体系；[②]其三，由于存在高昂的生产成本，最优注入技

---

① “智猪”博弈由约翰·纳什(John Nash)于 1950 年提出，是一个典型的纳什均衡。假设猪圈里有一头大猪、一头小猪。猪圈的一头有猪食槽，另一头安装着控制猪食供应的按钮，按一下按钮会有 10 个单位的猪食进槽，但是谁按按钮就会首先付出 2 个单位的成本，若大猪先到槽边，大小猪吃到食物的收益比是 9∶1；同时到槽边，收益比是 7∶3；小猪先到槽边，收益比是 6∶4。那么，在两头猪都有智慧的前提下，最终结果是小猪选择等待。

② 首先提出“中心—外围”理论的是拉丁美洲著名经济学家劳尔·普雷维什。他把世界分为两大类国家，一类是以西方七国集团为代表的高度工业化国家，即为“中心国”；另一类是没有实现工业化或畸形工业化的国家，即为“外围国”。前者处于世界体系的中心，后者处于世界体系的外围。“中心国”代表了先进的生产技术水平、国际分工的主导地位，并且形成了具有同质性和多样性的社会经济结构。而“外围国”的技术水平低下，在国际分工中处于从属地位，自身经济结构单一，表现出显著的差异性。高度工业化的“中心”国家是技术创新的源头，因为其技术进步在世界体系分工中，占有着几乎全部的利益，甚至凭借技术优势进一步掠夺外围国家。参见[阿根廷]劳尔·普雷维什：《外围资本主义：危机与改造》，商务印书馆 2015 年版，第 3 页。国际发展援助理论的“中心—外围”的依附论与技术转移理论体系中所提出的“技术二元结构”(“中心—边缘”)相得益彰，其实质就是指发达国家与发展中国家(供需双方)所存在的“技术差距”。“技术差距论”于 20 世纪 60 年代由创始人波斯纳与哈夫鲍威尔提出，其理论认为国际间存在的技术差距是促进技术转移发生的原因，世界经济存在二元结构，技术上也存在二元结构。发达国家是技术的“中心”，发展中国家则处于技术的“边缘”，是技术的接受者和模仿者，技术转移的方向由中心向边缘转移，且“中心”处于支配或控制的地位。参见张士运主编：《技术转移体系建设理论与实践》，中国经济出版社 2014 年版，第 37～38 页。

术贡献者会要求其他国家承担一定的生产成本，继而产生如何分担成本的问题。

国际制度的设计原理：一般只需单一的最强优势的供应者研发提供，主导国家或国际机构可以倡导各方集中资金和力量共同合作，且合作无须强制性和较高的制度化安排，在审查、监督和执行机制缺位的情况下也可自我执行。但为保证供给决策的持续稳定性，需要建立成本分担机制和补偿机制，让供应者获得一定或足够多的利益补偿。

第四类是加权加总技术，是介于最优注入技术和最弱环节技术之间的公共物品加总技术混合的情形①，指每个个体对公共产品生产不同贡献的权重加总到公共产品的总量上，且个体之间的贡献单位不具有可替代性。此类加总技术与匀质加总技术最大的区别是个体贡献单位的不可替代性，如国际河流的污染与治理，因为流向和地理位置等因素的不同，每个国家采取同样的治理措施所带来的效果是不同和不可替代的。在加权加总技术下，由于各国的贡献权重有所不同，且其每个个体对公共产品的贡献具有不可替代性，博弈类型以各国贡献权重影响的差异程度而定，其供给类型可适用于不同的博弈形式。当各国之间的贡献权重影响差异极小时，则接近匀质加总技术，可适用匀质加总技术的相关原理和制度；当一个个体的贡献权重明显大于其他国家，且强势个体的贡献权重决定集体贡献程度，则接近最优注入技术，表现为"智猪"博弈模式，可适用其相关理论模式。反之，个体贡献权重差异较大，且弱者贡献权重影响整个集体的贡献程度，表现为"猎鹿游戏"，则适用最弱环节技术的相关原理和制度。

通过公共产品供给原理的加总技术博弈分析来看，每一类公共产品有相对应的制度安排，但往往在国际公共产品供给的实践中，每一种公共产品的供给过程不仅只是简单地对应一种博弈模式和制度安排，而是一个动态变化的过程，且在几种供给模式间还可以相互进行转化。例如，AIIB技术援助及其所要实现"绿色"基础设施建设这一目标过程不仅仅是简单的一种博弈模式，技术援助本身作为一种国际公共产品，而技术援助所要实现某一目标所指向的对象也属于一种国际公共产品。具体而言，首先，减少和稳定大气中的温室

① Todd Sandler, Global and Regional Public Goods: A Prognosis for Collective Action, *Fiscal Studies*, Vol. 19, Issue 3, 1998, pp. 221-247.

气体浓度和控制升温过程被普遍认为是21世纪最大规模的全球公共产品，① 同时建设绿色基础设施也属于公共产品，即减少和稳定温室气体的排放属于上述四种加总技术中的第一类均质加总技术，此类匀质加总技术存在的问题是"搭便车"和成本分担。其次，国际组织作为资金和技术援助的主要平台，其成立和运行本身是一种国际公共产品，同时国际组织向成员国所提供的技术援助，或是发达国家成员国向发展中国家进行的技术支持（如低碳技术），也视为一种公共产品，即属于上述加总技术的第三类最优注入技术，此类产品存在的问题有"搭便车"、成本分担和国际公共产品的垄断三个问题。最后，以上两种公共产品之间是一种供给与被供给的关系，即AIIB的成立和技术援助是一种"中间"公共产品，其功能和服务属性是为了提高发展中国家进行绿色基础设施发展的能力建设和减少温室气体排放这种"终极"公共产品而搭建平台与合作机制。为此，以下将根据其公共产品供给的特点和博弈类型进行具体的制度设计，促成AIIB技术援助机制的体系生成，构建其合作机制将要解决的是"搭便车""成本分担"和"产品（技术）垄断"三大重点问题。而要建立相关制度以有效解决以上问题，核心正如基欧汉所言，"国际机制的创设是权力配置的状况、共同的利益以及盛行的期望和实践等因素综合作用的结果"；② 同时，"利用国际机制促进国际合作行动的成功做法，取决于降低政策协调过程中的交易费用的努力，以及为各国政府提供信息的措施，而不是取决于规则的强制"。③

---

① 李昕蕾：《跨国城市网络在全球气候治理中的行动逻辑：基于国际公共产品供给"自主治理"的视角》，载《国际观察》2015年第5期。

② 以罗伯特·基欧汉为代表的主流国际制度理论之一的新自由制度主义，提出了"国际合作"的命题，即在没有霸权国家存在的情况下，国际合作怎样才能出现？基欧汉在《霸权之后：世界政治经济中的合作与纷争》一书中发展出来的国际制度理论，在研究方法上深受新制度经济学的影响，而新制度经济学中的理性选择和公共选择理论也是当前主流国际制度研究中最有力的分析工具。

③ 罗伯特·基欧汉：《霸权之后：世界政治经济中的合作与纷争》，苏长和等译，上海世纪出版社2012年版，第13页。

三、AIIB技术援助机制体系生成的障碍与法律依据

近几年亚洲各国经济的快速增长，对现有基础设施造成了巨大压力，尤其是在能源、交通和通信等方面，亚洲将致力于打造世界级环境友好型基础设施网络连通的一体化区域，包括“硬件”（工程项目）和“软件”（政策和法律）的基础设施。而AIIB将作为亚洲地区基础设施建设资金和技术的主要提供者，当前面临的最大挑战是基础设施所需资金和技术的供给不足，且亚洲地区仍面临各经济体发展的不平衡、技术和法律标准的不一致和文化的多样性等方面的阻碍因素。因此，AIIB将在克服多重障碍的基础上形成系统的技术援助合作、执行和监督机制。在此之前，其技术援助机制的体系生成首先应在现有框架内寻求法律依据。

（一）AIIB技术援助机制体系生成的障碍

1.亚洲地区集体行动的协调和激励机制不足

要解决“搭便车”“成本分担”和“产品（技术）垄断”三大问题，需要先建立促使集体行动的协调机制和激励机制，但就目前亚洲地区的总体情况和AIIB的内部治理结构来看，仍缺乏有效的协调和激励机制。其一，从中国倡议AIIB的建立到正式成立，也是一次复杂的博弈过程，根本原因还在于中国、日本和美国等国家在推进亚洲地区经济合作方面的利益偏好存在明显不同，致使亚洲地区经济合作形成制度竞争的局面。就基础设施互联互通合作领域而言，在东盟、东亚峰会等多个合作机制内部中尚未形成统一的合作平台和协调机制来具体负责基础设施项目，这极大地限制了亚洲经济体的基础设施互联互通在资金、技术、人才等方面的合作。其二，AIIB内部仍缺乏有效的合作激励机制。从AIIB的成员构成来看，银行意向创始成员国为57个，包括37个域内国家和20个域外国家，主要由域内国家的发展中国家参与和主导。从《AIIB协定》第5条对股本认缴的规定来看，其域内国家总的股本认缴比例占75%，域外国家总共占25%，如果域内国家总的认缴比例低于75%，或是域外国家股本认缴超过25%时，则需要经过理事会依据第28条规定的经特别多数投票通过，才能予以批准。由此看来，AIIB的域内发展中国家是占有优势和主导权的。然而，低碳技术大多是由域外的发达国家所掌握，虽然在域内国

家中的日本，在低碳技术和能源方面具有很多技术优势，但出于对其在政治方面因素的考虑，其并没有成为 AIIB 的成员之一。尽管中国在绿色能源和低碳技术方面也具有很大程度上的优势，但亚洲地区的基础设施建设是庞大且较为复杂的，仅靠单方面或少数国家的支持显然是微不足道的。因此，就目前《AIIB 协定》的规定来看，显然是缺乏相关的合作激励机制，要怎样使域外的发达国家积极参与到绿色基础设施建设中，并对其进行技术支持，这是需要进一步考虑的问题。

2. 低碳技术下新"中心—外围"体系的形成

根据技术援助的传统定义可以看出，技术援助体系是与国际政治、经济格局相一致的，即表现为"中心—外围"体系，这也是我们分析技术援助本质和发展理论的逻辑起点。在一定程度上，低碳技术下新"中心—外围"体系的形成，反映的是发达国家与发展中国家在技术水平和能力发展方面存在的巨大差距。在资本主义进入国际垄断时期的世界体系中，沃勒斯坦提出了中心、边缘、半边缘的三重结构，该结构是在资本积累、技术和劳动分工的基础上形成的，也由此形成一种"中心—外围"的经济和技术垄断的发展体系。随着发展中国家实现工业化的加速，环境和气候问题也成为南北问题的新焦点。尽管在《公约》中明确规定了发达国家的技术支持和技术转移的义务，之后的《京都议定书》和最新签署的《巴黎协定》中都明确提出了发达国家应向发展中国家提供技术支持和转移，但从现实的结果来看，这都仅是一个良好意愿的陈述。迄今为止，技术转移的水平和步伐依旧低下和缓慢，更有甚者，碳排放成为新一轮发达国家与发展中国家战略博弈的焦点，低碳技术问题成为影响世界经济政治格局的新变量。发达国家在低碳技术上处于领先地位，由此设置的南北对话议题，同样把世界的发展模式推向新一轮的"中心—外围"分工体系。

2003 年，英国能源白皮书首次提出了发展"低碳经济"，倡导以低能耗、低污染、低排放为标志的低碳发展方式，作为发达国家经济去工业化后的新口号。发达国家在推动新一轮全球化浪潮中，以金融牵引制造业在发展中国家的布局，产业布局呈现"两头在内、中间在外"的格局，即技术研发、设计和销售在国内，高耗能、高排放、高污染的制造环节布局在发展中国家。因此，在低碳技术研发上先行布局，并利用国际金融控制权设计新的金融衍生交易工具——碳交易、碳金融等虚拟国际碳交易市场，牢牢掌控国际碳市场的主导权，人为制造新的"中心—外围"分工关系。由于制造业的高耗能、高排放、高污染对气候和环境的客观破坏，形成了发展中国家不得不面对的发展外在约束，也只能亦步亦趋地出台碳政策，建立碳市场，增加低碳技术研发的资金投入，被动地应对发达国家设计的低碳政策。在这种发展格局下，低碳经济成为新一轮南北问题战略博弈的焦点。①

当前兴起的低碳经济不再是一个简单的技术问题，而是发达国家对世界产业链与经济结构的一种新布局，是“中心—外围”分工体系在21世纪的延续，也是发达国家试图利用科技话语权和法律话语权来继续控制世界的新方式，同时也是它们约束进而控制新兴国家经济和社会发展的一种新的经济工具。

3. 技术标准和法律存在差异

制约亚洲地区推进基础设施互联互通合作的另一难题是亚洲经济体基础设施采用不同的技术标准，导致不同经济体的基础设施之间难以实现“无缝”连接。例如，受历史、地缘和技术等多方面因素的影响，中国和哈萨克斯坦就存在铁轨标准不同的问题，具体表现为轨道宽度、车厢齿轮等方面规定的差异。这种差异导致火车在跨越中哈边境时，需要更换车头，这增加了运输成本和时间。除了在铁路方面的技术差异外，各经济体之间在电力输送和通信技术标准等方面也存在较大的障碍，严重制约了跨国或地区的基础设施互联互通合作的进一步开展。

关于法律和监管，是技术援助的其中一个重要领域，目前许多亚洲国家通常存在监管不力和相关法律制度不健全的问题，许多经济体缺乏实施监管和法律规定所需的合理机制框架。从微观而言，发展中国家的监管体制存在管理严重不足的问题，通常是由于缺乏经验丰富的人力资源造成的。监管部门没有能力或不愿意去贯彻某些有助于提高预期效果的改革，从而进一步加深了机构缺陷的复杂性，这种情况在政治结构不稳定、政权更迭频繁且合同得不到法律保护的国家尤为突出。为此，亚洲国家需要采取连贯一致的战略，巩固并统一法律和监管框架，尤其是以交通和过境制度以及简化海关手续为重点。

简言之，针对以上存在的问题，重点是要建立技术援助的协调机制、激励机制以及监督和执行机制，其中激励机制包括成本分担和补偿机制、融资机制和交易机制。

① 贾利军：《国际垄断资本主义下的技术创新》，社会科学文献出版社2015年版，第151页。

(二)AIIB 技术援助机制体系生成的法律依据

对 AIIB 技术援助机制的体系生成需寻求明确的法律依据,且依据银行内部的法定程序设立相关机制和制定规范。作为具有"宪法性"作用的《AIIB 协定》是 AIIB 运行的一切准则和基石,从形式上看,即属于 AIIB 最高层级的法律规范。

首先,银行有无新增和设立相关配套机制的权力?《AIIB 协定》第 16 条规定了 AIIB 的一般权力。其中,依据第 16 条第 8 款①的规定,银行可以在理事会依照本协定第 28 条规定经特别多数投票②通过后,以实现银行宗旨和职能为目的成立附属机构(subsidiary entities);同时,第 16 条第 9 款③规定,在符合本协定规定的前提下,银行可以行使进一步实现其宗旨和职能所需的适当的其他权力,并制定与此有关的规章。由此可见,AIIB 有权根据具体的职能需要进一步设立相关附属机构和制定规章。

一般而言,国际组织的人格具有派生性,其权能来自国家的权利让渡,因此其权能相较于国家而言是不完整的,要视成员国的授权以及国际组织的职能而定。有学者认为,按照职能范围的划分,国际组织包括代表机构、审议机构、秘书机构和执行机构,有的还包括裁判机构。④ 但在现代国际组织中,有不少属于专业型国际组织,其职责是为国家间协调和解决某一领域的专业技术性问题提供帮助,如国际电信联盟、国际海事组织、世界气象组织等。这些专业组织内部除了设立基础性的代表机构、审议机构和执行机构之外,通常还设立一些功能性机构,其职责是为了实现国际组织的特定功能、宗旨和目标,且主要涉及技术性事项。例如,国际电信联盟的主要宗旨和职能在于促进电信标准化、协调电信频段资源分配、制定电信规则等,在大会、理事会等政治性机构之外,它还有许多功能性机构,包括世界无线电大会和全会、电信标准化全会、电信发展大会、无线电条例委员会等。其中,无线电条例委员会(Radio

---

① Asian Infrastructure Investment Bank Articles of Agreement, Article 16(8), 2015.

② 《AIIB 协定》第 28 条关于理事会特别多数投票通过,即指理事人数占理事总人数半数以上,且所代表投票权不低于成员总投票权一半的多数通过。

③ Asian Infrastructure Investment Bank Articles of Agreement, Article 16(9), 2015.

④ 梁西:《梁著国际组织法》,杨泽伟修订,武汉大学出版社 2011 年版,第 31 页。

Regulation Board)的职责在于按照《无线电条例》(Radio Regulations)和具有相应权能的无线电通信大会的决定批准程序规则,包括技术标准,由12名技术专家组成[①];世界气象组织内部共有8个技术委员会,由成员国指定的专家组成,委员会负责制定气象水文业务方法和程序,并向执行理事会和大会提出建议[②];国际海事组织的业务范围也涉及大量的技术性事务,为此建立了四个主要的功能性机关,即海事安全委员会(Maritime Safety Committee)、法律委员会(Legal Committee)、海洋环境保护委员会(Marine Environment Protection Committee)和技术合作委员会(Technical Co-operation Committee),由全体成员国派遣代表组成。其他国际组织也有不少设立有内部功能性机构,如国际民航组织的空中航行委员会(Air Navigation Commission)、国际海底管理局的法律和技术委员会(Legal and Technical Commission)。[③]

因此,介于AIIB针对的是基础设施建设,在银行技术援助职能这一方面,为了强化其职能的作用和有效性,可考虑建立组织内部的功能性机构,即技术援助管理委员会。例如,IMF的高级工作人员组成的一个部门间"技术援助委员会",专门为其相关业务提供配套的技术援助和管理。回归功能主义理论,这是考察国际组织最常见的视角,尤其是在国际组织兴起的历史方面,功能主义者认为其理论核心是把国际组织的兴起与发展归结于变化着的国家需要,[④]而国际组织中的功能性机构更是作为这种需求的关键因素。在功能主义对于国际组织的解释中,技术变化及其对国家的架构的限制作用非常突出。功能主义的历史学者指出,国际组织并非在国家兴起后马上出现,而是在几个世纪之后,即技术发展使得跨国通信及旅行变得更为必要的19世纪之后才出现的。第一批国际组织多为技术性组织,工业发展激发了需求和提供了工具,从而推动了国际组织的兴起,此后的发展也证明二者之间是一种共生关系。功能主义者在叙述国际组织时推定认为,国家是国际关系中的主导性行为体,在缺乏组织的情况下,虽然国家无序地追逐权力,但他们的确拥有某些

---

① 《国际电信联盟章程》第14条。

② 《世界气象组织公约》第19条,《世界气象组织总则》"附件三"。

③ 张辉:《国际法效力等级问题研究》,中国社会科学出版社2013年版,第193页。

④ Gerard J. Mangone, *A Short History of International Organization*, McGraw-Hill, 1954, p. 26.

共同利益，久而久之，国家对于各种发展（主要是技术性的）作出理性回应，在一定时间学习以往的经验。[①]

其次，谁有权设立附属机构和制定有关规范？根据《AIIB 协定》第 23 条第 1 款[②]的规定，银行的一切权力归理事会，同时规定了理事会可将其部分或全部的权力授予董事会，但规定了除外的情形。《AIIB 协定》第 24 条第 4 款[③]的规定则更加明确，理事会及董事会在授权范围内，可根据银行开展业务的必要性或适当性，设立附属机构、制定规章制度。据此，银行的理事会和董事会都有设立附属机构和制定规章制度的权力。诸如此类的规定还有《IMF 协定》第 12 条的规定，"本协定下的一切权力，凡未直接授予理事会，执行董事或总裁的，均属于理事会"；《国际复兴开发银行协定》第 5 条也规定，"银行的一切权力赋予理事会"。[④] 此外，《AIIB 协定》第 26 条第 2 款[⑤]规定董事会有制定银行政策的权力，并以不低于成员总投票权 3/4 的多数，根据银行政策对银行主要业务和财务政策的决策，及向行长下放权力事宜作出决定；同时，第 26 条第 4 款[⑥]规定董事会对银行管理与业务运营活动的常态化监督，并根据透明、公开、独立和问责的原则，建立以此为目的的监督机制；以及第 5 款和第 6 款[⑦]规定其批准银行战略年度计划和预算，以及视情况成立专门委员会。

最后，设立的条件和程序。既然银行理事会和董事会享有成立银行附属机构和制定相关政策的权力，那么还需满足银行设立附属机构和制定政策的条件和程序。关于设置专门机构和制定相关政策需要满足以下条件：其一，要符合银行的宗旨和职能，即通过在基础设施及其他生产性领域的投资，促进亚洲经济的可持续发展，并改善基础设施互联互通和促进区域合作。技术援助

---

① 何塞·E. 阿尔瓦雷斯：《作为造法者的国际组织》，蔡从燕等译，法律出版社 2011 年版，第 35～37 页。

② Asian Infrastructure Investment Bank Articles of Agreement, Article 23, 2015.

③ Asian Infrastructure Investment Bank Articles of Agreement, Article 24, 2015.

④ 曾令良：《欧洲联盟法总论》，武汉大学出版社 2007 年版，第 194 页。

⑤ Asian Infrastructure Investment Bank Articles of Agreement, Article 26(ii), 2015.

⑥ Asian Infrastructure Investment Bank Articles of Agreement, Article 26 (iv), 2015.

⑦ Asian Infrastructure Investment Bank Articles of Agreement, Article 26(v), (vi), 2015.

作为AIIB的重要职能之一，在基础设施建设过程中，无论是在硬件设施方面(如AIIB倡导低碳环保的基础设施建设)，还是在软件设施方面(如区域互联互通的政策和法律制定)，技术援助将发挥关键性作用。其二，根据《AIIB协定》第24条第4项的规定，银行开展业务的必要性或适当性是设立相关附属机构和制定规章的基本前提。传统MDBs都在其各自协定中明确规定了技术援助作为银行重要"职能"之一，而《AIIB协定》则将技术援助直接规定在业务"原则"的条款中，这不仅具有开创性意义，也说明AIIB对技术援助业务的重视，且根据其职能的针对性和特殊性，实属有必要设立专门的统筹管理机构或其他功能性机构。在程序方面，AIIB的理事会和董事会都有设施机构和制定政策的权力，由此，可由理事会或董事会召开会议进行投票决定。其中，《AIIB协定》第24条规定理事会的法定人数应为出席会议的理事过半数，且所代表的投票权不低于总投票权的2/3。同时，根据《AIIB协定》第16条第8项的规定，以实现银行的宗旨和职能为目的，银行可在理事会依照本协定第28条所规定的经特别多数票通过后，成立附属机构。根据第28条对投票权的规定，理事会特别多数票是指理事会人数占理事会总人数半数以上，且所代表投票权不低于成员总投票权一半的多数通过；此外，除本协定另有明确规定外，理事会所讨论的所有事项均应由投票权的简单多数决定。由此，《AIIB协定》明确规定了理事会对设立附属机构需经特别多数票通过，对于制定相关政策规章没有明确说明，则只需要简单多数投票权即可决定。

四、AIIB技术援助机制的体系构成

AIIB技术援助机制的体系生成的核心理念应是为了解决"成本分担""搭便车"和"产品(技术)垄断"三大重点问题。针对这些问题，在集体行动中有管理激励和融资激励两方面的激励问题，这两类问题具有一定的独立性，不过在很多情况下也是有紧密联系的，这需要建立公共产品供给系统的激励机制。[①]AIIB需要建立相对应的技术援助的协调管理机制、激励机制以及监管和执行

① 肖育才、谢芬：《全球公共产品供给的困境与激励》，载《税务与经济》2013年第3期。

机制，其中激励机制包括成本分担和补偿机制、融资机制和交易机制等体系框架。该体系框架不仅只是探讨一系列法律原则、规则或规范等具体内容，更重要的是旨在遵循一种国际机制的研究路径，在该框架内以使其能够发挥持续性的造法功能，以不断完善 AIIB 技术援助职能对内和对外的合作运行机制。

（一）协调管理机制——技术援助管理委员会

建立 AIIB 技术援助协调和管理机制，正式成立长期性的专门性机构，即技术援助管理委员会作为 AIIB 的附属机构。

在理论方面，设立技术援助管理委员会主要有两个作用：一方面，可以解决“搭便车”的问题；另一方面，可以统筹协调区域或国别技术援助的项目的战略规划，以汇集、协调各成员国对技术援助的需求和资源配置，并有效利用技术优势，减少成本，实现技术援助的最大效用，解决技术援助有效性问题。同时，还可定期开展技术援助会议，讨论技术援助项目出现的新情况和问题，这有利于技术援助项目的有序运行和管理。

根据公共产品供给理论，由于以理性主义为前提的国家被视为是理性经济人，任何集体行动的共同努力都必须具有对各方行动者提供足够大的净收益组合，使每一个成员都能更多地获得收益，从而使集体行动得以自我维持。集体行动的成败取决于成员共同行动的效益是否大于其成本，因此，有时即便能从中获得集体经济效益，相互敌对的邻国也可能无法共同开发水电资源。相反，一个区域或次区域机构能够极大地降低共同行动的成本，以使其所有成员获益，特别是在它们感觉具有共同利益甚至具有共同体要素的情况下。同时，较大的团体内部取得一致的困难相对较大，因此，可从创建次区域项目计划开始，再逐步扩大其合作范围。例如，如果除老挝以外的所有大湄公河次区域成员体都对其国家公路网进行升级改造并增强跨境联网，那么老挝即使不作为也可以从中获取收益。与此同时，老挝的不参与将会使其他大湄公河次区域成员体便无法获得完善的一体化公路网所带来的全部收益。地区内的贸易要么只能缓慢且昂贵地途经老挝进行运输，要么只能完全绕过它，但在这种情况下，其他大湄公河次区域成员体可能会质疑区域公路网的投资价值，从而最终导致每个成员体都会试图搭便车而不参与建设交通网，这使每个成员体都会错失其潜在的效益。[①] 因此，区域合作的挑战在于降低集体行动的成本，找到能被广泛接受的公平方式来分担提供公共产品的成本，从而使地区俱乐部的所有成员都能享受到完善的区域基础设施网所带来的集体效益。

在实践方面，以联合国组织为例，在其技术援助活动进行的初期，并没有受到足够的重视，也没有专门的组织和机构来负责。联合国与它的一些专门性机关合作而实施的一系列技术援助计划，"扩大的"援助计划溯及于联合国经济及社会理事会决议222(Ⅸ)号，[②]这个决议同时设立了"技术援助局"(也称"技术协作局")以资管理。该局以联合国和每一专门机构的行政首长或其副职，以及联合国秘书长所任命的主要负责的主席组成，因而是所有这些组织的共同机关，这个共同机关的宪法基础是基于一些合作条约。该局的主要任务在于协调各个组织在扩大的技术援助计划内的活动。同时，该计划所需的资金，是由会员国和非会员国，按照各参加国在每年举行的"技术援助会议"上，根据实际确定的需要所达成一致，自愿提供于联合国的一个特别基金。自从联合国经济及社会理事会决议542B(ⅩⅧ)号以来，由该理事会的一个常任委员会(技术援助委员会)在该计划经核准以后分配于各个组织。1959年以后，还有联合国的一个特别基金以供发展中国家的主要技术、经济和社会发展之用，其工作集中于调查自然财富的可能性以及对国内教育和研究机构的支持，"通常的技术援助"由每个组织单独在其预算范围内实行。此外，在联合国组织内，秘书处还专门设有一个"技术援助管理科"。[③] 由于技术管理局主要是在联合国会费资助下的技术合作活动，早期联合国各专门机构与附属机构的援助活动形成"各自为政"的局面，每个机构对于技术援助都有各自的援助条件、标准和程序，这种分散的局面不仅增加组织的成本和资源浪费，更降低了其效率。[④] 为此，1965年联大第二十届会议通过了第2029(20)号决议，决

---

① 亚洲开发银行研究院编:《亚洲基础设施建设》，邹湘等译，社会科学文献出版社2012年版，第55页。

② 经联合国大会决议304(Ⅳ)号核准。

③ [奥]阿・菲德罗斯:《国际法》(上)，李浩培译，商务印书馆1981年版，第752页。

④ David Owen, *The United Nations Expanded Program of Technical Assistance—A Multilateral Approach*. Annals of the American Academy of Political and Social Science, 1959, p. 29.

定将技术援助扩大方案与联合国特别发展基金合并，成立了“联合国开发计划署”。① 成立的主要目的是为了统一、协调联合国本身和各机构的技术援助活动，体现了联合国组织技术援助从分散到统一，向体系化和制度化发展的过程。

同样，IMF 也成立了“技术援助委员会”，由于成员国对技术援助不断增长的需求量，IMF 必须确定其技术援助的优先项目(Priorities)，以便在地区与成员国之间以最有效率的方式配置技术援助资源。因此，由 IMF 的高级工作人员组成一个部门间委员会(技术援助委员会)，该委员会负责列出项目的优先顺序和审查成员国接受技术援助的历史，以及考察以下成员国是否能够成功完成技术援助相关的关键因素。例如，世界银行于 1955 年成立了建设项目技术援助筹备机构，并安排资金对该机构进行大力支持。还有一些欧洲组织也从事于技术援助，如经济合作和发展组织和欧盟的前身欧洲经济共同体，后者还专门设有一个发展基金②。

此外，通常作为援助国的发达国家成员国，在其对外援助制度体系中都设立了专门的技术援助部门。例如，法国的对外援助部门不仅有政策和执行部门，还设立了专门的技术支持部门，法国对外援助的四个技术支持机构分别是：经济贸易和财政技术的发展援助部门(向经济财政就业部负责)，主要负责向受援国派遣专家以支持受援国的发展和改革项目；法国国际合作部(向外交和欧洲事务部以及公共服务部负责)，主要促进法国公共和私人专业知识的增长、协调技术专家在受援国的活动；校园法国项目部(向外交和欧洲事务部以及国家教育部负责的公共机构)，负责教育援助中的外国学生和研究人员的活动；文化法国项目部，是外交和欧洲事务部及文化交流部门的政策执行机构，其任务是管理协调国际文化交流。③

在应对气候变化问题上，《公约》第 4 条④的承诺(Commitments)条款中第 1 款第(c)项规定，所有缔约方，考虑到它们共同但有区别的责任，以及各自

---

① 对外经济贸易人事教育局编写组：《联合国多边技术合作实务》，中国对外经济贸易出版社 1987 年版，第 5 页。

② 本杰克：《对于发展中国家的技术援助》，载《欧洲年刊》1959 年第 7 卷。

③ 左常升主编：《国际发展援助理论与实践》，社会科学文献出版社 2015 年版，第 25 页。

④ The Intergovernmental Negotiating Committee for a Framework Convention on Climate Change, Article 4.

具体的国家和区域发展优先顺序、目标和情况,应在所有的有关部门,包括能源、运输、工业、农业、林业和废物管理部门,促进和合作发展、应用和传播(包括转让)各种用来控制、减少或防止《蒙特利尔议定书》未予管制的温室气体的人为排放的技术、做法和过程。[①] 为此,《公约》第9条规定了设立附属科技咨询机构(subsidiary body for scientific and technological advice),[②]即设立附属科学和技术咨询机构,就与公约有关的科学和技术事项,向缔约方会议并酌情向缔约方会议的其他附属机构及时提供信息和咨询,该机构应开放供所有缔约方参加,并应具有多学科性。

因此,介于AIIB的目标和宗旨是以"绿色"基础设施建设为要旨,为强化银行技术援助职能的作用和有效性,应考虑建立组织内部的功能性机构,即设立一个独立的"技术援助管理委员会",专门负责所有技术援助项目贷款和管理工作。这也是各MDBs所配备"功能性机构"之所需,既可以统筹协调区域或国别技术援助的项目规划,并有效利用技术优势,还更有利于技术援助项目的有序进行和管理,有效配置相关资源,减少成本,实现技术援助的最大效用,解决技术援助有效性问题。根据《AIIB协定》第16条第8项的规定,以实现银行的宗旨和职能为目的,银行可在理事会依照本协定第28条所规定的经特别多数票通过后,成立附属机构。而第28条规定的特别多数票是指理事会人数占理事会总人数半数以上,且所代表投票权不低于成员总投票权一半的多数通过。技术援助对大多数亚洲地区的发展中国家来说,有着巨大的共同利

① 《公约》第4条第5款规定,附件二所列的发达国家缔约方和其他发达缔约方应采取一切实际可行的步骤,酌情促进、便利和资助向其他缔约方特别是发展中国家缔约方转让或使它们有机会得到无害环境的技术和专有技术,以使它们能够履行本公约的各项规定。在此过程中,发达国家缔约方应支持开发和增强发展中国家缔约方的自生能力和技术。有能力这样做的其他缔约方和组织也可协助便利这类技术的转让。第4条第7款规定,发展中国家缔约方能在多大程度上有效履行其在本公约下的承诺,将取决于发达国家缔约方对其在本公约下所承担的有关资金和技术转让的承诺的有效履行,并将充分考虑到经济和社会发展及消除贫困是发展中国家缔约方的首要和压倒一切的优先事项。同时,《公约》第5条规定的研究和系统观察(research and systematic observation),是在第4条第1款第(g)项下的具体承诺,各缔约方应支持旨在加强尤其是发展中国家的系统观测及国家科学和技术研究能力的国际和政府间努力,并促进获取和交换从国家管辖范围以外地区取得的数据及其分析。

② The Intergovernmental Negotiating Committee for a Framework Convention on Climate Change, Article 9.

益，从机构的设立方面来看应无太大障碍，但成立技术援助管理委员会后，面临的问题是怎样统筹协调区域或国别技术援助的项目的战略规划，即 AIIB 技术援助合作的整体战略规划包括技术援助的区域和国家战略安排（中长期和短期战略安排），增强地区和国家战略之间的相关性和一致性。AIIB 技术援助职能的主要目的是促进区域合作与一体化进程，包括制定和协调发展战略、计划和方案；提高受援国的能力建设；从事部门、政策和法律问题的研究；提高对亚洲和太平洋地区发展问题的认识，整合区域内和世界其他地方和应对跨国问题等。

同时，由于技术援助大多参与的主体多，涉及范围广，有时候仅靠体系内的专家人员不足以全方位完成每一项技术援助工作，因此，还可以寻求外部技术支持的方法来填补自身技术人员的不足，这种外部技术支持的获取途径即是聘请科研机构的专家来担当某个领域的顾问。目前，在 AIIB 的官方网站上，设置了一个针对招聘相关领域专家人员的“职业平台”（Career Opportunities），[①]这是在一个向全球开放的招聘平台，只要在相关领域符合条件的人员都可以网上提交申请，由 AIIB 相关部门进行审核甄选。这说明 AIIB 致力于公开、公平和透明的招聘活动，并将考虑来自任何国籍的个人的申请。申请人的选择将基于（但不限于此）技术能力、相关部门的资深经验、国际经验和教育背景，AIIB 有权根据应聘人员的教育和经验任命候选人，这为 AIIB 投资项目的建设进行技术援助提供了庞大的“智库”。

（二）资金机制——技术援助特别基金

在上述国际公共产品供给原理和存在的问题中，不论是哪一种产品供给类型，都存在成本分担的问题，因此，解决集体行动困境共同且最主要的问题就是成本分担的资金机制。成本分担即指提供国际公共产品的资金和责任分担，通常集体行动中都会有对成本分担机制作出事前约定或做事后补充安排；同样，这也是促进技术援助机制国际合作必不可少的一部分。巴雷特认为，筹集资金的数量取决于搭便车者的动机，而国家承担经费的多少取决于它取得的收益状况，取得收益最多的国家，其承担的经费也会最多。当收益集中分布时，搭便车就不会有太大障碍；反之，如果收益分散，就会削弱这种现象，可能

① AIIB, Career Opportunities, https://www.aiib.org/en/opportunities/career/job-vacancies/staff/index.html，下载日期：2018 年 3 月 19 日。

会对搭便车产生较大的影响。出资量只能通过强制手段执行，某种意义上来说总负债量是明确的，同时将在协定中附属一项绝对的保证或作为默认的义务去支付，而当成本分担和支付责任的标准同时缺乏时，筹集资金更多地就成为一种“自愿行为”。① 因此，在公共产品供给过程中，由于集体行动者的趋利性，一般按照“收益原则”进行成本分担，即从参与公共产品所获收益的多少来负担公共产品成本。

《AIIB协定》第15条明确规定了AIIB对技术援助费用的支出，第15条第1款规定在符合银行宗旨和职能的情况下，银行可提供技术援助和与其相关的服务，以及其他类似形式的援助；第2款规定如遇对上述所提供服务的费用无法补偿时，银行可从其收益中支出。此条款视为是对技术援助费用支出安排的补充性规定，通常技术援助项目和其相关费用的资金来源可通过贷款或捐赠的方式进行。依据此条规定，对技术援助项目的资金需求显然是不足的。

考察国际组织对相关领域的资金规定，通常是在协定中规定资金机制或是成立相应的特别基金。例如，《公约》第11条对资金机制（financial mechanism）的规定，②兹确定一个在赠予或转让基础上提供资金，包括用于技术转让的资金机制。该机制应在缔约方会议的指导下行使职能并向其负责，且应由缔约方会议决定该机制与本公约有关的政策、计划优先顺序和资格标准，机制的经营应委托一个或多个现有的国际实体负责。从具体实践来看，各国际金融机构多是以设立“技术援助基金”的方式来解决资金问题。例如，世界银行和亚洲开发银行（以下简称“亚开行”，ADB）为技术援助项目都设立了专门的基金。

首先，世界银行为技术援助设立了三种基金，即项目准备基金、特别项目准备基金和机构发展基金③。其一，创立于1975年的项目准备基金，其主要目的是为借款人垫付用于项目准备的资金，以解决项目准备资金的不足。依据世界银行的规定，该项准备基金不是无偿的和无限制的，每个项目提供的项

---

① ［美］斯科特·巴雷特：《合作的动力：为何提供全球公共产品》，黄智虎译，上海世纪出版社2012年版，第110页。

② The Intergovernmental Negotiating Committee for a Framework Convention on Climate Change, Article 11.

③ 何曼青、马真仁编著：《世界银行集团》，社会科学出版社2011年版，第142页。

目准备基金一般不超过150万美元，且需要偿还，相当于项目贷款通过之前的一种预付款，在贷款协定生效后从贷款额中扣除。其二，创立于1985年的特别项目准备基金，主要用于帮助特别贫困的发展中国家——主要对象是撒哈拉以南非洲的贫困受援国。这些受援国都是有资格接受国际开发协会信贷的国家，在这些国家没有其他资金来源时，为其提供特别项目准备基金。这种资金属于赠款，不需要偿还，但此项资金的申请受到世界银行的严格控制，一般每年批准的额度为几百万美元。其三，创立于1992年的机构发展基金，也属于一种赠款，世界银行的借款国均可以申请这种赠款。该基金的主要任务是支持低收入发展中国家开展与合作经济调研和双方政策对话有关的活动，目前所拥有的金额达数千万美元。不过，该基金的申请额度也有一定限度，每项活动的最高额不超过50万美元。

其次，亚开行在《ADB协定》附件的《特别基金章程》中也专门设立了技术援助特别基金，以提供有偿或无偿的技术援助支持。具体而言，ADB的基金类型总体上分为：普通资金、特别基金以及信托基金三类，其中特别基金又包括亚洲开发基金(ADF)、技术援助特别基金、日本特别基金(JSF)、亚行机构特别基金等。在ADB的实践中，技术援助所需资金主要来自ADB的自有资源，包括技术援助特别基金(TASF)[①]和日本特别基金，而技术援助赠款也可由ADB以外的其他捐赠方提供。鉴于为该基金定期补充资金的重要性，有时候也会从亚洲开发基金中划拨资金为技术援助特别基金增资。ADB也会运用普通资金源(OCR)业务产生的净收益为技术援助特别基金补充资金，或从普通资金源净收益中划拨资金，具体金额每年由ADB理事会根据银行的收入前景决定。根据ADB理事会1986年10月1日会议决定，在为亚洲开发基金增资36亿美元时，将其中的2%拨给技术援助特别基金。同时，技术援助特别基金中来自普通资金源净收益的资金和来自亚洲开发基金的资金是分开管理的。因此，该基金由两个资金池组成：其一，来自亚洲开发基金的资金；其二，来自其他来源的资金(包括每年划拨的普通资金源净收益、自愿捐赠和

① 关于技术援助特别基金，ADB认为，除了向会员国或地区成员提供贷款或投资以外，还需要提高发展中国家会员或地区成员的人力资源素质和加强执行机构的建设。为此，ADB于1967年成立了技术援助特别基金，用于资助发展中国家聘请咨询专家、培训人员、购置设备进行项目准备、项目执行、制定发展战略、加强技术力量、从事部门研究并制定有关国家和部门的计划和规划等。

该基金本身的收入)。前者仅用于符合亚洲开发基金软贷款条件,针对相对较穷的发展中成员国提供技术援助。

相对而言,目前根据《AIIB 协定》的规定,其技术援助的资金来源相对单一,《AIIB 协定》中并没有关于设立"技术援助特别基金"的明确规定,仅只是在《AIIB 协定》第 15 条规定了对技术援助费用的支出,如在其无法补偿时,才可从银行的收益中进行支出。另外,《AIIB 协定》第 17 条对特别基金的规定,即银行可以接受与银行宗旨和职能一致的特别基金,此类基金属于银行资源。特别基金的所有管理成本均应从该基金中支出。笔者认为,为了便于技术援助资金的专项管理和提高资金使用的有效性,AIIB 设立技术援助专项基金将是必然所需,技术援助基金的来源将主要来自成员国认缴的资金份额和捐赠资金,且随着技术援助项目规模的扩大,即便设立了技术援助专项基金,也难以满足庞大的资金需求。为此,AIIB 要与亚洲地区的基金组织进行合作,尤其是丝路基金(The Silk Road Fund)①,其目的就是支持"一带一路"的建设,在 AIIB 技术援助特别基金在无法补偿其技术援助项目的费用时,可以由丝路基金进行融资或捐赠。这类似于 ADB 中的日本特别基金②,其由日本出资设立,通过提供无附加条件的赠款来资助 ADB 技术援助活动和股权投资业务,由日本政府委托 ADB 管理该基金。此外,AIIB 还考虑向国际或国内市场上通过发行债券等方式进行融资。因为在《AIIB 协定》中还强调银行在运行中具有使用所有货币的自由。根据《AIIB 协定》第 19 条的规定,"银行或任何银行款项接收方所接受、持有、使用或转让的货币在任何国家内进行缴付时,成员均不得对此施加任何限制"。如果股东有意愿,AIIB 都可以发行人民币债券(或其他当地人民币债券)和发行人民币贷款。长此以往,第 19 条可能会

① 丝路基金是由中国外汇储备、中国投资有限责任公司、中国进出口银行、国家开发银行共同出资,依照《中华人民共和国公司法》,按照市场化、国际化、专业化原则设立的中长期开发投资基金,重点是在"一带一路"发展进程中寻找投资机会并提供相应的投融资服务。

② 日本特别基金(ADF)的目的是协助亚行发展中成员国根据不断变化的全球环境调整经济结构,扩大投资机会的范围。该基金支持这些国家进行工业化、开发自然资源、开发人力资源和实现技术转移。日本特别基金还为亚行促进区域合作和对发展中成员国进行能力建设的努力提供资金。

促使新兴国家的货币得到更广泛的适用,[①]这将在一定程度上缓解发展中国家面临的外汇流动性约束以及货币错配问题。

(三)交易机制和强制许可制度

在AIIB技术援助项目中,对低碳技术的需求和供给是一个复杂的问题,主要体现在公共产品供应的垄断。由于先进的技术大多是由发达国家和其国内企业研发供给的,如在低碳技术领域形成了新一轮的"中心—外围"体系,因此,为了克服发达国家对提供公共产品的垄断,可考虑建立相应的交易机制和强制许可制度,同时为研发技术的供给者提供持续性的补偿和激励。

1.对低碳技术"中心—外围"体系的突破

要建立"绿色"亚洲基础设施,关键还在于对绿色能源的开发和低碳技术的运用。新"中心—外围"世界分工体系的建立,制约着低碳技术的国际转移,[②]使得国际气候谈判的进程依然缓慢,也使得发展中国家与发达国家间的低碳技术水平差距在短时间内缩短的可能性较小,且围绕着技术转移的一场博弈再次强化了新"中心—外围"分工体系。例如,在《公约》中,一方面,国家是承担国际低碳技术转移的义务主体,而实际实施技术转移的主体大多是拥有技术优势的企业。因此,在特定的国内外低碳技术转移机制和政策的大环境下,企业若在市场上进行低碳技术交易,就必然会对技术转移的价格进行博弈。另一方面,企业行为受政府的直接影响,影响因素包括技术转移价格、补贴收益、成本和风险等。理性假设要求行为者以最大化自身利益为目标作出行动选择,一项技术的转移就需要满足多方在各要素上的利益均衡,国家间的博弈由此产生。

一般来说,成功的技术转移必须满足:首先,对技术拥有者来说,技术转移的收益大于不转让技术的收益;其次,对技术受让者来说,接收的技术能带来比其把技术转让费用用于其他用途能获得更多的收益;最后,技术转让的费用应在技术受让者可承受能力范围之内。此外,发展低碳技术,发达国家有资本和知识优势,注重高、精、尖低碳技术的创新,而发展中国家有能源和劳动力优

---

① 2015年,IMF同意将人民币纳入特别提款权(Special Drawing Right,SDR),各国央行将很可能持有人民币作为他们的国际储备,国际上也将会更多地适用人民币作为一种投资工具。

② 低碳技术转移包括商业技术转移、政府间技术援助和基于《公约》的技术转移三种形式,其中商业技术转移是主体,其他两种只能起到补充作用。

势，亦希望凭借自身优势发展能源的替代技术，这为低碳技术的转移提供了合理的动机。但现实问题是，当两国技术水平存在巨大差距时，发达国家虽有技术转移的意愿，但所转移的技术大多并非最先进的技术，或是相对将要被淘汰的技术，并且发达国家从中赚取了大量差额利润。而要解决全球气候变化和环境问题离不开发展中国家的参与，必须进行公平公正的全球合作，面对由发达国家借助低碳技术而构造的新的“中心—外围”分工体系，发展中国家只有突破这种分工体系，才能在低碳经济的国际博弈与较量中取得主导权，推进气候危机的解决。为此，发展中国家要怎样突破低碳技术的“中心—外围”体系和加强自身能力建设，我国学者提出了以下观点：①

首先，要抵制新自由主义思潮在外围国家的泛滥。随着生产力与科学技术的进步发展，资本主义由国家垄断逐渐向国际垄断转变。为了寻求理论支撑，新自由主义理论逐渐政治化，并在发达国家的主导下通过各种途径在全球范围内推广，生产与消费、私有化成为全球发展的主旋律，不惜以环境为代价追求利益最大化。为此，在宏观层面，发展中国家要坚持国家现有的意识形态与发展制度，在制定经济发展策略与碳排放解决措施时，要立足于国家现有的基本意识形态与发展制度，不能受新自由主义学说所谓具有普世价值观念的影响。由于新自由主义坚持私有化，使得在环境保护方面很难建立起全球协定，因此，新自由主义在环境问题的解决上只能是软弱无力的。在微观层面，发展中国家要规范具备碳排放技术转让能力企业的行为。对于碳排放技术这一具有特殊性质的资源，作为改善和提高全球环境质量的重要公共产品，不能完全由新自由主义主导的私有企业与市场来完成，这容易导致企业垄断技术。对于欠发达地区来说，可能会因无力购买碳排放技术而进入恶性循环阶段。因此，需要让政府与国有资本适度地进入碳排放技术转让的领域，发展一定数量具备该技术的国有企业，通过政府补贴、制度约束、政策支持、风险控制等措施来避免技术垄断产生的高额利润，对于垄断技术的私有企业进行适当的引导，使得发展中国家也有机会掌握碳排放技术，减少排放污染。

其次，发展中国家要依靠低碳技术自主创新加强自身能力建设。发展中国家有能源和劳动力优势，其在低碳技术发展中并不一定长期处于“劣势”地

① 贾利军：《国际垄断资本主义下的技术创新》，社会科学文献出版社 2015 年版，第 153～156 页。

位,可以在现有要素优势的基础上弥补要素缺陷,提高这一要素在禀赋结构上的比例。加上有效的政府政策支持和引导,以提升现有低碳技术的发展现状,形成自己的低碳竞争优势。因此,对发展中国家来说,必须认清发达国家实施低碳技术转移的真正本质和全球低碳技术创新战略带动下的国际政治经济新格局,当务之急是要根据自己本国经济发展的现状,自力更生,建立适应本国实际的低碳技术创新国家战略和政策。

最后,加强南南合作,外围国家形成合力充分抵抗中心国家的低碳掠夺。在国际经济格局和新“中心—外围”分工体系的国际排放格局中,发达国家依靠现有的资本和知识技术优势发展独特的低碳技术,在多数领域处于领先地位,并长期独占和垄断低碳核心技术。例如,德国的光伏电技术;美国和法国的核能应用技术、氢燃料的电解水技术;美国和日本在钢铁、石化等高耗能行业的单位碳排放指标,在风能、生物质能源等方面的市场化、产业化步伐走在发展中国家前面。[①] 而以美国为首的发达国家一方面希望发展中国家积极节能减排而要求发展中国家承担自身责任;另一方面却不愿正视发展中国家经济技术的弱势状态,不愿将节能减排技术转移给发展中国家。与此同时,现有发展的新优势成为发达国家对发展中国家进行技术侵略的手段,如碳关税、绿色贸易壁垒等阻碍发展中国家的经济发展。因此,低碳技术的国际转移除了需要南北对话,更需要进行南南合作。

笔者认为,在推进国际气候谈判进程中解决全球气候和环境问题,可供选择的有效途径便是技术转移。虽然技术援助作为技术转移的方式之一,但传统 MDBs 主要是以无偿或优惠贷款进行的技术援助,并未能发挥实质性作用。因此,AIIB 应将技术“援助”和“贸易”相结合,即以有偿的技术援助为主要方式。此外,除了以上观点,发达国家和发展中国家,或是发展中国家之间可以通过 AIIB 这一平台,形成一支由各成员国的高级研究人员组成的研发团队联合开发低碳技术。当然,根据上述对公共产品供给原理的分析,对第三类加总技术的产品供给来说,一般只需单一的最强优势的供应者研发提供,主导国家或国际机构可以倡导各方集中资金和力量共同合作。合作无须强制性和较高的制度化安排,在审查、监督和执行机制缺位的情况下也可自我执行,但为保证供给决策的持续稳定性,需要建立成本分担机制和补偿机制,让供应

① 联合国环境规划署:《全球环境展望》,2012。

者获得一定或足够多的利益补偿。但从边际供给成本来看,如果边际供给成本呈递增趋势,则意味着随着参与国家数量的递增,新增国家所需负担的供给成本越高,产生一种“负反馈效应”,这就不利于产品的联合供给;反之,如果边际供给成本呈递减趋势,那么随着参与国家数量的增多,新增国家承担的供给成本越低,这就产生一种“正反馈效应”,使得联合供给成为可能,且更加实惠。① 因此,在AIIB框架下进行产品的联合供给是一个可选方式,不过考虑在联合供给中产生的“组织成本”②和边际供给成本,可由一个或少数国家作为主导国,其他国家可根据自身优势加入产品的研发中,而研发成本由AIIB技术援助特别基金或预算划拨的研发基金支付,即由参与的成员国来共同分担。例如,AIIB的成立标志着中国正由“参与”向“研发”国际公共产品转变,兼具技术援助受援国和援助国的双重身份,中国一向注重技术援助的作用,并提出了对外经济技术援助八项原则,无论是在技术援助理念、经验方面还是物质方面,都将在全球治理中发挥越来越重要的作用。同时,中国在AIIB认缴的资金约为2980亿美元,投资份额占比为31%,投票权比重为26%,如果相应将各国在AIIB认缴的资金按比例划拨到技术援助特别基金中,这将为技术的联合开发提供根本保证和有力支持,但仅有中国的支持是远远不够的,在中国倡导下需吸纳更多发达国家和发展中国家参与到产品的联合供给中,结合各成员国自身的优势禀赋,为AIIB技术援助助力“绿色”基础设施建设作出贡献。

2.低碳技术的强制许可制度

针对不同的知识转移活动,需依靠某种适宜的激励机制。一些理论将技术转移过程看作是三个有机过程组成的整体,包括通用知识的转移过程(所转移技术的支持性知识)、系统知识的转移(特定技术转移活动的本身)和企业特有知识的转移过程(特定企业伴随此项技术所发展的专有技术)。这种理论划分更具有实践的指导意义,通常的技术贸易只解决系统知识的转移,而通用知识和企业特有知识的转移往往不能通过商业行为来完成,必须靠企业自身的技术投入和技术积累。同时,没有前后两个转移过程,整个技术转移就不能完

---

① [美]曼瑟尔·奥尔森:《集体行动逻辑——公共品和集团理论》,陈郁译,上海人民出版社2011年版,第39页。

② “组织成本”是指制度经济学中用于泛指所有为促成交易发生而形成的交易成本。交易成本只有各国采取联合行动时产生,独立行为不会发生交易成本。

整进行,也很难获得成功。[①] 西方国家对现代工业技术创新和转移作了系列探讨,在这些相关经济学发展学说中,工业技术的发展被形容为两个基点的作用:一个是企业单位,另一个是国家。其中,由于技术资源往往构成国家、区域和企业的战略性资源,因此,观察供给方技术转移的动机和战略,实质上技术转移仅仅是实现技术资源的出租,而不能实现技术资源的购买。换言之,技术资源的所有权通常是不能通过简单的市场交易来置换的。

由于技术资源发展日趋复杂化,高新技术更多的是融合于传统技术的方式发展,因而技术发展机会和潜在于更多样的各类技术领域的交汇之中,也出现了所谓的多技术企业和技术多样化的概念,技术资源的多样化和跨行业发展成为新的发展趋势。因此,AIIB需纳入和提高私营部门的参与度,为了满足区域基础设施不断增长的投资需求,必须鼓励私营部门出资并提供基础设施便利化。欧盟致力于推行公私合作来发展区域基础设施,一般需要多边机构来承担某些相关风险。同时,亚洲国家还需要制定相关政策和程序,鼓励私营投资人出资并提供有效的基础设施便利和技术支持。亚洲可以效仿欧盟和东盟,制定区域基础设施投资协定,保护跨国投资并向区域内的所有投资人提供国民(公平)待遇,还可以为亚洲营造更为宽松、透明和具有竞争力的投资环境。

然而,技术转让无法得到实施的根本原因是发达国家政府的承诺与其国内企业的利益需求之间存在冲突,企业作为技术供应的主要主体,其行业行为构成了技术转让的根本障碍。[②] 为此,在应对全球公共健康、安全和气候变化等具有国际公共危机的问题时,是钱重要还是命重要?这一显而易见的问题在专利强制许可的语境下却显得扑朔迷离。[③] 在国内,专利强制许可制度作为保护社会公共利益和防止滥用专利垄断权的重要武器,历来是各国专利制度的重要组成部分。保护公共健康和安全,各国专利法一方面赋予技术所有者以专利垄断权,另一方面利用强制许可制度防止专利垄断权可能造成的危机。但是,WTO体制下的TRIPs(Trade Related Aspects of Intellectual

---

① 陈向东:《国际技术转移的理论与实践》,北京航空航天大学出版社2008年版,第43页。

② 徐祥民、孟庆垒等:《国际环境法基本原则研究》,中国环境科学出版社2008年版,第310页。

③ 林秀芹:《TRIPs体制下的专利强制许可制度研究》,法律出版社2006年版,第188页。

Property Rights)过度保护专利权人的利益，严格限制强制许可制度的使用。例如，TRIPs迫使所有的WTO成员将历来备受争议的药品纳入专利保护范畴，当艾滋病在亚、非、拉等许多发展中国家泛滥时，致使这些国家的病人从价格上无法负担得起购买救命药品，这引起国际社会对TRIPs第31条的广泛关注①，纷纷指责该条款的不足。

为了克服弊端，WTO也采取了一系列举措，WTO成员部长会议于2001年11月通过了《多哈宣言》、WTO总理会于2003年8月通过了《实施多哈TRIPs与公共健康宣言的决议》，以及WTO部长会议于2005年年底通过关于修订TRIPs第31条第(f)项的《香港宣言》，以上宣言或决议都重申了专利强制许可制度的重要性，且放宽了以公共健康需要为由使用强制许可的限制。同时，根据TRIPs协定第27条第2款的规定，成员国认为有必要保护其"公共秩序或道德"时可以排除发明的可专利性，并列举包括保护人类和动植物的生命或健康，以及避免对环境的严重危害。因此，实施气候友好型技术应该属于保护公共利益之列。② 随着全球气候变化的加剧，气候变化问题上是否也可考虑引入对低碳的强制许可制度，发展中国家呼吁实施强制许可制度以实现清洁技术的有效转移和传播，这有待进一步的探究。目前，国际社会对气候治理的重视、相关国际条约的签署和完善，以及强制许可制度在公共健康领域的成功实践等因素为建立清洁能源技术强制许可制度提供了有利条件。不过，建立强制许可制度还主要面临来自发达国家的反对压力。例如，美国和欧洲相关的行业组织认为，实施清洁能源技术强制许可将会威胁和打击能源技术企业的知识产权和信息，不利于对清洁技术的研究和发展。由于清洁能源技术有利于公共利益的实现，TRIPs协定的弹性规定为实施清洁能源技术强制许可提供了合法性，因此，国家对相关清洁能源技术实行强制许可来进行气

① TRIPs第31条规定，成员国可以根据本国的实际情况，在国家紧急情况等形势下为了公共利益对相应的专利实施强制许可。但是对于什么是国家紧急情况、公共利益，该协定没有作出具体解释，因此，广大发展中国家可以依据实际情况，对于什么是公共利益等相关概念作出相应解释。

② 刘雪凤、罗敏光:《论构建我国清洁能源技术强制许可制度》，载《中国科技论坛》2012年第6期。

候治理并不是违反 TRIPs 协定的规定,[①]而是充分利用了该协定的灵活性空间。

(四)技术援助监督和绩效评估机制

AIIB 如若建立起以上制度体系,要想使其有效运行,监督和评估机制则是关键的环节。建立监督和评估机制的作用在于:

其一,对银行或成员国实施和执行技术援助项目进行有效监督。从现有应对气候变化的国际条约等法律文件来看,主要指《公约》《京都议定书》和《巴黎协定》三大文件。这三大文件都规定了发达国家应承担向发展中国家转让环境友好技术[②]的义务,并提供相应的必要资金援助。其中,《京都议定书》还规定了京都灵活三机制,[③]即"联合履约机制"(JI)、"清洁发展机制"(CDM)和"国际排放量贸易机制"(IET)。但在规定中都以"适当"(appropriate)、"鼓励"(encourage)、"合作"(cooperate)、"便利"(facilitate)、"尽力"(exert efforts)、"促进"(promote)和"帮助"(assist)等弹性较大的措辞,这些规定都过于原则化,且一个致命的弱点是缺乏明确强制各方履行自己义务的机制,也没有监督机制,更没有对不履行义务的缔约方进行可执行的惩罚措施。[④]

一般而言,在国际组织的机制构成中,很少建立具有强制约束力的执行机构。在国际援助发展领域,大多是由 MDBs 与所援助具体项目的所在国家进行协商,由相关负责项目的部门进行监管和执行。执行机构一般都是由国内政府专门设立的对外援助服务机构,负责援助活动的具体实施,如援外物资采购和项目管理等。这样的服务机构可能有多个,权限与层级的高低以及服务的领域各不相同。有些国家援助业务量小,可能没有专门的执行机构,或者因为管理机构能力足够强大,职能足够全面,没有必要设立专门执行机构。援助的实施工作由政府管理机构直接委托给相应专业方面的私人部门或非政府组织(NGOs)。不过,此种方式也存在国内执行部门的监管不力等问题。因此,

---

① Cynthia Cannady, Access to Climate Change Technology by Developing Countries. *International Centre for Trade and Sustainable Development*, Vol. 25, 2009, p. 4.

② 在国际条约或其他国际法律文件中,多使用"无害环境技术"一词,与本文"环境友好技术"可视为同一概念。

③ See 12 & 17 of Kyoto Protocol 1997, Article 6.

④ 马忠法:《论应对气候变化的国际技术转让法律制度完善》,载《法学家》2011 年第 4 期。

由于世界银行或MDBs内部设有监督机制，技术援助项目可由受援国具体负责执行，但银行可委派监督人员进行监督或参与监管。这样不但可以保障项目的有效实施，也可以在监督过程中发现存在的问题，及时向银行作出反馈。此外，由于技术援助涉及资金、物资、设备、技术和专业人员等广泛的内容，单个援助执行机构可能不具备涉及多个领域的专业能力来完成援助任务。在这种情况下，执行机构要从私人部门购买产品或服务，以市场活动的形式来完成援助任务，不仅使私人部门参与其中，大量NGOs也成为对技术援助的专业服务提供者。援外产品和服务提供者可以从援外业务中赚取收入，但是要受到管理机构或执行机构根据援外政策与法律的严格监管，以保证技术援助这一公共产品的质量。

因此，AIIB内部建立监管机制是可行的，也是必要的，但设立执行机制的可行性不大，也没有太大必要，因为单独设立执行机构使得银行机制过于繁杂，且存在职能的重叠，从而增加银行运营的机制成本。同时，AIIB应承诺和履行自身义务，加强对技术援助业务的管理监督和提高其效率。这需要AIIB在区域内进行统一的技术援助安排，对成员国派遣专家进行考察和培训，简化对技术壁垒的监管，放宽对交通、能源和电信体制的限制，采取集体行动来提高监管体系的能力，这也有助于促进区域基础设施项目合作。

其二，评估技术援助项目的完成效果，汇集信息分析技术援助项目的完成是不是成功的，有利于为今后的技术援助项目提供成功经验和依据。技术援助数量和重要性的增加要求技术援助计划需进行更精简和更有效的评估，特别是遵守战略的相关性、评价的附加价值，以及知识和成功实践经验的交叉分享。

ADB于2006年发布的《公共部门业务绩效评估报告编制指南》[①]就如何编制ADB公共部门项目规划和技术援助项目的绩效评估报告作出规定，制定了成功的项目评估工作，以及技术援助的设计阶段和监测框架。该框架不仅给出了主要的绩效假设条件，也给出了在设计阶段应确定的各个层次的目标、成功的指标和目标，以及衡量指标的方法。2015年，ADB发布了《增强银行业务有效性》的政策改革文件，明确了管理层将确定在资源分配、处理、批

① 世界银行亚洲开发银行贷款项目审计指南编写组：《世界银行亚洲开发银行贷款项目审计指南》，中国时代经济出版社2015年版，第318页。

准、实施和完成评估的整个技术援助周期计划的一系列措施;确保技术援助的设计,对获得输出和设想的结果有足够的监督(监管),并避免重复的输出,同时还将支持审查过程和文档需求的简化,删除冗余的步骤以提升效率价值。例如,关键的举措包括:第一,资源管理。在部署技术援助资源时,将提供更大的灵活性,引入透明的技术援助资源分配公式,在管理监督下通过一个更加严格的组合检测系统来减少技术援助项目活动的数量。第二,设计与监测。所有的技术援助项目都将与每一个发展中国家的知识计划完全一致,强调技术输出的识别性,并将重点放在设计和监控框架上,并通过部门和主题实践小组的系统参与,来加强质量控制。第三,交付和完成评估。将建立一个系统的关于实施技术援助项目的流动性和储备信息库,包括将占比较大的技术援助项目分配给常驻任务;促进更广泛地使用基于外包的咨询合同;从执行机构和咨询顾问那里获得反馈以增强客户的取向;通过与独立评估部门合作所关注的学习经验,加强完成技术援助报告。

可以说,监督和评估机制是技术援助项目规划和项目绩效报告的基础,是技术援助项目绩效管理系统的重要组成部分。因此,AIIB 可以借鉴 ADB 的成功经验建立技术援助绩效评估机制,以完善项目管理和技术援助系统机制。

结　语

AIIB 的建立标志着国际政治经济进入新的历史时期,也标志着中国正由“参与”向“研发”国际公共产品转变。目前,技术援助与贷款援助并列为 MDBs 最主要的援助形式,AIIB 技术援助(知识性解决方案)将对发展中国家能力建设发挥关键作用,并帮助各国加快发展和应对挑战。在信息和知识经济时代,知识资本和要素禀赋已成为国际分工中利益分配的决定性因素,是知识激励之源,也是友谊加深的纽带。信息和知识是一种新型的共享性资源,改变了相互依赖的基础。

当前,减少和稳定大气中的温室气体浓度和控制升温被普遍认为是 21 世纪最大规模的全球公共产品,而 AIIB 作为“一带一路”倡议的重要组成部分,也将致力于以“绿色”基础设施建设为要旨。故,AIIB 应使资金和技术援助发挥同等重要的作用,将其打造成为“智识型”MDBs,为亚洲区域进行“绿色”基础设施建设提供资金和技术支持,建立以规则为导向的技术援助合作机制,对各国的能力建设必将发挥重要作用。但亚洲地区仍存在集体行动协调和激励机制不足，低碳技术下新“中心—外围”体系的形成，以及技术标准和法律存在差异等障碍。不过，从治理模式来看，与传统MDBs的治理模式相比，AIIB治理模式表现出许多新的特征，即权力结构从“中心—外围（边缘）”到“平行”。传统国际秩序建立在强国基础之上，其在国际政治经济事务中占据主导地位，与发展中国家形成一种“中心—外围”的权力结构，但随着新兴国家的不断发展，以及传统发达国家的相对衰落，“中心—外围”的权力结构已经难以为继，世界秩序需要新兴国家的参与，并发挥重要作用。

为此，国际制度作为“国际协调产品”，针对技术援助机制构建过程中存在“搭便车”“成本分担”和“产品（技术）的垄断”三大问题。以公共选择理论为工具和《AIIB协定》为依据，生成技术援助机制体系，即在AIIB组织下建立附属机构和相应制度，包括协调管理机制（如技术援助管理委员会）、资金机制（如技术援助特别基金）、交易机制和强制许可制度，以及监督机制和绩效评估机制。同时，对区域基础设施建设的技术援助将是未来合作与发展的重点领域，AIIB需通过积极外交做好顶层设计，形成全面系统的政策指导和制度规范，使技术援助助力亚洲区域基础设施更快、更好、更稳步地建设。

（本文编辑：吴靖）

Research on the Theoretical Basis and System Generation of AIIB Technical Assistance Mechanism

Meng Yuqun

Abstract: The establishment of AIIB marks a milestone in the reform of international economic governance. At present, reducing and stabilizing the concentration of greenhouse gases in the atmosphere and controlling warming are widely regarded as the largest international public goods in the 21st century. With the "green" infrastructure as the keynote, AIIB will play an important role in its function of technical assistance, and make "capital" and "technology" on both legs to provide support for infrastructure construction in Asia. The supply theory of international public goods provides a possibility for the construction of AIIB technical assistance mechanism. As an "international coordinated product", the international system has three major problems in the construction of technical assistance mechanism, namely, "cost sharing", "hitchhiking" and "monopoly of product (technology) supply". Moreover, there are still some obstacles in Asia, such as the insufficient of collective action coordination and incentive mechanisms, the formation of a new "central and peripheral" system under low carbon technology, as well as the differences in technical standards and laws. Therefore, based on the AIIB agreement and the theory of public choice as the tool, we will create a technical assistance system. Namely, AIIB will establish subsidiary bodies and corresponding systems under the AIIB organization, including the coordination management mechanism, the fund mechanism, the trading mechanism, and the monitoring and performance evaluation mechanisms. Make AIIB into an "intellectual type" MDBs in area, so as to promote the sustainable development of regional economy and national capacity building.

Key Words: AIIB; Technical Assistance; Low Carbon Technology; International Public Goods; Capacity Building

新的时代背景下中国参与金融机构社会责任国际立法研究*

刘 盛 刘志云**

内容摘要：企业对社会责任的承担长期以来都是国际社会关注的重点，而金融机构的社会责任，则因其本身货币资源的调配者之定位和能够从外部推动关联企业承担社会责任的特殊性，在2008年金融危机的洗礼下，成为当前瞩目的焦点。我国参与金融机构社会责任的国际立法，统筹该领域国际国内两个层面的规则，并形成内外发展之联动，不仅是顺应我国经济深度融入世界经济趋势、进一步提升对外开放水平等新的时代背景下的必然选择，也是提高金融机构自身市场竞争力、配合与推进中资企业"走出去"战略的要求，更是协调我国"软实力"和"硬实力"，打造我国良好大国形象的重要组成部分。当前国际社会的金融机构社会责任立法可以包括"国家间立法"和"非国家间立法"(私政府立法)两种类型，前者进展缓慢而后者发展迅速，两者之间呈现出一种相辅相成、互为因果的正相关关系。参与金融机构社会责任国际立法需要政府主体和金融机构主体的共同行动，目前我国政府主体已经开始积极参与该领域规则的实践和构建，而金融机构主体作为一个"理性人"，要将承担社会责任这一外在义务变成自觉行为，就必须要与其商业动机相连接。兴业银行在加入赤道原则之后产生的巨大经济、环境和社会效益无疑为我国金融机构积

---

* 本文系国家社科基金项目"新发展理念下中国金融机构社会责任立法问题研究"(编号:17BFX009)的阶段性成果。

** 刘盛，男，江西于都人，两岸关系和平发展协同创新中心/厦门大学法学院博士研究生，研究方向为金融法；刘志云，男，江西瑞金人，法学博士，两岸关系和平发展协同创新中心/厦门大学法学院教授，金融法研究中心主任，研究方向为金融法、国际关系与国际法。

极参与社会责任国际立法提供了良好的模范效应。在新的时代背景下，我国对金融机构社会责任国际立法应当遵循“国家主体参与”和“金融机构主体参与”的并行路径，而对其具体战略也需要从过去的“积极参与”转变为“参与规则”和“主导规则”并重。同时，应当与时俱进，注重金融机构社会责任国际立法和国内立法之间的互动协调，构建一个具有强制性的国际立法和国内立法的常态性互动机制。

关键词：企业社会责任；金融机构社会责任；金融机构社会责任国际立法；金融机构社会责任国内立法

目　录

四、新的时代背景下中国对金融机构社会责任国际立法的参与战略和具体路径

(一)新的时代背景下中国对金融机构社会责任国际立法的“国家参与路径+金融机构参与路径”及其共生关系和协同效应

(二)新的时代背景下中国对金融机构社会责任国际立法“国家参与”和“金融机构参与”的并行路径及其实现的互动分析

(三)新的时代背景下中国对金融机构社会责任国际立法从单纯的“积极参与”到“参与规则”和“主导规则”并重的战略转变

五、新的时代背景下中国参与的金融机构社会责任国际立法与国内立法的互动机制

(一)新的时代背景下金融机构社会责任国际立法和国内立法的互动形态分析

(二)新的时代背景下金融机构社会责任国际立法和国内立法的互动效应分析

(三)新的时代背景下金融机构社会责任国际立法与国内立法的互动路径与机制构建

结　语

引　言

无疑,随着我国国际地位的稳步提升,必然将在全球治理当中发挥更为重要的作用并承担更多的责任,这就要求我国在新的深度对外开放背景下,更好地统筹国际国内两个大局,解决好内外发展联动之问题。长期以来,企业对社会责任的承担都是国际社会关注的重点,而金融机构的社会责任(CSR),则因其本身货币资源的调配者之定位和能够从外部推动关联企业承担社会责任的特殊性,在2008年金融危机的洗礼下,成为当前瞩目的焦点。我国不仅要在新形势下逐步完善金融机构社会责任的国内立法,同时也要与时俱进地积极参与该领域的国际立法,为我国经济与世界经济的深度融合之态势提供助力。由此,在全面分析当前金融机构社会责任国际立法发展状况的基础上,对我国国家主体和金融机构主体参与该领域国际立法的现状与问题进行研究,从而提出更优的参与战略和具体路径，并对金融机构社会责任国际立法和国内立法之间的互动机制开展分析，便成了必然的研究方向。

一、新的时代背景下中国参与金融机构社会责任国际立法的必要性分析

无论是在国内市场还是全球市场，建立一种能够保证社会经济合作的良性循环与有效运作的经济结构体系均是十分重要的。[①] 那种个人权利至上、把个人价值等同于社会价值，以及赋予资本无限权益的思路，显然无益于实质正义的实现和该体系的构建。晚近企业社会责任运动的蓬勃发展，既是对之前企业只关注经济责任而漠视社会责任和道德责任之现实的反对，也是对以上思路的质疑。当前的实践表明，企业践行社会责任已然成为国际社会的共识，同时也是一个良性可持续合作体系的必然要求，金融机构作为一种特殊的企业更是难辞其咎。就我国而言，参与金融机构社会责任国际立法，既有提高金融机构自身市场竞争力的需要，也是配合与推进中资企业"走出去"战略的要求。在当前的时代背景下，参与金融机构社会责任国际立法也是打造我国良好大国形象的重要组成部分。

（一）中国参与金融机构社会责任国际立法，是提高金融机构市场竞争力的需要

从 15 世纪的地理大发现到 19 世纪的世界贸易和工业化的发展，再到冷战的结束与信息时代的来临，世界范围内各主体间不断扩大和加深的联系表明"全球化并非一个选择，而是一种现实"[②]。"世界范围内的社会关系正不断强化，这种关系以这样一种方式将彼此距离遥远的地域连接起来，即此地所发生的事件可能是由许多英里以外的异地事件而引起，反之亦然。"[③]无疑，全球

① 刘志云：《商业银行践行社会责任的内在诱因与理论基础》，载《政法论丛》2014 年第 1 期。

② Kenneth N. Waltz, Globalization and Governance, *Political Science and Politics*, Vol. 32, No. 4, 1999, p. 694.

③ [英]安东尼·吉登斯：《现代性的后果》，田禾译，译林出版社 2000 年版，第 56～57 页。

化在深刻地重塑世界方方面面的同时，也带来了机遇和挑战。无论愿意与否，中资企业与中国金融机构都必须面对这个跨国合作与全球竞争的新局面，而在金融无质性、信息技术、金融自由化思想等因素推动下的金融全球化，则更是放大了对金融机构的挑战。

社会本位思潮影响下产生的所有权相对化（或者说社会化）理念，要求所有权的行使应当受到一定限制并考虑公共利益，这反映在企业制度中，就是其决策不能仅仅追求自身的利润最大化，还应当考虑公共利益，即承担社会责任。按照企业公民理论的说法，企业与自然人一样，作为政治国家和市民社会的一分子，在享受它们所赋予的权利和安定的成长环境，以及各种基础设施的同时，也应当承担一定的政治、法律和道德义务，其中又以对企业的利益相关者们承担的责任最为重要。在诸多此类理论的影响下，越来越多的企业开始注重对社会责任的承担，并在不断重复的实践中将其内化为一种企业文化，此时，企业对社会责任的践行逐渐成为增强企业竞争力的一个重要因素。

所谓企业竞争力，是指企业所独有的、难以模仿的能力，这种能力能够保证企业在市场竞争中的长期优势，获得超额利润，其实质是企业各种资源整合的结果，也是企业保证自身生存和可持续发展的关键。① 根据国际著名的非营利性研究机构兰德公司的长期研究，企业竞争力可以分为三个层面：第一层面是产品层，包括企业产品生产及质量控制能力、企业的服务、成本控制、营销、研发能力；第二个层面是制度层，包括经营管理要素组成的结构平台、企业内外环境、资源关系、企业运行机制、企业规模、品牌、企业产权制度；第三个层面是核心层，包括以企业理念、价值观为核心的企业文化；内外一致的企业形象；企业创新能力；差异化个性化的企业特色；稳健的财务；拥有卓越的远见和长远的全球化发展目标。而企业社会责任，则体现于企业竞争力的这三个层面当中（图 1）。②

具体而言，企业从核心层面建立起来的企业社会责任意识，将会贯穿于企业文化、发展目标、结构平台、运行机制、产品研发与销售等所有环节，帮助企业打造内外一致的良好社会形象和品牌形象。“企业通过对关乎社会利益的活动的关注，向公众传达了一种值得对其长期信赖的讯息，这种信赖促使人们

① 邓泽宏等：《政治社会学视域中的企业社会责任研究》，人民出版社 2016 年版，第 51 页。

② 田虹：《企业社会责任及其推进机制》，经济管理出版社 2006 年版，第 146 页。

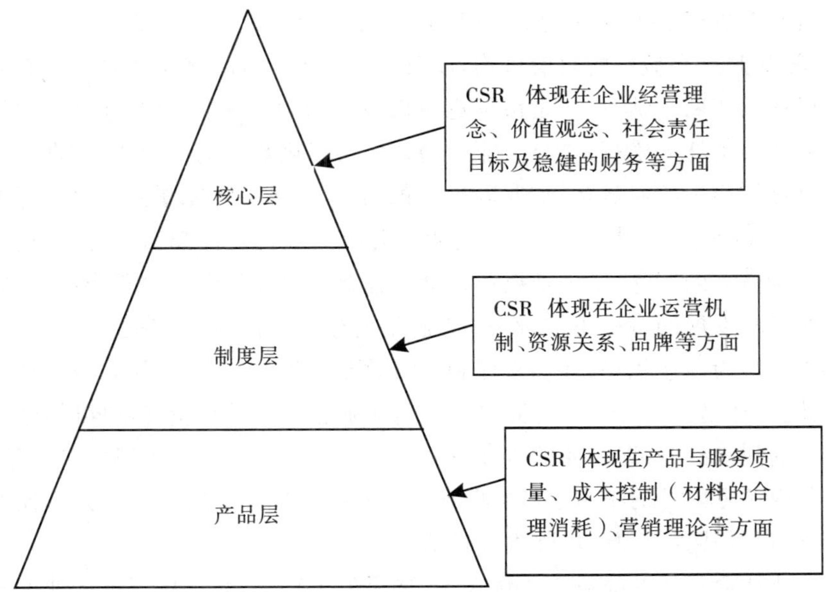

图 1　企业社会责任在企业竞争力层面上的体现

资料来源：田虹：《企业社会责任及其推进机制》，经济管理出版社 2006 年版，第 146 页。

对企业的价值观和发展前景抱有积极的认同和期待。"①基于此种认同和期待，以及体现社会责任的公司治理层面的制度设计，企业一方面吸引了大量消费者，另一方面增强了对优秀人才的黏性。这实际上便是对市场和能够降低成本并提升竞争力的优秀人才的占有，无疑将极大地提升企业的竞争力。同时，企业社会责任要求企业在产品的研发、生产和销售上注重对各利益相关者利益责任的承担，提高资源利用效率并降低危害，从而成为企业创新的重要驱动力。②

此外，一个受国际金融公司中国项目开发中心组织的"中国私营部门的可持续性发展"项目资助，名为"企业社会责任与市场竞争力：企业社会责任在提升中国私营部门竞争力以及可持续发展中的作用"的实证调查研究也表明，企

① 易凌、罗俊杰等：《企业社会责任及其立法研究》，科学出版社 2015 年版，第 55 页。

② Isabel Gallego-Álvarez, José-Manuel Prado-Lorenzo and Isabel María García Sánchez, Corporate Social Responsibility and Innovation: A Resource-Based Theory, *Management Decision*, Vol. 49, No. 10, 2011, pp. 1709-1727.

业履行社会责任将会极大地增强其竞争力。该研究在对我国12个城市的1268家企业、4个城市的政府机构，以及5个城市的345名个人进行调查和分析之后得出了两个结论：一是市场竞争以及来自供应链的压力可以有效地推动企业社会责任的施行；二是企业社会责任会提供真实的商业机会，即帮助企业通过保持稳定的雇员队伍、获取更大的市场份额以及获得更多的外部融资来提高赢利水平。① 事实上，欧洲企业社会责任协会早在2005年便直接提出了责任竞争力的理念，要求把企业社会责任融入企业经营的过程当中，将它视为企业战略发展的有机组成部分，是企业生存发展的重要前提。② 我国学者则将之理解为专业优势、社会责任和经济效益的集合，企业运用自身专业优势解决社会、环境、员工等方面的问题，使得企业在履行社会责任的同时，经济效益也得到同步提升，即企业的责任竞争力得到增强。③ 由此我们可以看到，无论是国内还是国外的学术或者实践研究，其落脚点均是企业对社会责任的良好践行，将对其竞争力的增强大有裨益。

企业社会责任的战略重要性在于，如果处置得当，它可以保证商业的长期发展，无论是金融机构还是非金融机构均在这一点上达成了共识。④ 原中国银监会于2007年发布的《关于加强银行业金融机构社会责任的意见》就明确指出："市场竞争不仅是技术、产品质量和价格的竞争，更是社会责任意识的竞争……坚持经济效益和社会效益的统一，是推动提升竞争力的有效途径，也应该成为银行业金融机构实现可持续发展的核心战略。"⑤从某种程度而言，企业整合自身资源和内在能力，以及与外部竞争环境的交互作用这一核心竞争能力的最终落脚点，就是能够更好地满足消费者的需求，而产品的竞争力和企业的社会影响力，则成为企业竞争力的关键。与实体企业一样，金融机构对社

① 参见沈艳、姚洋：《企业社会责任与市场竞争力：企业社会责任在提升中国私营部门竞争力以及可持续发展中的作用》，外文出版社2010年版，第15页，第202页。

② 卞继红：《我国中小企业集群责任竞争力研究——以外向型制造业中小企业集群为例》，载《财经问题研究》2011年第11期。

③ 殷格非、于志宏、崔生祥主编：《责任竞争力——企业社会责任最佳实践案例集》，中国人民大学出版社2008年版，第1页。

④ Decker O. Sallyanne, Corporate Social Responsibility and Structural Change in Financial Services, *Managerial Auditing Journal*, Vol. 19, No. 6, 2004, p. 712.

⑤ 中国银行业监督管理委员会：《关于加强银行业金融机构社会责任的意见》第2点。

会责任的践行也将体现于其核心层、制度层和产品层三个层面，需要金融机构将企业社会责任贯穿于企业文化、发展理念、管理理念、运作制度、产品研发和销售等各个方面，由内至外地树立社会责任意识。但也有着显著的不同，一个最为直接的体现便是金融机构的产品并非实体，有着无质性的特点，这使得消费者在购买金融产品的时候，基本上只能关注于风险和收益两个方面。随着金融全球化的进程和互联网与金融的深度结合，金融产品呈现出同质化的趋势，金融机构很难只通过产品上的创新来获取更多的消费者。同时，即便是金融机构从产品内部作出权益架构、风险和收益间比例等方面的创新，经历过2008年次贷危机的消费者们显然还是会持观望态度。

此时，如果金融机构或者其产品能够很好地展现出履行了社会责任的特性，或许将成为消费者或者政府部门选择某家金融机构及其产品(影响金融机构竞争力的关键因素)的重要决定因素之一。行为金融学的期望理论和从众心理便很好地解释了这一点。按照期望理论，人们并不能在每一种情况下都清楚地计算得失和风险概率，其选择往往受到个人偏好、社会规范和观念习惯的影响。而在当今社会，人们常常对践行社会责任的企业青睐有加。根据2004年康恩企业公民研究(Cone Corporate Citizenship Study)的调查报告，大多数的人(90%)会考虑更换产品，以避免和有不良名声的企业交易，大部分的人(75%～80%)还会发言抨击该公司、卖掉该公司的股票并拒绝为它工作；2001年希尔 & 诺顿/贺诺斯的民意调查则显示，有高达79%的美国人会以企业的品德表现来决定是否购买该公司的产品，另外有36%的美国人认为那是决定是否购买的重要因素。[①] 同时，基于人的有限理性、对信息的观测以及认知能力的差异而产生的从众心理，则使得理性人往往会接收别人或者群体的行为信号，进而作出与之相一致的行为选择。也就是说，人们除了风险收益等考虑，因对企业社会责任的认可而对产品进行选择的时候，其行为也往往容易带动别人的行为。由此，在金融产品因其无质性和同质化，以及消费者的不信任而难以以其本身拉开竞争力的情形下，金融机构通过履行社会责任来对产品增加社会责任的属性，并通过各类公益活动提升其形象和社会影响力，从而获得青睐，便成为其提升竞争力的重要环节。

---

① [美]派翠西亚·奥伯汀:《2010大趋势——自觉资本主义的兴起(上)》，徐爱婷译，智库文化股份有限公司2005年版，第123～124页。

40年来的改革开放给我国带来了翻天覆地的变化，进出口总额从1978年的355亿元人民币跃升到2017年的27.79万亿元人民币，连续多年稳居世界第一大贸易国之位；国民生产总值从1978年的3678.74亿元人民币增长到2017年的827122亿元人民币，于2010年超越日本成为世界第二大经济体并一直保持。[①] 但如此短时间内的高速增长必然带来发展的不平衡，经济挂帅背景下的企业逐利本性被最大化，经济效益成为其首要乃至唯一目标，国内众多企业还遵循着所有权绝对化的思路而将公共利益抛之脑后，社会责任远未内化为一种企业文化，反而成为一种形式上遵循社会本位的点缀。近年来出现的大量矿难、员工猝死、消费纠纷和环境污染等事件，无一不体现着我国企业对承担社会责任的漠视。例如，三鹿集团从2007年开始在其生产的婴幼儿配方奶粉中加入工业原料三聚氰胺，导致全国大量婴幼儿在食用该奶粉之后出现肾结石症状，并出现死亡案例；[②]四川凉山彝族自治州大量儿童被骗至珠三角地区的工厂做童工，收入的2/3被压榨干净，工作和生活环境十分恶劣，同时面临着毒打、强奸甚至死亡威胁；[③]内蒙古腾格里工业园和宁夏中卫工业园区中的大量化工企业，直接将未经处理的污水排至腾格里沙漠腹地，同时抽取地下水进行生产，导致该地区的空气、地下水严重污染，生态环境遭受不可逆的伤害；[④]光大证券在2013年因系统操作和技术性错误等原因造成的乌龙指事件，使得上证指数异常波动，造成当日盯市约1.94亿元的损失，而其当天

---

① 中华人民共和国海关总署：《海关总署2017年全年进出口有关情况新闻发布会》，http://fangtan.customs.gov.cn/tabid/539/InterviewID/119/Default.aspx，2018-3-20；中华人民共和国国家统计局：《2017年四季度和全年国内生产总值(GDP)初步核算结果》，http://www.stats.gov.cn/tjsj/zxfb/201801/t20180119_1575351.html，下载日期：2018年3月20日。

② 佚名：《中国奶制品污染事件》，https://baike.baidu.com/item/%E4%B8%AD%E5%9B%BD%E5%A5%B6%E5%88%B6%E5%93%81%E6%B1%A1%E6%9F%93%E4%BA%8B%E4%BB%B6/86604?fr=aladdin，下载日期：2018年4月11日。

③ 饶德宏等：《揭秘凉山童工悲惨生活 反抗者面临死亡威胁》，http://www.china.com.cn/city/txt/2008-04/28/content_15023158_2.htm，下载日期：2018年4月11日。

④ 陈杰：《沙漠之殇》，载《新京报》2014年9月6日第A12版。

下午所做的ETF卖出和卖空股指期货合约，则涉及价格操纵和内幕交易行为；[①]农业银行北京分行因严重违反审慎经营规则，票据包内出现部分票据被报纸替代，并且票据进出未建立台账，使其票据买入返售业务发生重大风险，涉及金额约39.15亿元；[②]昆明泛亚有色金属交易所股份有限公司利用政府背书、名人效应以及高收益的承诺，以“庞氏骗局”的模式大量吸收资金却无法兑现，涉及资金430亿元，投资者22万余人，[③]等等。凡此种种，皆使得大部分无论是目前只能致力于国内经营的企业，还是已经“走出去”的企业，都很难经受得起国际社会的“企业社会责任国际立法”的审视。

作为一种货币资源的调配者和向社会公众提供服务、传递价值的特殊公众企业，金融机构在履行和推动企业社会责任，进而增强企业的市场竞争力方面更是扮演着特殊的角色并起到重要作用，它们不仅是社会责任规范的被动接受者，更是主动提供者。这就意味着国际社会对金融机构的社会责任提出了更高要求：一方面，践行社会责任已经成为增强企业竞争力的重要因素，对于经营虚拟产品的金融机构而言，则更应当注重践行社会责任以增强公信力，防止挤兑等事件发生，而“将企业社会责任作为公司治理的工具也提供了一个很好的处理对金融机构治理和监管失灵的机会”[④]。由此，金融机构自身应当严格遵守对企业社会责任的“硬法”规制和“软法”约束，并积极完善对企业社会责任的践行机制。另一方面，金融机构必须以其本身所特有的资源配置功能，引导、鼓励、约束和敦促与之发生业务联系的企业践行社会责任，从外部推动关联企业对社会责任的践行进而提升竞争力。例如，商业银行可以在融资条件中将社会、道德和环境条件考虑进去，有能力对企业或者其他借款人的管

---

① 佚名：《8·16光大证券乌龙指事件》，https://baike.baidu.com/item/8%C2%B716%E5%85%89%E5%A4%A7%E8%AF%81%E5%88%B8%E4%B9%8C%E9%BE%99%E6%8C%87%E4%BA%8B%E4%BB%B6/9509216?fr=aladdin，下载日期：2018年4月11日。

② 宋易康：《农行39亿票据案四责任人终身禁业 票交所上线遏制中介乱象》，http://www.yicai.com/news/5373206.html，下载日期：2018年4月11日。

③ 董希淼：《“泛亚”最响亮的耳光打了谁》，http://finance.sina.com.cn/zl/bank/2016-02-07/zl-ifxpfhzk9066908.shtml，下载日期：2018年4月11日。

④ Z. Jill Barclift, Corporate Social Responsibility and Financial Institutions: Beyond Dodd-Frank, *Banking & Financial Services Policy Report*, Vol. 31, No. 1, 2012, pp. 13-19.

理与经营方式提出额外的要求。①

金融机构社会责任的国际立法,正是从这两个方面对金融机构提出要求,并建构起规制内容。中国金融机构的内部治理与外部经营,无论是在国内经营还是跨国竞争,都不得不接受这种国际标准的审视,才能在金融全球化浪潮中提高自己的市场竞争力,在同行中脱颖而出。

(二)中国参与金融机构社会责任国际立法,是推进中国企业“走出去”战略的要求

国际关系学界的新自由制度主义者认为全球化并非全新的现象,其与20世纪70年代的时髦用语“相互依赖”有着紧密的联系,同时用“全球主义”这一可以描述程度增强或减弱的用语来与单纯表示增强的“全球化”相区别。在他们眼中,全球主义包括经济全球主义、环境全球主义、军事全球主义、社会和文化全球主义四个独立的维度,而政治全球主义、法制全球主义等则蕴含于以上四个维度之中。② 实际上,无论是经济全球主义、环境全球主义,还是军事全球主义,乃至社会和文化全球主义,都是法律全球主义的根源。法律全球化是法律全球主义的增强状态,也是稳固各个领域的全球化成果以及促进它们继续发展的动力或工具。③ 滥觞于20世纪初美国关于企业对其利益相关者负责观念的企业社会责任理念,在晚近工人运动、自然资源和环境保护运动、消费者保护运动等的推波助澜,以及包括民族国家、跨国公司、国际组织、NGOs等在内的主体的呼吁和实践下,已然成为不可逆转的潮流。这样一种典型的社会和文化的全球化,无疑需要法律的全球化这一工具来为其保驾护航,巩固已有的成果并推动其进一步发展,当前层出不穷的标准化建设文件、国际条约等便是最好的现实脚注。由此,无论是一般性的企业社会责任国际立法,还是专门的金融机构社会责任国际立法,都有着全球性或普世性的基因,是国际社会对普通企业与金融机构的基本要求,也成为中资企业与中国金融机构走出国门,参与全球竞争的必备要件。

早在20世纪70年代,邓小平同志的对外开放思想便孕育了中国企业“走

① Bert Scholtens, Corporate Social Responsibility in the International Banking Industry, *Journal of Business Ethics*, Vol. 86, 2009, pp. 159-175.

② [美]罗伯特·基欧汉、约瑟夫·奈:《权力与相互依赖》,门洪华译,北京大学出版社2012年第4版,第253～258页。

③ 刘志云:《当代国际法的发展:一种从国际关系理论视角的分析》,法律出版社2010年版,第479页。

出去”战略。1978年12月,党的十一届三中全会明确提出:“在自力更生的基础上,积极发展同世界各国平等互利的经济合作。”①随后,党的十四大、十五大、十六大、十七大②等重要会议都对“走出去”战略进行了继承与发展。我国

---

① 张春晓:《当当缘何入驻腾讯》,载《市场研究》2012年第9期。

② 1992年,党的十四大报告指出:要“积极开拓国际市场,促进对外贸易多元化,发展外向型经济。……积极扩大我国企业的对外投资和跨国经营。……坚定不移地实行对外开放,不断加强和扩大同世界各国在平等互利基础上的经济、科技合作,加强在文化、教育、卫生、体育等各个领域的交流”。1997年,党的十五大报告指出:“对外开放是一项长期的基本国策。面对经济、科技全球化趋势,我们要以更加积极的姿态走向世界,完善全方位、多层次、宽领域的对外开放格局,发展开放型经济,增强国际竞争力,促进经济结构优化和国民经济素质提高。……要鼓励能够发挥我国比较优势的对外投资。”2002年,党的十六大报告指出:“坚持‘引进来’和‘走出去’相结合,全面提高对外开放水平。……实施‘走出去’战略是对外开放新阶段的重大举措。鼓励和支持有比较优势的各种所有制企业对外投资,带动商品和劳务出口,形成一批有实力的跨国企业和著名品牌。积极参与区域经济交流和合作。”2007年,党的十七大报告指出:“加快实施‘走出去’战略。按照市场导向和企业自主决策原则,引导各类所有制企业有序到境外投资合作。……逐步发展我国大型跨国公司和跨国金融机构,提高国际化经营水平。……做好海外投资环境研究,强化投资项目的科学评估。提高综合统筹能力,完善跨部门协调机制,加强实施‘走出去’战略的宏观指导和服务。”2012年,党的十八大报告指出:“全面提高开放型经济水平。适应经济全球化新形势,必须实行更加积极主动的开放战略,完善互利共赢、多元平衡、安全高效的开放型经济体系。……坚持出口和进口并重,强化贸易政策和产业政策协调,形成以技术、品牌、质量、服务为核心的出口竞争新优势……加快走出去步伐,增强企业国际化经营能力,培育一批世界水平的跨国公司。统筹双边、多边、区域次区域开放合作。”

的“十五”纲要、“十一五”纲要、“十二五”纲要、“十三五”纲要①也都强调了对中国企业“走出去”战略的实践。在此期间，推动“走出去”战略的配套措施也在不断出台，包括从限制到放松的管制、简化手续等外汇管理制度改革、有选择性地通过专项基金和产业投资基金等支持对外投资、规范对外投资制度、构建对外投资服务体系，等等。

2015年10月，习近平同志在党的十八届五中全会上首次提出“创新、协调、绿色、开放、共享”五大发展理念，其中的“开放发展”部分无疑是对我国“对外开放”基本国策的全面深化。而当前旨在“促进经济要素有序自由流动、资源高效配置和市场深度融合，推动沿线各国实现经济政策协调，开展更大范围、更高水平、更深层次的区域合作，共同打造开放、包容、均衡、普惠的区域经济合作架构”②的“一带一路”倡议，则既是“开放发展”理念的直接实践，也成为我国企业“走出去”战略的“时代印记”。数据显示，我国在2017年与“一带一路”沿线国家贸易额为7.4万亿元人民币，同比增长了17.8%，增速高于全

---

① 2001年“十五”规划纲要第五篇第十七章第四节：“实施‘走出去’战略，鼓励能够发挥我国比较优势的对外投资，扩大国际经济技术合作的领域、途径和方式。……支持有实力的企业跨国经营，实现国际化发展。健全对境外投资的服务体系，在金融、保险、外汇、财税、人才、法律、信息服务、出入境管理等方面，为实施‘走出去’战略创造条件。完善境外投资企业的法人治理结构和内部约束机制，规范对外投资的监管。”2006年“十一五”规划纲要第九篇第三十七章第一节：“实施‘走出去’战略，支持有条件的企业对外直接投资和跨国经营。以优势产业为重点，引导企业开展境外加工贸易，促进产品原产地多元化。通过跨国并购、参股、上市、重组联合等方式，培育和发展我国的跨国公司。……完善境外投资促进和保障体系，加强对境外投资的统筹协调、风险管理和海外国有资产监管。”2011年“十二五”规划纲要第十二篇第五十二章第二节：“加快实施‘走出去’战略……逐步发展我国大型跨国公司和跨国金融机构，提高国际化经营水平。做好海外投资环境研究，强化投资项目的科学评估。……加快完善对外投资法律法规制度，积极商签投资保护、避免双重征税等多双边协定。健全境外投资促进体系，提高企业对外投资便利化程度，维护我国海外权益，防范各类风险。‘走出去’的企业和境外合作项目，要履行社会责任，造福当地人民。”2016年“十三五”规划纲要第十一篇第四十九章：“引导企业集群式走出去，因地制宜建设境外产业集聚区。……鼓励金融机构和企业在境外融资。支持企业扩大对外投资，深度融入全球产业链、价值链、物流链。建设一批大宗商品境外生产基地及合作园区。积极搭建对外投资金融和信息服务平台。”

② 新华网：《授权发布：推动共建丝绸之路经济带和21世纪海上丝绸之路的愿景与行动》，http://www.xinhuanet.com/world/2015-03/28/c_1114793986.htm，下载日期：2018年3月22日。

国外贸增速3.6个百分点。其中，出口4.3万亿元人民币，增长12.1%，进口3.1万亿元人民币，增长26.8%；我国企业对沿线国家直接投资144亿美元，在沿线国家新签承包工程合同额1443亿美元，同比增长14.5%。[①] 事实上，自2006年以来，我国金融类和非金融类对外投资流便基本保持着向上的态势，后者的上升势头尤为明显(图2)。2015年，我国对外投资存量更是突破了万亿美元大关，稳居全球第三大对外投资国之位。而按照联合国贸易和发展会议于2017年6月8日发布的《2017年世界投资报告：投资和数字经济》，2016年亚洲发展中国家的外国直接投资流入量下降了15%，至4430亿美元，中国的对外直接投资则飙升了44%，达到1830亿美元，创历史新高，使中国首次成为全球第二大投资国。[②]

但值得注意的是，近年来中国企业和金融机构在积极"走出去"的同时，也产生了大量影响巨大社会责任方面的负面事件，且其产生的频率远超出其他排名前列的对外投资国。典型事件包括：首钢公司自1992年收购秘鲁铁矿公司以来，几乎每年都会因工资偏低、健康与安全状况欠佳和不注重当地就业的保护等问题发生罢工事件，同时也出现了支付价格(3.118亿美元)高于评估基准价(2.620亿美元)的腐败现象、投资承诺不兑现(承诺在1992—1995期间投资1.5亿美元，实际只投资3500万美元)等问题。[③] 苏丹麦洛维大坝于2010年落成，但其建设计划却并未经过苏丹环境部门的批准。联合国环境规划署的评估表明，这一大坝产生的淤泥损失、河岸侵蚀和生物多样性丧失等问题，将对苏丹北部尼罗河河谷地区造成重大生态影响，同时约有5万名农民因其修建而被迫迁移至不毛之地。期间苏丹政府对反抗人士进行暴力镇压，而作为项目主要贷款方的中国进出口银行，则因这些问题成为国际社会的众矢

---

① 中国商务部数据中心：《商务部召开例行新闻发布会》，http://data.mofcom.gov.cn/article/zxtj/201803/39973.html，下载日期：2018年3月22日。

② United Nations Conference on Trade and Development, World Investment Report 2017: Investment and Digital Economy, http://unctad.org/en/PublicationsLibrary/wir2017_en.pdf，下载日期：2017年10月23日。

③ Barbara Kotschwar, Theodore H. Moran, Julia Muir, *Chinese Investment in Latin American Resources: The Good, the Bad, and the Ugly*, Working Paper WP 12-3, Peterson Institute for International Economics, February 2012.

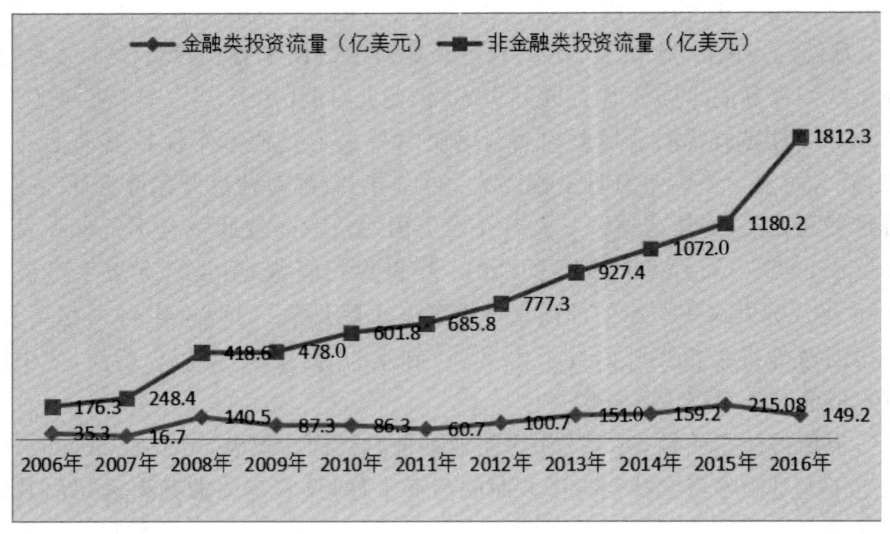

图 2 中国金融类、非金融类对外投资流量统计图

资料来源：参见中国商务部、中国国家统计局、国家外汇管理局发布的2006—2016年度中国对外直接投资统计公报。

之的。① 中国工商银行于2010年6月同意为埃塞俄比亚的吉贝三级大坝项目提供5亿美元的贷款。该大坝将会中止河流的自然周期，破坏河岸上的耕地、牧场以及世界最大的沙漠湖图尔卡纳湖的渔场，并摧毁下游流域的文化和生态系统，银行监察组织、国际河流组织和图尔卡纳湖之友三个国际组织均对此表示关注和反对。② 随后国外许多媒体对此进行报道，极大地影响了中国工商银行的国际形象。近年来大量“中概股”因数据造假、隐瞒或严重依赖的关联交易、会计违规、税负和收入严重不成比例、重大资金挪用或支付不透明等原因被做空或引发集体诉讼，进而被罚巨款甚至被迫大量退市，等等。究其原因，除了一些政治因素、文化差异外，根本原因在于大量的中资企业和金融

---

① International Rivers, Merowe Dam, Sudan, https://www.internationalrivers.org/zh-hans/node/7436，下载日期：2017年10月30日。

② International Rivers, China's Biggest Bank to Support Africa's Most Destructive Dam, https://www.internationalrivers.org/resources/china%E2%80%99s-biggest-bank-to-support-africa%E2%80%99s-most-destructive-dam-3758，下载日期：2017年10月30日。

机构在国内没有严格履行社会责任的习惯，相关的机制构建徒有其表，远未内化为一种企业文化，将此经营理念与方式带到海外，引起东道国政府与民众的强烈反弹甚至抵制。集中表现为：违反当地劳工保护、人权保护、环境保护、文化遗产保护等方面的法律法规，甚至涉及贿赂、洗钱、造假上市等犯罪行为，大中型国企热衷于通过一些非正常手段走东道国高层路线等。一些重大社会责任事件甚至上升为外交事件，对我国国家形象产生了极其不利的影响。

有鉴于此，我国开始重点关注对外投资过程中各类企业对社会责任的承担，国家有关部门，包括商务部、发改委、外交部等屡次召开各种会议以及举行培训，颁布各种规章制度与规范性文件等，要求中国“走出去”的各类企业在海外严格履行社会责任。例如，在规章制度或指导性文件的建设上，有关部门先后颁布了《关于进一步规范我国企业对外投资合作的通知》《中国企业境外可持续森林培育指南》《中国企业境外森林可持续经营利用指南》《境外中资企业(机构)员工管理指引》《对外投资合作环境保护指南》《中国境外企业文化建设的若干意见》《中国对外承包工程行业社会责任指引》《规范对外投资合作领域竞争行为的规定》《中国工业企业及工业协会社会责任指南》等等。2012 年 5 月，商务部公布“十二五”时期对外投资合作的主要任务和重点工作，其中一项主要任务便是要“推进境外中资企业与当地融合，加强行业组织协调自律，规范企业境外经营行为，引导企业开展文化建设，遵守当地法律，履行社会责任，增强资源、生态、环保意识”[①]。其 2016 年 12 月印发的《对外贸易发展“十三五”规划》中也指出应当“引导企业遵守所在国法律法规，增强社会责任意识，保障员工合法权益，注重资源节约利用和生态环境保护，实现与所在国互利共赢、共同发展”[②]。此种将中资企业和金融机构海外投资中的社会责任问题上升到国家高度的态势，在世界跨国投资史上都是非常罕见的。

根据日本等国的金融机构海外投资经验，大致上可以把金融机构国际化划分为三个阶段：第一个阶段是海外探路的阶段，在海外设立分支机构或者代表处，熟悉当地经营环境，既可以采取绿地投资的方式，也可以采取并购的方式，获得在当地的经营权；第二个阶段是服务本国企业海外投资的阶段，以国

① 中华人民共和国商务部新闻办公室：《商务部确定“十二五”时期对外投资合作发展主要任务和重点工作》，http://www.mofcom.gov.cn/aarticle/ae/ai/201205/20120508125338.html，下载日期：2017 年 10 月 30 日。

② 中华人民共和国商务部：《商务发展十三个五年规划纲要》。

内“走出去”的企业为服务对象,“随船出海”;第三个阶段是本地化或者国际化经营阶段,金融机构在宗主国扎根成长,成为本地化或者国际化经营的企业。[①] 当前中国对外投资的最大特点是金融企业与非金融企业并行,央企、国企为核心,大项目为主,带动民营企业一起走出去,总体来看并未完全进入第二阶段,仍处在第一阶段向第二阶段的过渡时期。走出去的中资企业的配套融资主要由中国金融机构提供,直接利用国外信贷资金的比例较低,国家开发银行、中国银行等为大型对外基建项目提供了主要的信贷资金支持,而中国工商银行、中国建设银行等则为中国企业的海外扩张提供了主要资金来源。

以中国银行为例,其已经在全球拥有600多家分支机构,约16万亿元资产,成为支持中国企业“走出去”战略的重要金融机构。该行在“一带一路”沿线国家设立的分支机构覆盖度已经在50%以上,截至2017年年末,其已经跟进“一带一路”重大项目逾500个,项目总投资额约4500亿美元,提供意向性授信支持超过1050亿美元;2015年至2017年间,完成对沿线国家各类授信约1000亿美元;累计支持中资企业“走出去”项目约4205个,提供贷款承诺超过2805亿美元,其中,海外并购贷款签约金额910亿美元,海外经营性贷款签约金额1733亿美元。[②] 同时,也有相当一部分中资企业通过作为资本中介金融机构的努力运作,积极在海外资本市场进行直接融资,形成影响颇大的“中概股”概念。

在以上“走出去”模式下,中国海外投资中金融类投资流量与非金融投资类投资流量基本呈现同步发展的状态。反过来,这种特点既表明了中资金融机构在“走出去”的中资企业践行社会责任问题上将大有作为,也表明这同时是它们必须承担起的任务。在落实“走出去”的战略过程中,中国金融机构一方面需要不断完善自身对企业社会责任的践行;另一方面也承担着引导、规范与其有着紧密业务联系的中资企业在海外履行社会责任的任务,发挥着促进中资企业履行社会责任的关键性作用。特别是在当前“一带一路”倡议的进展

① 何帆、姚枝仲等:《中国对外投资:理论与问题》,上海财经大学出版社2013年版,第157页。

② 中国银行:《中国银行股份有限公司2017年度社会责任报告》,http://www.boc.cn/aboutboc/boccsr/201803/t20180329_11873861.html,下载日期:2018年4月12日。

一日千里的形势下[①]，我国金融机构正以全新和积极的态势走向世界，其对企业社会责任国际立法的积极参与和良好践行，不仅是出于提高其自身声誉与盈利能力的需要，也是其所肩负的引导与约束客户履行社会责任的任务所决定，更是在新的时代背景下维护我国良好形象的必然要求。

(三)中国参与金融机构社会责任国际立法，是新的时代背景下维护我国大国形象的重要方面

当前，中国已是一个全球性大国，中国市场深深融入国际市场，中国的发展不仅要依托国内的发展，而且必须做到国内与国际发展同步。没有国际市场的支持，不会有中国国内社会经济的长足进步。但就目前来看，我国在走出去过程中的整体性和平衡性不强，以经济、军事、科技力量等物质力量为主的国家硬实力一日千里，而以文化、价值观念、社会制度等影响一个国家发展潜力和感召力为主的国家软实力却举步维艰。无疑，中国的大国责任是做一个全球性的领导者，无论是在经济、文化还是在政治方面，都应该扮演模范国家的角色。习近平同志对我国的国家形象提出了“文明大国”“东方大国”“负责任大国”和“社会主义大国”的期待，并明确指出“国家软实力建设的关键在于注重塑造我国的国家形象”。而我国参与金融机构社会责任国际立法，就是为了通过对国际标准的践行，促成我国政府与企业在相关的商业规则上与国际社会处于“同一语境”来提升“走出去”的软实力，达至硬实力和软实力协调的双腿迈进，提升国家形象。

新时代中国特色社会主义思想认为“发展是解决我国一切问题的基础和关键，发展必须是科学发展，必须坚定不移贯彻创新、协调、绿色、开放、共享的

---

① 数据显示，我国主导的亚投行成员总数增至84个，42个为“一带一路”沿线国家，批准20多个投资项目，总额超过37亿美元；丝路基金签约17个项目，承诺投资70亿美元，支持项目涉及总投资金额达800亿美元；6家中资银行在沿线19个国家设立80多家分行、子行、代表处等，中国银联卡覆盖沿线50多个国家，超过400万商户和40万台ATM机；中国出口信用保险公司为沿线近20个国家合作项目提供各种类型的保险服务，与白俄罗斯、格鲁吉亚等国签订合作协议。参见中国一带一路网：《一带一路数据观：一带一路的2017》，https://www.yidaiyilu.gov.cn/xwzx/gnxw/43662.htm，下载日期：2018年3月23日。

发展理念"[①]。在我国"主动参与和推动经济全球化进程,发展更高层次的开放型经济,不断壮大我国经济实力和综合国力"[②],构建大国形象的过程中,新发展理念无疑是重要的理论指导。而这同样也成为我国政府和金融机构在参与金融机构社会责任国际立法之时的战略支撑,具体而言,就是要在践行"开放理念"的同时,坚持"创新发展"以提高效率、坚持"协调发展"以促进和谐、坚持"绿色发展"以维护永续、坚持"共享发展"以推动公平。唯有此,才能推动我国"始终做世界和平的建设者、全球发展的贡献者、国际秩序的维护者"[③]。

对外开放是我国的基本国策,以开放促改革、以开放促发展也是我国过去30多年的经验和共识。[④] 开放发展理念要求我们"顺应我国经济深度融入世界经济的趋势,奉行互利共赢的开放战略,发展更高层次的开放型经济,积极参与全球经济治理和公共产品供给,提高我国在全球经济治理中的制度性话语权,构建广泛的利益共同体",[⑤]以"推动对外开放进入'全面开放、全面参与、全面合作、全面提升'的新阶段"。[⑥] 无疑,这一升级理念的践行和新阶段的达成,不仅需要我国政府提供良好的制度环境支撑和对接,更需要企业在践行各类国际标准上的表里如一,即我国政府与企业在相关的商业规则上与国际社会处于"同一语境"。具体到金融机构社会责任方面,就是我国政府应当吸收有关金融机构社会责任的国际规则,因地制宜地制定相关政策法规,营造

---

① 新华网:《习近平:决胜全面建成小康社会 夺取新时代中国特色社会主义伟大胜利——在中国共产党第十九次全国代表大会上的报告》,http://news.xinhuanet.com/politics/19cpcnc/2017-10/27/c_1121867529.htm,下载日期:2017年11月3日。

② 新华网:《习近平:决胜全面建成小康社会 夺取新时代中国特色社会主义伟大胜利——在中国共产党第十九次全国代表大会上的报告》,http://news.xinhuanet.com/politics/19cpcnc/2017-10/27/c_1121867529.htm,下载日期:2017年11月3日。

③ 新华网:《习近平:决胜全面建成小康社会 夺取新时代中国特色社会主义伟大胜利——在中国共产党第十九次全国代表大会上的报告》,http://news.xinhuanet.com/politics/19cpcnc/2017-10/27/c_1121867529.htm,下载日期:2017年11月3日。

④ 曹立主编:《治国理政新理念:全面解读新发展理念》,人民出版社2016年版,第97页。

⑤ 新华社:《授权发布:中国共产党第十八届中央委员会第五次全体会议公报》,http://news.xinhuanet.com/politics/2015-10/29/c_1116983078.htm,下载日期:2017年11月3日。

⑥ 胡鞍钢、鄢一龙、唐啸等:《中国新发展理念》,浙江人民出版社2017年版,第108页。

国际化的金融机构社会责任环境；我国金融机构应当严格遵循社会责任相关的国际规则，言行一致地践行社会责任要求，以此促进我国金融机构践行社会责任制度和实践层面的国际化，进而推动开放发展新局面的达成。

创新是引领发展的第一动力。坚持创新发展，就是要把创新摆在国家发展全局的核心位置，不断推进理论创新、制度创新、科技创新、文化创新等各方面创新，让创新贯穿党和国家的一切工作，让创新在全社会蔚然成风。[①] 正如前文所言，金融机构践行企业社会责任的一大特性，不仅在于其自身应当严格遵循社会责任的相关规则，还在于必须以其本身所特有的资源配置功能，引导、鼓励、约束和敦促与之发生业务联系的企业践行社会责任。创新发展理念同样从这两个维度对我国参与金融机构社会责任国际立法提出了要求：一方面，金融机构要按照国际规则的要求，通过理念内化、机制架构、金融产品等方面的创新来更好地履行社会责任；另一方面，金融机构要通过信用控制、额度限制、利率把控等激励或惩罚措施来达成对关联企业践行社会责任的有效督导。如此，才能实现更高水平的对外开放，推动我国金融业的发展以及与世界金融体系的深度融合，提升我国和金融机构的国际形象，进而引领经济的进一步发展。

坚持“协调发展”是经济社会持续健康发展的内在要求，意味着要更加注重正确处理发展中的重大关系，加强经济社会发展的薄弱环节；更加注重通过拓宽发展空间提升发展后劲、以实现公共资源均衡配置促进协调发展。[②] 在对外开放思想、“走出去”战略、开放发展理念和“一带一路”倡议的鼓励下，我国对外投资连年攀升，已然成为世界第二大对外投资国，却也出现了诸如因央企之间恶性压价超低价中标波兰道路项目最后严重亏本违约被索赔事件、因环境问题爆发的缅甸“密松大坝”事件与加纳金矿开采事件、因劳工保护问题爆发的赞比亚事件等不和谐音符，集中体现为经济效益挂帅下对环境和社会效益的漠视，毫无社会责任意识。易言之，就是走出去过程中的整体性和平衡性不强，硬实力一日千里而软实力举步维艰。我国参与金融机构社会责任国际立法，就是为了通过对国际标准的践行来提升“走出去”的软实力，达至硬实

① 新华网：《中共中央关于制定国民经济和社会发展第十三个五年规划的建议》，http://www.xinhuanet.com/fortune/2015-11/03/c_1117027676.htm，下载日期：2017年11月3日。

② 国家行政学院编写组编著：《中国新发展理念》，人民出版社2016年版，第5页。

力和软实力协调的双腿迈进。而在具体的实施过程中,我们则应当重点注重金融机构社会责任国际规则与国内规则的协调,以及金融机构实践中国内与国外的一致。

"绿色发展"是永续发展的必要条件和人民对美好生活追求的重要体现,也是中国对可持续发展实践的结晶和超越,其核心要义在于正确处理好人与自然的和谐共生问题。环境保护一直是国际社会关注的焦点,也是外贸投资的基本准则和企业社会责任的重要方面,大量的国家间立法和私政府立法都对该问题进行了规定,包括联合国《负责任投资原则》(Principles for Responsible Investment, PRI)、国际金融公司的《社会和环境可持续性政策和绩效标准以及信息披露政策》、经济合作与发展组织《跨供公司指南》中的环境条款,等等。虽然我国也颁布了大量有关环境保护的规则,如《环境保护法》《关于落实环保政策法规防范信贷风险的意见》《对外投资合作环境保护指南》;但就实践来看,无论是走出去的企业还是在国内的企业,无论是实体企业还是金融机构,均未对这些规则进行良善的实施。这不仅使得国内经济发展和人口、资源、环境的矛盾日益激化,也使得中资企业在国际上主持或参与的项目爆发大量环境问题而饱受诟病。凡此种种,皆是对绿色发展理念的严重背离。绿色发展理念要求我们"坚持节约资源和保护环境的基本国策,像对待生命一样对待生态环境,统筹山水林田湖草系统治理,实行最严格的生态环境保护制度,形成绿色发展方式和生活方式,坚定走生产发展、生活富裕、生态良好的文明发展道路,建设美丽中国,为人民创造良好生产生活环境,为全球生态安全做出贡献"①。而我国加入金融机构社会责任国际立法,实际上就是从国际和国内两个方面,对绿色发展理念平衡经济—社会—自然三大系统,统一发展和保护,进而实现天人互益和永续发展的深度实践。

有关企业是否对股东或者利益相关者负责,在经过20世纪30—50年代多德与贝利、20世纪60年代贝利与曼尼之间的经典论战之后逐渐清晰——"企业之所以受到法律的允许和支持,主要是因为它为社区提供服务,而不是

---

① 新华网:《习近平:决胜全面建成小康社会 夺取新时代中国特色社会主义伟大胜利——在中国共产党第十九次全国代表大会上的报告》,http://news.xinhuanet.com/politics/19cpcnc/2017-10/27/c_1121867529.htm,下载日期:2017年11月5日。

因为它为所有者创造利润"①。而所谓利益相关者，则是指"在企业发展活动中拥有切身利益的主体，可以分为两种主要类型：一是外部利益相关者，包括商业伙伴、供应商、客户、本地社区、自然环境等。二是内部利益相关者，包括雇员和股东"②。金融是现代经济的发动机，对金融机构这类专业性组织而言，其不仅应当承担基本和普遍的企业社会责任要求，还应当履行因其特殊功能和地位而产生的特别责任，包括保持自身稳定性、促进流动性、降低风险等。但实践中金融机构总是以其专业性、产品的无质性、强大的资本后盾等优势地位，来谋取自身的利益最大化，对利益相关者的保护被抛之脑后，使得社会贫富差距愈加明显。典型如2008年全球性金融危机产生的一个重要根源，便是贪婪的华尔街资本肆无忌惮地利用大量复杂的金融衍生工具规避监管来牟取暴利，这实际上就是漠视社会责任的表现。共享发展理念所要求的"发展为了人民、发展依靠人民、发展成果由人民共享，作出更有效的制度安排，使全体人民在共建共享发展中有更多获得感，增强发展动力，增进人民团结，朝着共同富裕方向稳步前进"，③无疑是对企业社会责任中利益相关者理论的升华，我国对金融机构社会责任国际立法的参与，就是实践这一理念的必由之路。

总之，随着企业社会责任在我国理论和实践层面的延展，无论是纯粹在国内经营还是积极参与"走出去"战略的金融机构，都必须适应这一全球性趋势与要求，并从企业文化、经营制度和业务实践中积极参与到金融机构社会责任的国际标准确立当中。

---

① 李伟阳、肖红军、郑若娟编译：《企业社会责任经典文献导读》，经济管理出版社2011年版，第25页。

② L. Mureșan, C. A. Gheorghe, The Relation between the Romanian Commercial Banking Companies and the Corporate Social Responsibility, *Bulletin of the Transilvania University of Braov*, Vol. 51, No. 2, p. 207.

③ 新华社：《授权发布：中国共产党第十八届中央委员会第五次全体会议公报》，http://news.xinhuanet.com/politics/2015-10/29/c_1116983078.htm，下载日期：2017年11月5日。

二、金融机构社会责任国际立法的发展状况和中国的参与现状、存在的问题

从法律渊源上看，金融机构社会责任立法包括国内的制度建设与对国际立法的参与；而从系统论的角度观察，金融机构社会责任法律体系应该是一个国内立法与国际立法有机结合的体系，两个层面的立法不是简单堆砌相加，而是互相建构、共生共进。

整体来看，金融机构社会责任国际立法可以分为两种：一种是国家间通过协商达成的国际条约或协定，通过国家公权力的模式，用“直接转化”或“间接转化”的方式构成国内立法的一部分。典型如国家参与的国际人权条约、国际金融条约、国际投资条约、国际贸易协议中有关企业社会责任部分。另一种国际立法是金融机构、非政府组织（NGO）等非国家行为体，通过协商或自身的主导力量，将某种它们所认可的社会责任规范标准化，用道义感召与市场力量让更多的金融机构接受，并内化到自身的内部治理机制当中，同时将社会责任标准外加给金融客户。前一种我们可以称之为“国家间立法”，其性质为传统的国际法，根据强制程度在属性上可以分为“硬法”与“软法”两种类型；后一种我们称之为“非国家间立法”或“私政府立法”，其性质为新型的国际立法，基本属于“软法”性质，属于“自我规制型”国际立法，它们一旦得到国家的认可，也可能转化成“国家间立法”，即传统国际法或国内法。从当前情势看，由于国家间分歧以及立法成本等问题，传统的“国家间立法”进展缓慢，新型的“非国家间立法”发展迅速，构成当前的主流。鉴于金融机构社会责任国际立法分为“国家间立法”与“非国家间立法”两种性质，以及存在“国家参与”与“金融机构参与”两种参与路径，故而，我们必须分开论述，并探讨它们之间的交叉性。

（一）“国家间立法”层面的金融机构社会责任国际立法的发展状况

无疑，金融机构社会责任作为企业社会责任的重要一环，从跨国公司社会责任问题角度对其展开论述是符合理论逻辑的，而当前“国家间立法”层面专门针对金融机构社会责任国际立法的缺失，则更是说明了这一点。在“国家间立法”层面，包括金融机构在内的跨国公司社会责任的现有立法规范主要由《世界人权宣言》以及相关条约组成，包括《国际劳工组织公约》《联合国儿童权利公约》《关于环境和发展的里约宣言》《联合国反贪污公约》等。不过，这些公

约或宣言要么属于“软法”性质，要么虽然是“硬法”性质但往往在内容上过于宏大，以宣示性为主，从而难以具体执行。要落实到细分领域，则需要制定更具体的国际立法。

1. 20世纪80年代之前的“国家间立法”层面金融机构社会责任国际立法发展状况

早在20世纪初，企业是否需要承担社会责任，便引起了实务界的关注和理论界的零星探讨，但直到20世纪中期才最终被广泛认可并逐渐见诸各国的法律和相关条约之中。如美国得克萨斯州于1917年在其公司法中赋予公司进行慈善捐赠的权力，其后各州逐步效仿，到1928年为5个，1938年为9个，1948年为15个，1959年为41个，1970年达48个；①德国1937年《股份公司法》规定董事必须追求股东的利益、公司雇员的利益和公共利益；欧洲六国于1957年签订的《罗马条约》要求各成员国追求某些社会目标，而公司则是实现它们所明确的社会目标的主要手段和载体。

20世纪70年代的“滞涨”宣告了凯恩斯主义的失败，改良后的自由主义再度占据主流经济发展指导思想的地位，并渗透到当时的国内和国际立法当中。在此种理论和立法趋势，以及各主要西方国家迫切追求经济稳定和迅速增长的背景下，米尔顿·弗里德曼提出的“企业唯一的且仅有的社会责任就是实现利润最大化”②被普遍接受，企业社会责任的法律规制问题则被当然地忽视。“现代企业应当尽可能地避免来自社会的任何阻碍，致力于市场竞争；企业的第一目标是保存自己的生存，企业的第二目标是追求利润最大化。”③这体现在相关国际规则制定当中的典型例子，便是联合国20世纪70年代推动的《跨国公司行动守则》的破产。1974年8月，联合国依据1908号决议在秘书处设立“跨国公司中心”准备《跨国公司行动守则》的谈判工作；同年12月，依据1913号决议在经济及社会理事会成立“跨国公司委员会”主持该《守则》

① 卢代富:《企业社会责任研究——基于经济学与法学的视角》，法律出版社2014年版，第228页。

② Milton Friedman, The Social Responsibility of Business Is to Increase Its Profits, *The New York Time Magazine*, September 13, 1970.

③ Birch D., Jonker J., The CSR Landscape: An Overview of Key Theoretical Issues and Concepts, in *The Challenge of Organizing and Implementing Corporate Social Responsibility*, Jonker J., de Witte M. (eds.), Palgrave Macmillan, 2006, pp. 14-15.

的起草、讨论和谈判工作,但谈判期间困难重重,长期无法达成定论;到1993年,“跨国公司中心”被解散,制定《跨国公司行动守则》的努力随之付诸东流。虽然除《跨国公司行动守则》的谈判外,联合国内设的其他机构、国际组织、国际劳工组织(ILO)以及其他一些国际组织,也曾草拟或制定过关于跨国公司活动的守则或原则等一些国际文件或区域文件,但这些文件,要么范围狭小而带有局限性,要么不具有法律约束力。① 而20世纪80年代之后的国际经济立法中,突出的表现便是在双边、区域、多边的立法谈判中尽可能多地取消对投资者的管制,同时最大限度地赋予其权利以助其获取最大利益。

2.20世纪80年代至21世纪初的“国家间立法”层面金融机构社会责任国际立法发展状况

20世纪80年代至21世纪初,在新自由主义主导的国际经济秩序下,国家间经济立法在要求各国市场向资本开放的同时,一方面未能为它们提供由于市场开放过快伴随而来的经济安全与金融稳定所需要的制度保障,从而导致“国家与资本”之间的权责失衡;另一方面,一味追求自由化的立法对资本的巨大效益,却忽视由此而带来的社会问题,导致“资本与社会”之间的权责失衡。② 相关恶果逐步显现,跨国公司依靠其特殊身份和母国的保护逃避国际规则约束和东道国法律制衡,进而污染环境、侵犯劳工利益、侵害知识产权、逃税避税等问题屡见不鲜,成为晚近国际社会反全球化潮流出现的重要因素之一。由于接受和签订有关人权、劳工和环境责任的贸易条约和国际惯例的主体是国家,跨国公司得以隐藏在国家“面纱”之下,它们宣称任何违反国际法的责任,东道国都应当向国家追究——跨国公司是在条约或习惯法下没有法律人格来承担权利或义务的非国家行为者。③

随着经济全球化以及国际经济立法的发展,不断壮大的跨国公司的确获得了一种“跨国逃避力量”,对母国外交保护的依赖性逐渐减弱,它们的关系日

---

① Glen Kelley, Multilateral Investment Treaties, A Balanced Approach to Multinational Corporations, *Columbia Journal of Transnational Law*, 2001, Vol. 39, No. 2, pp. 520-521.

② 刘志云等:《后危机时代的全球治理与国际经济法的转型》,法律出版社2015年版,第339页。

③ Ilias Bantekas, Corporate Social Responsibility in International Law, *Boston University International Law Journal*, Vol. 22, 2004, p. 310.

渐从保护与被保护的和谐关系，向讨价还价的博弈关系转变。而随着跨国公司这种能力的增强，东道国逐渐感到必须对跨国公司行为进行控制，这种控制要能对拥有“跨国逃避力量”的跨国公司达到实效，就必须依赖与母国的齐抓共管，分工合作。[①] 国家之间开始重新考量跨国公司社会责任的法律规制问题。

典型如经合组织（Organization for Economic Co-operation and Development，OECD）的成员国于 1997 年在巴黎签订了《国际商业交易活动反对行贿外国公职人员公约》。同时，自 1999 年起，该组织开始修订 1976 年《跨国公司行为指南》，并于 2000 年 6 月完成后推荐给 OECD 的成员国，该《指南》提出了在全球背景下开展负责任的商业行为，并且符合适用法律及国际公认标准的自愿原则和标准，是唯一经过多边商定，并且各国政府承诺推广的综合性负责任商业行为守则。2010 年 5 月，经合组织《国际投资与跨国公司宣言》及相关决定的 42 个经合组织及非经合组织加入国的政府又对其进行了更新，并于 2011 年 5 月在庆祝经合组织成立五十周年的部长级会议上正式通过最新版本。[②] 又如，国际劳工局理事会于 2000 年修正了其于 1977 年通过的《国际劳工组织关于多国企业和社会政策的三方原则宣言》，该《宣言》旨在鼓励跨国公司对经济和社会进步做出积极贡献，尽可能减少和解决这些企业的各类活动引起的困难，并考虑到将联合国的各项决议建立新的国际经济秩序，在内容上主要确立了劳工保护的以下方面的原则，即就业（促进就业、机会和待遇平等、就业保障）、培训、工作和生活条件（工资和福利、最低年龄、安全和卫生）、劳资关系（结社自由和组织权利、集体谈判、协商、对申诉的审议、劳资纠纷的解决）等。[③]

2003 年 8 月 13 日，联合国促进和保护人权小组委员会通过决议，批准了《跨国公司和其他工商企业在人权方面的责任准则》。该《准则》对跨国公司活

---

① 刘志云：《法律视角下商业银行的社会责任：原理研究与实证分析》，法律出版社 2012 年版，第 99 页。

② OECD, OECD Guidelines for Multinational Enterprises（2011 Edition），http://www.oecd.org/daf/inv/mne/48004323.pdf，下载日期：2017 年 11 月 15 日。

③ International Labour Office（ILO），Tripartite Declaration of Principles Concerning Multinational Enterprises and Social Policy，http://www.ilo.org/wcmsp5/groups/public/—ed_emp/——emp_ent/documents/publication/wcms_101234.pdf，下载日期：2017 年 11 月 15 日。

动所涉及的国际法原则进行了一次全面论述,“体现了国际法,尤其是国际人权法领域中有关跨国公司和其他工商企业活动目前的主流趋势”,①所涉范围包括机会平等和非歧视、人身安全、劳工权益、尊重国家主权和人权、保护消费者、保护环境等诸多内容。② 但该提议不仅引发了工商界与人权倡导团体之间分歧的巨大辩论,而且很少得到政府的支持,因而最终并未获得联合国人权委员会的通过。为了打破僵局,人权委员会设立了人权与跨国公司和其他工商企业问题秘书长特别代表一职,以着手一个新的进程,最终于2011年3月21日通过了《工商企业与人权:实施联合国“保护、尊重和补救”框架指导原则》。该原则是在研究和协商的基础上历经三个阶段而最终提出的,其内容基于“国家尊重、保护和实现人权和基本自由的现有义务;工商企业作为社会专门机构,履行专门职能的作用,要求其遵守所有适用法律和尊重人权;权利与义务需要在遇有违反时获得适当和有效补救”三大原则展开,分为三大部分31条。③ 但值得注意的是,以上立法基本上属于“软法”性质,缺乏强制效力,并未得到很好的执行。

3.2008年金融危机以来的“国家间立法”层面金融机构社会责任国际立法发展状况

2008年席卷世界的国际金融危机对权责严重失衡的国际经济自由化立法敲响了警钟,迫使国际社会对几十年来新自由主义主导下的全球化进程进行了一次重大反思与检讨,也由此开始修正新自由主义思潮影响下,一味围绕资本权益而罔顾对其合理规制的原有治理模式,限制资本的权利并赋予其必

① United Nations Economic and Social Council, Mr. Alfonso Martínez, Mr. Guissé, Mr. Kartashkin, Mr. Park and Mr. Weissbrodt, Draft Resolution(E/CN. 4/Sub. 2/2003/L. 8), https://documents-dds-ny. un. org/doc/UNDOC/LTD/G03/154/42/PDF/G0315442. pdf? OpenElement,下载日期:2017年11月16日。

② United Nations Economic and Social Council, Norms on the Responsibilities of Transnational Corporations and Other Business Enterprises with Regard to Human Rights (E/CN. 4/Sub. 2/2003/12/Rev. 2), https://documents-dds-ny. un. org/doc/UNDOC/GEN/G03/160/08/PDF/G0316008. pdf? OpenElement,下载日期:2017年11月16日。

③ United Nations General Assembly, Guiding Principles on Business and Human Rights: Implementing the United Nations "Protect, Respect and Remedy" Framework(A/HRC/17/31), http://www. un. org/en/ga/search/view_doc. asp? symbol=A/HRC/17/31,下载日期:2017年11月16日。

要的社会责任成为新理念。[①] 而对于企业来说，金融危机实际上为其提供了一个巨大的潜在和新的机会，企业社会责任则是在危机中幸存的唯一钥匙。[②] 毕竟在危机中践行社会责任能够增强企业的集约化经营，作为其与利益相关者和评价者紧密联系的保证——这些人在选择新的公司、产品和销售者时占据核心地位。[③] 在危机爆发后的数年里，无论是在国际金融立法，还是国际投资立法，抑或国际贸易的立法上，都表现出扭转"国家与资本""资本与社会"间长期失衡的权责关系和赋予资本承担社会责任的努力。[④]

在国际金融立法方面，充满着新自由主义气息的放松监管所宣扬的"轻触式监管""最好的监管就是最少的监管"等理念，在2008年金融危机后的满地狼藉中可谓是被千夫所指，全球范围内的加强金融监管之变革开始轰轰烈烈地展开。其主要措施一方面体现为加强对资本运行风险的监管，包括重构宏观审慎监管和深化微观审慎监管，防止金融机构不负责任地滥用金融创新从而再度引发风险；另一方面表现在把对金融消费者的保护提升到新的高度。相关国际性金融组织，包括金融稳定理事会(Financial Stability Board，FSB)、巴塞尔银行监管委员会(Basel Committee on Banking Supervision，BCBS)、国际货币基金组织(International Monetary Fund，IMF)和国际证监会组织(International Organization of Securities Commissions，IOSCO)等纷纷出台相关规范性文件以推动国际层面的监管改革。例如，2009年召开的二十国集团(G20)峰会在《华盛顿宣言》的基础上正式提出了审慎监管的国际架构和加强

① 刘志云：《后危机时代的全球治理与国际经济法的发展》，载《厦门大学学报》(哲社版)2012年第6期。

② G. Aras, and D. Crowther, *Governance in the Business Environment*, *Developments in Corporate Governance and Responsibility*, Emerald Group Publishing Limited, 2011, p. 55.

③ Elmar-Laurent Borgmann and Nadezda Kokareva, Sustainability of CSR Projects in Times of Economic Crises, in *Contemporary Issues in Corporate Social Responsibility*, Duygu Türker, Huriye Toker, and Ceren Altuntas (eds.), Lexington Books, 2014, p. 123.

④ 刘志云：《后危机时代的全球治理与国际经济法的发展》，载《厦门大学学报(哲社版)》2012年第6期。

监管的若干建议，并宣告了金融稳定理事会的成立。[①] FSB于2010年1月发布了《增强国际金融实施标准框架》，指出金融市场是全球性的，必须统一标准以防止影响国际金融稳定的跨界、区域和全球性不利因素的发展，规定了一系列整合与实施计划。[②] 为了更好地保护金融消费者权益，G20财长和央行行长会议于2011年法国巴黎会议上通过了《G20金融消费者保护高级原则》，其是现有国际金融原则或准则的补充，适用于所有的金融市场部门。[③] BCBS于2011年发布了《巴塞尔协议Ⅲ》，并在当年的G20峰会上获通过，该协议在监管理念、监管对象、监管工具上都进行了极大的革新。其意义在于，从监管制度层面确立了微观审慎与宏观审慎相结合的监管模式，将银行监管的范围延伸到整个金融体系及实体经济的层面。[④]

在国际投资立法上，原来紧紧围绕投资者权益的立法理念也得到了调整，"平衡投资者利益与东道国利益"成为新的立法指导思想；在立法内容上，曾经一度被新自由主义者视为"洪水猛兽"、体现了国家对跨国公司管制的一系列条款，包括东道国为了公共利益的征收权、国家安全例外、临时安全措施、审慎措施等，已重新纳入或考虑纳入作为国际投资法最重要渊源的双边投资条约(BITs)中。[⑤] 典型的例子便是美国政府于2012年4月20日公布的《2012年美国双边投资协定范本》。该范本从透明度、准入前国民待遇和负向列表、环境与劳工保护、政府中立竞争与国企规制等多个方面对之前的《2004年美国双边投资范本》进行了较大的革新。在环境和劳工保护方面，其要求"缔约方不能为了鼓励投资而削弱本国环境法中对环境保护的要求，确保不会使用放

---

① G20, Declaration on Strengthening the Financial System—London Summit, http://www.g20.org/images/stories/docs/eng/london.pdf，下载日期：2017年11月17日。

② FSB, FSB Framework for Strengthening Adherence to International Standards, http://www.fsb.org/wp-content/uploads/r_100109a.pdf? page_moved=1，下载日期：2017年11月19日。

③ FSB, G20/OECD High-Level Principles on Financial Consumer Protection, http://www.oecd.org/daf/fin/financial-markets/48892010.pdf，下载日期：2017年11月19日。

④ 刘志云：《后危机时代国家间跨国公司社会责任制度体系的构建》，载《政法论丛》2015年第3期。

⑤ 刘志云等：《后危机时代的全球治理与国际经济法的转型》，法律出版社2015年版，第41页。

弃或其他减少的手段或者提供放弃或减少的手段来影响环境法的有效实施”①。国际社会开始越来越注重投资行为对利益相关方所造成的影响，如OECD成员国于2015年11月17日达成了一项历史性协议，从2017年年初开始，各国将不对大型、低效煤电技术出口提供任何信贷支持，包括美国进出口银行、世界银行、欧洲投资银行已经停止了对燃煤发电厂的支持。②

在国际贸易立法方面，WTO多哈回合谈判自2001年启动以来一直处于无休止的状态，谈判的结束遥遥无期。但与此同时，双边或区域的自由贸易协议的谈判却开展得如火如荼，原先环境、劳工、人权等议题长期被参与国家间贸易立法的国家，尤其是发展中国家所抵触，但在非国家行为体的不断努力与推动下，相关国家开始改变这种态度。③ 例如，美国前总统奥巴马于2009年正式宣布加入跨太平洋伙伴关系协定（Trans-Pacific Partnership Agreement，TPP）的谈判，并于2015年10月达成协议，其内容包括农业、劳工、环境、投资、技术性贸易壁垒等30个章节，涵盖了环境、社会议题与传统的经济议题。2016年2月4日，美国、日本、澳大利亚、文莱、加拿大、智利、马来西亚、墨西哥、新西兰、秘鲁、新加坡和越南12个国家在奥克兰正式签署了TPP。虽然美国总统特朗普于2017年1月23日签署行政命令宣布退出TPP，但这并不妨碍其所体现的在双边或区域自由贸易协议中不同种类的议题相互联结打包，环境、劳工、人权等问题被广泛重视与接纳之趋势。又如，自习近平总书记于2013年提出建设“丝绸之路经济带”和“21世纪海上丝绸之路”的“一带一路”倡议以来，中国已与路线上的国家达成了包括《中华人民共和国政府和新西兰政府关于加强“一带一路”倡议合作的安排备忘录》《中华人民共和国和俄罗斯联邦关于深化全面战略协作伙伴关系、倡导合作共赢的联合声明》《中华人民共和国和阿拉伯埃及共和国关于加强两国全面战略伙伴关系的五年实施纲要》等在内的诸多贸易协定。这些协定涉及的内容非常广泛，且大都包含了环境保护、卫生安全等方面的措施，很好地体现了我国新时代中国特色社会主义思想所提出的，在发展更高层次的开放型经济、推进同“一带一路”国家和地区多领域互利共赢的务实合作的开放发展过程中，保持我国“软实力”和“硬实

---

① 2012 US Model Bilateral Investment Treaty，https://www.state.gov/documents/organization/188371.pdf，下载日期：2017年11月19日。

② 佚名：《经合组织：新协议限制煤电政府补贴》，载《能源评论》2015年第12期。

③ 刘志云：《经济立法转型》，载《南风窗》2013年第11期。

力"的协调并举,打造"成熟、负责任、有吸引力"的大国形象之要求。

2017年11月,东盟成员国及东盟自贸伙伴国澳大利亚、中国、印度、日本、韩国和新西兰的国家元首和政府首脑于菲律宾马尼拉举行《区域全面经济伙伴关系协定》(*Regional Com-prehensive Economic Partnership*,RCEP)成员国会议,并发布了RCEP协定框架。该框架涵盖了货物贸易,标准、技术法规与合格评定程序,自然人移动等18个方面的内容,其中的"政府为了合法的公共政策目标进行规制的权利""为食品安全以及保障人类和动植物健康的要求设定基本框架"等要求,显然是对"资本与国家""资本与社会"之利益平衡的体现。①

(二)"非国家间立法"层面的金融机构社会责任国际立法的发展状况

全球化的重要特征之一,是民族国家的主权及政府的权力日益削弱,而跨国组织(transnational organizations)和超国组织(supranational organization)的影响日益增大,随着民族国家传统的政府权威的削弱,治理和全球治理的作用则日益增大。② 所谓"全球治理",则是指为了解决全球性的公共问题与增进全球公共利益,包括国家与非国家行为体在内的各种公共、私人机构以及个人,通过制定与实施具有约束力的正式或非正式的国际机制(regimes),对全球范围的各个领域进行多层次的、网络式的协调与行动。③ 这在晚近的包括规制金融机构在内的企业社会责任国际立法中表现为,以民族国家为主导的、基于国家间共同利益长期博弈后产生的企业社会责任"国家间立法"发展缓慢,而全球化背景下大量出现的跨国参与所产生的普遍性的法律思维和理念,却使得由国际组织、NGOs、跨国公司等扮演立法主体的"非国家间立法"或"私政府立法"呈现出蓬勃发展的态势。在联合国相关机构、国际金融公司、跨国银行、国际组织等的倡导和努力下,国际社会相继推出了一系列标准和规范,虽然这些标准和规范属于缺乏强制性的"软法",但共同的理念基础却使之有效地引导着金融机构践行社会责任运动的开展。总体来看,这些标准和规范大致可以分为如下五类:

---

① 中国一带一路网:《〈区域全面经济伙伴关系协定〉(RCEP)谈判领导人联合声明》,https://www.yidaiyilu.gov.cn/zchj/sbwj/34911.htm,下载日期:2017年11月19日。

② 俞可平:《全球治理引论》,载李惠斌主编:《全球化与公民社会》,广西师范大学出版社2003年版,第81页。

③ 刘志云:《论全球治理与国际法》,载《厦门大学学报(哲社版)》2013年第5期。

1. 国际金融公司(International Finance Corporation,IFC)与跨国银行倡导的社会责任标准

这主要包括《可持续发展框架》、《赤道原则》(*Equator Principles*,EPs)。IFC 成立于 1956 年,是世界银行的姐妹机构和世界银行集团的成员,同时也是全球私营部门债务和股本融资的唯一多边来源,截至目前共有 184 个成员国,旨在从投资、咨询和筹集资金等方面入手促进发展中国家私营部门的发展。① 为了确保投资的良好环境和社会影响,IFC 早在 1998 年就通过了环境和社会保障及其信息披露政策,2006 年 2 月 21 日,IFC 董事会通过了新的《可持续发展框架》,并于 2006 年 4 月 30 日生效,包括"社会和环境可持续性政策""绩效标准""信息披露政策""环境和社会考察程序""指导文件"和"环境、健康和安全指南"六个文件。② 这一框架规定了 IFC 及其客户在项目中的作用和责任,很好地帮助了两者改善和管理其投资的环境和社会绩效。2011 年 5 月 12 日,IFC 董事会批准了《可持续发展框架》的更新版本,并于 2012 年 1 月 1 日开始实施,新版本从信息的获取、金融中介、供应链、气候变化、商业和人权、性别、土著人、执行八个方面进行了升级。③ 虽然该框架只是对 IFC 本身及其客户的行为具有强制性,但目前已经得到了全球私营部门的认可,被公认为是项目融资方面的最佳做法。

EPs 是金融机构采用的一种风险管理框架,用于确定、评估和管理项目中的环境和社会风险,主要目的是为尽职调查提供一个最低标准,以支持负责任的风险决策。④ 其由世界主要金融机构根据 IFC 和世界银行的政策与指南建立,这项准则要求金融机构在向一个项目投资时,要对该项目可能对环境和社会的影响进行综合评估,并且利用金融杠杆促进该项目在环境保护以及社会

① IFC, About IFC, http://www.ifc.org/wps/wcm/connect/corp_ext_content/ifc_external_corporate_site/about+ifc_new, 下载日期:2017 年 11 月 18 日。

② IFC, IFC Sustainability Framework—2006—Edition, http://www.ifc.org/wps/wcm/connect/topics_ext_content/ifc_external_corporate_site/sustainability-at-ifc/policies-standards/ifcsustainabilityframework_2006, 下载日期:2017 年 11 月 18 日。

③ IFC, IFC's Updated Sustainability Framework, http://www.ifc.org/wps/wcm/connect/6c6cd30049800a1fa93bfb336b93d75f/Updated _ SustainabilityFramework _ Factsheet.pdf? MOD=AJPERES, 下载日期:2017 年 11 月 18 日。

④ Equator Principles, About the Equator Principles, http://www.equator-principles.com/index.php/about-ep/about-ep, 下载日期:2017 年 11 月 18 日。

和谐发展方面发挥积极作用。①

2.联合国相关机构倡导或推行的倡议或标准

主要包括《联合国环境规划署金融倡议》(*United Nations Environment Programme-Finance Initiative*, UNEP FI)、《联合国全球契约》(*United Nations Global Compact*)、PRI等。

UNEP FI是联合国环境规划署(United Nations Environment Programme, UNEP)和全球金融部门于1992年促进可持续金融地球首脑会议之后,成立的一个伙伴关系,包括银行、保险公司和投资者在内的200多家金融机构与联合国环境规划署合作,了解当今的环境、社会和治理挑战,它们对金融的重要性,以及如何积极参与解决这些问题;同时推动国家层面的对话来引起金融从业人员、主管、监管部门和政策制定者的关注,并在国际层面上促进金融部门参与诸如全球气候谈判之类的进程。②

《联合国全球契约》旨在动员全球的公司和利益相关者通过将其战略与人权、劳工、环境和反腐败四个层面的十项原则相结合,负责任地开展投资,创造我们所希望的世界。③ 其由联合国原秘书长科菲·安南于1995年和1999年两度提出和完善,并于2000年在联合国总部正式启动,2006年成立了由20名来自各个地区的企业、社会人士和工会构成的全球契约理事会,截至目前已经有来自170多个国家的12000多个签署人参与。④

PRI创立于2005年,是与UNEP FI和《联合国全球契约》协作的一项投资者倡议,其旨在揭示环境、社会和治理(Environmental, Social and Governance, ESG)议题对投资的影响,同时推动这些议题更好地融入签约机构的投资和决策当中,有力地补充了联合国全球契约;同时也是UNEP FI工作的自然延伸,为全球投资界提供了一个框架用以推动建设更加稳定可持续的金融体系。截至2017年11月,全球内已有50多个国家的1400多家机构

---

① 刘志云:《赤道原则的生成路径——国际金融软法产生的一种典型形式》,载《当代法学》2013年第1期。

② UNEP FI, About United Nations Environment Programme-Finance Initiative, http://www.unepfi.org/about/,下载日期:2017年11月22日。

③ United Nations Global Compact, Our Mission, https://www.unglobalcompact.org/what-is-gc/mission,下载日期:2017年11月22日。

④ United Nations Global Compact, Participation, https://www.unglobalcompact.org/participation,下载日期:2017年11月22日。

签署了该项原则，资产总额高达 59 万亿美元。①

2016 年 1 月 1 日，由世界各国领导人在 2015 年 9 月的一个历史性的联合国峰会上通过的《2030 年可持续发展议程》正式生效，其提出的 17 个目标将在未来 15 年内全面施行，各国将动员努力消除各种形式的贫困，打击不平等和应对气候变化，同时确保没有人掉队。② 在此基础上，UNEP FI、《联合国全球契约》、PRI 的机构已经联合起来成立了联合国金融可持续发展目标联盟。这一联盟的目的是将私人和金融部门成员和利益相关者的大型网络汇集起来，促进可持续发展目标融资的更密切合作，从而最大限度地发挥它们的集体影响。③ 我国历来十分注重对此类“非国家间立法”的参与，党的十八届五中全会公报便直接性地指出要“积极承担国际责任和义务，积极参与应对全球气候变化谈判，主动参与 2030 年可持续发展议程”④。

3. 金融机构内部社会责任管理的国际标准

主要包括 SA8000(Social Accountability 8000 International standard)社会责任管理标准、ISO14000 环境管理系列标准、ISO26000 社会责任标准等。

SA8000 标准是为世界各地的工厂和组织制定的首个社会责任认证标准，是一个适用于全球任何行业的整体性框架，旨在帮助获得认证的组织彰显其在公平对待员工方面所做的努力。该标准从童工、强迫性或强制性劳动、健康与安全、组织工会的自由和集体谈判的权利、歧视、惩戒性措施、工作时间、薪酬福利、管理体系八个方面衡量企业在工作场所社会责任的表现，体现了《世界人权宣言》及《国际组织劳工宪章》中的劳工标准，同时尊重、补充并支持世界各国的国家劳动法，目前已帮助两百多万名劳工获得符合道德规范的工

---

① PRI, About the PRI, https://www.unpri.org/about，下载日期：2017 年 11 月 22 日。

② Sustainable Development: 17 Goals to Transform Our World, The Sustainable Development Agenda, http://www.un.org/sustainabledevelopment/development-agenda/，下载日期：2017 年 11 月 22 日。

③ UNEP FI, UNEP FI, UN Global Compact and PRI Form UN Alliance for SDC Finance, http://www.unepfi.org/news/unep-fi-un-global-compact-and-pri-form-un-alliance-for-sdg-finance/，下载日期：2017 年 12 月 13 日。

④ 新华网：《授权发布：中国共产党第十八届中央委员会第五次全体会议公报》，http://news.xinhuanet.com/politics/2015-10/29/c_1116983078.htm，下载日期：2018 年 3 月 26 日。

作条件。其严格的标准和程序确保了在不影响商业利益的前提下，让供应链达到最高标准的社会责任要求，故而备受各品牌及行业领军企业好评。[①] 2014年6月，社会责任国际组织（Social Accountability International，SAI）用新的标准SA8000-2014取代了旧的SA8000-2008版本，新标准的过渡期为2016年1月1日至2017年12月31日，在此期间内组织应当将其标准升至SA8000-2014才能保持对其的认证。[②]

ISO14000环境管理系列标准是由国际标准化组织（International Organization for Standardization，ISO）技术委员会ISO/TC 207及其各小组研发的环境管理标准，旨在提供各类实用工具来帮助各种类型的公司和组织管理他们的环境责任，ISO中央秘书处为TC207预留了100个标准号，标号为14000-14100，统称为ISO14000环境管理系列标准，其中ISO14001是环境管理体系标准的主干标准，它是企业建立和实施环境管理体系并通过认证的依据。[③] 为了应对新的趋势和确保与其他管理体系标准兼容，TC207颁布了新的ISO14000-2015，其关键变化涉及在组织战略规划过程中加强环境管理的重要性、更加注重领导、增加保护环境免受损害和退化的主动行动、提高环境性能、考虑环境因素的生命周期思考、增加通信策略六个方面。[④]

ISO26000社会责任标准由ISO于2004年成立的社会责任工作组负责起草，是一个适用于包括政府在内的社会组织履行社会责任的国际标准，立足于推动组织和利益相关方的社会责任，推动全球视野下的可持续发展，增进社会的健康和福利，该标准于2010年11月1日在世界各地许多不同利益相关者之间进行了五年的谈判后正式启动。[⑤] 其包含了社会责任的七大核心要

---

① SAI, SA8000 Standard, http://www.sa-intl.org/index.cfm?fuseaction=Page.ViewPage&pageId=1689，下载日期：2017年12月14日。

② SAI, Upgrading SA8000：2008, http://www.sa-intl.org/index.cfm?fuseaction=Page.ViewPage&pageId=1840，下载日期：2017年12月14日。

③ ISO, ISO 14000 Family —Environmental Management, https://www.iso.org/iso-14001-environmental-management.html，下载日期：2017年12月14日。

④ ISO, ISO 14001 Environmental Management Systems—Revision, https://www.iso.org/iso-14001-revision.html，下载日期：2017年12月14日。

⑤ ISO, ISO 26000—Social Responsibility, https://www.iso.org/iso-26000-social-responsibility.html，下载日期：2017年12月14日。

素，分别是组织管理、人权、劳动实践、环境、公平经营、消费者问题、社区参与及发展。①

4. 可持续发展指数

晚近，国际资本市场对责任投资②理念表现出浓厚的兴趣，越来越多的投资者和资产管理公司将环境、社会和公司治理（ESG）因素引入公司研究和投资决策的框架。③ 数据显示，全球可持续发展投资在 2016 年年初达到了 22.89万亿美元，比 2014 年的 18.28 万亿美元增长了 25%，而 2012 年到 2014 年全球可持续投资资产则增长了 61%。④ 随着责任投资理念的发展，国际主要的指数公司都推出了 ESG 指数及衍生投资产品，如多米尼 400 社会指数（Domini 400 Social Index）、明晟公司环境、社会和公司治理系列指数（MSCI ESG Indexes）、道琼斯可持续发展指数（Dow Jones Sustainability Index）、富时社会责任指数（FTSE4Good Index）等。

创立于 1990 年 5 月的多米尼指数是美国第一个以社会性与环境性议题为筛选准则的指数，由 KLD 研究与分析有限公司（KLD Research & Analytics, Inc.）编制，旨在为社会责任型投资者提供一个比较基准，并帮助投资者了解社会责任评选准则对公司财务绩效的影响。⑤ 多米尼社会责任性股票型基金在 1991 年开始运作，同时也给投资者一个投资在依此指数所建立的投资组合上的机会，指数的维护更新由 KLD 进行，由符合一定的社会性评选

---

① ISO, Social Responsibility—7 Core Subjects of ISO 26000, https://www.iso.org/files/live/sites/isoorg/files/archive/pdf/en/sr_7_core_subjects.pdf，下载日期：2017 年 12 月 14 日。

② 所谓“责任投资”，是指在投资过程中在财务回报的考量之外，将环境、社会和公司治理（ESG）等因素纳入投资的评估决策中。

③ 参见郭沛源：《ESG 责任投资之一：ESG 的“前生今世”》，http://opinion.caixin.com/2017-06-15/101102009.html，下载日期：2017 年 12 月 15 日。

④ Global Sustainable Investment Alliance, Global Sustainable Investment Review 2016, http://www.gsi-alliance.org/wp-content/uploads/2017/03/GSIR_Review2016.F.pdf，下载日期：2017 年 12 月 15 日。

⑤ 刘志云：《银行业践行社会责任的“私政府立法”：兴起背景与原理探究——一种从国际关系理论视角的分析》，载刘志云主编：《国际关系与国际法学刊》（第 1 卷），厦门大学出版社 2011 年版。

准则的400家公司普通股票所组成。①

明晟公司(Morgan Stanley Capital International)是美国著名的指数编制公司,其推出的MSCI指数广为投资人士参考,同时也是世界上最大的ESG指数供应者和研究者,MSCI ESG指数旨在帮助客户把ESG因素纳入其投资决策过程,并提供一种常规的衡量ESG投资的方法,帮助机构投资者更有效率地检测ESG投资绩效以及管理、衡量和报告ESG的任务,主要有MSCI ESG领导者指数、MSCI SRI指数、MSCI ESG全球指数、MSCI全球环境指数等多个标准。②

道琼斯可持续发展指数由标准普尔道琼斯指数和RobecoSAM公司于1999年共同创立,是全球首个可持续发展基准,其从经济、环境和社会标准方面追踪世界领先公司的股票表现。该指数其实是一个指数家庭,包括全球指数、地区指数、国际指数等系列指数,如道琼斯可持续发展世界指数、欧洲指数、澳大利亚指数等。这些指标为将可持续性考虑纳入其投资组合的投资者提供基准,并为希望鼓励公司改善其企业可持续性做法的投资者提供一个有效的参与平台。③

富时社会责任指数由富时指数公司于2001年开始发布,是首个度量符合全球公认企业责任标准的公司表现的指数系列,旨在衡量企业在ESG方面的实践,符合资格的企业需就多个企业责任主体落实措施,包括环境管理、缓解气候变化、反贪污腐败、维护人权、劳工权利和供应链劳工标准,并符合严格的全球准则,才可成为富时社会责任指数的成分股;其作用包括:帮助投资者识别和投资于符合全球公认企业责任标准的公司;为投资经理提供一个责任投

① 参见智库·百科:《多米尼400社会指数》,http://wiki.mbalib.com/wiki/%E5%A4%9A%E7%B1%B3%E5%B0%BC400%E7%A4%BE%E4%BC%9A%E6%8C%87%E6%95%B0,下载日期:2017年12月15日。

② MSCI, MSCI ESG Indexes, https://www.msci.com/documents/1296102/6365510/ESG_FactSheet+-+Sept%2717.pdf/350c279c-c280-4a57-acb1-a9f7d29419fc,下载日期:2017年12月15日;MSCI, MSCI Environmental, Social & Governance(ESG) Indexes: A Modern Approach to ESG Indexes, https://www.msci.com/documents/1296102/6365510/ESGUniverse-brochure+-+Sept%2717.pdf/c9861862-ea22-4c4d-955a-32aa91dd588f,下载日期:2017年12月15日。

③ Robeco SAM, Dow Jones Sustainability Indices, http://www.sustainability-indices.com/index-family-overview/djsi-family-overview/index.jsp,下载日期:2017年12月16日。

资基准和工具,以开发责任投资产品;让投资者把握优良企业责任所带来的投资机会;作为要约的工具,鼓励企业承担更多责任。①

5. 企业社会责任报告的编排指南与审核标准

主要包括全球报告倡议组织(Global Reporting Initiative,GRI)的《可持续发展报告指南》、国际审计与鉴证准则委员会(International Auditing and Assurance Standards Board, IAASB)发布的《国际鉴证约定准则》(ISAE3000)、英国社会和伦理责任研究院(Institute of Social and Ethical Accountability,ISEA)发布的 AA1000 系列社会责任报告审验标准等。

GRI 由美国非营利组织"环境责任经济联盟"(Coalition for Environmentally Responsible Economies,CERES)、泰勒斯研究所(Tellus Institute)和联合国环境规划署共同创立,目的是为了构建一个问责机制确保公司遵循 CERES 的原则开展负责任的环境行为,其于 2001 年成为一个独立的非营利性组织,并以联合国环境规划署官方合作机构的身份成为联合国的合作成员。② GRI 帮助全球企业和政府了解和讨论他们的行为对可持续发展的关键性问题,如气候变化、人权、治理和社会福祉的影响,使得其行动能真的为每个人带来经济、社会和环境利益,GRI 的可持续发展报告标准基于多利益相关方的利益发展起来,并根植于公共利益。③ GRI 于 2000 年颁布了第一个广泛的可持续发展报告全球性框架指南,该指南是使得报告机构披露其对环境、社会和经济的关键性影响——包括好的和坏的,这些可靠的、相关的和标准化的信息,可以更好地评估机会和风险,并在企业内部和利益相关者之间进行更明智的决策。2013 年,GRI 公布了第四版的《可持续发展报告指南》(G4),包括报告的原则,规范披露和对任何规模的组织或部门的可持续发展报告编制实施手册几个部分。④ 2016 年 10 月 19 日,GRI 颁布了第一个全球可持续发展报告标准——GRI 标准。其具有模块化、相互关联的结构,代表

---

① FTSE Russell, FTSE4Good Index, http://www.ftse.com/products/indices/FTSE4Good,下载日期:2017 年 12 月 16 日。

② GRI, GRI's History, https://www.globalreporting.org/information/about-gri/gri-history/Pages/GRI's%20history.aspx,下载日期:2017 年 12 月 17 日。

③ GRI, About GRI, https://www.globalreporting.org/information/about-gri/Pages/default.aspx,下载日期:2017 年 12 月 17 日。

④ GRI, G4 Sustainability Reporting Guidelines, https://www.globalreporting.org/information/g4/Pages/default.aspx,下载日期:2017 年 12 月 17 日。

着在一系列经济、环境和社会影响方面报告的全球最佳做法，适用于所有行业的任何组织，能够很好地反映组织在可持续发展方面的影响和贡献，同时也为监管者和政策制定者们提供了一个可信的参考。他们鼓励在其辖区内的公司提供明确可靠的非财务报告。该标准将于2018年7月1日之后全面取代G4。①

IAASB是一个独立的标准制定机构，通过设置高质量的国际审计准则、质量控制、审核、其他鉴证和相关业务来服务于公共利益，并推动国际标准和国家标准的衔接。其成立于1978年3月，前身是国际审计实务委员会（International Auditing Practices Committee，IAPC），颁布了包括适用于历史财务信息审查的国际审计标准（International Standards on Auditing，ISAs）、国际审查参与标准（International Standards on Review Engagements，ISREs）、适用于对历史信息以外的其他财务资料审验的验证服务国际标准（International Standards on Assurance Engagements，ISAEs）等诸多标准。②其中IAASB发布的名为"国际鉴证约定准则（ISAE3000），历史性财务信息审计或检查以外的鉴证约定"的准则于2005年1月1日起正式生效，该准则制定了适用于国际审计准则的历史性财务信息审计和检查之外的鉴证约定的基本原则和主要程序。③ 该标准成为使用最为广泛的对企业社会责任报告进行外部审计的标准之一。2013年12月，IAASB颁布了修订后的ISAE3000，其适用于2015年12月15日或之后的审计报告。④

Accountability是ISEA于1995年成立的一家非营利性组织，其通过与各组织在可持续性战略、其业务的环境和社会影响、创新和增长机会、利益有

---

① GRI, GRI Standards, https://www. globalreporting. org/standards; GRI: Getting Started with the GRI Standards, https://www. globalreporting. org/standards/getting-started-with-the-gri-standards/，下载日期：2017年12月17日。

② IAASB, About IAASB, http://www. iaasb. org/about-iaasb，下载日期：2017年12月17日。

③ 刘志云：《法律视角下商业银行的社会责任：原理研究与实证分析》，法律出版社2012年版，第161页。

④ IAASB, International Standard on Assurance Engagements (ISAE) 3000 Revised, Assurance Engagements Other than Audits or Reviews of Historical Financial Information, http://www. ifac. org/publications-resources/international-standard-assurance-engagements-isae-3000-revised-assurance-enga，下载日期：2017年12月17日。

关者参与和报告其信息等方面的合作来推进负责任的商业做法，提高长期业绩。[①] 其所颁布的 AA1000 系列标准，为各组织提供了一种适用 Accountability 指导原则和坚定的可持续发展保证以及利益相关者参与的简单、实用、易于使用的框架。20 多年来，各组织一直信任并应用问责制的标准，以指导其在可持续发展战略、治理和业务管理方面的做法。当前的 AA1000 系列标准主要由 AA1000 原则标准(2008)、AA1000 审验标准(2008)、AA1000 利益相关方参与标准(2015)三个文件组成。[②]

当前，正是这些“私政府立法”性质的国际立法，有效地引导着国际金融机构践行社会责任运动轰轰烈烈地展开，并将践行社会责任的理念与意识“内化”到金融机构的经营和管理活动之中。从性质上讲，这些标准或规范属于国际层面的“软法”，并且属于没有国家参与的“私政府立法”，属于“自我规制”性质。这种新型约束机制完全不同于依赖国家权力与国家间博弈而产生与实施的传统国际法律规范，它们的产生背景以及生成原理，有其自身的独特之处。[③] 当然，这些“私政府立法”在没有正式转化成“国家间立法”之前，缺乏国家权力作为它们适用与执行的保障，这种性质的规范，与“国家间立法”相比虽然也有其独特优势，但势必会留下某些缺陷或问题。在这种情况下，来自同行、市民社会、公众的监督以及提高银行业务的透明度对于减少这种“搭便车”情形至关重要。由此，加强对金融机构践行社会责任的舆论监督与引导，并强化“私政府立法”的透明度，加强以 NGOs 为代表的公民社会对金融机构的问责机制，将声誉打造成“奖优罚劣”的有效手段，成为克服“私政府立法”这方面缺陷的重要手段。[④]

客观地讲，“私政府立法”的勃兴是金融机构社会责任国际立法发展过程中的一个里程碑，也是在“国家间立法”停滞不前或效果欠佳时的良好替代方

---

① Accountability, About Us, http://www.accountability.org/about-us/about-accountability/,下载日期:2017 年 12 月 17 日。

② Accountability, Standards, http://www.accountability.org/standards/,下载日期:2017 年 12 月 17 日。

③ 刘志云:《银行业践行社会责任的“私政府立法”:兴起背景与原理探究——一种从国际关系理论视角的分析》,载刘志云主编:《国际关系与国际法学刊》(第 1 卷),厦门大学出版社 2011 年版。

④ 刘志云:《赤道原则的生成路径——国际金融软法产生的一种典型形式》,载《当代法学》2013 年第 1 期。

案。这些“自我规制”性质规范存在着缺陷是很正常的，但这并不能否定其有效性乃至“合法性”，因为世上并不存在没有缺陷和从不遭到违反的规范，即便对以国家公权力作为执行保障的国内法而言亦是如此。相反，针对已发现的缺陷不断进行改正与完善，才是保持规范生命力以及有效性的正确途径。[①]

（三）金融机构社会责任国际立法的“国家间立法”与“私政府立法”的互动

无疑，全球化时代的迅猛发展带来了国际社会对全球治理的呼吁，而全球规制从某种意义上来说则是全球治理的核心，因为没有一套能够为全人类共同遵守、确实对全球公民都具有约束力的普遍规范，全球治理便无从说起，其包括用以调节国际关系和规范国际秩序的所有跨国性的原则、规范、标准、政策、协议和程序。[②]虽然作为全球规制制度重要元素之一的法律并非一个独立的全球化现象，却在事实上产生了法律全球化的趋势，更是成为推动经济全球化、军事全球化、环境全球化和社会与文化全球化的工具。在“全球治理”法制化的进程中，一种普世性的伦理和价值是必需的，只有人类理性中产生一种愿意服从代表人类共同价值以及共同道德规范的法律观念，才可能实现一个较高水平的“全球治理”的法治化局面。[③]

金融机构社会责任作为一种金融机构对利益相关者经济责任、法律责任和道德责任的集合，可以说是社会文化全球化的重要体现。此种全球化源于所有权绝对化所带来的以形式正义掩盖实质正义、对负外部性的漠不关心以及“重资本权益，轻资本义务”的实践引发的人们对所有权无限制的反思和所有权相对化的共同要求。这一普适性伦理与价值无疑也成为金融机构履行社会责任的法律全球化的基础，并对金融机构在全球范围内履行社会责任这一社会文化全球化的进程，起到推动和巩固的反作用，具体表现为通过国家间、非国家间乃至个体之间的各类正式或非正式规则或安排来促进金融机构承担社会责任。

---

① 刘志云：《银行业践行社会责任的“私政府立法”：兴起背景与原理探究——一种从国际关系理论视角的分析》，载刘志云主编：《国际关系与国际法学刊》（第1卷），厦门大学出版社2011年版。

② 参见俞可平：《全球治理引论》，载李惠斌主编：《全球化与公民社会》，广西师范大学出版社2003年版，第76页。

③ 刘志云：《法律全球化进程中的特征分析与路径选择》，载《法制与社会发展》2007年第1期。

国际关系学界的新自由制度主义者列举了五种全球治理的形式，包括在领土疆界内采取单边国家行为，降低脆弱性，或接受外在标准，增强竞争力；强国或国家集团采取单边行动，以影响领土之外的国家、企业、非政府组织等行为体；区域合作，增强政策的有效性；全球层次的多边合作，建立管理全球化的国际机制；跨国和跨政府合作——包括"公民社会"——以管理全球化，其方式不涉及一致性的国家行为。① 我们同样可以将金融机构社会责任全球实现的法律路径分为五种模式：

一是各国参照国际通行做法或者国际示范法，乃至发展较为完善的别国的做法，构建或修改本国有关金融机构社会责任相关规范，使得自身与国际社会处于"同一语境"。例如，随着国际性交易所将大量投资基金用于社会责任投资上，为了给社会责任投资商们提供一个基准，也为了更广泛地推动企业社会责任的发展，南非约翰内斯堡股票交易所在 2004 年发布了一个可持续发展指数，并称其为约翰内斯堡社会责任投资指数；②土耳其在加入欧盟的过程中受到欧共体法律在环境保护、消费者安全、雇员权利、竞争政策、公共卫生、反腐败、男女平等以及反歧视等多个方面的评估与审视，促使其法律符合要求。③

二是通过双边协商或联合行动达成推动金融机构社会责任实现的合意，如美国《2012 年美国双边投资协定范本》从透明度、环境与劳工保护、强化公众参与等多个方面，对包括金融业在内的企业投资的社会责任进行了规定。

三是通过区域性的合作或者安排，来达到涉及多个国家，且单边或者双边安排无法解决的金融机构践行社会责任问题。例如，欧盟在 2008 年金融危机之后颁布了包括《金融工具市场指令Ⅱ》《消费者信贷监管指令》《打包零售与保险类投资产品管理指令》等在内的法律，以极大地提升对金融机构的行为监管和金融机构对金融消费者保护的责任。

四是在全球性的多边框架下构建推动金融机构践行社会责任的国际机

① ［美］罗伯特·基欧汉、约瑟夫·奈：《权力与相互依赖》，门洪华译，北京大学出版社 2012 年第 4 版，第 287 页。

② ［英］塞缪尔·O. 艾杜乌、［德］沃尔特·利尔·菲欧主编：《全球企业社会责任实践》，杨世伟译，经济管理出版社 2011 年版，第 357 页。

③ Bryane Michael & Erika Ohlund, The Role of Social Responsibility in Turkey's EU Accession, *Insight Turkey*, January-March, 2005.

制,典型的例子便是联合国框架下包括《可持续发展议程 2030》《联合国反贪污公约》《跨国公司和其他工商企业在人权方面的责任准则》等在内的诸多框架,以及 BCBS、FSB、IMF 和 IOSCO 等颁布的各类规则。

五是跨国和跨政府合作,包括公民社会在内的管理全球化。当前,诸如国际协定、技术标准化、跨国公司或者 NGOs 的倡议等在内的"非正式"的治理方式,在推动金融机构社会责任的全球实践方面,远比国家间的正式规则更加多样和有效。例如,目前已经有来自 170 多个国家的 12000 多个签署人参与了《联合国全球契约》;①有来自 50 多个国家超过 1400 家机构签署了 PRI,这些机构代表的资产总额达 59 万亿美元;②基本上投资人都对多米尼 400 社会指数,明晟公司环境、社会和公司治理系列指数,道琼斯可持续发展指数予以极大关注并以此指导其投资等。

值得注意的是,这五种治理形式并不是完全独立或者相互隔绝的,而是处于一种深深的相互依赖状态或垂直互动之中,毕竟全球治理就是一个多主体、多规则、多方式、多层次的治理进程,对金融机构社会责任的治理显然也是如此,双边条约的内容有可能构成区域或多边条约的内容,正式的规则也有可能来源于私人领域默认的习惯。从性质上看,如果说国家之间的双边、区域和多边条约带有国家间立法的基因,那么新自由制度主义者所阐述的第五种方式则无疑属于私政府立法范畴,它们之间的互动同样也体现为国家间立法和私政府立法之间的交融。

自由主义国际法学者的研究不仅证明了这一点,更表明了两者之间的互为因果的关系,他们颠覆性地指出国际法律制度是"自下而上"而非传统国际法学者所宣扬的"自上而下"或者"由外至内"创立的,各类主体——尤其是个体——在国际法律制度的构建当中都有着重要的作用,个体和国家之间在国际法律层面的互动至少从三个层次反映出来:一是个体和群体在国内和跨国社会中创立的自我管理的规则;二是政府创立的在国内和跨国社会中规制个体和群体的规则,包括能在国外产生效力的国内法、政府间的谅解备忘录以及国际组织、跨国组织、跨国公司等制定的规则等等;三是国家间制定的管理它

---

① United Nations Global Compact, Participation, https://www.unglobalcompact.org/participation, 下载日期:2017 年 12 月 18 日。

② PRI, About the PRI, https://www.unpri.org/about, 下载日期:2017 年 12 月 18 日。

们之间相互关系的正式的国际公法规则。[①] 这三个层层递进的法律之间显然有着千丝万缕的联系，具体而言，第一层次的法律为后两个层次的法律提供了本源性的规则，毕竟国际社会中的国家行为实际上是其内部优势群体在博弈后的共同选择；第二层次的法律在中间起到了“承上启下”的传导作用，在将个体和群体间自发形成的，体现帕累托最优的制度选择进行“国家意志化”的同时，也为第三层次法律的架构提供了直接性的基础。而反过来，后两种国家参与且吸收了第一层次规则的法律实际上是将个体间互相默认的习惯加入强制力并上升为法律。

由此我们可以看到，无论是新自由制度主义者的五种全球治理路径，还是自由主义国际法学者对国际法的三层次之划分，从性质的角度看，实际上都体现了私政府立法和国家间立法的互动关系。这在金融机构企业社会责任立法中也是一样的，而在晚近有关金融机构社会责任“私政府立法”蓬勃发展、“国家间立法”停滞不前的境况下，这种互动显得更为重要。

一方面，传统的国内立法与国家之间的立法，不可能脱离“私政府立法”而凭空存在。如果对那些非国家间正式制定的各种规则，以及国家间制定的、旨在调整政府与私人关系的经济规则的作用视而不见的话，则国家间正式制定的调整国家之间关系的国际法律规则，无论是其建构还是实施，都将成为“无源之水、无本之木”。[②] 金融机构社会责任的私政府立法为国家间立法提供了良好的前期经验、现实基础以及修正路径。非国家行为体在全球化的趋势下越来越容易通过正式或非正式的接触形成利益共同体，这些有着共同理念的主体间自发形成的各种有关金融机构社会责任的规则，虽然没有民族国家特有的强制性、正式性程序的加持，但也属于团体成员之间共同认可的“良法”之列，有着坚实的合法性和有效性基础，为金融机构社会责任的国家间立法提供了大量的前期实践和经验探索。例如，UNEP FI 是联合国环境规划署和全球金融部门于 1992 年促进可持续金融地球首脑会议后成立的一个伙伴关系，其在寻求当今世界环境、社会和治理挑战以及对金融重要性的基础上，通过大力推动国家层面的对话来引起金融从业人员、主管、监管部门和政策制定者的关

① Anne-Marie Slaughter, A Liberal Theory of International Law, *American Society of International Law*, Vol. 94, 2000, pp. 240-253.

② 刘志云：《法律视角下商业银行的社会责任：原理研究与实证分析》，法律出版社 2012 年版，第 213 页。

注,并在国际层面上促进金融部门参与诸如全球气候谈判之类的进程。[①]

以自由主义国际法的视角观之,这样一种金融机构社会责任私政府间的"下层立法"无疑很好地为其国家间的"上层立法"作了大量的铺垫和准备工作,营造了良好的先期立法和后期实践环境,后者的产生与运作离不开前者长期以来的呼吁和内化。晚近国际社会成立的大量有关金融业对环境和社会影响的机构和达成的共识,如联合国环境规划署于2014年1月发起旨在推动各国金融政策制定者和监管者的合作,使金融体系为绿色包容的经济发展有效调动资金的"可持续金融体系的探寻与规划";[②]2015年联合国第三次发展筹资问题国际会议通过的,包括一系列旨在彻底改革全球金融实践并为解决经济、社会和环境挑战而创造投资措施的《亚德斯亚贝巴行动议程》;[③]2016年1月在G20平台上成立的绿色金融研究小组等,从某种程度而言都是金融机构社会责任运动和规则"自下而上"发展和推动的结果。同时,这些"自下而上"的立法也为传统国家之间"自上而下"设立的某些规则提供了反向的修正建议和路径,如GRI自2000年以来公布的四个版本的《可持续发展报告指南》和其2016年公布的GRI标准;BCBS发布的三个版本的《巴塞尔协议》等,其在不断根据实践修正金融机构承担社会责任路径和标准的同时,实际上也是为其国家间立法提供了补充或者修正性建议。

另一方面,金融机构社会责任的私政府立法和国家间立法并不是前者对后者的单向影响,其国家间立法实际上也是私政府立法生成的立足点和强制力的保障来源,并发挥着能动的反作用。许多金融机构社会责任的私政府立法都是脱胎于国家间立法对该问题的关注,并在高层次的正式立法"失灵"的境况下开展另一个层面的矫正和实践。毕竟国家间立法的形成本就是一个国家之间利益博弈的过程,当无法形成满意的利益交换和共识之时必然难以达成协议,更遑论对其的执行,而某些协议强制力的欠缺对实践效果的限制更是

---

① UNEP FI, About United Nations Environment Programme-Finance Initiative, http://www.unepfi.org/about/,下载日期:2017年12月22日。

② UN Environment, About Us, http://unepinquiry.org/about-us/,下载日期:2017年12月22日。

③ UN News Center, DDIS: Successful Outcome at UN Financing Conference Vital for Future Development Agenda, http://www.un.org/apps/news/story.asp? NewsID=51424&Kw1=Addis+Ababa&Kw2=&Kw3=#.WlNnmVMdgZQ,下载日期:2017年12月22日。

加速了这一失灵趋势。例如,在2015年联合国气候会议上由195个国家共同达成的《巴黎协议》将全球气候治理的理念确定为低碳绿色发展,①截至2016年4月一共有175个国家签署了该协议,②但美国作为目前世界上唯一的超级大国旋即在2017年6月1日宣布退出该协议。许多签署了《公民权利和政治权利国际公约》(ICCPR)、《经济、社会和文化权利国际条约》(ICESCR)、《联合国儿童权利公约》的国家在签署之后就违反了这些公约的内容。③

一些国际条约的遵守在国家利益面前显得有些脆弱,甚至是领导人的替换就能决定加入与否,此时的私政府立法便有了用武之地。这种非正式立法在志同道合成员合意的基础上,将金融机构社会责任国家间立法无法达成、难以实践或者效果不显的内容形成内部规则,进行实践和宣扬,通过市场的力量将这些行为内化。例如,社会责任国际组织的SA8000标准就体现了《世界人权宣言》及《国际组织劳工宪章》中的劳工标准,同时尊重、补充并支持世界各国的国家劳动法;④赤道原则由世界主要金融机构根据IFC和世界银行的政策与指南建立,要求金融机构对其投资的项目进行事先的评估;IFC的《社会与环境可持续政策和绩效标准以及信息披露政策》中有关劳工权利的内容来自国际劳工组织的被迫劳动、童工、非歧视,以及自由结社和联合谈判这四个核心标准。⑤ 而这些行为又正如上文所描述的那样为国家间立法的进一步达成和遵守提供了现实的基础,两者之间形成了一个良性循环。此外,国家间立法也为私政府立法在依靠市场驱动之外增加了一层民族国家特有的强制力保障。故而总体来看,金融机构社会责任的国家间立法和私政府立法呈现出一

---

① UNFCCC, Historic Paris Agreement on Climate Change, http://newsroom.unfccc.int/unfccc-newsroom/finale-cop21/,下载日期:2017年12月23日。

② UN, List of Parties that Signed the Paris Agreement on 22 April, http://www.un.org/sustainabledevelopment/blog/2016/04/parisagreementsingatures/,下载日期:2017年12月23日。

③ 刘志云:《法律视角下商业银行的社会责任:原理研究与实证分析》,法律出版社2012年版,第214页。

④ SAI, SA8000 Standard, http://www.sa-intl.org/index.cfm?fuseaction=Page.ViewPage&pageId=1689,下载日期:2017年12月23日。

⑤ 刘志云:《银行业践行社会责任的"私政府立法":兴起背景与原理探究——一种从国际关系理论视角的分析》,载刘志云主编:《国际关系与国际法学刊》(第1卷),厦门大学出版社2011年版。

种相辅相成、互为因果的正相关之关系。

(四)中国对金融机构社会责任国际立法的参与以及存在的问题

正如金融机构社会责任国际立法分为“国家参与”的“国家间立法”与“非国家参与”的“私政府立法”两种路径一样，从发挥直接性作用的角度而言，我国对金融机构社会责任国际立法的参与，以及存在的问题，显然也必须分成这两条线来叙述。并且，新的时代背景下我国发展更高层次的对外开放型经济和对全球治理的积极参与，是对我国政府和社会各个主体的共同要求，需要所有主体各司其职地共同参与。

无疑，国家的公共部门在推动本国金融机构履行社会责任方面发挥着重要作用。世界银行的一份报告显示，政府在推动私人部门承担社会责任过程中主要通过四种方式来发挥作用：[①]一是强制性命令(Mandating)，政府在法律框架中对不同的行业设置履行社会责任的最低标准，并以此对其进行控制、检查和奖惩；二是推动(Facilitating)，政府通过税收激励和惩罚、信息公开、便利获取国外的最佳实践、公布表现不佳的企业和自愿的框架协议等方式对推动私人部门的社会责任实践起到催化、辅助和支持作用；三是合作(Partnering)，与利益相关者和公民社会合作以提升社会责任能力；四是支持(Endorsing)，通过政策文件、公共采购和公共管理的示范作用、对个体企业的直接奖励等方式来支持企业的社会责任行为。而在全球化背景和信息技术普遍化、跨国金融控股集团大量涌现等因素的作用下，金融业实际上早已全球化了，与之紧密相关的金融机构社会责任问题无疑也成为一个国际性问题，仅靠一国的治理显然难以奏效，对其的国家间立法规制成为必然。

就我国而言，从1949年到改革开放之前，我国与“二战”之后形成的新的国际法律秩序之间处于一种互不信任甚至对立的状态。在相当长的一段时期内，中国实际上处于国际体制之外，主要作为国际法的观察者和批评者，而非参加者与践行者。[②] 此时，就更遑论对企业社会责任这一细分领域国际规则的参与了。当20世纪中期企业社会责任被各国逐渐接受且纳入立法之时，我

---

① Tom Fox, Halina Ward, Bruce Howard, *Public Sector Roles in Strengthening Corporate Social Responsibility: A Baseline Study*, International Institute for Environment and Development(IIED), 2002, pp. 3-6.

② 刘志云：《国际法上的中国道路》，载门洪华等主编，《中国战略报告》(第3辑)，格致出版社/上海人民出版社2016年版，第277页。

国还处于高度集权的计划经济时代，彼时的政府与企业包办社会一切，企业纯粹属于执行国家计划的工具，体现的是国家利益，境外的企业社会责任这一理念在国内不会也不必提起。自 20 世纪 70 年代，尤其是改革开放以来，随着我国综合国力的提高以及意识形态的变化，加之国际形势变迁之大背景，我国与国际法之间的关系发生了很大的转变，我国开始尝试接受并参与到既有国际法律体系中。例如，我国于 1972 年出席了联合国在斯德哥尔摩召开的人类环境会议，这是我国恢复联合国席位之后参加的第一个大型国际会议，并对《人类环境宣言》的修改做出贡献。实际上，自 20 世纪 70 年代以来，我国几乎参加了所有的政府间国际组织、成为 300 多项多边条约的成员，从一个体系的挑战者变成了积极的参与者，参与到了当前所有领域的造法进程当中。① 随着全球化的不断深入，我国积极顺应经济深度融入世界经济的趋势，更加主动地参与到了全球经济治理和公共产品的供给当中。

在国际经济立法方面，我国在 20 世纪 90 年代以前主要以发展中国家的态度以及投资中的东道国的身份来定位。例如，在国际贸易、国际投资乃至国际金融的"国家间"立法谈判中，对于发达国家积极主张的，包括劳工保护、人权保护、反腐败等与金融机构践行社会责任紧密相关之问题，我国的态度与策略基本是消极与抵制的。不过，21 世纪以来，随着我国成为世界第一大贸易国、世界第二大经济体以及世界前三的资本输出国，我国的态度与策略发生了重大转变。尤其是自 2008 年国际金融危机爆发以来，我国在国际体系中的地位得以大幅度上升，在"积极参与全球经济治理和公共产品供给，提高我国在全球经济治理中的制度性话语权，构建广泛的利益共同体"②的指导下，中国正在"有条不紊"地融入国际秩序的重构过程中，并开始了从单纯的"积极参与"转变为实施"参与规则"与"主导规则"并行的战略。

当前，我国正以积极的姿态参与跟劳工保护、反腐败、反洗钱、环境气候保护等问题紧密相关的立法谈判中。例如，我国于 1990 年加入《男女同酬公约》、1992 年和 1998 年分别签署了《联合国气候变化框架公约》与《京都议定

---

① Xue Hanqin，China and International Law：60 Years in Review，Chatham House International Law Summary（8 March 2013）.

② 新华网：《授权发布：中国共产党第十八届中央委员会第五次全体会议公报》，http://news.xinhuanet.com/politics/2015-10/29/c_1116983078.htm，下载日期：2018 年 3 月 28 日。

书》、1997 年交存参加《国际电信联盟公约》的批准书、2000 年签署《联合国打击跨国有组织犯罪公约》、2011 年签署《欧亚反洗钱和反恐融资组织协议》，2012 年交存对《关于合作查明和切断在上海合作组织成员国境内参与恐怖主义、分裂主义和极端主义活动人员渗透渠道的协定》的核准书，等等。

此种战略同样也体现在与金融机构社会责任有关的国家间立法之上，最典型的例子便是对绿色金融的关注。例如，2015 年 12 月 15 日，正值中国担任 G20 轮值主席之际，G20 财政和央行副手会在中国三亚通过了发起绿色金融研究组的提案，该研究小组由中国和英国共同主持，联合国环境规划署作为秘书处支持；①2016 年的 G20 杭州峰会第一次正式讨论了绿色金融的议题，并在当年的领导人公报中明确提出要扩大全球的绿色金融规模，从提供清晰的战略性政策信号与框架、推动绿色金融的自愿原则、扩大能力建设的学习网络、支持本地绿色债券市场发展、开展国际合作以推动跨境绿色债券投资、鼓励并推动在环境与金融风险领域的知识共享、改善对绿色金融活动及其影响的评估方法七个方面，克服绿色金融发展面临的环境外部性内部化所面临的困难、期限错配、缺乏对绿色的清晰定义、信息不对称和分析能力缺失等挑战；②2016 年 12 月，联合国环境规划署和中国环保部签署了《关于建设绿色“一带一路”的谅解备忘录》，组建了绿色“一带一路”国际研究小组。③ 在 2017 年 5 月的“一带一路”国际合作高峰论坛上，两者共同倡议建立“一带一路”绿色发展国际联盟。该联盟由联合国环境规划署牵头，中国环保部做支撑，致力于借助国际层面的平台，促进“一带一路”沿线国家在环境、生态、金融等方面的合作，④等等。

相比之下，我国金融机构参与社会责任国际立法方面却稍显滞后。据统计，截至 2018 年 3 月，仅有蚂蚁金服、台州银行、国家开发银行、招商银行、工

---

① UNEP Inquiry, G20 Green Finance Study Group Document Repository, http://unepinquiry. org/g20greenfinancerepositoryeng/，下载日期：2017 年 12 月 23 日。

② G20, G20 Leaders' Communique Hangzhou Summit, http://unepinquiry. org/wp-content/uploads/2017/01/2016-09-04-g20-communique-en. pdf，下载日期：2017 年 12 月 23 日。

③ 张倩：《一带一路倡“绿”共赢》，http://theory. gmw. cn/2017-05/21/content_24542841. htm，下载日期：2017 年 12 月 23 日。

④ 班娟娟：《“一带一路”绿色发展国际联盟将正式启动》，http://www. china. com. cn/news/2017-07/03/content_41141118. htm，下载日期：2017 年 12 月 23 日。

商银行、兴业银行和平安银行7家大陆金融机构参与了UNEP FI;①兴业银行和江苏银行两家大陆银行宣布适用EPs;②璞玉投资、易方达基金公司、华夏基金公司、绿地金控、九鼎投资、云月投资、嘉实基金7家投资管理者和商道融绿、社会企业研究所两家服务提供者签署PRI;③275家公司、团体、商会等组织加入《联合国全球契约》,仅占其总数12915家的2.13%;④鼎睿再保险公司1家参与联合国《可持续发展保险原则》(PSI)。(表1)⑤这显然与我国世界第二大投资国的地位不相符。

表1 我国金融机构参与金融机构社会责任国际立法数据统计

(截至2018年3月)

项目	全球机构数量(家)	我国机构数量(家)	我国机构占比(%)
UNEP FI	222	7	3.15
EPs	92	2	2.17
PRI	1950	9	0.46
UN Global Compact	12915	275	2.13
PSI	60	1	1.67

从个体来看,兴业银行于2007年、2008年分别加入了UNEP FI、EPs,并于2008年开始向“碳披露项目”提交信息。招商银行也先后加入UNEP FI与“碳披露项目”。中国工商银行于2008年加入了“碳披露项目”。中国民生银行在2004年8月参与了由联合国全球契约联合UNEP FI和众多金融机构联

① UNEP FI, Asia Pacific Members, http://www.unepfi.org/members/asia-pacific/,下载日期:2018年3月28日。

② Equator Principles, Equator Principles Association Members & Reporting, http://www.equator-principles.com/index.php/members-and-reporting,下载日期:2018年3月28日。

③ PRI, Search Results, https://www.unpri.org/searchresults?qkeyword=¶metrics=WVSECTION%7cSignatories,下载日期:2018年3月28日。

④ UN Global Compact, Explore Our Participants, https://www.unglobalcompact.org/interactive,下载日期:2018年3月28日。

⑤ Principles of Sustainable Insurance, Signatories & Supporters, http://www.unepfi.org/psi/signatory-companies/,下载日期:2018年3月28日。

合发布的《有心者胜》(Who Cares Wins)研究报告的编撰以及倡议活动,并在2007年成为第一个接受了SA8000社会责任管理标准认证的中资银行。根据中国银行业协会发布的《2016年度中国银行业社会责任报告》,截至2016年年末,全行业共有118家银行业金融机构明确了社会责任理念,75家发布了社会责任报告或可持续发展报告;从事社会责任工作员工达到1.1万余人,开展社会责任培训1283余次,全年社会责任工作投入达5887.5万元;公益慈善项目数量达到6056个,投入总额达11.1亿元,同比增加300万元;员工志愿者活动时长86.3万小时。[①] 与此相比,证券机构的参与度要高一些。中国证券业协会《2016年度证券公司履行社会责任情况报告(上)》显示,有超过80%的证券公司建立了履行社会责任的相关制度,2/3以上的证券公司通过发布独立社会责任报告或者在公司年报中设置专门章节,向社会公众披露公司社会责任履行情况。[②] 在2012年,就有57家证券公司作出过全球契约十项原则、联合国关于环境的公约宣言以及其他官方或非官方与社会责任相关的承诺。[③] 保险业协会的2012年保险行业企业社会责任报告专栏中,也有108家保险公司发布了其社会责任报告。[④]

以上数据似乎说明,我国金融机构履行社会责任正在逐渐成为一种规范性、常态化的行动,但现实情况并非如此。以银行业为例,与众多的银行业金融机构相比,当前我国银行业金融机构参与金融机构社会责任国际规范的数量可以说是少得惊人,而如果考虑到银行资产占据我国金融资产的90%以上,那么我们从总体来讲可以得出中国金融机构参与社会责任国际立法的程度是非常低的结论。我们并不否认我国金融机构在履行社会责任方面所做的

---

① 潘光伟:《不忘初心 银行业履行社会责任再创佳绩——中国银行业协会党委书记、专职副会长潘光伟发布〈2016年度中国银行业社会责任报告〉》,http://www.china-cba.net/do/bencandy.php? fid=43&id=16595,下载日期:2018年4月12日。

② 中国证券业协会:《2016年度证券公司履行社会责任情况报告(上)》,http://www.sac.net.cn/hysj/zxtjsj/gzdt/201709/t20170912_132937.html,下载日期:2017年12月23日。

③ 中国证券业协会:《2012年度证券公司履行社会责任情况报告》,http://www.sac.net.cn/hysj/zxtjsj/gzdt/201304/t20130419_62081.html,下载日期:2017年12月23日。

④ 中国保险业协会:《保险行业企业社会责任报告(2012年度)》,http://www.iachina.cn/art/2013/8/15/art_22_9692.html,下载日期:2017年12月23日。

“数据化”努力,但总体来看,我国金融机构履行社会责任的方面仍然处于一种很低的水平。截至目前,除了国家开发银行、兴业银行、招商银行等加入了少许国际相关规则之外,大部分中资金融机构均处于观望状态。“践行企业社会责任”更多的是一种“倡导性”和“实施性”行为,并没有将之内化并注重实效,实践中大量存在的侵犯消费者和雇员的权益、为破坏环境的项目融资以及机构内部督促机制的缺失等情况便是典型例证。在《2016 年全球环境绩效指数(EPI)评估报告》中,我国排在第 179 位,在 180 个参评国家中排名倒数第二,与 2014 年的 118 位相比呈现出断崖式的下滑,这反映出我国金融机构在绿色信贷等践行社会责任方面非常落后。①

总体来看,我国金融机构在参与企业社会责任的国际规则方面至少还存在如下问题:一是金融机构企业社会责任报告在披露形式和质量上还有待进一步完善,如报告的编排方式尚未与国际完全接轨、不注重与利益相关方的互动等等。二是金融机构践行社会责任内部督促机制还存在问题,如国际金融业广泛接受的践行社会责任的国际规范,还未完全纳入金融机构社会责任管理体系、金融机构内部社会责任管理部门的层级较低或存在技术问题等等。三是外部督促机制没有体系化和强制力,具体表现为文本构建的原则化以及政府、行业组织、第三方监督力量没有系统化,NGOs、媒体和普通公众构成的第三方监督基本被排除在督促机制之外。四是在具体的社会责任的承担方面还有缺陷,大部分的金融机构尚未达到将践行企业社会责任完全内化的程度,更多的是将其作为一种功利的、迎合大众的策略,以致它们在践行的过程中还存在大量侵害员工和消费者权益、破坏环境、将慈善公益当成“作秀”的问题。

无疑,对于“国家层面”的企业社会责任国际立法,我国政府的态度与策略已经发生重大转变,而对于中国金融机构参与社会责任国际立法方面,中国金融机构的态度与策略也必须紧跟着转变,参与程度与水平都必须得到极大的提高。如果中国金融机构的态度与策略转变反而走在国家之后,那说明其市场化程度以及经营敏感度还需要得到大幅提升。如此,才能更好地推动我国在新的时代背景下,统筹国际国内两个大局,软实力与硬实力两条腿走路,形成一个更高层次的开放型经济。

---

① Yale, Environmental Performance Index: 2016 Report, http://epi.yale.edu/sites/default/files/2016EPI_Full_Report_opt.pdf, 下载日期:2017 年 12 月 23 日。

三、新的时代背景下中国金融机构对社会责任国际立法的践行情况、绩效评估以及优化路径
——以兴业银行对赤道原则的参与为例

金融机构通过履行评估责任和定价金融资产、监督借款人、管理金融风险等职能，对社会经济的发展起到了巨大的推进作用。晚近，国家间掀起的以赋予资本权利为中心的“自由化”造法运动，造成了经济效益与社会利益的激烈冲突，使得要求金融机构承担社会责任，发展绿色金融、可持续金融的呼声愈发高涨。在当前我国主动参与和推动经济全球化进程，发展更高层次的开放型经济的战略要求下，推动金融机构加入这一承担社会责任的趋势，并营造良好的政策环境保障其发展，无疑成为提升走出去企业的竞争力，促成我国“软实力”与“硬实力”协调发展，进而打造良好大国形象的必然选择。

从上文的数据我们可以看出，目前我国金融机构在企业社会责任国际立法方面的参与程度非常低，与世界第一大贸易国、世界第二大经济体和第二大投资国的地位严重不相称。虽然中国金融机构积极参与社会责任国际立法，既是增强我国软实力，打造大国形象的必然要求，也有其提高自身声誉的道德上的必要性；但金融机构本身始终是一个逐利的经济体，以上责任与义务只能是一种外在约束，只有将金融机构参与企业社会责任国际立法与商业动机紧密结合在一起，中国金融机构参与企业社会责任国际立法才会成为一种自觉行为，相关国际立法才能“内化”到金融机构的内部文化与治理机制之中。为此，对金融机构参与社会责任的国际立法所产生的成本与收益进行客观的绩效评估就显得非常必要，只有证明金融机构参与社会责任国际立法是提高其经济效益与市场竞争力的重要手段之一，这种参与才能是自觉与持久的。

作为“国际银行界首次制定和认可的全球项目融资的环境与社会标准”，[①]EPs可以说是当前金融机构国际立法中影响最大的“私政府立法”，我国的兴业银行和江苏银行业也分别于2008年和2017年签署了该项原则，成

① 张长龙:《接受赤道原则促进金融和谐》，载《特区经济》2006年第6期。

为赤道银行(Equator Banks)。但鉴于目前江苏银行还处于构建制度体系与管理流程的执行过渡期,故而我们可以也只能以至今我国大陆参与该原则时间最长的兴业银行为例进行绩效评估。而在这之前,对 EPs 进行详尽解析,便成了必然的前置要件。

(一)赤道原则概述

赤道原则是金融机构采用的一种风险管理框架,用于确定、评估和管理项目中的环境和社会风险,主要目的是为尽职调查提供一个最低标准,以支持负责任的风险决策。① 虽然学界和实务界对其从不同角度进行了界定,如"是金融机构单独创设其内部确定、评估和管理项目融资过程中所涉及社会和环境风险的政策、程序和做法的基准";②"是一套国际先进的项目融资环境与社会风险管理工具和行业基准,旨在判断、评估和管理项目融资过程中的环境与社会风险,是金融可持续发展的原则之一,也是国际金融机构践行企业社会责任的具体行动之一",③等等。但总体而言其就是"一套在融资过程中用以确定、评估和管理项目所涉及的环境和社会风险的金融行业基准"。

2002 年 10 月,荷兰银行和 IFC 邀请了包括巴克莱银行、西德意志州立银行、花旗集团在内的 9 家大型国际商业银行和金融公司在伦敦召开会议,讨论项目融资对环境和社会造成的影响,与会机构均提供了以往自身发生的项目融资过程中所造成的环境与社会问题,并在不同程度上影响了其利益和声誉。在花旗集团的建议下,各机构同意成立一个任务工作组,用来起草一个统一性的框架来为融资进行参考,而在工作组之后的多次电话会议上,各方一致同意在世界银行和国际金融公司的相关政策,尤其是国际金融公司在保障政策的基础上,建立一套在项目融资中有关环境与社会的指南。2003 年 2 月,花旗集团牵头在伦敦中部附近的格林威治召开商讨确立金融业统一的环境与社会影响风险管理行业标准的会议,包括荷兰银行、巴克莱银行在内的 9 家金融机构和 IFC 参加了会议。由于考虑到举行会议的地方在格林威治,并且是地球

---

① Equator Principles, About the Equator Principles, http://www.equator-principles.com/index.php/about-ep/about-ep,下载日期:2017 年 12 月 25 日。

② 冯守尊:《赤道原则:银行业可持续发展的最佳实践》,上海交通大学出版社 2011 年版,第 6 页。

③ 兴业银行:《兴业银行的绿色宣言——赤道原则年度执行报告(2008—2009)》,第 4 页。

的本初子午线，故而将会议达成的基准命名为“格林威治原则”。不过在会后向社会公众征求意见时，非政府组织提出了将其更名为“赤道原则”的建议。2003 年 5 月，在德国杜塞尔多夫(Dusseldorf)召开的“格林威治原则”第三次会议上，参会银行一致希望该金融行业基准不仅仅是代表北半球的呼声，而应当是一项全球性的倡议，采用“赤道原则”这个名称似乎更能代表这种平衡，所以，“格林威治原则”改名为“赤道原则”，并沿用至今。① 2003 年 6 月 4 日，包括荷兰银行、巴克莱银行、花旗集团、瑞士信贷银行、德国裕宝银行在内的 7 个国家的 10 家国际领先银行，在华盛顿的 IFC 总部正式宣布采纳并实行赤道原则，截至 2018 年 3 月，共有来自 37 个国家的 92 个金融机构采纳了 EPs，覆盖了 70%的新兴市场国际项目债务融资。②

继 2003 年的最初版本发布之后，EPs 又根据实际情况、发展趋势和 IFC 新修订的绩效标准，与时俱进地进行了更新。当前通行的版本是 2013 年发布的“赤道原则Ⅲ”，其从 EPs 战略审查优先事项和建议、与国际金融公司更新的绩效标准相一致、支持 EPs 实现和达成一致性三大方面的适用范围、客户的公开报告、社会、气候、信息披露、术语表等 11 个角度对 2006 年的“赤道原则Ⅱ”进行了升级和修正。③ 赤道原则Ⅲ一共包括正文、附件和附录三大部分，其中正文有四个部分，分别是：①序言，主要对赤道原则确立的动因、目的、采用赤道原则的意义等一般性问题和赤道原则金融机构(EPFI)的一般承诺进行了阐释；②适用范围，该部分规定了在支持一个新融资项目时，赤道原则适用四种金融产品，包括项目资金总成本达到或超过 1000 万美元的项目融资咨询服务和项目融资、符合一定标准的用于项目的公司贷款和相关的过桥贷款；③具体原则，该部分列举了 EPFI 在作出投资决定时需要依据的 10 项具体原则(详见表 2)，EPFI 承诺只会为符合条件的项目提供贷款；④免责声明，主要表明了 EPs 是一个金融机构自愿发展其内部社会和环境政策、程序

① S. Lazarus, The Equator Principles: A Milestone or Just Good PR?, *Global Agenda*, March 17, 2004.

② Equator Principles, Equator Principles Association Members & Reporting, http://www.equator-principles.com/index.php/members-and-reporting, 下载日期：2018 年 3 月 28 日。

③ Equator Principles, The Equator Principles Ⅲ—2013, http://www.equator-principles.com/index.php/equator-principles-3, 下载日期：2017 年 12 月 26 日。

和惯例的基准与框架，没有对任何个体和组织设定权利与责任，当 EPFI 适用的法律法规与 EPs 中提出的要求存在明显冲突时，应当优先遵守当地的法律法规。附件主要是 EPs 具体的执行要求，是对 EPFI 的强制性规定，包括气候变化：替代分析，温室气体排放的定量；最低报告要求两个文件。附录是相关的补充信息，包括术语表，在环境和社会评估文件中会涵盖的潜在环境和社会问题的示例清单，国际金融公司环境和社会可持续性绩效标准及世界银行集团环境、健康和安全指南三个文件。[①] 整体来看，赤道原则的实施效果显著，其在完善金融机构治理水平、应对环境和社会风险、提高金融机构信誉和品牌影响力等方面受到了极高赞誉。

表 2　赤道原则Ⅲ:10 项具体原则

原则 1	审查和分类	EPFI 将根据 IFC 的环境和社会分类操作流程对提交项目的潜在社会和环境的影响及风险程度进行如下分类：A 类，项目对环境和社会有潜在重大不利并/或涉及多样的、不可逆的或前所未有的影响；B 类，项目对环境和社会可能造成不利的程度有限和/或数量较少，而影响一般局限于特定地点，且大部分可逆并易于通过减缓措施加以解决；C 类，项目对社会和环境影响轻微或无不利风险和/或影响。
原则 2	环境和社会评估	对于被评为 A 类和 B 类的项目，客户应当开展环境和社会评估，并提供一份令 EPFI 满意的包括解决与提呈项目有关的环境和社会影响和风险措施的评估文件。评估文件可以由客户、顾问或外部专家任何一方制定，其应当包括一份环境和社会影响评估（ESIA），和可能需要的一项或多项专门研究。
原则 3	适用的环境和社会标准	在对项目的评估过程中，如果项目位于非指定国家，评估过程应符合当时适用的 IFC 社会和环境可持续性绩效标准以及世界银行的环境、健康和安全指南（EHS 指南）。如果项目位于指定国家，则应符合东道国相关的法律、法规和许可。

① Equator Principles, The Equator Principles—June 2013, http://www.equator-principles.com/resources/equator_principles_III.pdf，下载日期：2017 年 12 月 26 日。

续表

原则4	环境和社会管理系统以及赤道原则行动计划	对于A类和B类项目,客户应当开发一套环境和社会管理体系(ESMS)以及一份环境和社会管理计划(ESMP)来对项目进行持续性管理和问题解决。当适用标准不能EPFI满意时,EPFI将和客户共同达成一份赤道原则行动计划(AP)。
原则5	利益相关者参与	EPFI会要求对评为A类或B类项目的客户证明,其已经采用一种在结构和文化上均合适的方式,持续与受影响社区和其他利益相关方开展了有效的利益相关者参与行动。
原则6	投诉机制	对于被评定为A类和部分视情况而定的B类项目,EPFI会要求客户按照项目风险和不利影响的比例设立一套投诉机制,作为社会和环境管理体系(ESMS)的一部分。
原则7	独立审查	在项目融资方面,将会有一名与客户无直接联系的独立的环境和社会顾问对被评为A类和部分视情况而定的B类项目的评估文件进行独立审查,同时将提出或认可一套合适的赤道原则行动计划(AP)。在公司贷款方面,独立的环境和社会顾问将会对存在着土著居民、重要栖息地、重要文化遗产不利影响的项目进行独立审查。
原则8	承诺性条款	要求在契约中加入有关合规的承诺性条款。
原则9	独立监测和报告	要求所有A类项目和部分视情况而定的B类项目委任一名独立社会和环境顾问,或要求客户聘请有资格且经验丰富的外部专家,核实将要提交给EPFI的监测信息。
原则10	报告和透明度	所有A类项目和部分B类项目的客户报告,要保证客户能够在线获取其摘要,并将每年二氧化碳排放量超过100000吨项目的温室气体排放水平公布。EPFI应至少每年向公众报告交易的数量及其实施赤道原则的过程和经验。

资料来源:Equator Principles: The Equator Principles Ⅲ—2013, http://equator-principles. com/wp-content/uploads/2017/03/equator_principles_III. pdf, 下载日期:2017年12月26日。

早在20世纪末21世纪初,我国政府便对金融业在融资方面的环境、社会影响和社会责任,以及在国际上影响巨大的EPs给予了极大的关注。中国人民银行在1995年就下发了《关于贯彻信贷政策与加强环境保护工作有关问题的通知》,对金融部门在信贷工作中落实国家环境保护政策的问题进行了初步的规定。① 2007年7月,国家环保总局(现环保部)、人民银行和银监会联合发布了《关于落实环保政策法规防范信贷风险的意见》,标志着中国"绿色信贷"政策的正式实施,旨在对不符合产业和环境政策的企业与项目进行控制,贯彻落实金融业可持续发展政策。② 同年11月和12月,银监会分别印发了《节能减排授信工作指导意见》和《关于加强银行业金融机构社会责任的意见》,对银行业金融机构在促进全社会节能减排和履行社会责任方面作进一步的部署。③ 2008年1月,国家环保总局和世行国际金融公司在京签署协议,合作研究制定符合中国国情的绿色信贷指南,为深化绿色信贷提供技术支持。④ 同年11月,环境保护部政策法规司和IFC联合举行了《促进绿色信贷的国际经验:赤道原则及IFC绩效标准与指南》出版发行仪式。该书全面介绍了EPs的内涵,社会和环境可持续性的绩效标准,62个行业的环境、健康与安全指南。⑤ 2009年3月,环境保护部与IFC在北京签署了一个长期合作备忘录,该备忘录主要从开展绿色信贷实施评估工作,开展EPs、"绩效标准"和"行业环境、健康与安全指南"相关培训,中国实施绿色信贷金融机构的优惠政策研究,绿色证券政策研究四个方面对合作进行了阐明。⑥ 随着我国积极顺应深

---

① 中国人民银行:《关于贯彻信贷政策与加强环境保护工作有关问题的通知》。

② 国家环保总局、中国人民银行、原中国银监会:《关于落实环保政策法规防范信贷风险的意见》。

③ 原中国银监会:《节能减排授信工作指导意见》《关于加强银行业金融机构社会责任的意见》。

④ 中国环境保护部:《国家环保总局与国际金融公司携手合作深化绿色信贷》,http://www.mep.gov.cn/xxgk/hjyw/200801/t20080124_116824.shtml,下载日期:2017年12月27日。

⑤ 陈菲:《环境保护部将联合世行国际金融公司制定信贷指南》,http://www.mep.gov.cn/xxgk/hjyw/200811/t20081107_130969.shtml,下载日期:2017年12月27日。

⑥ 邹静昭:《环境保护部与世行国际金融公司签订合作备忘录 致力于推行绿色信贷》,http://www.mep.gov.cn/xxgk/hjyw/200903/t20090312_135226.shtml,下载日期:2017年12月27日。

度融入世界经济趋势，推动更高层次的双向开放格局步伐的加快，金融机构履行社会责任和绿色金融被赋予了新的时代意义。而保监会于2015年12月发布的《保险业履行社会责任的指导意见》、人民银行和财政部等于2016年8月共同发布的《关于构建绿色金融体系的指导意见》，以及G20杭州峰会上绿色金融议题的提出等事件，则直接性地引发了我国金融业轰轰烈烈的社会责任运动。我国兴业银行加入赤道原则及其在社会责任方面的许多行为，可以说就是对以上政策方针的实践缩影。

(二)新的时代背景下兴业银行对赤道原则的践行情况

兴业银行是中国节能减排融资的先行者，其早在2003年便引入了恒生银行、IFC和新加坡政府直接投资公司三家境外战略投资者，接触到了国际银行的先进发展理念，从而开始对可持续发展融资进行探索。2006年5月，兴业银行与IFC就中国公用事业能源效率融资项目(CHUEE)签署一期合作协议，首创贷款本金损失分担机制，在国内率先推出能源效率贷款，一期项目涉及贷款人民币9亿元，所支持项目每年可减排350万吨以上二氧化碳和其他温室气体。① 2007年6月，兴业银行在赴英参加英国《金融时报》与IFC联合举办的“全球可持续银行奖”颁奖典礼之时，首次接触EPs。2007年10月，兴业银行正式签署《金融机构关于环境和可持续发展的声明》，加入联合国环境规划署金融行动。2008年2月，兴业银行与IFC前述能源效率融资项目二期合作协议，IFC提供1.04亿美元的贷款本金风险分担，用于支持兴业银行发放节能减排项目贷款人民币15亿元，此举每年可以减排超过500万吨的二氧化碳。② 2008年6月，兴业银行董事会通过《关于申请加入赤道原则的议案》。10月31日，兴业银行正式公开承诺采用EPs，成为国内首家EPs金融机构，开始运用国际化思维和国际惯例落实金融机构的社会责任。③

1.兴业银行践行EPs的框架结构

在加入EPs的首年过渡期内，兴业银行从内部管理体系和对外交流两条线锐意改革，很好地构建了其EPs实施框架。在内部管理体系方面，兴业银行主要通过搭建EPs制度体系、建设环境与社会风险管理系统模块、构建环境与社会风险专家库来建立环境与社会风险管理体系；通过组织行内项目融

① 兴业银行:《兴业银行1988—2008社会责任报告》,第39页。

② 兴业银行:《兴业银行1988—2008社会责任报告》,第40页。

③ 兴业银行:《兴业银行1988—2008社会责任报告》,第40页。

资报送与审查、完成首笔使用 EPs 项目审查来开展 EPs 的实施准备工作；通过开展 EPs 专题培训、编写内部学习资料、建立内部信息沟通机制来加强理念的宣传贯彻和提高操作能力。在对外交流方面，则主要通过参与国内外重大可持续奖项评选、建设可持续金融专栏来加大对外宣传力度；通过加强与监管机构的信息交流、与客户的沟通、与国内外同业交流和与非政府组织建立对话关系来构建与利益相关方的沟通机制两个层面开展。①

2010 年，IFC 根据新形势对其可持续发展框架进行了审查和更新，新的绩效标准将于 2012 年 1 月执行。在这种情况下，EPs 协会决定对赤道原则Ⅱ进行更新，该程序于 2011 年 7 月启动，更新后的赤道原则便是赤道原则Ⅲ。②兴业银行作为我国大陆地区首家和当时唯一的一家赤道原则金融机构，积极踊跃地参加了该次修订工作，其通过区域电话会议、书面意见反馈讨论以及参加赤道原则年度大会等多种方式，结合自身在业务操作和环境与社会管理中的实践经验，以及中国国情提出了有益建议。③ 且在赤道原则Ⅲ于 2013 年颁布之后，兴业银行也积极参照新版本，对自身的赤道原则实施架构和标准进行了及时合理的更新。

总体来看，兴业银行遵循着依法合规、风险可控、集中管理、分类操作、规范流程、促进可持续发展的原则，④主要从以下五个方面开展对赤道原则的践行工作：

一是组织机构。兴业银行于 2008 年 7 月成立了由董事会和经营管理层人员组成的赤道原则工作领导小组，该小组办公室设在法律与合规部可持续金融室，负责银行环境与社会风险管理的政策和制度的拟订、制订赤道原则实施规划，并负责本行可持续金融的对外宣传、交流和联系工作，为本行经营机构发展可持续金融提供指导。⑤ 同时，设计了独立的“分行可持续金融职能部门—总行可持续金融室”的环境与社会风险两级审查审批体系，在各分行设置

① 参见兴业银行：《兴业银行的绿色宣言——赤道原则年度执行报告（2008—2009）》，第 16 页。

② Equator Principles, About Equator Principles（EP Ⅲ）Update Process and Timeline, http://www.equator-principles.com/index.php/process-and-timeline，下载日期：2017 年 12 月 27 日。

③ 参见兴业银行：《2012 年年度可持续发展报告》，第 128 页。

④ 参见兴业银行：《2009 年年度社会责任报告》，第 96 页。

⑤ 参见兴业银行：《2009 年年度社会责任报告》，第 96 页。

可持续金融职能部门，在分行负责包含赤道原则在内的环境与社会风险管理工作。① 而后，赤道原则工作领导小组被改为社会责任工作领导小组，并形成了“董事会—高级管理层—社会责任工作领导小组—总行职能部门—环保官员—分行和子公司”的环境和社会风险管理组织架构。截至2015年年底，累计有33家分行成立了环境金融中心(其余分行也配备环境金融产品经理)，全行绿色金融团队近200人，中心配备专职风险管理岗，负责辖区内赤道原则项目的产品支持、赤道原则适用性认定与风险分类、项目环境与社会风险评审等工作。②

二是制度体系。兴业银行构建了一套由“基础制度—管理办法—操作规程”组成的赤道原则项目执行制度体系，规范其在政策制定、业务流程以及信息披露等方面的流程操作。具体包括《环境与社会风险管理政策》《适用赤道原则的项目融资管理办法》《使用赤道原则的项目融资分类指引》《环境与社会风险专家评审规范》《环境与社会风险专家评审规范》以及适用赤道原则的示范合同文本、配套示范文本和相关指导意见、实施意见等。③ 在赤道原则Ⅲ于2013年正式生效之后，为了全面实施新版的赤道原则，兴业银行依据赤道原则协会对于过渡期的要求，结合其赤道原则5年来的实施情况，以及业务条线和风险管理体系改革后的架构设置及职责变化，及时启动了赤道原则制度体系修订工作，发布适应新版赤道原则实施的项目管理办法，并不断提升制度体系整体的可操作性与融合程度。④

三是操作流程。兴业银行在赤道原则项目的环境与社会风险分类、评估、审查、合同签署以及监测等流程内嵌入常规的信用业务流程，构建了较为完善的总分行两级审核制。项目经由总分行开展适应性认定和分类两级审定之后，由经营机构开展授信前环境与社会风险尽职调查，其中根据赤道原则Ⅲ的要求，由独立第三方协助开展尽职调查并评估项目的赤道原则符合性，项目通过环境与社会风险审查之后，由信用审查部门最终作出授信决策。(图3)⑤

四是开展相关培训。自兴业银行采纳赤道原则之日起，其便十分注重通

---

① 参见兴业银行:《2010年年度社会责任报告》,第91页。

② 参见兴业银行:《2015年年度社会责任报告》,第83页。

③ 参见兴业银行:《2009年可持续发展报告》,第109～110页。

④ 参见兴业银行:《2013年年度社会责任报告》,第110页。

⑤ 参见兴业银行:《2014年年度社会责任报告》,第63页。

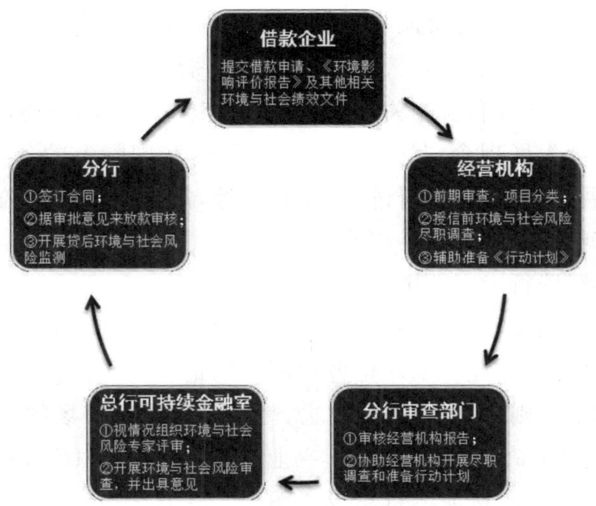

图 3　兴业银行适用"赤道原则"的项目融资业务环境与社会风险管理流程

资料来源：兴业银行《2009 年社会责任报告》，第 97 页。

过专题培训、网络课程、内部交流、网络学习会等方式普及赤道原则的知识，重点对赤道原则适用范围、评审要求、评审流程以及制度体系等相关内容开展集中宣传，促进分行绿色金融相关岗位人员专业能力进一步提升，强化实施意识和专业能力建设(表 3)。

表 3　兴业银行历年赤道原则内部培训统计表①

年份	培训场次	培训人次	培训时长
2010	82(累计)	9452(累计)	
2011	68	20783	
2012	74	3026	
2013	56	2155	
2014	66	3870	
2015	59	3197	约 5000 分钟
2016	72	3900 余	约 6000 分钟

资料来源：兴业银行《2010—2016 年社会责任报告》。

① 2010 年的数据是兴业银行自采纳赤道原则至 2010 年的累计培训数据。

五是开展大量的对外交流与沟通。一方面，通过兴业银行官网的“可持续金融”栏目、《可持续发展报告》、《从绿到金——社会责任专刊》、兴业银行赤道原则微博等渠道，与各利益相关方开展良好、充分、及时的沟通，进一步传播赤道原则和可持续发展理念；另一方面，参与国内和国际上的各类有关赤道原则、可持续发展、社会责任的研讨会、发布会等，加强与国内外监管部门、金融同业和非政府组织之间的对话交流。

2.兴业银行践行赤道原则的现实状况

开放发展是国家繁荣的必由之路，我国的发展奇迹与对外开放有着千丝万缕的关系，这在当前经济全球化愈加深入的情境下更是如此。而兴业银行加入和践行赤道原则，本身就是走出去，融入全球金融市场的一个重要体现。数据显示，截至2016年12月31日，兴业银行累计对971笔融资项目开展了赤道原则适用性判断，所涉项目总投资额达29076.32亿元人民币，其中最终适用赤道原则的项目共有307笔，项目总投资额达11458.47亿元人民币，涉及272个客户，累计下柜金额347.89亿元。[①]（表4）而除了项目数据上的变化之外，兴业银行也从多个方面践行赤道原则的要求，积极响应我国长期秉持和在新时代背景下不断深化的对外开放之战略。

例如，兴业银行在采用赤道原则之后，连续多年参与由赤道原则秘书局召开的赤道原则年度大会以及由IFC召开的年度学习大会；2009年10月，参加联合国环境规划署金融倡议机构全球峰会，并成为唯一一家在大会上作主题发言的中国银行；[②]2010年，积极参与IFC绩效标准及其指导说明的审查修订工作；2011年7月，参加国际金融公司主办的可持续金融国际会议，介绍兴业银行在可持续金融领域的实践和经验，并与参会泰国银行同业开展深入交流，等等。又如，在创新与推广绿色金融方面，兴业银行于2009年成立可持续金融中心，并在2012年将可持续金融中心升级为一级部门可持续金融部，开创了致力于以金融创新支持可持续发展、通过多样化的金融工具促进低碳经济和循环经济发展的可持续金融业务，同时还建立了绿色金融认证体系，对每笔绿色金融项目实现了逐笔认证，开展了“可测量、可报告、可核查”的环境效益测算；[③]2009年7月开具国内首张碳交付保函，8月担任账户管理行，为中

① 参见兴业银行:《2016年年度社会责任报告》,第84页。

② 参见兴业银行:《2009年年度社会责任报告》,第113页。

③ 参见兴业银行:《2012年年度社会责任报告》,第83页。

国首笔自愿减排量交易提供了交易结算和资金存管服务；[①]2013 年，推出了一个从产品、模式到解决方案的多层次服务专案“绿金融·全攻略(2013)”。[②]在倡导绿色经营模式方面，兴业银行于 2009 年颁布了《办公节能管理办法》，要求在日常工作中关注节能降耗，通过制度管理、能耗设置、标志提醒、印制低碳办公手册及宣传画等多种方式不断增强员工的节能意识；[③]在 2010 年的总行大楼广告改造过程中采用先进节能技术，改造后节电 13 万度，减少 102.05 吨二氧化碳排放量；[④]从 2010 年开始每年参与“地球一小时”公益环保行动，等等。凡此种种，皆是对赤道原则理念的良好践行，同时也是对党和国家所提出的可持续发展战略、生态文明建设、和谐社会等政策方针的贯彻落实。

目前，兴业银行已建立起业内领先的绿色金融专业机构与专业团队，构建一系列业内领先的绿色金融制度、流程安排及环境金融专业系统，并形成了丰富的集团绿色金融产品与服务体系。其绿色融资客户在 2015 年新增了 2796 户，增幅达 86%，业务覆盖低碳经济、循环经济、生态经济三大领域。[⑤] 2016 年，兴业银行分别发行了境内首单绿色金融债、全国首单非上市公司绿色资产证券化(ABS)——无锡交通产业集团公交经营收费收益权资产支持专项计划、国内首单慈善信托——兴业信托·幸福一期慈善信托计划，制定了《兴业银行金融扶贫开发服务方案》，从产品扶贫、产业扶贫、渠道扶贫、教育扶贫、定点扶贫等方面细化实施路径。[⑥] 兴业银行积极把握“一带一路”发展机遇，加强代理行跨境合作，紧贴企业“走出去”跨境金融需求，参与国际银团项目 40 余个，并多次担任国际银团贷款牵头簿记行、牵头行及代理行等角色，投放国际银团贷款超过人民币 300 亿元，[⑦]等等。

---

① 参见兴业银行:《2009 年年度社会责任报告》，第 68 页。

② 参见兴业银行:《2013 年年度社会责任报告》，第 61 页。

③ 参见兴业银行:《2012 年年度社会责任报告》，第 92 页。

④ 参见兴业银行:《2010 年年度社会责任报告》，第 66 页。

⑤ 参见兴业银行:《2015 年年度社会责任报告》，第 58 页。

⑥ 参见兴业银行:《2016 年年度社会责任报告》，第 57～75 页。

⑦ 参见兴业银行:《发力国际银团业务:兴业银行助力构建“一带一路”金融动脉》，https://www.cib.com.cn/cn/aboutCIB/about/news/2017/20171117.html，下载日期:2017 年 12 月 29 日。

表4　兴业银行历年赤道原则项目和金额统计表①

年份	审查项目		适用项目		适用和审查比例	
	数量(个)	金额(亿)	数量(个)	金额(亿)	数量占比	金额占比
2010	577(累计)	6000(累计)	66	930.63		
2011	69	2898	37	512.35	53.62%	17.68%
2012	81	1179	45	683	55.56%	57.93%
2013	67	1104	23	520	34.32%	47.10%
2014	60	10053.21	37	1555.86	61.67%	15.48%
2015	45	1380	41	1380.14	91.11%	100.01%
2016	72	6462.11	49	5813.32	68.06%	89.96%

资料来源:兴业银行《2009—2016年社会责任报告》。

以上分析表明,我国兴业银行自采用赤道原则伊始便十分注重对自身的升级和实践,自上而下、由内至外地构建了组织体系、制度规范、操作流程等作为实施保障,并根据国内环境变化和赤道原则的修订进行持续更新和升级。也正是因为如此,兴业银行成了IFC和赤道原则委员会在中国的重要战略合作伙伴,经常被邀请参与研讨会、经验交流会等,同时也在国内获得了大量荣誉。仅2017年以来,兴业银行便蝉联中国银行业协会"年度最具社会责任金融机构奖"和香港《镜报》"杰出企业社会责任奖",荣获《亚洲货币》"最佳公司社会责任银行"、《中国新闻周刊》"2017年度责任企业"、《金融时报》和《中国金融家》杂志"年度卓越社会责任金融品牌"、商务部《WTO经济导刊》"金蜜蜂2017优秀企业社会责任报告·客户信息披露专项奖""社会责任杰出企业奖"等奖项。② 成为我国在新的时代背景下,积极走出去,从金融机构社会责任层面提升我国"软实力",打造良好大国形象的市场主体标兵。

(三)新的时代背景下兴业银行践行赤道原则的绩效分析

无疑,兴业银行践行赤道原则所产生的环境与社会效应是大家有目共睹的,而这些效应同样也为兴业银行带来了可观的收益。兴业银行从偏居东南一隅的地方性银行到区域性银行,再到全国性银行、上市银行,完成了四级跨

---

① 由于缺少2009年审查项目的数量和金额,所以在2010年的数据中,其审查项目的数量和金额是兴业银行从适用赤道原则以来的累计数目,其适用项目和审查项目之间的数量占比和金额占比也无法计算。该表所有数据单位为人民币。

② 新华网:《责任承载价值 兴业银行荣获"社会责任杰出企业奖"》,http://www.xinhuanet.com/money/2017-12/06/c_1122069741.htm,下载日期:2017年12月30日。

越，也由单一银行演变为以银行为主体的综合金融服务集团；资产规模从2007年年初的6177亿元增加到2016年12月末的60859亿元，居国内股份制银行首位。① 根据国际权威媒体英国《银行家》杂志联合世界知名品牌评估机构Brand Finance发布的“2017全球银行品牌500强”榜单，兴业银行以105.67亿美元的品牌价值位列第21位，较2016年大幅上升15位，品牌增值41.12亿美元，增速高达63.70%。②

当然，金融机构执行赤道原则是需要承担一定成本的，学者的研究表明，一些规模比较大的国际性银行倾向于采纳赤道原则，其在具体的社会、环境等政策上，优于非赤道原则金融机构的表现，但同时参与赤道原则的银行的经营利润相对较低，特别是在刚刚加入赤道原则或者进行升级改造的时候，这表明采纳赤道原则并不是一种粉饰行为，而是需要承担真实的费用责任。③ 此种成本显然无法在短期内被抵消或者产生可观的效益，其收益是一个长期的过程，有时候甚至是无形的。表4显示的兴业银行在2013年适用新的赤道原则Ⅲ之时大幅缩水的审查和适用项目，实际上就从某个侧面说明了适用赤道原则所要投入的人力物力成本的问题。

为了更好地衡量和了解兴业银行在新发展理念及其理论渊源指导下践行赤道原则的绩效，本文选取了同为全国性股份制商业银行的浦发银行、招商银行和民生银行作为样本银行，从经济绩效、环境绩效和社会绩效三个层面，通过描述性分析方法，开展兴业银行本身的纵向对比和与其他银行的横向对比来进行分析。

1.新的时代背景下兴业银行践行赤道原则的经济绩效分析

在金融机构承担社会责任已然成为时代潮流的境况下，兴业银行对赤道原则的参与和良好践行，无疑有助于其在竞争日趋激烈和国际化的金融行业为机构本身和产品增加社会责任属性，并以此为突破点开展创新，进而获得更

---

① 兴业银行：《2016年年度社会责任报告》，第7页。

② Brand Finance, Brand Finance Banking 500 2017—The Annual Report on the World's Most Valuable Banking Brands, http://brandfinance.com/images/upload/bf_banking_500_2017_locked.pdf，下载日期：2018年1月4日。

③ Bert Scholtens, Lammertjan Dam, Banking on the Equator: Are Banks that Adopted the Equator Principles Different from Non-Adopters? *World Development*, Vol. 35, No. 8, 2007, pp. 1307-1328.

多的认可来增强其竞争力并提升经济绩效。所谓经济绩效，是指机构对经济与资源分配以及资源利用有关的效率的评价。商业银行作为一个通过经营风险来创造利润的资源调配者，其在经济资源分配和利用上的效率无疑对国民经济的发展有着重要作用，而在我国银行业资产占据金融业资产绝大多数的境况下，这种影响只会更加深远。就企业社会责任而言，经济责任是企业应当履行的一项根本责任，中国银行业协会2009年发布的《中国银行业金融机构企业社会责任指引》对此表述道："经济责任是指在遵守法律条件下，营造公平、安全、稳定的行业竞争秩序，以优质的专业经营，持续为国家、股东、员工、客户和社会公众创造经济价值。"① 直观地看，赤道原则作为一个自愿性质的环境和社会风险管理框架，对其的适用必然要在金融机构本身组织架构、制度体系和操作流程上进行增加或者改变，这无疑直接性地增加了运行成本；同时，赤道原则非强制性的属性也成为对金融机构践行该项原则真实性的考验。此时，金融机构采纳赤道原则是否能够很好地推动其经济绩效的增长，将直接影响到其本身的良好实践和对其他银行的模范作用。

为了更好地了解兴业银行加入赤道原则是否为其带来了良好的经济效益，进而更好地履行其经济责任，我们选取了总资产、净利润、成本收入比和不良贷款率四个经济指标，收集了兴业银行、浦发银行、招商银行和民生银行从2006年至2016年在这四个方面的数据进行纵向分析和横向对比，具体情况见表5到表8。

表5　样本银行总资产对比

（单位：亿元）

年份	兴业银行		浦发银行		招商银行		民生银行	
	金额	增长率	金额	增长率	金额	增长率	金额	增长率
2006	6177.04		6893.44		9341.02		7004.49	
2007	8513.35	37.8%	9149.80	32.7%	13109.64	40.3%	9188.37	31.2%
2008	10208.99	19.9%	13094.25	43.1%	15717.97	19.9%	10543.50	14.7%
2009	13321.62	30.5%	16227.18	23.9%	20679.41	31.6%	14263.92	35.3%
2010	18496.73	38.8%	21914.11	35.1%	24025.07	16.2%	18237.37	27.9%

① 中国银行业协会：《中国银行业金融机构企业社会责任指引》第3条。

续表

年份	兴业银行		浦发银行		招商银行		民生银行	
	金额	增长率	金额	增长率	金额	增长率	金额	增长率
2011	24087.98	30.2%	26846.94	22.5%	27949.71	16.3%	22290.64	22.2%
2012	32509.75	35.0%	31457.07	17.2%	34080.99	21.9%	32120.01	44.1%
2013	36774.35	13.1%	36801.25	17.0%	40163.99	17.8%	32262.10	0.4%
2014	44063.99	19.8%	41959.24	14.0%	47318.29	17.8%	40151.36	24.5%
2015	52988.80	20.3%	50443.52	20.2%	54749.78	15.7%	45206.88	12.6%
2016	60858.95	14.9%	58572.63	16.1%	59423.11	8.5%	58958.77	30.4%

资料来源:兴业银行、浦发银行、招商银行、民生银行2006—2016年各年度报告。

商业银行总资产是指过去的交易或者事项形成的、由商业银行拥有或者控制的、预期会给商业银行带来经济利益的资源,也是商业银行偿还债务的根本保障。商业银行总资产的规模和增长率代表着其市场竞争力的水平和变化情况,某家商业银行的总资产的体量越大、增长率越高,表明其正常还本付息的能力和在行业内的竞争实力越强。

从表5中我们可以看出,兴业银行从2006年到2016年之间的总资产呈现出稳步增长的态势,2006年至2007年的增长率为37.8%,2008年是兴业银行成为赤道银行的第一年,其总资产增长率下降到了19.9%,但随后的几年都保持了30%以上的年均增长率。2013年,兴业银行根据赤道原则第三版的要求进行机制升级,当年的总资产增速由之前30%以上下降到13.1%,但在这之后又保持了较高的增长水平。这表明,采纳赤道原则和适用新版规则的过渡期内,对兴业银行的总资产增长率有着一定的影响,但过渡期结束后则产生了良好的效益。横向的对比也很好地说明了这一态势,表5显示,兴业银行2008年的总资产增速在样本银行中处于中下水平,随后的4年却保持着最为稳定的高速增长,2013年增速下降又回落到样本银行的中下水平,但很快又在样本银行中保持了较为稳定的增长。从总资产年均增长率来看,兴业银行以23.66%的年均增速居样本银行之首,其余银行分别为:浦发银行21.98%、招商银行18.73%、民生银行22.12%。2016年,兴业银行以60858.95亿元的总资产成为全国性商业银行总资产第一名。

更具体的对比来源于和兴业银行同为地方政府控股商业银行,且体量相近的浦发银行,其2006年的总资产数额比兴业银行高出716.4亿元。经过多年的增长，兴业银行总资产于2012年首次超越浦发银行，但在适用最新版赤道原则的2013年却又被浦发银行反超。不过在随后的几年，兴业银行又保持了领先状态。根据标普全球市场情报2016年发布的最新全球银行排名，兴业银行以8158.5亿美元的总资产位居全球银行排行榜第35位，排名较2015年提升5位。①

表6　样本银行净利润对比

（单位：亿元）

年份	兴业银行		浦发银行		招商银行		民生银行	
	金额	增长率	金额	增长率	金额	增长率	金额	增长率
2006	37.98		33.53		71.07		38.32	
2007	85.86	126%	54.99	64.0%	152.43	114%	92.12	140.4%
2008	113.85	32.6%	153.03	178.8%	209.46	37.4%	104.88	13.9%
2009	132.82	16.7%	172.96	13.0%	182.35	−12.9%	156.56	49.3%
2010	185.21	39.4%	252.81	46.2%	257.69	41.3%	229.76	46.8%
2011	255.05	37.7%	358.39	41.8%	361.27	40.2%	371.75	61.8%
2012	347.18	36.1%	447.54	24.9%	452.72	25.3%	506.52	36.3%
2013	412.11	18.7%	538.49	20.3%	517.42	14.3%	571.51	12.8%
2014	471.38	14.4%	620.30	15.2%	560.49	8.3%	597.93	4.6%
2015	502.07	6.5%	668.77	7.8%	580.18	3.5%	607.74	1.6%
2016	538.50	7.3%	699.75	4.6%	623.80	7.5%	602.49	−0.9%

资料来源：兴业银行、浦发银行、招商银行、民生银行2006—2016年各年度报告。

商业银行总资本规模的增长代表着其在市场上有着更强的竞争可能和更高的市场占有率，但并不能说明这些增长的资本为其带来了更多的收益。此时，商业银行的净利润这一商业银行在缴纳所得税之后的利润总额留成，就成了一个衡量其盈利能力的重要指标。

纵向来看，兴业银行在2006年至2016年之间的净利润每年都在稳步增长，在加入赤道原则的前两年，即2008年和2009年，出现了增速下降的趋势，

① 兴业银行：《兴业银行全球银行排名第35位 市场地位进一步稳固》，https://www.cib.com.cn/cn/aboutCIB/about/news/2016/20160526.html，下载日期：2018年1月6日。

但在随后的2010年至2012年之间则保持了最为稳定的高速增长，年均在30%以上，这显然与赤道原则框架流程构建完成及其声誉的溢出效应有一定关系。2013年兴业银行开始适用新的赤道原则，该年的净利润增速出现了较大幅度的下降，而随后在我国宏观经济形势不景气，经济进入新常态的大环境下，银行业整体进入了"白银时代"，各商业银行的净利润增长均有所下降。但从横向的对比中我们依然可以看出，即便在宏观经济环境不佳的情形下，兴业银行2014年到2016年的净利润增速在样本银行当中还是保持了一个中上的增长速度。

由此我们可以看到，兴业银行适用赤道原则对其净利润与总资产产生了相同的影响，即在过渡期内导致了两者的增速放缓，在过渡期之后则产生了较好的效益。根据美国《财富》杂志发布的"2016年世界500强排行榜"，兴业银行以464.464亿美元的营业收入位列195位，较2015年提升76位，为榜单中排名上升最快的银行，并以79.89亿美元的利润入围"世界500强最赚钱的50家公司"榜单。[①]

表7　样本银行成本收入比对比

（单位：%）

年份	兴业银行		浦发银行		招商银行		民生银行	
	数值	增减	数值	增减	数值	增减	数值	增减
2006	38.60				38.42			
2007	36.53	−2.07	38.62		35.05	−3.37	46.26	
2008	34.90	−1.63	36.69	−1.93	36.78	1.73	42.55	−3.71
2009	36.69	1.79	35.99	−0.70	44.86	8.08	42.17	−0.38
2010	32.91	−3.78	33.06	−2.93	39.90	−4.96	39.48	−2.69
2011	31.95	−0.96	28.79	−4.27	36.19	−3.71	35.61	−3.87
2012	26.73	−5.22	28.71	−0.08	35.99	−0.20	34.01	−1.60
2013	26.71	−0.02	25.83	−2.88	34.36	−1.63	32.75	−1.26
2014	23.78	−2.93	23.12	−2.71	30.54	−3.82	33.27	0.52
2015	21.59	−2.19	21.86	−1.26	27.67	−2.87	31.22	−2.05
2016	23.39	1.80	23.16	1.30	28.01	0.34	30.98	−0.24

资料来源：兴业银行、浦发银行、招商银行、民生银行2006—2016年各年度报告。

① 兴业银行：《2016年年度社会责任报告》，第13页。

除了净利润之外，成本收入比也是一种能很好地衡量商业银行经营绩效的指标，其是指商业银行营业费用与营业收入之间的比率，能够反映出商业银行每一单位的收入需要支出的成本。该比率越低，说明商业银行单位收入的成本支出越低，获取收入的能力越强。①

通过表7我们可以看到，兴业银行在2006年至2016年之间成本收入比整体上处于下降的趋势，但在2009年其成本收入比却不降反升，这与兴业银行加入赤道原则之后的过渡期内进行的内部管理体制和项目操作流程的变更有一定关联，在改造完成后，其成本收入比继续保持了一个较高的降速，在样本银行中处于中上地位。2013年，兴业银行适用新的赤道原则，其成本收入比在当年仅降了0.02%，远低于样本银行同期2.88%、1.63%、1.26%的降速，但在这之后的降速却处于样本银行的中上水平，且其绝对数值在2015年在样本银行中成为最低。

由此，我们同样可以看出兴业银行因赤道原则的需要对其内部制度进行变革的时候，增加了一定的成本，但在这之后却能产生较好的效益。根据2017年7月英国《银行家》发布"2017全球银行1000强"最新排行榜，兴业银行按一级资本排名第28位，按总资产排名第30位，跻身全球银行30强，在全球50强银行"成本收入比"指标排名中，兴业银行高居榜首。②

表8　样本银行不良贷款比率对比

（单位：%）

年份	兴业银行		浦发银行		招商银行		民生银行	
	数值	增减	数值	增减	数值	增减	数值	增减
2006	1.53		1.83		2.12		1.23	
2007	1.15	−0.38	1.46	−0.37	1.54	−0.58	1.22	−0.01
2008	0.83	−0.32	1.21	−0.25	1.11	−0.43	1.20	−0.02
2009	0.54	−0.29	0.8	−0.41	0.82	−0.29	0.84	−0.36

① 闫超：《商业银行盈利能力与风险管理能力耦合关系研究》，载《金融纵横》2014年第12期。

② 兴业银行：《兴业银行挺进全球银行30强 成本收入比第一》，https://www.cib.com.cn/cn/aboutCIB/about/news/2017/20170704.html，下载日期：2018年1月6日。

续表

年份	兴业银行		浦发银行		招商银行		民生银行	
	数值	增减	数值	增减	数值	增减	数值	增减
2010	0.42	−0.12	0.51	−0.29	0.68	−0.14	0.69	−0.15
2011	0.38	−0.04	0.44	−0.07	0.56	−0.12	0.63	−0.06
2012	0.43	0.05	0.58	0.14	0.61	0.05	0.76	0.13
2013	0.76	0.33	0.74	0.16	0.83	0.22	0.85	0.09
2014	1.10	0.34	1.06	0.32	1.11	0.28	1.17	0.32
2015	1.46	0.36	1.56	0.50	1.68	0.57	1.60	0.43
2016	1.65	0.19	1.89	0.33	1.87	0.19	1.68	0.08

资料来源：兴业银行、浦发银行、招商银行、民生银行2006—2016年各年度报告。

一般而言，商业银行会按照债务人及时足额偿还贷款本息的可能性将贷款项目分为正常、关注、次级、可疑和损失五类①，后三类被合称为不良贷款。不良贷款率则是指不良贷款占总贷款余额的比重，一个银行的不良贷款比率越高，说明其资产质量越差，经营风险越高；反之，则说明其资产质量越好，经营风险越低。而银行出现不良贷款的原因则大致可以分为包括借款人、政策环境、行政干预等在内的外部风险因素和包括决策失误、信贷人员素质、贷款结构不合理在内的内部惯例风险因素两个方面。

从表8中我们可以看出，虽然兴业银行在样本银行中历年的不良贷款率不是降得最快或升得最慢的，但从绝对数值来看其在样本银行中基本上每年都是最低的，这与其加入赤道原则有着一定的关系。一方面，兴业银行在践行赤道原则的时候要根据其要求将贷款项目按照对环境和社会的不同影响划分

① 《贷款风险分类指引》第5条规定："商业银行应按照本指引，至少将贷款划分为正常、关注、次级、可疑和损失五类，后三类合称为不良贷款。正常：借款人能够履行合同，没有足够理由怀疑贷款本息不能按时足额偿还。关注：尽管借款人目前有能力偿还贷款本息，但存在一些可能对偿还产生不利影响的因素。次级：借款人的还款能力出现明显问题，完全依靠其正常营业收入无法足额偿还贷款本息，即使执行担保，也可能会造成一定损失。可疑：借款人无法足额偿还贷款本息，即使执行担保，也肯定要造成较大损失。损失：在采取所有可能的措施或一切必要的法律程序之后，本息仍然无法收回，或只能收回极少部分。"

为A、B、C三类，这样一种严格的分类显然契合了我国可持续发展和绿色金融的政策主题，基本不会遭遇不当的行政干预。同时，赤道原则所要求的借贷双方开展环境社会影响评估、协商具体处理政策以及贷款后的持续监管，都为兴业银行更好地把握借款方的实际情况，控制贷款风险作了充分的准备工作。另一方面，兴业银行按照赤道原则的要求建立了一整套包括组织机构、规章制度和操作流程在内的体系，这无疑对内部的风险有了更好的把控，而赤道原则所要求的独立的社会和环境专家的审查、监测和报告，以及赤道原则的实施绩效和经验的披露，更是为兴业银行贷款的内部风险控制加上了一层保险。

总体来看，兴业银行加入赤道原则对其带来的经济绩效主要体现为两个特征：一是在刚采纳赤道原则和适用新版赤道原则的过渡期内，其内部改造成本上升，对总资产、净利润和成本收入比产生了一定的影响，但是不良贷款比率却并未表现出受到过渡期的影响，在样本银行中长期表现良好。这些过渡期内的成本大致可以包括：兴业银行构建组织体系和规章制度的人力物力成本、在操作流程中项目分类承担的潜在社会环境风险成本、尽职调查成本、实施过程的监管成本、项目无法成立时的机会成本，等等。二是在赤道原则过渡期结束，项目审查机制体系构建完成之后，兴业银行的总资产、净利润在样本银行中保持了较为高速的增长，成本收入比和不良贷款率也处于较低的状态，在经济绩效中展现出优于其他样本银行的趋势。其可能的原因在于，兴业银行对赤道原则的践行很好地契合了包括可持续发展观、生态文明建设、中国特色自主创新道路、科学发展观等在内的发展理念；同时也积极响应新的时代背景下我国发展更高层次的对外开放型经济，塑造“软实力”和“硬实力”兼具的大国形象之战略要求。这表明兴业银行采纳赤道原则之后的融资项目和相关行为非常符合当前的政策环境，不仅不会遭遇不当的管控，反而会受到极大的鼓励。对融资项目环境和社会风险的严格把控给兴业银行带来了良好的社会声誉，这在市场上表现为其亲和力的增强和声誉溢出，有利于其扩大市场份额并提高竞争力。

2.新的时代背景下兴业银行践行赤道原则的环境绩效分析

简单来说，环境绩效是指一个组织机构对其的环境管理所取得的可测量的结果。赤道原则作为世界上首个将融资项目中模糊的环境和社会标准明确化、具体化的国际性风险管理框架，金融机构参与的融资项目对环境所产生的影响是其重点关注、评估和管理的风险之一，其整个文本设计在很大程度上都是围绕这一内容展开的，赤道原则金融机构在实践中对环境风险的把握，贯穿于整个项目的始终乃至后续影响。根据中国银行业协会2009年发布的《中国银行业金融机构企业社会责任指引》我们可以知道，环境责任是银行业金融机构社会责任的重要组成部分，是指银行在“支持国家产业政策和环保政策，节约资源，保护和改善自然生态环境，支持社会可持续发展”①方面的责任。那么，兴业银行在采纳赤道原则之后是否产生了良好的环境绩效？与同类样本银行相比其在控制融资项目的环境影响方面是否有更优的表现？为了更好地了解这一问题，我们收集了兴业银行在加入赤道原则之后的相关环境影响指标，以及浦发银行、招商银行和民生银行2008年之后的绿色融资金额来进行对比分析。②

表9　兴业银行践行赤道原则的主要环境指标

年份	绿色金融数额③（亿元）	节约标准煤（万吨）	减排二氧化碳（万吨）	减排化学需氧量（万吨）	利用固体废弃物（万吨）
2008	33.04（累计）	324.42	1373.10		
2009	132.79	1039.74	3178.04	43.91	47.25
2010	312.85	1871.41	5165.08	76.84	673.76
2011	405.48	2231.06	6397.48	83.89	816.26
2012	215.84	2316.03	6683.47	88.65	1501.29
2013	2313.14	2344.34	6868.76	90.12	1504.39
2014	2144.86	2351.62	6879.93	123.47	1710.79
2015	2488.00	2553.86	7161.99	138.74	1729.04
2016	2715.00	2646.80	7408.31	168.04	1877.87

资料来源：兴业银行《2008—2016年各年度社会责任报告》。

① 中国银行业协会：《中国银行业金融机构企业社会责任指引》第3条。

② 由于历年统计口径、各银行统计指标和发布报告质量的变化，本书在具体的指标中如果有特殊情况均进行了说明，且尽量按照一致的口径对样本银行数据进行统计。

③ 2011年之前的数据为节能减排融资数据，2011年及之后的数据为包括节能减排融资、排放权业务在内的绿色金融数据。

表 10　样本银行绿色金融融资数额对比

（单位：亿元）

年份	兴业银行		浦发银行①		招商银行		民生银行②	
	数值	增减	数值	增减	数值	增减	数值	增减
2008	33.04（累计）				249.28		24.46	
2009	132.79	301.9%	174.89		398.20	59.7%	89.10	264.3%
2010	312.85	135.6%	214.61	22.7%	462.51	16.2%	29.09	−67.4%
2011	405.48	29.6%	255.16	18.9%	1014.23	119.3%	23.50	−19.2%
2012	215.84	−46.8%	256.52	0.5%	1095.47	8.0%	12.48	−46.9%
2013	2313.14	971.7%	1503.59	486.1%	1163.72	6.23%	36.72	194.2%
2014	2144.86	−7.3%	1521.04	1.2%	1509.47	29.7%		
2015	2488.00	16.0%	1717.85	12.9%	1565.03	3.68%	114.04	
2016	2715.00	9.1%	1738.12	1.2%	1436.64	−8.2%	138.23	21.2%

资料来源：兴业银行、浦发银行、招商银行、民生银行 2008—2016 年各年度社会责任报告。

根据表 9 和表 10 我们可以看到，兴业银行的绿色金融数额基本上保持了一个向上的趋势，在 2013 年的增速达到了 971.7%，远高于样本银行同期的 486.1%、6.2%和 194.2%。从绝对数值来看，兴业银行的绿色金融融资也一直处于样本银行的前列，并从 2013 年开始保持着领先位置。与不断攀升的绿色融资金额相一致的是，兴业银行融资项目节约的标准煤、减排的二氧化碳和化学需氧量、利用的固体废弃物也处于连年的增长状态，即便是在融资金额略有下降的 2012 年和 2014 年，也保持了上涨的趋势。这无疑表明兴业银行在加入赤道原则之后更加注重以标准化、具体化的方式践行环境责任，产生了良好的环境绩效。事实上除此之外，各样本银行还采取了多种践行环境责任的

① 2012 年及之前的数据为节能环保项目贷款余额，2013 年及以后的数据为绿色信贷项目贷款余额，以原银监会颁发的《绿色信贷指引》为统计口径。

② 2008—2013 年的数据为国家节能减排重点工程的贷款，2014 年数据并未公布，2015 年、2016 年的数据为绿色信贷余额。

方式。例如,兴业银行注重减少办公运营的资源消耗,倡导"低碳办公",注重办公用水、用电、用纸的数据统计并进行总量控制;民生银行总行在2016年对供应商进行了100%的覆盖审查,优先购买环保标志产品,其当年的绿色采购总额达到90440万元,绿色采购比率为32.3%,等等。

以上分析表明,兴业银行采纳赤道原则对其环境绩效有着显著的推动作用,其在对融资项目的审查和数值方面的表现都优于未采纳赤道原则的同类银行。原因包括:一是兴业银行加入赤道原则,进而对融资项目进行严格的环境风险审查,与当前风靡全球的绿色金融理念以及在我国不断升温的构建绿色金融体系之要求高度一致,有着良好的外部发展环境。二是兴业银行的一系列体现绿色金融的行为,包括加入赤道原则本身,以及在这之后形成的包含节能减排技改项目融资、CDM项目融资、节能服务商融资、绿色买方信贷、公用事业服务商融资、绿色融资租赁、排污权质押融资在内的绿色金融信贷体系,为其在绿色融资方面赢得了良好的市场声誉,更多的有社会责任的企业和想要进行融资的绿色企业,更倾向于与其合作。这不仅促进了其产生的环境绩效,更提升了经济绩效。

3.新的时代背景下兴业银行践行赤道原则的社会绩效分析

新时代中国特色社会主义的基本方略指出"增进民生福祉是发展的根本目的",必须"保证全体人民在共建共享发展中有更多获得感,不断促进人的全面发展、全体人民共同富裕"①。对金融机构而言,其在自身的发展过程中一方面要"做大蛋糕",另一方面也要"分好蛋糕",并注重发展过程中的风险把控和良好社会影响的产生。而融资项目产生的社会影响和风险,同样也是赤道原则这一环境与社会风险管理框架最为关注的重点之一。其具体原则中所要求的借贷双方对项目社会环境风险的评估、利益相关者的参与机制、独立社会和环境顾问的审查,以及所适用的IFC《社会和环境可持续性绩效标准》中规定的劳工和工作条件、社区健康与安全、生物多样性等标准,均很好地体现了赤道原则的这一态度。中国银行业协会发布的《中国银行业金融机构企业社会责任指引》也对银行业金融机构的社会责任进行了阐述,该指引第3条指出"社会责任,是指银行业金融机构以符合社会道德和公益要求的经营理念为指

① 参见新华网:《习近平:决胜全面建成小康社会 夺取新时代中国特色社会主义伟大胜利——在中国共产党第十九次全国代表大会上的报告》,http://news.xinhuanet.com/politics/19cpcnc/2017-10/27/c_1121867529.htm,下载日期:2018年4月2日。

导，积极维护消费者、员工和社区大众的社会公共利益；提倡慈善责任，积极投身社会公益活动，构建社会和谐，促进社会发展”，[①]其是银行业金融机构企业社会责任的重要组成部分。兴业银行在采用赤道原则之后无疑对此进行了重点关注，为了更好地了解兴业银行采用赤道原则之后产生的社会绩效及其在同性质银行中的表现，我们收集了其与浦发银行、招商银行和民生银行2008年至2016年的员工人数、纳税额以及对外捐赠三个数据进行对比分析。

表11 样本银行员工人数对比

（单位：个）

年份	兴业银行		浦发银行		招商银行		民生银行	
	数值	增减	数值	增减	数值	增减	数值	增减
2008	19536		17965		36916		19853	
2009	22004	12.6%	21877	21.8%	40340	9.3%	22064	11.1%
2010	29214	32.8%	28081	28.4%	43089	6.8%	31454	42.6%
2011	34611	18.5%	31231	11.2%	45344	5.2%	40820	29.8%
2012	42199	21.9%	35033	12.2%	48453	6.9%	49227	20.6%
2013	47290	12.1%	38065	8.7%	51642	6.6%	53064	7.8%
2014	49388	4.4%	42532	11.7%	75109	45.4%	57406	8.2%
2015	50472	2.2%	47159	10.9%	76192	1.4%	57228	－0.3%
2016	54208	7.4%	51167	8.5%	70461	－7.5%	56168	－1.9%

资料来源：兴业银行、浦发银行、招商银行、民生银行2008—2016年各年度社会责任报告。

通过表11我们可以看到，与其2008年至2016年稳步增长的总资产规模相适应的是，兴业银行2008年至2016年的员工人数也呈现出连续上升的趋势，同时也并未出现招商银行和民生银行类似的负增长现象。这一态势显然为正处于宏观经济不景气，经济增速下行时期的我国提供了大量的工作岗位，有利于缓解矛盾和社会稳定。除此之外，兴业银行员工的男女比例长期保持在0.8～0.9比1之间，女性员工明显多于男性员工，并且在2012年至2016

① 中国银行业协会：《中国银行业金融机构企业社会责任指引》第3条。

年之间出现了 0.89∶1 到 0.82∶1 的降幅，很好地规避了就业性别歧视的问题。兴业银行业十分注重员工的权益保护和福利待遇，如搭建了员工权益保护网，职工“喜丧病困灾”五必访；建立了行长信箱、民主生活会、电子论坛等意见反馈渠道；劳动合同签订率 100%；社会保障、体检健康档案、公积金全覆盖；创立“兴师荟”“兴培伴”“政能量”和“行动力”四个非正式学习社成为全行性的标杆社群；等等。

表 12　样本银行纳税数额对比

（单位：亿元）

年份	兴业银行		浦发银行		招商银行		民生银行	
	数值	增减	数值	增减	数值	增减	数值	增减
2008	44.45		66.20		92.07		62.63	
2009	67.38	51.6%	74.85	13.1%	70.97	−22.9%	49.23	−21.4%
2010	81.39	20.8%	83.48	11.5%	111.75	57.5%	92.20	87.3%
2011	120.26	47.8%	118.04	41.4%	170.86	52.9%	149.67	62.3%
2012	162.13	34.8%	163.51	38.5%	218.42	27.8%	203.15	35.7%
2013	230.86	42.4%	196.09	19.9%	252.62	15.7%	220.42	8.5%
2014	283.48	22.8%	243.44	24.1%	278.07	10.1%	234.33	6.3%
2015	319.72	12.8%	270.32	11.0%	289.90	4.3%	239.34	2.1%
2016	316.64	−0.1%	308.60	14.2%	229.45	−20.9%	221.48	−7.5%

资料来源：兴业银行、浦发银行、招商银行、民生银行 2008—2016 年各年度社会责任报告。

从表 12 中我们可以看出，兴业银行 2008 年到 2016 年的纳税数额呈稳步增长的趋势，其年均增长率为 29.11%，远高于样本银行同期的 21.70%、15.56%和 21.66%。就绝对数值而言也是如此，兴业银行的净利润从 2006 年样本银行同期最低的 44.45 亿元，增长到了 2016 年样本银行同期最高的 316.64 亿元。纳税额的上升实质上反映的是兴业银行净利润上涨所带来的一个重大社会效益，而正如前文所分析的，净利润的上涨与兴业银行加入赤道原则带来的政策契合、市场亲和力的增强和声誉溢出有着重要联系。

表13 样本银行对外捐赠数额对比

（单位：万元）

年份	兴业银行		浦发银行		招商银行		民生银行	
	数值	增减	数值	增减	数值	增减	数值	增减
2008	2550.00		2671.00				5900.00	
2009	600	−76.5%	1459.00	−45.4%	1160.51		12200.00	106.8%
2010	6400.00	966.7%	2296.00	57.4%	1259.06	8.5%	14900.00	22.1%
2011	1000.00	−84.4%	937.89	−59.2%	1660.20	31.9%	29800.00	100%
2012	1830.00	83.0%	1361.00	45.1%	2263.55	36.3%	57500.00	93.0%
2013	5500.00	200.5%	1255.00	−7.8%	4334.52	91.5%	32300.00	−43.8%
2014	5400.00	−1.8%	1939.00	54.5%	4175.30	−3.7%	46900.00	45.2%
2015	3959.00	−26.7%	1262.50	−34.9%	3646.58	−12.7%	6500.00	−86.1%
2016	3244.00	18.1%	1280.90	1.5%	2457.10	−32.6%	31900.00	390.8%

资料来源：兴业银行、浦发银行、招商银行、民生银行2008—2016年各年度社会责任报告。

对外直接捐赠能够很直观地反映出商业银行对社会的贡献。表13的数据显示，虽然兴业银行在对外捐赠的绝对数值上要低于民生银行，但也处于样本银行同期的中上水平，且其年均增长率为138.6%，远高于样本银行同期的1.4%、14.9%和78.5%。同时，在需要付出成本适用赤道原则最新版本的2013年，兴业银行当年的对外捐赠更是直接增长了200%，远高于样本银行同期−7.8%、91.5%、143.8%的增长率，体现了其对社会责任的良好践行。

以上分析表明，自兴业银行加入赤道原则的2008年至2016年之间，其在员工人数、纳税数额、对外捐赠上的表现均优于同期的样本银行，具体表现在三项指标较高的增速和较大的纳税数额上。其缘由至少可以包括以下三个：一是兴业银行加入赤道原则，以及在社会影响评估、关注员工权益、利益相关者参与等方面的实践很好地契合了我国以人为本、全面发展、共同富裕等发展理念，能够产生很好的制度合力。二是兴业银行在赤道原则指导下进行的制度构建和理念更新，保证了赤道原则的良善实施，这本身就有利于其控制社会风险，并产生社会效益。三是兴业银行加入赤道原则的经济效益的增加使其拥有做出更大社会贡献的可能。

总体来看，兴业银行在加入赤道原则之后产生了良好的经济、环境和社会效益，其中经济绩效呈现出两个趋势，即过渡期内的成本增加、增速减缓和过渡期后的稳步增长，环境和社会绩效则表现出连年上升的态势。诚然，兴业银行加入赤道原则之后产生的经济、环境和社会绩效并非一种单向和分割的关系。一方面，兴业银行产生的这些效益反过来也推动了其更加积极地履行赤道原则，并在社会上产生巨大的模范带头作用，如江苏银行于2017年1月加入赤道原则，成为我国第一家加入赤道原则的城市商业银行；中国建设银行组建了“赤道原则”研究团队，先后与花旗集团、日本瑞穗实业银行等国际金融机构进行了沟通和讨论，从信贷流程、外部客户和财务效益影响方面对建行实施“赤道原则”可能产生的影响进行了实证性研究和分析，以加快信贷政策与国际行业标准“赤道原则”的接轨，[①]等等。另一方面，兴业银行践行赤道原则所产生的经济绩效实际上成为其履行环境和社会责任，产生相应绩效的后盾或者说根本的激励方法；而反过来，后两者也通过对兴业银行声誉的增加很好地推动了前者的增长。

（四）新的时代背景下兴业银行践行赤道原则的优化路径

无疑，作为一种“私政府立法”，赤道原则在各大金融机构的实践中所面临的最主要问题就是强制力的缺乏。虽然赤道原则的第三版在许多方面都得到了提升，但缺乏强制力这一固有缺陷还是深深地烙印其中，这同样也体现在我国兴业银行践行赤道原则的过程之中。由此，尽管兴业银行在成为赤道原则金融机构之后产生了可观的经济、环境和社会绩效，但仍然存在着值得改进和优化的地方，而当前越演越烈的经济全球化背景下我国不断扩大的对外开放，积极参与全球治理和“软实力”“硬实力”的协调发展等要求，则不仅对兴业银行执行赤道原则提出了新的挑战，同时也为其指明了进化方向。

一是通过由内而外的理念和市场力量推动对赤道原则的实施。虽然所有权绝对化的理念已经在国际社会一波又一波的声讨和运动当中被逐渐弱化，但我们仍然不可否认的是作为一个“理性人”，追逐利益依然是市场机构不可磨灭的本能，而上文的分析也表明，在某些情况下经济效益将成为推动机构践行环境和社会责任的基础之一。故而，通过市场的力量推动兴业银行对赤道

① 参见于东智、吴羲：《赤道原则：银行绿色信贷与可持续发展的“白皮书”》，载《金融管理与研究》2009年第1期。

原则的践行显然是最有效的督促方式，当前全国范围内大力推广的绿色金融、普惠金融实际上已经为这一方式提供了很好的环境。就兴业银行本身而言，其应当注重将赤道原则所倡导的“保证融资项目良好的环境和社会影响”这一理念通过不断的重复行为内化为企业文化，将履行赤道原则成为一种“本能”而非“贴标签”式地实施。

二是加快“走出去”步伐，推动赤道原则在兴业银行国际融资项目中的适用，提升我国金融机构的国际形象。截至目前，兴业银行在境外的分支机构仅有2014年开办的兴业银行香港分行，其在境外融资方面仍然主要以国际银团贷款的方式进行，这显然制约了其在国际层面适用赤道原则开展融资的能力，无益于我国金融机构国际形象的提升。由此，兴业银行加快“走出去”步伐，助力我国实体企业的走出去和海外投资，并在其主导的项目中适用赤道原则，开展与国际大型金融机构在赤道原则项目上的合作，从而进一步完善对赤道原则的实施，就成了必然的前进方向。

三是加强赤道原则适用下的绿色金融创新，与当前的绿色金融体系建设形成制度合力。虽然兴业银行首创了多个诸如低碳信用卡、绿色资产支持证券、绿色非公开定向债务融资工具等绿色融资工具，但根据兴业银行2016年的数据我们可以看到，其绿色金融融资余额仅占各项融资余额综述的14%左右。由此，在当前着力构建绿色金融体系，利用绿色信贷、绿色债券、绿色股票指数和相关产品、绿色发展基金、绿色保险、碳金融等金融工具和相关政策为绿色发展服务的政策背景下，兴业银行无疑应当大力提升适用赤道原则的融资项目的覆盖率。

四是协调适用赤道原则。按照对环境和社会影响程度的不同，赤道原则将金融机构的融资项目划分为A类（有潜在的重大影响）、B类（可能造成一定影响）、C类（轻微或没有影响）三个类别。根据兴业银行公布的数据，截至2016年年末，其共有307笔适用赤道原则的融资项目，而在这307笔项目中，C类项目仅有两笔，其余均为A类和B类项目。此种项目类别适用上的不平衡，显然需要兴业银行在项目筛选的过程中进一步提升其环境和社会标准，更加严谨和全面地执行赤道原则。同时，兴业银行还应当注重协调利益相关者的关系，赤道原则Ⅲ的第5条原则要求对A类和B类项目构建一个有利益相关者持续参与的机制，但除了兴业银行官网的“可持续金融”栏目、《可持续发展报告》、《从绿到金——社会责任专刊》、兴业银行赤道原则微博等相关的公众沟通平台之外，我们并没有看到有专门、正式和针对某个A类或B类项目的利益相关者参与机制的信息。故而，一个常态化的利益相关者参与机制之构建，对兴业银行更好地践行赤道原则显然大有裨益。

五是推动信息和利益的共享。作为我国大陆第一家和加入时间最长的赤道原则金融机构，兴业银行虽然每年都会发布社会责任报告，但在报告的质量上却有所欠缺。例如，兴业银行在 2009 年之后不再发布单独的赤道原则执行报告，而将相关内容置于每年的可持续发展报告当中，这造成的结果是其执行赤道原则相关信息的大幅锐减，在每年的可持续发展报告中仅有 3～4 页，远不能满足民众对相关信息的需求；历年披露的赤道原则执行信息格式不统一，有些关键信息并未具体展开或披露，数据和案例较为简单和匮乏；在其每年的可持续发展报告中，不管是对赤道原则执行信息的披露，还是对管理、发展等方面的介绍，大都呈现出“报喜不报忧”的态势，更像是一个“变相广告”而非信息披露报告，民众很难对其进行客观评价，等等。在此方面，其优化路径应当是通过继续发布赤道原则执行报告的方式来披露信息，或者在可持续发展报告中从广度和深度两个方向加强对赤道原则执行信息的披露，并固定历年的披露项目。此外，对兴业银行执行赤道原则所产生的效益之分配不能仅仅存在于利益相关者之间，毕竟很多时候其对环境和社会的影响是全国乃至全球性的。典型的例子便是在对外捐赠方面，兴业银行应当确定一个捐赠比例，并在此基础上每年按照一定的幅度增长，而非继续表现为在表 13 中呈现的历年数据不一，大起大落的随意性状态。

四、新的时代背景下中国对金融机构社会责任国际立法的参与战略和具体路径

(一)新的时代背景下中国对金融机构社会责任国际立法的“国家参与路径＋金融机构参与路径”及其共生关系和协同效应

无疑，新的时代背景下我国更高层次的开放型经济需要政府主体和市场主体的共同参与。这也意味着，在我国企业“走出去”战略的实施过程中，对金融机构社会责任国际立法的“国家参与路径”和“金融机构参与路径”就成了必须考虑的问题。具体而言，“国家参与路径”是指国家作为主体，参与金融机构社会责任国际立法，包括参与和践行相关规则、推动“国家间立法”的形成与实践等方面的相关路径选择；“金融机构参与路径”则是指以国内的金融机构作

为主体，参与金融机构社会责任国际立法，包括对相关规则的践行和参与“私政府立法”等内容的路径选择。

1. 新的时代背景下中国对金融机构社会责任国际立法的“国家参与路径＋金融机构参与路径”

在经济全球化步伐加快、网络时代悄然来临、世界范围内的市场化改革和行政改革以及第三波民主化浪潮等因素的推动下，全球公民社会这一“公民为了个人或者集体的目的在国家和市场活动范围之外进行跨国结社或活动的社会领域，包括国际非政府组织和非政府组织联盟、全球公民网络、跨国社会运动、全球公共领域等”①，已经在全球范围内遍地开花，成为全球治理的重要力量之一。晚近，对企业的管理行为成为公民社会的新兴角色之一，其往往通过“公民规范”——私政府立法——的形式对资本市场进行介入，并以此推动社会和环境福利的改善、企业投资分析的改善以及企业市场信用的改善。在金融机构社会责任领域，这种“公民规范”随着全球公民社会的不断扩张和国家间相关议题的踌躇不前正变得越来越多。例如，《社会责任投资基金》《联合国环境规划署金融倡议》《金融市场运动指南：有效说服企业与金融机构》《金融部门的重要议题》《关于金融机构和绿色发展的科勒维科什俄宣言》《可持续银行的“要”与“不要”——银行监察组织手册》，等等。非政府组织也常常采取包括制作支持其运动理念的投资分析、直接将资金导入特定投资计划、持续与特定企业社会责任议题有关的投资者进行沟通，以及完成与投资者之间的正式合作项目书等在内的多种方式来推动金融机构对这些“公民规范”的践行。②

此时，以金融机构作为主体参与金融机构社会责任的国际立法，成为推动其开展社会责任工作的主流方式。而更根本的因素在于，对金融机构社会责任私政府立法的践行，能够带来巨大的经济效益并提升机构的市场竞争力。典型的例子便是上文所分析的兴业银行，其在践行赤道原则的过程中带来了项目融资业务方面数量与质量上的飞跃，并由此产生了惊人的外溢效果。虽然参与赤道原则只是重要因素而不是唯一因素，但兴业银行确实从十年前的一个区域银行发展成为2016年国内股份制银行总资产规模第一，其中进展迅

① 何增科：《全球公民社会引论》，载李惠斌主编：《全球化与公民社会》，广西师范大学出版社2003年版，第124页。

② ［美］卡里·克劳辛斯基、尼克·罗宾斯：《绿色金融：可持续投资的国际经验》，于雅鑫、李鉴墨译，东北财经大学出版社2017年版，第162页。

速的项目融资业务贡献巨大。这表明，即使仅仅从市场的角度来看，我国金融机构参与社会责任国际立法也存在合理性与必要性，并且在参与程度与参与质量上必须得到大量提升，才能有效地增强它们的国际竞争力。同时，金融机构作为社会责任的直接践行者，其对金融机构社会责任国际立法的直接参与，无疑能够减少制度转换的成本，更容易成为一种内生动力。

尽管从市场法则的角度而言，我国金融机构参与社会责任的国际立法具有必然性，并且金融机构社会责任国际立法中的“私政府立法”也确实成了当前的主流规范，但这仍然不能否定“国家间立法”，即国家参与金融机构社会责任国际立法的重要性。毕竟“公民社会”是一个活动的领域，而非物品，虽然它总是被作为未来政治进步的关键来看待，但这一领域依然充满着各种相互冲突的多种利益和议事程式。① 而且，国际范围内金融机构履行社会责任的问题，本质上是一个全球性的公共问题，有着增进全球公共利益的意义。全球问题需要“全球治理”，即要求包括国家与非国家行为体在内的各种公共机构、私人机构以及个人，通过制定与实施具有约束力的正式或非正式的国际机制，对其进行多层次的、网络式的协调与行动。② 在主权国家仍然占据优势的全球结构中，国家通过制定和实施有国家强制力作为保障的正式或非正式的国际机制推进“全球治理”，仍然具有天然优势。对于企业社会责任这样一种无法在短期内将社会和环境成本内化和变现，以及充斥着大量倡议性和自愿性质的私政府立法的领域而言，则更是如此。因此，将推进金融机构履行社会责任这一全球增益之问题的全球治理，放置于国家间合作的层面，将取得事半功倍的效果。同时，国家之间对金融机构社会责任的治理合作，也能在促进国际金融的效率以及维护国际金融公平方面产生实质性影响。反过来，这也将有助于国际金融的健康发展乃至金融安全的维护。当然，对于金融机构社会责任的全球治理问题，“国家参与路径＋金融机构参与路径”的组合仍是必要的。两种参与路径不仅具有共生关系，同时也将在金融机构社会责任的践行方面产生巨大的协同效应。

---

① Jan Aart Scholte, *Global Civil Society: Changing the World? Department of Politics and International Studies*, University of Warwick, CSGR Working Paper No. 31/99, May 1999.

② 参见郭金良：《SIFIs 危机处置国际规则的功能及启示》，载《新金融》2015 年第 3 期。

2.新的时代背景下中国对金融机构社会责任国际立法参与路径的共生关系和协同效应

"共生"是种群生态学上的一个概念,主要研究的是"不同生物种群之间按某种物质联系共同生活,进行信息转递、物质交流、能量传导及合作共生"①,现在已经被广泛运用到社会学、经济学等领域。共生关系则是指共生单元相互作用的方式或者相互结合的形式,它既反映共生单元之间作用的方式,也反映作用的强度。② 任何完整的共生关系都是行为方式和共生程度的结合,也可以说是反映共生单元某种程度共生的具体结合,前者被称为共生行为模式,主要阐释的是共生系统各单元之间相互作用的行为类别,包括寄生、偏利共生、非对称互惠共生和对称互惠共生四种模式;后者则被叫作共生组织模式,侧重揭示共生单元之间相互作用的组织方式,包括点共生、间歇共生、连续共生和一体化共生四种模式。③

一般来说,共生模式大致可以划分为如图4所示的16种状态,这既是一种假设,也是社会关系中各种共生状态的现实。④ 无疑,参与金融机构社会责任国际立法,本就是在新时代背景下,我国积极融入世界经济趋势,参与全球

---

① 徐晞:《两岸行业协会合作战略与路径:基于"21世纪海上丝绸之路"战略视角》,载《中国软科学》2015年第4期。

② 袁纯清:《共生理论——兼论小型经济》,经济科学出版社1998年版,第8页。

③ 在共生组织模式中,点共生模式是指在某一特定时间内共生单元产生的一次相互作用,并只在某一方面发生作用,具有不稳定性和随机性;间歇共生模式是指在某个时间间隔内共生单元之间具有多次相互作用,并在某一方面或少数方面发生,具有某种不稳定和随机性;连续共生模式是指在一段固定的时间内共生单元具有连续的相互作用,且在多方面发生,共生关系比较稳定并有必然性;一体化共生模式则是指共生单元在某一封闭时间区间内形成了具有独立性质和功能的共生体,存在全方位的相互作用,共生关系十分稳定且具有内在必然性。在共生行为模式中,寄生模式并不产生新的能量(效益),同时存在着寄主向寄生者的能量转移情况;偏利共生模式产生新能量,但新能量只为某一共生单元所得,这种关系对一方有利而对另一方既无利也无害;非对称互惠共生模式以共生单元的分工为基础,产生新的能量,并在共生界面(共生单元之间的接触方式和机制的总和)的作用下产生非对称性分配,其是共生行为模式中最为常见的一种;对称互惠共生模式与非对称互惠共生一样,都是以共生单元的分工为基础从而产生新的能量,但其在共生界面的作用下出现的是一种对称性的分配,其是共生关系中的理想类型。有关共生理论的相关内容,参见袁纯清:《共生理论——兼论小型经济》,经济科学出版社1998年版。

④ 袁纯清:《共生理论——兼论小型经济》,经济科学出版社1998年版,第10页。

治理的必然选择，而“国家参与路径”和“金融机构参与路径”的共进策略，则是对政府主体和金融机构主体的直接性要求，同时两者之间也呈现出一种良善的共生关系。从共生组织模式上看，在参与金融机构社会责任国际立法这一共生单元之内，国家和金融机构对其的共同参与显然能够加深单元内部的相互作用，“国家参与路径”能为金融机构参与路径构建良好的战略背景和外在的强制力，而“金融机构参与路径”则为国家参与路径提供了良好的践行基础，当两者所参与规则的密度达到一定程度之时，这一共生单元就很容易从点共生模式向一体共生模式进化。就共生行为模式而言，“国家参与”和“金融机构参与”相结合的路径选择和行为模式，能够在相互的分工合作之下产生新的效益，从依靠单一的金融机构参与或单一的国家参与的“寄生”模式，向“对称互惠共生”模式移动，并实现金融机构履行社会责任的共同利益和对称性分配，最终达成一体共生下的对称性互惠共生状态。

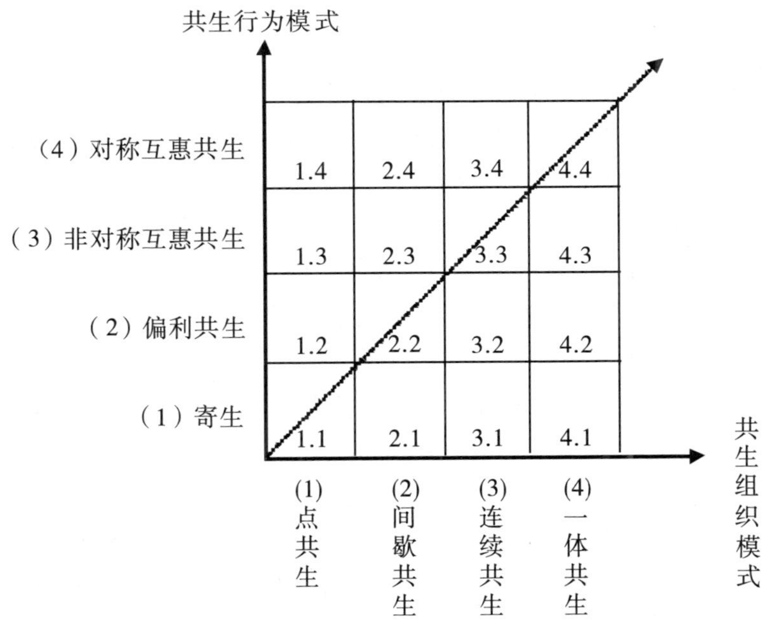

图4　共生行为模式和共生组织模式的结合坐标系

客观上来看，金融机构社会责任国际立法的“国家参与路径”和“金融机构参与路径”所形成的路径联合，将从政府主体和市场主体的不同角度，共同利用社会责任国际立法（“国家间立法”和“私政府立法”）这一资源，产生大于单一路径独立作用时的效果和效果总和,即"1+1>2"的协同效应:一方面,国家主体在参与社会责任的国际立法之后,必然会从制度和实践上在国内以其特有的强制力进行推动,从而形成良好的践行社会责任的氛围,减少"搭便车"的现象;另一方面,金融机构对自身所参与的社会责任国际立法的遵守,必然也会需要国家构建相应的国内制度环境,这也是对国家主体践行其所参与的国际立法的回应。此时,两者耦合所要求的成本必然要低于单个主体践行社会责任国际立法的成本,而其收益则必然要高于成本。

(二)新的时代背景下中国对金融机构社会责任国际立法"国家参与"和"金融机构参与"的并行路径及其实现的互动分析

晚近,逐步壮大的企业社会责任潮流所关注的问题日益广泛,除不干涉东道国内政、保障劳动者与消费者权益、生态环境和自然资源保护等传统问题之外,诸如人权维护、消除贫困、遏制腐败等方面的内容,也日渐成为关注焦点。此种趋势显然也呈现于金融机构社会责任领域,而且,金融机构作为社会经济资源的调配者,其不仅自身承担着直接性的社会责任,还承担着利用金融杠杆和利益传导机制敦促与之关联的企业践行社会责任,需要对此进行更深的了解和关注。那么,在此种金融机构社会责任的发展趋势下,我国参与金融机构社会责任国际立法的"国家参与路径"和"金融机构参与路径",应当采取何种具体方式来平衡各方利益,以更好地契合其发展趋势和回应新的时代背景下走出去的要求,保证对相关国际立法的良善参与?

1.新的时代背景下中国对金融机构社会责任国际立法"国家参与"和"金融机构参与"的并行路径

(1)新的时代背景下中国对金融机构社会责任国际立法的"国家参与路径"

当前不断推进的全球化进程,实际上也是世界各国复合性相互依赖状态不断增强的过程,而在这个过程中,一国的国家利益无疑是驱动其外交决策的直接动因。国家利益具有鲜明的层次性,居于不同层次的国家利益,对于国家的重要性来说也就存在区别,这种区别必然影响国家利益与相关国际法律制度的关系。实际上,无论是国家利益的层次等级,还是国家利益的层次变动,乃至国家利益不同层次之间的复杂关系，都将影响国家在国际法上的态度与行动选择。[1] 在汉斯·摩根索看来，国家利益的重要方面包括领土完整、国家主权和文化完整，其中国家的生存问题是最本质的内容，其余方面都居于次要位置。[2] 国际社会基于该利益层次划分表现出这样一种行为模式：对于国家的生存问题这一根本利益进行极力维护，甚至诉诸武力解决，而对能够因内部和外部现实环境而改变的次级利益，则表现出多变或者经常性地违反之状态。典型如美国国家利益委员会[3]在其 1996 年和 2000 年出版的两份《美国国家利益报告》中均将“保障和提高美国人的福祉、确保美国的自由与安全所不可或缺的国家利益”列为最高级别；[4]2017 年 12 月 18 日，美国白宫公布了《美国国家安全战略报告》，该文件列举了四个至关重要的国家利益，排在第一的根本责任也被描述为“保护美国人民、保护家园、保护美国人的生活方式”。[5] 此种利益层次的划分对其外交实践影响的最典型表现便是对伊拉克、伊朗和朝鲜核问题的强硬态度，以及在极力倡导 TPP 之后退出该框架的鲜明策略对比。

金融机构社会责任这一义务性而非权益性、短期内成本增加却又无法产生效益的领域，显然并不属于各国国家利益的最高层次之列，毕竟主权国家对该领域进行关注的缘由，本就是因为资本权益的绝对化和当前跨国公司规避力量已经对国家的利益产生了危害。因而对包括金融机构社会责任在内的，与企业社会责任相关的国家间立法常常处于一种变化和被违反状态，如美国

---

① 刘志云：《国家利益的层次分析与国家在国际法上的行动选择》，载《现代法学》2015 年第 1 期。

② Hans J. Morgenthau, Another Great Debate, The National Interest of the United States, *American Political Science Review*, Vol. 46, No. 4, 1952, p. 972.

③ 1992 年，美国三家著名的智库贝尔福科学与国际事务中心、尼克松中心和兰德公司发起成立了美国国家利益委员会，并于 1996 年和 2000 年发表了两份《美国国家利益报告》。

④ The Commission on America's National Interest, America's National Interest, July 1996, http://belfercenter.ksg.harvard.edu/files/americas_interests.pdf，下载日期：2018 年 4 月 22 日；The Commission on America's National Interest, America's National Interest, July 2000, http://belfercenter.ksg.harvard.edu/files/amernatinter.pdf，下载日期：2018 年 4 月 22 日。

⑤ National Security Strategy of the United States of America, December 2017.

于 2001 年 3 月宣布单方面退出《京都议定书》,在 2017 年 6 月又宣布退出《巴黎协定》,而在其 2017 年 12 月发布的《美国国家安全战略报告》也没有提及气候变化的有关内容。由此,虽然对于国家主体来说,其参与的金融机构社会责任国际立法之形式主要表现为"国家间立法",但显然,这一内容在国家利益上的地位,使得在当前试图构建或者参与在国家之间确立"硬法"性质的,有关金融机构社会责任的"一揽子"安排,仍然是一种不切合实际的想法。故而,现实可行的路径应当是:

在立法技术上采用"化整为零""各个击破"的方法,逐步参与针对不同领域或不同问题的国际立法,采用"一揽子博弈"或者"早期收获"的方式而非一劳永逸地"眉毛胡子一把抓"。毕竟国家之间的立法本就是一个体现偏好的不断重复博弈之过程,如果没有一定的利益基础且产生双方或者多方需要的效益,就很难达成合意。并且,不同的具体问题在不同国家的利益层次划分中都是不一样的。例如,美国认为全球气候变化对其并没有产生太大的影响,但对于一些小岛国和低海拔地区的国家来说,却可能是影响国家生存的根本利益,因此他们组成了小岛国联盟,不遗余力地在国际上奔走,希望尽快达成气候变化协议并设定更加严格的标准;美国认为参与 TPP 无益于其产业发展于是退出该协议,但剩余的 11 个国家却依然对其抱有极大的热情,并力邀中国加入;而英国在脱离欧盟之后,也开始寻求 TPP 成员国的地位,并于 2018 年年初进行了加入 TPP 的非正式协商。这表明,在国家利益层次表现形式不尽相同的境况下,要想在区域、多边甚至是双边的国际立法中达成合意,"一揽子博弈"或者"早期收获"的方式就成了必然的选择,而对金融机构社会责任这一在各国国家利益层次划分中地位并不高的领域而言,就显得更为重要。

具体而言,"一揽子博弈"是指在国际谈判中,面对一系列利害关系错综复杂的问题,无法逐一进行解决,而将多个问题同时达成协议的做法。近期最为成功的"一揽子博弈",便是 2013 年 12 月达成的包含简化海关及口岸通关程序、允许发展中国家在粮食安全问题上具有更多选择权、协助最不发达国家发展贸易等内容在内的"巴厘一揽子协定"。就金融机构社会责任国际立法而言,对其责任的施加可以与市场准入规则、税收优惠、良善的待遇等内容相挂钩,推动其在国家间立法中的落实。"早期收获",主要是指在某些容易达成协议的议题领域先作出安排,或者允许少数国家对某项议案先期达成共识并开始运作，再以开放的姿态等待其他国家的加入。[①] 中国—东盟自由贸易区便很好地运用了这一模式。其在金融机构社会责任国际立法中的运用体现为，先与某些有着共同意向的国家达成有关金融机构履行对消费者、环境、股东等利益相关者之责任的协议，在产生一定收益之后以此为基础进行进一步的协商。

在立法模式上采取双边、区域和多边等"多头并进"的立法模式，在不同层次的谈判中加入对金融机构社会责任的考量，逐步将之内化从而实现参与。具体而言，就是在双边、区域、多边层次有关金融、投资、贸易、税收等不同领域的国家间立法当中，在对金融机构进行权利赋予的同时施加责任限制，即明确对利益相关者的责任，进而达成该方面的行动一致。值得注意的是，由于多边层面的参与者众多，国家利益纷繁复杂，即便运用"议题挂钩"之方式，其最终达成协议并良善实施的成本和难度也将大于少数国家参与的双边或区域协定。从这个角度而言，在双边或者区域层面达成有关金融机构社会责任的国家间立法似乎将更有效率；同时，这些层面的立法也为金融机构社会责任在多边层面达成共识奠定了良好的基础。但同样，这也将不可避免地带来各个层次规则的协调问题，从而为跨国公司规避法律提供机会，增加了法律间的冲突。此时，在国际层面对这些不同层次立法开展协调性和趋同性的工作就显得异常重要。

(2)新的时代背景下中国对金融机构社会责任国际立法的"金融机构参与路径"

对于金融机构而言，其所参与的社会责任国际立法之形式主要表现为"私政府立法"，与该领域相关的国家间立法踌躇不前相反的是，在全球化不断加深、非国家行为主体在全球治理中的地位上涨和影响的日益扩张、信息技术日新月异促成相同偏好的跨国利益团体迅速成型，以及金融危机之后国际社会对金融机构承担社会责任的呼吁等因素的共同作用下，晚近金融机构社会责任的私政府立法却呈现出汗牛充栋的状态。虽然这一领域绝大部分的私政府立法都是自愿性质的倡议或原则，但金融机构的加入和实践依然是需要成本的，并且这些短期内的改造成本并不能马上兑现成收益(甚至不会兑现为收

① 刘志云：《后危机时代国家间跨国公司社会责任制度体系的构建》，载《政法论丛》2015年第3期。

益)。故而,金融机构在参加这些私政府立法之时采用"逐步参与"的策略是非常必要的,这一方面能够杜绝"贪多不烂"和短期成本压力过大的现象出现,另一方面也能保证对其加入的私政府立法进行良善实施,防止为了参与而参与的贴标签式"搭便车"行为,毕竟私政府立法大都是由共同利益的公民社会所倡议,强制力的缺乏既是其发展的一个充分条件,也是其最致命的弱点。

一般而言,国际层面绝大多数的金融机构社会责任私政府立法都是软法规则,而所谓软法,就是"原则上没有法律约束力,但可能具有实际效力的行为规则"①。其实际效力一方面来源于金融机构自身对该规则的认可和践行,另一方面则仰仗于同业机构、第三方机构和公民社会等的监督。总体来看,虽然有些相关的软法规则被大规模地接受或者签署,如已经有来自170多个国家的12000多个签署人参与了《联合国全球契约》;②有来自50多个国家超过1400家机构签署了《负责任投资原则》,这些机构代表的资产总额达59万亿美元。③ 但在大多数情况下,金融机构的逐利本性常常会压过其对利益相关者的责任,这些软法规则所代表的社会责任理念并没有被内化至金融机构的运营当中。典型如2008年全球性金融危机的爆发的重要因素之一,就是因为华尔街金融机构对利益相关者不负责任的行为,漠视社会责任,在我国当前互联网背景下,金融机构利用其优势地位侵害消费者权益的事件层出不穷的现状,也很好地说明了这一点。其产生的后果便是,金融机构基于相关国际软法规则构建起来的社会责任实施机制沦为"无根之木,无源之水"似的摆设,更遑论对其真心实意地践行与更新了。而反过来,这些沦为摆设的框架也进一步弱化了金融机构通过反复实践将社会责任理念进行内化的进路。

金融机构履行社会责任有助于其竞争力的极大提升,当此种认知渗透到企业内部,并通过良善的市场机制反映和回馈出来的时候,金融机构的逐利本性和社会责任就达到了一个完美的平衡,此种市场型驱动力,无疑将成为金融机构践行社会责任的"永动机"。由此,我国金融机构在逐步参与被国际社会所广泛接受的社会责任私政府立法之时,应当重点关注此种市场驱动力的培

---

① Francis Snyder, The Effectiveness of European Community Law: Institutions, Process, Tools and Techniques, *Modern Law Review*, Vol. 56, Issue 3, 1993, p. 32.

② United Nations Global Compact, Participation, https://www.unglobalcompact.org/participation,下载日期:2018年1月16日。

③ PRI, About the PRI, https://www.unpri.org/about,下载日期:2018年1月16日。

养和能动作用。一方面，金融机构需要将践行社会责任内化为一种企业文化，依照其所参与的相关国际规则改造和完善其机制建设，在不断地重复实践中实现理念与机制之间的相互推动；另一方面，应当注重通过发布定期和不定期报告、官网开设专栏、电话或者微博等交流工具的利用等方式来增进与客户和公众的交流，并加强与第三方专业机构的合作对其进行独立审计，保证实践软法规则外部推动作用的良好发挥。如此，才能更好地配合与推进中资企业“走出去”战略的要求，促成我国“软实力”和“硬实力”的协调，在积极参与全球治理的过程中打造我国的良好大国形象。

2. 新的时代背景下中国对金融机构社会责任国际立法“国家参与”和“金融机构参与”并行路径实现的互动分析

随着治理理念的兴起，一种“作为各种公权或私权的个人和机构共同管理其事务的诸多方式的总和的，调和相互冲突或不同利益，并采取联合行动的持续性过程”①的治理形态开始见诸国际和国内层面。而良好的治理（善治）的评判标准则可以包括共同参与（Participation）、厉行法治（Rule of Law）、决策透明（Transparency）、及时回应（Responsiveness）、达成共识（Consensus Oriented）、平等和包容（Equity and Inclusiveness）、实效和效率（Effectiveness and Efficiency）和问责（Accountability）。② 在金融机构社会责任领域，无疑也需要通过各主体以多种手段在各个方面的联合行动以形成善治，国内层面对此最具直接性影响作用的主体显然就是政府和金融机构了。对于我国而言，以国家身份参与金融机构社会责任立法，不仅是对新的时代背景下“深度融入世界经济”“积极参与全球经济治理和公共产品供给”“积极承担国际责任和义务”等要求的贯彻落实，也使得我国在把握国际社会在该领域的最新发展趋势的同时，加强金融机构对利益相关者责任的管控，更好地防范金融风险。同时，随着这一领域越来越被国际社会所重视，其无疑将成为后续国际商贸立法谈判中的重点之一。而对于我国金融机构来说，参与社会责任的相关国际立法同样也是在新的时代背景下积极和高质量地“走出去”的必然要求，并且

① The Commission on Global Governance, *Our Global Neighborhood: The Report of the Commission on Global Governance*, Oxford University Press, 1995.

② United Nations Economic and Social Commission for Asia and the Pacific, What Is Good Governance?, http://www.unescap.org/resources/what-good-governance, 下载日期：2018 年 1 月 18 日。

这一行为也能够在极大地增强其风险防控能力和竞争力、形成品牌效应的同时，产生良好的经济、环境和社会绩效。

总体来看，国家参与金融机构社会责任国际立法的最终实现，需要通过国内立法将之形成本土化制度，而金融机构对其参与的社会责任国际立法的实现也离不开内部制度的架构和实践。显然，这两者在金融机构社会责任国际立法的实现上具有深厚的内在关联(图5)。

从效果上看，以国家为主体参与金融机构社会责任国际立法，一方面能够为金融机构参与这一领域的国际立法提供一个良好的外部制度环境，敦促其加入相同议题的金融机构社会责任国际私政府立法；另一方面，也能为金融机构参与的无强制性的私政府立法内化之后的制度提供强制力基础，进而形成良好的制度合力。例如，我国于1992年和1998年分别签署了《联合国气候变化框架公约》与《京都议定书》，也正是在这一阶段，陆续颁布和修订了包括《水污染防治法》《大气污染防治法》《清洁生产促进法》和《环境影响评价法》等法律法规。金融行业的相关立法则体现为，中国人民银行1995年颁布的《关于贯彻信贷政策与加强环境保护有关问题的通知》、2007年发布的《关于改进和加强节能环保领域金融服务工作的指导意见》等等，2011年，国家发改委印发了《关于开展碳排放权交易试点工作的通知》，正式在我国开展《京都议定书》下联合履行机制、清洁发展机制、排放贸易机制催生的碳排放权交易市场试点。在这些政策的影响下，我国金融机构不仅开始注重绿色信贷、绿色保险和绿色证券等方面的业务发展，也开始积极加入相关的国际私政府立法，截至2018年3月，就有蚂蚁金服、台州银行、国家开发银行、招商银行、工商银行、兴业银行和平安银行7家大陆金融机构参与了《联合国环境规划署金融倡议》；①兴业银行和江苏银行两家大陆银行宣布适用《赤道原则》；②275家公司、团体、商会等组织加入《联合国全球契约》。③ 在文本架构方面，国家在参

① UNEP FI, Asia Pacific Members, http://www.unepfi.org/members/asia-pacific/，下载日期：2018年3月28日。

② Equator Principles, Equator Principles Association Members & Reporting, http://www.equator-principles.com/index.php/members-and-reporting，下载日期：2018年3月28日。

③ UN Global Compact, Explore Our Participants, https://www.unglobalcompact.org/interactive，下载日期：2018年3月28日。

与金融机构社会责任国际立法之后进行的本土化制度建设，无疑为国内金融机构社会责任内部制度的建构提出了硬性标准，而金融机构对其参与的相同议题的金融机构社会责任国际私政府立法的相关实践，也为国家层面的立法提供了现实基础和一种“自下而上”的修正路径。

由此我们可以看到，金融机构社会责任国际立法的国家参与路径和金融机构参与路径之间呈现出一种互相影响、互为动力的正相关关系，两者的良好互动能有效地推动金融机构社会责任在我国的落实。

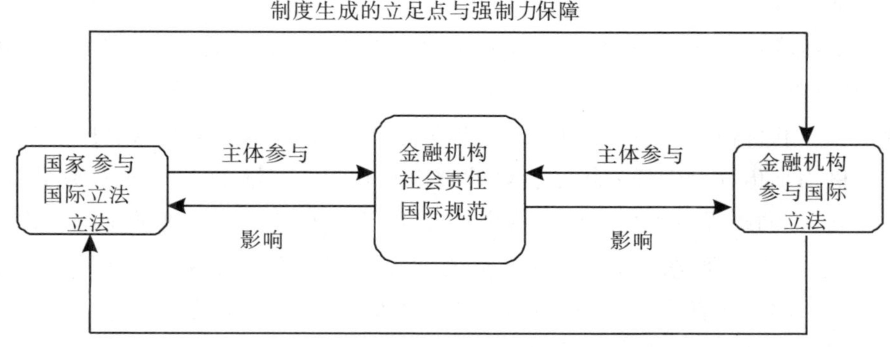

图 5 金融机构社会责任国际立法国家参与和金融机构参与的互动关系图

(三)新的时代背景下中国对金融机构社会责任国际立法从单纯的“积极参与”到“参与规则”和“主导规则”并重的战略转变

1.新的时代背景下中国国家主体对金融机构社会责任国际立法从“积极参与”到“参与规则”和“主导规则”并重的转变

随着 2008 年全球性金融危机的爆发，世界各主要发达国家均遭受了重大打击，在世界政治经济发展不平衡的规律、两极格局解体后各种力量的迅速变化、要求改革旧国际制度的呼声和国际秩序的不合理性、新兴发展中大国的群体崛起等因素的共同作用下，国际政治经济秩序将“从一超多强的格局向权力分布相对均衡、去中心化的全球主义方向发展，一些大国和地区强国将共同参与全球治理，各个地区都将发展出独具特色的地区秩序，并通过全球性的规则或制度互相联系，超级大国将会消失，朝着无超级大国而只有大国的多极世界转变,而代替超级大国的,则正是区域力量"①。这些地区秩序将更多地反映本地行为体的利益和认同,并成为新的世界秩序的重要基础。② 在这一场变革中,经济发展最为迅猛,已然成为世界第一大贸易国、世界第二大经济体、世界第二大对外投资国的我国的国际地位无疑得到了极大的提高,将在新的世界政治经济格局中发挥更加重要的作用。在对金融机构社会责任国际立法的参与战略方面,我国从过去的"积极参与"到当前的"参与规则"和"主导规则"并重的战略转变,不仅是我国对外开放的必然趋势,也是国家利益的需要和国际社会的诉求。

虽然晚近持续发展的工人运动、自然资源和环境保护运动、消费者保护运动,乃至直接性的企业社会责任运动,以及企业公民理论、利益相关者理论、企业社会互利价值观、企业长期目标观和国际社会对所有权相对化的呼吁,均为金融机构承担社会责任提供了良好的理论基础和实践铺垫,但当前该领域"国家间立法"的缓慢发展之现状却有力地表明,迅速构建一劳永逸的金融机构社会责任的"国家间立法"并不现实。而这种空白实际上也客观地为我国在该领域践行新的时代背景下"积极参与全球治理体系改革和建设",从"参与规则"向"参与规则"和"主导规则"并重的战略转变提供了良好的契机。

如前所述,后危机时代,发达国家的经济式微和新兴国家的群体性崛起造成了世界政治经济格局的剧变,进而引发了对冷战结束后形成的国际秩序的新一轮变革。在这场变革中,多极化的大国治理已然成为不可逆转的趋势,而与各类议题相连接的规则和制度则成为根本性的治理手段之一。当前,国际地位日益增强的我国也正积极参与新的国际秩序和规则的构建以寻求更大的话语权。早在2014年党的十八届四中全会公布的《关于全面推进依法治国若干重大问题的决定》中,我国就明确提出要"积极参与国际规则制定,推动依法处理涉外经济、社会事务,增强我国在国际法律事务中的话语权和影响力,运用法律手段维护我国主权、安全、发展利益"③。习近平总书记在2015年的中

---

① Barry Buzan, A World Order without Superpowers: Decentred Globalism, *International Relations*, Vol. 25, No. 2, 2011, pp. 3-25.

② Amitav Acharya, *The End of American World Order*, Polity Press, 2014, pp. 110-111.

③ 人民网:《中共中央关于全面推进依法治国若干重大问题的决定》,http://cpc.people.com.cn/n/2014/1029/c64387-25927606-4.html,下载日期:2018年1月19日。

央经济工作会议上也指出“要用好我国国际话语权和规则制定权上升的机遇，主动参与规则重构……为我国发展创造有利国际环境”①。党的十九大报告则再次明确，我国将“积极发展全球伙伴关系，坚持对外开放的基本国策，和秉持共商共建共享的全球治理观，继续发挥负责任大国作用，积极参与全球治理体系改革和建设，不断贡献中国智慧和力量”②。而我国在诸如应对气候变化，提供国际发展援助，牵头成立亚洲基础设施投资银行和金砖国家新开发银行，以“一带一路”倡议带动亚非欧沿线国家的发展等方面的一系列实践则表明，③我国当前的时代背景下，已经从国际规则的参与者和维护者，逐步转变成为一个国际规则的重要塑造者。

党的十八届五中全会不仅再度重申和解读了新的时代背景下的开放战略，更是直接表明了要求资本承担更多责任的态度，即“必须顺应我国经济深度融入世界经济的趋势，奉行互利共赢的开放战略，发展更高层次的开放型经济，积极参与全球经济治理和公共产品供给，提高我国在全球经济治理中的制度性话语权，构建广泛的利益共同体”④。这在我国对金融机构社会责任国际立法方面“参与规则”和“主导规则”并重的战略当中具体表现为：积极地将自身在相关方面的主张，通过双边、区域乃至多边等在内的“国家间立法”反映出来，并以积极推行的方式来实现。

例如，坚持人与自然和谐共生，建设生态文明是中华民族永续发展的千年大计，这在金融领域的具体表现便是绿色金融，而所谓绿色金融，则是指“为支持环境改善、应对气候变化和资源节约高效利用的经济活动，即对环保、节能、清洁能源、绿色交通、绿色建筑等领域的项目投融资、项目运营、风险管理等所

---

① 新华网：《中央经济工作会议在北京举行》，http://news.xinhuanet.com/house/sjz/2015-12-22/c_1117534319.htm，下载日期：2018 年 1 月 19 日。

② 新华网：《习近平：决胜全面建成小康社会 夺取新时代中国特色社会主义伟大胜利——在中国共产党第十九次全国代表大会上的报告》，http://news.xinhuanet.com/politics/19cpcnc/2017-10/27/c_1121867529.htm，下载日期：2018 年 1 月 19 日。

③ 王赓武、魏玲、巴里·布赞等：《国际秩序的构建：历史、现在和未来》，载《外交评论》2015 年第 6 期。

④ 新华网：《授权发布：中国共产党第十八届中央委员会第五次全体会议公报》，http://news.xinhuanet.com/politics/2015-10/29/c_1116983078.htm，下载日期：2018 年 1 月 19 日。

提供的金融服务"[①]，这实际上也是金融机构对环境负责这一社会责任的具体体现。在中国的提议下，2016年G20杭州峰会第一次对绿色金融议题进行了讨论，并将在会上达成的"为支持在环境可持续前提下的全球发展，有必要扩大绿色投融资"[②]这一共识写入了G20杭州峰会公报和《杭州行动计划》当中，这无疑是我国对金融机构社会责任"参与"和"主导"并重战略的重要体现。而更具体地说，我国对金融机构社会责任的推广方式可以是将包括绿色金融在内的环保责任作为签订双边、区域和多边协定的基本条款，并在诸如"一带一路"框架下的协定、中国—东盟自由贸易区的系列安排、上海合作组织框架下的多种协定等具体的双边、区域和多边条约中，乃至于以我国为主导成立的亚洲基础设施投资银行、金砖国家新开发银行等国际性组织中将其列为原则性条款。这一系列的行为，显然都是在新的时代背景下，提高我国在全球经济治理中制度性话语权的重要体现。

2.新的时代背景下中国金融机构主体对金融机构社会责任国际立法从"积极参与"到"参与规则"和"主导规则"并重的战略转变

当前的国际金融体系无疑是受2008年全球金融危机影响最直接的领域，这一发源于1944年至1973年主导国际社会的"布雷顿森林体系"的国际金融秩序所存在的，国际货币最后贷款者功能的缺失、拉大国际间贫富差距、国际金融监管缺失、主要的国际金融机构内部治理结构缺陷等问题，均在此次危机当中被集中地催化出来，而在当前国际秩序全面变革的背景下，对国际金融体系的深度改革也就显得迫切和理所当然。随着我国金融业对外开放的不断深入和国际地位的极大提升，我国无疑将在国际金融体系的重构中发挥重要作用和承担更多责任，晚近人民币加入国际货币基金组织的特别提款权(SDR)货币篮子、成立亚洲基础设施投资银行和金砖国家新开发银行以及丝路基金、成为金融稳定理事会的成员等事实均很好地表现了这一点。与此相对应，我国的金融机构也应当承担更多的责任，因而，我国金融机构在积极参与金融机构社会责任国际"私政府立法"的同时，实现"参与规则"和"主导规则"并重的

---

① 中国人民银行、财政部、国家发展改革委、环境保护部、原银监会、证监会、原保监会:《关于构建绿色金融体系的指导意见》第1条第(一)点。

② G20, G20 Leaders' Communique Hangzhou Summit, http://unepinquiry.org/wp-content/uploads/2017/01/2016-09-04-g20-communique-en.pdf，下载日期：2018年1月19日。

战略转变也是合情合理的。

一方面，我国金融机构的体量巨大。在英国《银行家》杂志发布的“2017年全球1000家大银行榜单”中，共有126家中资银行上榜，17家跻身前100位，其中前5位就有3家，而中国工商银行更是以其全球最大的市值、第一的客户存款数和最多的营利被戏称为“宇宙第一银行”。另一方面，在新的时代背景下，我国金融业“引进来”和“走出去”的双向开放格局迅速成型。2017年7月的全国金融工作会议、党的十九大和2017年12月的中央经济工作会议均强调了要形成全面开放的新格局，为我国金融机构走出去提供良好的政策背景，而当前我国金融机构的海外布局与“走出去”企业的分布不匹配，“走出去”的步伐明显滞后于企业，尚处于由海外探路阶段朝服务本国企业海外投资过度的阶段，跨境金融服务的能力比较弱之现状，也从自身角度对我国金融机构全面走出去提出了要求。此外，我国长期以来相对封闭的金融业运行环境，不仅造成了我国金融机构在风险控制、内部架构、盈利手段等方面的不足，弱化了其竞争力，也使得社会责任这一在国际社会如日中天的理念被标签式地运用和习惯性地漠视。凡此种种，均构成了在新的时代背景下，我国金融机构走出去和实现对金融机构社会责任国际立法“参与规则”和“主导规则”并重战略的可行性与必要性。于其具体路径，则至少可以从以下两个角度开展：

一是通过个体金融机构对已有的有关社会责任的“私政府立法”进行积极参与来发出中国声音，包括良好的践行和提出修改的建议。例如，兴业银行在加入赤道原则之后连续多年参与由赤道原则秘书局召开的赤道原则年度大会以及由IFC召开的年度学习大会，在2010年12月的赤道原则协会主办的“赤道原则未来五年战略规划研讨会”上，兴业银行从中国特有国情和本行可持续发展的战略构想入手，向与会各方介绍了本行在赤道原则执行过程中的收获与困惑，以及中国的绿色信贷政策，尤其是“环保黑名单”制度对于提升银行环境与社会风险识别能力的重要作用，并表达了赤道原则应当增加新兴市场国家金融机构参与权和话语权的想法。①

二是通过本国金融机构社会责任私政府立法的构建来辐射国际社会，形成自身的更大影响。例如，截至2017年，“中国企业社会责任国际论坛”已经

① 参见兴业银行：《兴业银行应邀参加“赤道原则未来五年战略规划研讨会”系列会议》，https://www.cib.com.cn/cn/aboutCIB/social/news/20110105_3.html，下载日期：2018年1月20日。

举办了十三届；作为一个诞生在我国的内涵丰富、拥有远大理想的可持续发展行动纲领的《中国金蜜蜂2020社会责任倡议》，已经被越来越多的企业所关注并参与；中国工商银行、中国银行、华夏银行、浦发银行、招商银行、中国民生银行、渣打银行等七家“金蜜蜂银行”，也于2010年6月5日发布《金蜜蜂银行宣言》，表达“金蜜蜂银行”积极履行金融机构社会责任，努力实现经济、环境、社会可持续发展的不懈追求；①2017年1月19日，在瑞士达沃斯的世界经济论坛上，蚂蚁金服和联合国环境规划署共同发起成立全球首个金融科技企业的绿色数字金融联盟，旨在利用数字技术来促进应对全球环境挑战的融资，②等等。

五、新的时代背景下中国参与的金融机构社会责任国际立法与国内立法的互动机制

全球化条件下的治理议题呈现出整体性特点，但全球治理仍需在以民族国家为核心的世界秩序中进行，因此，国家治理和全球治理是两种并行的治理过程，两者既有差异，又相互影响。国家治理是全球治理的核心部分，全球治理是国家治理在全球化时代的延伸，而全球治理形成的国际制度伸入国内社会，影响着国家治理的发展。③

随着我国国际地位的急速提升和对外开放格局的进一步深化，更好地统筹和协调国内国际两个大局就成了必然的路径选择。党的十八届五中全会通过的《中共中央关于制定国民经济和社会发展第十三个五年规划的建议》对此描述道，“必须坚持打开国门搞建设，既立足国内，充分运用我国资源、市场、制度等优势，又重视国内国际经济联动效应，积极应对外部环境变化，更好利用

① 中国工商银行、中国银行等：《金蜜蜂银行宣言》，载《WTO经济导刊》2010年第8期。

② Green Digital Finance Alliance, Alliance Launched, https://www.greendigitalfinance.org/launch，下载日期：2018年1月20日。

③ 参见赵骏：《全球治理视野下的国际法治与国内法治》，载《中国社会科学》2014年第10期。

两个市场、两种资源，推动互利共赢、共同发展”①。而该次会议的公报所提出的新发展理念也指出：“要丰富对外开放内涵，提高对外开放水平，协同推进战略互信、经贸合作、人文交流，努力形成深度融合的互利合作格局。”②这在金融机构社会责任领域表现为，积极参与相关的国际规则并完善对其的本土化实施，同时在此基础上进行加入自身意志的创新，进而对国际规则产生反作用。这不仅是前述政策环境的推动，也是增强我国在新的时代背景下全球治理话语权和提升金融机构走出去过程中竞争力的必然要求。

实证主义法学家将国内法界定为国家立法机构或者授权机构所制定或认可，并由国家权力保障实施的法律规范的总称，而国际法则是由国家之间制定或者认可，反映国家共同意志的法律规范的总称，其又可分为国际条约法与国际习惯法。自由法学者则对法律有着更宽泛的界定，“法律是一种对社会的控制”，可以用于任何由人操纵的制定规范并把这些规范适用于行为的过程，至于政府是否参与则在所不问。③ 就当前的实践来看，有关金融机构社会责任的规则既有硬法性质的国家立法、国际条约法和国际习惯法，也有私人主体之间、NGOs、次政府之间、私人机构发布的各类倡议、指引、协议、标准等软法性质的规则，而且后者发展得似乎更为迅猛。因此，为了更好地展现金融机构社会责任国际立法和国内立法之间的互动关系，本部分将以自由主义法学者的视角来对该领域国际立法和国内立法的互动形态、互动的有效性和互动的具体路径进行分析，其中的国际立法包括国家间立法和私政府立法两种类别，而国内立法则指国家立法和国内私人部门的立法两种形态。

(一)新的时代背景下金融机构社会责任国际立法和国内立法的互动形态分析

全球化程度的不断加深催化了国际社会对全球治理的呼吁，而通过各主体间条约和规则进行治理的方式，则在这一复合相互依赖加剧的趋势下形成

---

① 人民网：《中共中央关于制定国民经济和社会发展第十三个五年规划的建议》，http://politics.people.com.cn/n/2015/1103/c1001-27772701.html，下载日期：2018 年 1 月 21 日。

② 新华社：《授权发布：中国共产党第十八届中央委员会第五次全体会议公报》，http://news.xinhuanet.com/politics/2015-10/29/c_1116983078.htm，下载日期：2018 年 4 月 1 日。

③ 参见刘志云等：《商业银行社会责任的法律问题研究》，厦门大学出版社 2011 年版，第 7～8 页。

了越来越多的相同和不同层次的议题，条约密度急剧攀升以致“在某些问题领域，如国际环境治理方面，甚至出现学者所描绘的‘条约堵塞’(treaty congestion)之现象”①。而这实际上也反映出，尽管每一种制度建立的主要目的是针对并试图解决经济、安全、环境等特定领域的合作问题，但是它们在建立、维持以及有效性方面是彼此影响的。② 当一个制度的内容、运作及结果受到另一个制度有意或无意的显著影响的局面出现时，制度互动便发生了。③ 在新的时代背景下，我国无疑应当积极参与全球经济治理和公共产品供给，提高在全球经济治理中的制度性话语权，而无论是在国内还是国际层面，制度之间均呈现出一种互动状态，此种态势要求我国在通过“融入”与“塑造”等策略参与全球经济治理的时候，对制度之间的互动予以尊重和重点关注。

作为较早地对制度互动进行关注的学者，奥兰·杨等人按照互动的“层次”不同，将制度之间区分为“水平联系”(vertical linkages)和“垂直联系”(horizontal linkages)。前者是指在同一层次的社会组织层面运作的制度安排之间的联系，如国际货币基金组织与世界银行之间、欧盟与东盟之间的制度安排、《赤道原则》和 IFC《环境与社会可持续性绩效标准》之间的协同；后者则是指在不同层次的社会组织层面上运作的制度安排之间的联系，如《联合国气候变化框架公约》和《京都议定书》的实践需要国内制度层面上的能力支持。④ 这些联系导致了嵌入式体制(embedded regimes)、嵌套式体制(nested regimes)、集束式体制(clustered regimes)和交叠式体制(overlapping

---

① Brown Weiss, International Environmental Issues and the Emergence of a New World Order, *Georgetown Law Journal*, Vol. 81, No. 3, 1993, p. 679.

② 刘志云:《全球化背景下国际法律制度的互动分析》,载《现代法学》2011 年第2 期。

③ Olav Schram Stokke, Trade Measures and Climate Compliance: Institutional Interplay between WTO and the Marrakesh Accords, *International Environmental Agreements: Politics, Law and Economics*, Vol. 4, No. 4, 2004, p. 342.

④ Oran R. Young, The Science Plan for the Project on the Institutional Dimensions of Global Environmental Change, IHDP Report No. 9/ IDGEC Science Plan 1999, http://www. ihdp. unu. edu/docs/Publications/IDGEC/Annual% 20Reports; Scoping% 20Reports; %20Science%20Plans/IDGEC%20Science%20Plan-1999. pdf, 下载日期: 2018 年 1 月 21 日。

regimes)。[①] 随后,奥兰·杨等人从国家/亚国家制度性安排与地方性(local)制度安排之间的互动,以及国际层面的国际机制与成员国国内体制之间的互动对制度之间的垂直互动关系进行了更深层次的分析,[②]并将垂直互动进一步延伸为从空间、法律和政策权威的分配、管辖权范围三个角度共同界定而成的"跨层互动",即"两个或者多个有着高低不等的管辖权的机制之间的垂直互动"。[③]

就金融机构社会责任国际立法和国内立法的互动形态而言,其显然属于一种典型的垂直状态的跨层互动,金融机构社会责任国际层面的"国家间立法"和"私政府立法",与国内层面的"国家立法"和"国内私人部门的立法"之间呈现出互相构建的共生共长之良性交叉关系(图 6)。[④]

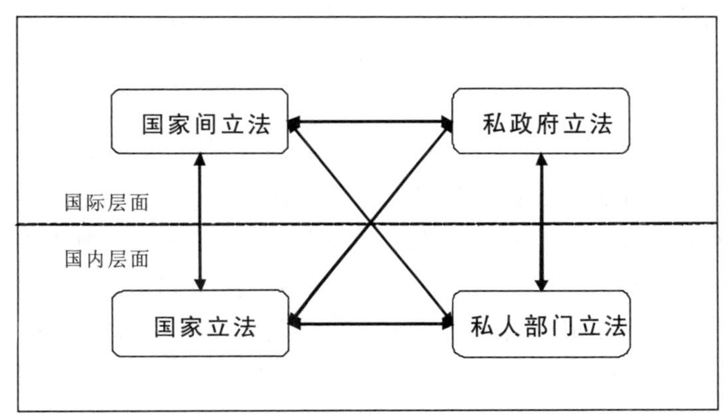

图 6　金融机构社会责任国际立法与国内立法的互动关系图

在"国家间立法"和"国家立法"之间,后者通过"直接转化"或"间接转化"

---

① [英]奥兰·杨:《世界事务中的治理》,陈玉刚、薄燕译,上海人民出版社 2007 年版,第 156 页。

② Oran R. Young, *The Institutional Dimensions of Environmental Change: Fit, Interplay, and Scale*, MIT Press, 2002, pp. 83-109.

③ Oran R. Young, Vertical Interplay among Scale-Dependent Environmental and Resource Regimes, *Ecology and Society*, Vol. 11, No. 1, 2006, p. 27.

④ 诚然,如果我们将国际层面的金融机构社会责任立法和国内层面的金融机构社会责任立法分开述之,则可以遵循"国家间立法"和"私政府立法"之间、"国家立法"和"国内私人部门立法"之间的互动开展研究,此时其无疑属于一种水平状态的互动,鉴于此种互动在本章第二节和第四节已经进行相关阐述,故而在此不再赘述。

的形式将前者转化成自身的一部分，对前者进行贯彻与落实；而国家则凭借其实力与偏好，将符合其自身利益的“国家立法”全球化，推广到世界各地，甚至成为建构“国家间立法”的蓝本。例如，欧盟委员会于2002年1月提交了一个针对环境责任的法律框架草案，在反复磋商后形成《欧盟环境责任指令》，并于2004年生效，至2010年，欧盟各成员国相继以此为标准修订了各国的环境保护法；英国政府于2008年10月发布了世界上第一个衡量产品碳足迹的标准《商品和服务生命周期温室气体排放评估规范》(PAS2050)，该标准主要用于计算产品和服务在整个生命周期内(从原材料的获取到生产、分销、使用和废弃后的处理)温室气体排放量。PAS2050标准推广至今，已经有20家企业约75种商品参加，行业涵盖食品、家用电器、纺织、建筑材料等，甚至不乏电子银行这种新兴的产业(如苏格兰哈里法克斯银行HBOS公司)；就企业属地而言，不仅包括英国本土企业，而且可口可乐、达能、百事等多家知名跨国公司也有参与其中。①

在国际层面的“私政府立法”和国内层面的“私人部门立法”之间，前者为后者提供了一个在金融机构社会责任方面的国际化的明确性实施标准，后者对前者的实践则成为其生命力的保证和重要的升级参考。典型的例子便是EPs的产生与发展，2002年，荷兰银行和国际金融公司发起召开了一个由9家国际性金融机构组成的研讨会，旨在商讨项目融资中的环境和社会影响问题，与会各方在会上均提供了自身在以往项目中的相关案例，这些项目因为环境和社会问题而引发了大量争议。在此基础上，各家银行一致同意成立一个工作组来起草一个框架以供其他银行参考，产生了私人部门立法对私政府立法形成的推动作用；随着EPs在全球融资市场上的广泛运用，其逐步成为一种通行世界的行业标准，为金融机构在进行会产生环境和社会影响的融资过程中，提供了一个科学的判定框架，加入赤道原则的银行都必须按照其要求，对本身的项目融资机制进行相应的改造。此时，私政府立法对私人部门立法的指导作用便体现出来。而在赤道原则顺应新形势进行更新换代之时，各赤道银行均结合自身在实践中的问题进行了反馈，成为赤道原则这一私政府立

① 参见冯相昭、赖晓涛、田春秀：《关注低碳标准发展新动向——英国PAS2050碳足迹标准》，载《环境保护》2010年第3期。

法的重要升级参考。①

此外,这四者也呈现出一种交叉的互动关系。在金融机构社会责任"私政府立法"和"国内立法"层面,正如前文所言,晚近有关金融机构社会责任的私政府立法呈现快速发展的趋势,很多私政府立法被一些国家的国内立法所采纳,而这些私政府立法在修订的过程中也往往会邀请国家主体的参与并提出建议。例如,许多国家都采用了ISO制定的社会指南标准(ISO26000),来指导本国在组织治理、人权、消费者保护、劳动实践、环境、公平的经营实践以及社区参与和发展等方面的立法,而事实上,该标准本身就是由54个国家和24个国际组织共同参与制定的;国际标准化组织在制定《产品碳足迹标准ISO14067》之时,对英国政府2008年颁布的《商品和服务生命周期温室气体排放评估规范》(PAS2050)进行了大量的参考和借鉴。

金融机构社会责任的"国家间立法"和"国内私人部门的立法"之间的互动则往往通过"国家立法"的传导作用来实现。例如,经济合作与发展组织于2003年和2008年,分别发起了"发展金融素质共同原则"的政府间项目和"有关金融教育的国际通路"项目。我国则在其影响下发布了包括《关于进一步规范商业银行个人理财业务投资管理有关问题的通知》《商业银行信息披露办法》《企业内部控制应用指引第4号——社会责任》等一系列规定。在这些规定的要求下,国内大部分的金融机构均从金融知识宣传、消费者选择权和知情权等的保护、详尽的信息披露、消费者适当性等方面对其运作机制进行了完善。

(二)新的时代背景下金融机构社会责任国际立法和国内立法的互动效应分析

无疑,我国在新的时代背景下融入世界经济、推进制度创新、形成促进创

---

① 例如,我国兴业银行积极参与赤道原则(第三版)的修订工作当中:2012年12月,兴业银行应邀派员参加在美国华盛顿召开的赤道原则年度大会,结合执行赤道原则几年来的经验和新兴市场国家的实际情况,其就赤道原则在高收入经合组织国家的应用、增加气候变化因素和保障报告与透明度方式等方面表达了自身看法。同时,兴业银行在会上作为发起方之一与亚洲和大洋洲区银行共同提交了战略发展提案,提出加强区域信息交流、关注并促进不同市场国家机构公平参与赤道原则事务以及呼吁推动新兴市场国家金融机构采纳赤道原则并发挥其话语权等建议,该议案已得到2012年赤道原则年度大会一致表决通过,并重新开启了赤道原则协会中长期战略的讨论。参见兴业银行:《2012年年度可持续发展报告》,第128页。

新的体制架构等要求,天然地蕴含着开展金融机构社会责任国际国内制度互动的诉求;而反过来,制度互动所产生的良好效应,对我国更好地参与全球治理和金融机构社会责任国际国内制度的完善也将大有裨益。整体来看,制度互动的有效性可以分为三种类型:功利性互动(utilitarian interplay)、规范性互动(normative interplay)和观念性互动(ideational interplay),而在这每一种互动类型当中,既有可能是“支持性的”(supportive),也有可能是“阻碍性的”(obstructive)。①

功利性互动,是指某一制度的具体程序或者规则将会对另一个制度内的行为选择的成本以及收益产生变革性影响的制度互动,主要是通过提供守约激励或增加违约成本的方式,来影响行为体对制度的选择。企业在参与某个社会责任标准或者依据更新换代的标准进行机制改造,发布社会责任报告或者按照新的指数编制报告之时,无疑将会大大增加其行动路径、信息采集和披露等方面的成本。但在企业社会责任被广泛接受,且不断进化的情境下,企业付出的这些成本,事实上成为可能促进其更好发展的充要条件,这对于在金融全球化趋势下亟须提升软实力,更好地参与全球竞争的我国金融机构而言则更是如此。例如,我国兴业银行加入赤道原则和根据新版的赤道原则进行制度升级,均为其带来了短期的人力、物力成本,但该行为在当前全球社会要求企业履行社会责任的呼吁下却显得理所当然;并且,这一行为能够与我国新时代中国特色社会主义所要求的“坚持人与自然和谐共生”“坚持以人民为中心”等基本方略相契合,将可能产生更为巨大的经济、环境和社会绩效,这无疑是对兴业银行守约的最佳激励,此种循环将产生一种“支持性”的互动。又如,金蜜蜂企业社会责任中国网于2008年开始举办中国企业社会责任报告国际研讨会,截至2017年,一共举办了十届。该会议邀请了国内外的诸多机构和专家参与,旨在讨论撰写企业社会责任报告时所遇到的问题和解决方案,以及推动落实企业社会责任的有效路径,有着较大的国际影响力。② 金融机构发布社会责任报告、根据研讨会的结果或其他新的指引编制社会责任报告,显然将会增加短期成本,但此种顺应潮流的行为能够提升其企业形象,并可能获得良

---

① Olav Schram Stokke, *The Interplay of International Regimes: Putting Effectiveness Theory to Work*, FNI Report 14, Fridtjof Nansen Institute, Oslo, 2001.

② 企业社会责任中国网:《第10届中国企业社会责任报告国际研讨会》,http://www.csr-china.net/ind/2017/gb10/#review,下载日期:2018年4月23日。

好的经济、环境与社会效应，产生一种“支持性”互动。

规范性互动，是指一种制度可以通过某一议题内什么是正确或者合适的行为的认知来强化或者改变另一种制度的安排。例如，2008 年的金融危机使得全球金融监管者产生加强监管的共识，同时认为 2004 年实施的《巴塞尔协议Ⅱ》并不能很好地控制风险，经过多年的博弈，对《巴塞尔协议Ⅲ》的修订已经于 2017 年 12 月完成，并将在 2022 年 1 月 1 日起逐步实施。可以预见的是，其有关修改信用风险计量方法、信用估值调整、操作风险资本计量方法、限制某些方面内部评级法的运用等修改将对各国的相关法律产生深远影响。但就我国来看，当前商业银行遵循的资本监管规定主要是银监会 2012 年颁布的《商业银行资本管理办法(试行)》，迄今为止尚未进行变更，即便是巴塞尔协议在这期间已经进行了十几次修订，这显然是一种“阻碍性”的互动；劳动者的权益保护向来是国际社会关注的热点，同时也是企业承担社会责任的一个重要表现，国际劳工组织的《废除强迫劳动公约》《就业和职业歧视公约》《禁止最恶劣形式的童工劳动公约》，社会责任国际组织(SAI)建立旨在保护劳动环境、条件和劳工权利的全球首个道德规范国际认证标准 SA8000 等均是对该问题的良好回应，我国有关劳动者权益保护的法律法规之颁布或修订均受到了类似国际规则的影响①，有关部门和行业协会也均在此基础上进行了相关的规定②，这些规则在事实上对金融机构更好地保障劳工权益产生了极大影响。党的十八届五中全会提出的新发展理念，从中国经济社会发展的战略全局高

---

① 例如，我国《劳动法》第 12 条有关“劳动者就业，不因民族、种族、性别、宗教信仰不同而受歧视”、第 13 条有关“妇女享有与男子平等的就业权利”等规定，就体现了对我国批准的国际劳工组织《1951 年男女劳工同工同酬公约》中相关规定的“吸收”。

② 例如，原保监会于 2015 年发布的《关于保险业履行社会责任的指导意见》要求保险机构“重视员工发展，依法与员工签订并履行劳动合同，杜绝任何形式的歧视，建立员工薪酬正常增长机制，实施员工福利计划，实现员工价值和企业发展融合，加强工会组织建设和职业教育培训，推进企业民主管理，为员工创造平等发展机会”。我国银行业协会 2009 年印发的《中国银行业金融机构企业社会责任指引》第 9 条规定“银行业金融机构应遵循按劳分配、同工同酬原则，构建合理的激励约束机制，保障员工各项权益，促进员工全面发展，为员工创造价值”；第 13 条规定“银行业金融机构应提倡以人为本，重视员工健康和安全，关心员工生活，改善人力资源管理；加强员工培训，提高员工职业素质，提升员工职业价值；激发员工工作积极性、主动性和创造性，培养金融人才，创建健康发展、积极和谐的职业环境”。

度，深刻揭示了“十三五”乃至更长时期实现更高质量发展、更有效率、更加公平发展的宏观路径，深化了我们对马克思主义发展观的认识。① 在此指导下，我国当前的众多制度均很好地体现了新发展理念“崇尚创新、注重协调、倡导绿色、厚植开放、推进共享”的要求。

观念性互动主要描述的是一种制度相互学习的过程，各制度之间通过增进对某个特定的议题或者行为模式在目标优先性或者实现方式等方面的认知来进行制度间的学习。其具体模式包括两种：

一是增加社会或者政府对于对象机制规范内容的关注，从而推动更多的政治或者民间力量来发展或执行这一制度。例如，自 20 世纪 70 年代开始，温室气体大量排放会导致全球变暖，进而破坏全球气候系统，对人类的经济和社会带来不利影响的认知开始受到国际社会的广泛关注。基于此种认知，一个旨在减少温室气体排放，应对全球气候变暖不利影响的《联合国气候变化框架公约》应运而生。我国作为世界上最大的发展中国家，对该问题给予了极大的关注，并将此种认知和关注，通过包括《关于改进和加强节能环保领域金融服务工作的指导意见》《关于防范和控制高耗能高污染行业贷款风险的通知》等在内的一系列控制本国影响气候变化污染物排放的规范，在实践中不断深入和强化。同时，我国于 2011 年开始了碳排放交易市场的试点工作，全国性的碳排放交易权也在 2017 年年底正式启动。有机构预测，全国碳排放权配额交易市场市值总规模有望达到 1200 亿元人民币，若考虑期货等衍生品，交易额规模可达 5000 亿元人民币。② 赤道原则是金融行业共同认可的“一套在融资过程中用以确定、评估和管理项目所涉及的环境和社会风险的基准”，其所体现的注重融资项目环境和社会影响、平衡利益相关者利益、实现绿色可持续发展等理念，以及项目标准、评估细则等方面的具体设定受到了我国官方的重点关注。不仅与 IFC 开展合作来研究绿色信贷在我国的实施，鼓励国内机构参与赤道原则，树立和深化对可持续贷款的认知，同时也将这些理念和基准在《节能减排授信工作指导意见》《关于加强银行业金融机构社会责任的意见》等规定中反映出来，以此推动我国金融机构在开展融资项目的过程中树立控制环境和社会风险的意识并付诸行动。

---

① 国家行政学院编写组编著：《中国新发展理念》，人民出版社 2016 年版，第 27 页。

② 李禾：《低碳发展 中国可能引领国际潮流》，载《科技日报》2018 年 1 月 23 日第 5 版。

二是通过政策创新或成功经验的推广来提高对相关问题解决方案的认识。例如，作为中国企业社会责任议题最具影响力的行业垂直网站，金蜜蜂企业社会责任中国网自2008年起连续十年发布金蜜蜂企业社会责任——中国榜。目前已经有3000多家企业主动参加活动，291家企业成功入选成为"金蜜蜂企业"，"金蜜蜂企业"已经成为中国负责任企业的代名词。[①] 从2009年到2017年，中国银行业协会连续九年发布了银行业社会责任报告，并连续七年组织开展社会责任工作评估活动，成为行业和社会所广泛认可的责任品牌，在2016年的"《2016年度中国银行业社会责任报告》发布暨社会责任工作表彰会"上，其对获得2016年度最具社会责任金融机构奖、最佳公益慈善贡献奖、最佳民生金融奖、最佳绿色金融奖、最佳社会责任实践案例奖、最佳社会责任管理者奖、最佳社会责任特殊贡献网点奖以及公益慈善优秀项目奖的机构与个人进行了表彰，起到了很好的经验推广之作用。[②] 联合国环境部门对我国蚂蚁金服的"蚂蚁森林"计划进行了宣扬，其认为蚂蚁金服基于其庞大的客户群体，设计了一个计算每个用户日常碳排放程序，当客户减少的碳排放量达到一定数量之时，蚂蚁金服与其合作伙伴便会在沙漠化地区种植一棵真正的树。该部门负责人表示"这表明数字金融在动员民众支持可持续发展和应对气候变化方面拥有巨大的未开发的力量"。[③] 此种连续性或间断性的，将某个或某几个企业履行社会责任的案例，作为典型事件进行宣传推介或给予荣誉性称号的方式，无疑有助于金融机构对履行社会责任认知的提高、理念的强化以及在实践中的履行方式之创新。

总体而言，金融机构社会责任的国内立法与我国参与的金融机构社会责任的国际立法在互动的效应上处于对立统一状态：一方面，由于我国金融机构的国际化程度相对不高，国内与国外在各种环境与条件、理念、操作、对象等要素上存在差异，两者必然表现出相互排斥、相互否定的斗争性；另一方面，以它

---

① 企业社会责任中国网：《金蜜蜂企业名录》，http://www.csr-china.net/html/2015/gbc2015.html，下载日期：2018年4月23日。

② 新华网：《〈2016年度中国银行业社会责任报告〉发布》，http://www.xinhuanet.com/money/2017-07/03/c_1121253308.htm，下载日期：2018年1月23日。

③ UN Environment，China's Ant Financial Shows How Digital Clout Can Fight Climate Change，https://www.unenvironment.org/news-and-stories/story/chinas-ant-financial-shows-how-digital-clout-can-fight-climate-change，下载日期：2018年1月23日。

们的斗争性为前提，金融机构社会责任的国内立法与我国参与的金融机构社会责任的国际立法之间又呈现出一种相互依赖、相互渗透、相互贯通的统一性。金融机构社会责任的国际立法所把握的宏观方向以及由此推动的相关文本的构建和实践的适应性发展，不仅可以使金融机构社会责任的国内立法更具时间、空间上的有效性，更为国内立法提供了"合法性"来源。同时，金融机构社会责任国内立法既为金融机构社会责任的国际立法提供了一般文本渊源，也给金融机构社会责任国际立法注入了国内实施的强制力，将国际立法的文本以及行动通过国内立法的模式贯彻下来，促进其有效"落地"。

(三)新的时代背景下金融机构社会责任国际立法与国内立法的互动路径与机制构建

在我国深度融入世界经济的趋势、发展更高层次的开放型经济、积极参与全球经济治理和公共产品供给的过程中，国际制度和国内制度之间的具体互动过程，显然将成为制度创新的重要参照和路径。同样的，在对金融机构社会责任国际立法和国内立法的制度互动进行互动形态鉴别和有效性分析的基础之上，一个更为现实的问题便是，两者之间的互动具体是如何运作或者说如何产生的，毕竟上文的类别分析只是从不同的角度对制度互动进行切入，并未着眼于整个流程进而构建一个分析性的整体互动模型。本质上看，制度的互动实际上就是一个制度与另一个制度之间产生了因果联系，会对另一制度的发展和表现产生影响。也即源制度通过一种单向的因果路径对目标制度产生影响，而这一因果路径可以依据制度互动的有效性区分为以下三个阶段：第一，源制度通过制度性安排、认知水平和状态等方式，对目标制度产生变更或确认其行为体利益偏好和行为选择的影响，即"输出"层级；第二，受源制度影响的目标制度对其相关参与者在行动上产生影响，主要是一种行为的互动，即"结果"层级；第三，目标制度的最终治理效果或者说运作效率，即"影响"层级。[①] 基于此，一个分析制度互动路径的简单模型便构建完成了，即"源制度—因果路径('输出''结果''影响')—目标制度"(图7)。当前，"绿色发展"理念已然成为国内和国际社会的一个主旋律，同样也是金融机构社会责任的重要组成部分，故而，我们在此以环境保护议题下的各项制度集结为例开展代入分析。

---

① Sebastian Oberthür and Thomas Gehring, *Institutional Interaction in Global Environmental Governance: Synergy and Conflict among International and EU Policies*, MIT Press, 2006, pp. 22-46.

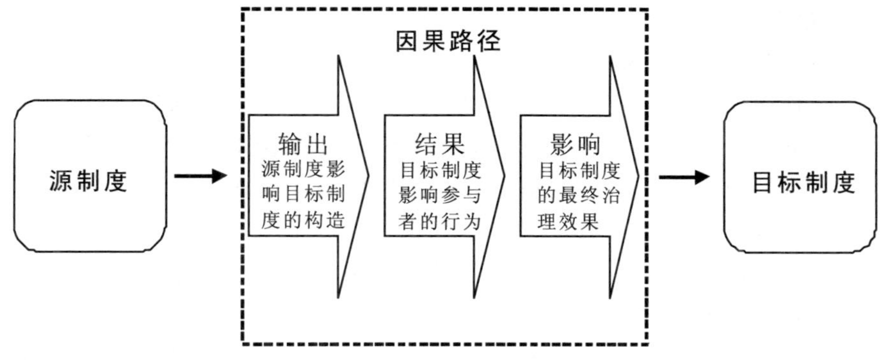

图7　制度互动路径模型图

国际社会很早就开始了对环境保护问题的关注，从1972年联合国在瑞典斯德哥尔摩召开的第一届人类环境会议及发布的《人类环境宣言》，到1992年联合国环境与发展大会的《环境与发展宣言》《21世纪议程》《气候变化框架公约》、联合国环境规划署发起的金融倡议，再到1998年的《京都议定书》、2000年的《千年发展目标》和2015年的《可持续发展目标》以及《巴黎气候协定》等均很好地体现了这一点。而这些源制度对我国颁布的包括《水污染防治法》《大气污染防治法》《清洁生产促进法》《环境影响评价法》《关于开展碳排放权交易试点工作的通知》《关于贯彻信贷政策与加强环境保护有关问题的通知》《关于改进和加强节能环保领域金融服务工作的指导意见》等各类目标制度均产生了一种"源制度—因果路径—目标制度"的能动影响。

从"输出"层级来看，1992年联合国在里约热内卢召开的环境与发展大会所发布的《里约环境与发展宣言》和《21世纪议程》，以及通过的《联合国气候变化框架公约》从信息、知识和观念的认知方面和责任约束力方面对我国的相关理念和制度产生了影响。在会议结束后，我国颁布了《环境与发展十大对策》，首次在国内提出可持续发展战略，并于1995年颁布了《中国21世纪议程》，制定了我国可持续发展战略的国家行动计划和措施。① 同年，中国人民银行颁布了《关于贯彻信贷政策与加强环境保护有关问题的通知》，使得在促进经济发展的同时关注环境保护这一源制度的输出理念延伸至我国金融业的具体制度当中。2007年以来，由国家环保总局与金融业联手推出的"绿色信

① 成思危：《未来五十年：绿色革命与绿色时代》，中国言实出版社2015年版，第21页。

贷”“绿色保险”“绿色证券”三项绿色环保政策，使“绿色金融”制度初具框架，为我国金融业挺进环保主战场奠定了坚实的基础。[①] 晚近，包括 2009 年的《哥本哈根协议》、2015 年的《2030 年可持续发展议程》和《巴黎气候协定》等制度也从“输出”层级对我国产生了理念和责任方面的影响，典型的例子便是“绿色发展”被列为我国新发展理念的五大支柱之一，而其在制度上则表现为：将经济社会发展与环境保护协调的环境保护优先原则纳入到 2014 年新修订的《环境保护法》当中，并在 2016 年 3 月通过的《中国“十三五”规划纲要》中明确提出要“建立绿色金融体系，发展绿色信贷、绿色债券，设立绿色发展基金”，同年 8 月颁布了《关于构建绿色金融体系的指导意见》，标志着我国构建系统性绿色金融政策框架的国家战略正式形成。

通过对目标制度的塑造性或变革性影响，源制度对我国参与相关目标制度的行动主体产生了“结果”层级的行为推动力。例如，工商银行早在 2002 年就率先在国内成立专门从事行业信贷风险控制的职能部门——行业分析中心，通过制定行业信贷政策来进行结构调整和风险防范；[②]2007 年，中国工商银行在同业中率先出台了《关于推进“绿色信贷”建设的意见》，将企业环保守法情况作为授信的前提条件，建立了企业环保名单，对所有贷款项目和贷款企业实行环保“一票否决制”；[③]2011 年，工商银行印发了《绿色信贷建设实施纲要》，明确将推进绿色信贷作为该行长期坚持的重要战略之一，从基本原则、产品供给、项目把控、风险管理等方面进行了具体阐释和部署。[④] 交通银行出台了《“绿色信贷”工程建设实施办法》和《环保标识分类标准操作手册》，依据客户的授信和项目对环境的影响程度将所有的客户分为红色、黄色和绿色三大类七小类，进行分类管理。[⑤] 中国太平洋保险公司于 2009 年在其项目投资事业部内设立了低碳经济行业组，专门负责诸如风能、水利、核能发电等低碳项目。[⑥] 兴业证券公司负责经营的海峡股权交易中心积极推进低碳经济发展，

---

① 李国志、李宗植：《中国发展低碳经济的金融创新支持》，载《价格月刊》2010 年第 12 期。

② 张慧：《全面建设“绿色”银行》，载《中国金融家》2011 年第5 期。

③ 刘浩：《绿色信贷，撬动低碳经济的金融支点》，载《中国农村金融》2010 年第5 期。

④ 徐晓华：《我国商业银行绿色信贷发展方向与机遇》，载《投资研究》2012 年第5 期。

⑤ 佚名：《交通银行高效推进“绿色信贷”工程》，http://news.sohu.com/20080627/n257794169.shtml，下载日期：2018 年 4 月 12 日。

⑥ 中国太平洋保险(集团)股份有限公司：《2009 年企业社会责任报告》，第 70 页。

于2016年12月启动福建省碳排放权交易，开始交易福建省碳排放配额、林业碳汇、国家核证自愿减排量(CCER)等3类产品。[①]

在“输出”层级的理念和制度影响及“结果”层级的行为互动传导下，上文所述的源制度对我国金融业环境保护相关目标制度的实施效果产生了极大的“协同增效作用”。在绿色信贷方面，截至2016年年末，我国21家主要银行业金融机构的绿色信贷余额升至7.51万亿元，占各项贷款余额的8.83%。其中，节能环保、新能源、新能源汽车等战略新兴产业贷款余额为1.70万亿元，节能、环保项目和服务贷款余额为5.81万亿元，预计可年节约标准煤1.88亿吨，减排二氧化碳当量4.27亿吨，减排化学需氧量271.46万吨、氨氮35.89万吨、二氧化硫488.27万吨、氮氧化物282.69万吨，节水6.02亿吨。[②] 在绿色债券方面，截至2017年9月末，中国绿色债券发行总量达到1418.7亿人民币，与2016年前三季相比，中国绿色债券发行总量同比增长11.2%，占全球绿色债券市场的23%。[③] 在绿色保险方面，从2007年至2015年第三季度，投保环责险的企业已经超过4.5万家次，保险公司提供的风险保障金累计超过1000亿元。[④] 2016年，全国投保企业1.44万家次，保费2.84亿元；保险公司共提供风险保障金263.73亿元，与保费相比，相当于投保企业的风险保障能力扩大近93倍。[⑤]

由此我们可以看到，国际上有关环境保护的制度集结作为源制度，从理念认知和责任约束等方面对我国金融机构环境责任的相关目标制度产生了“输出”层级上的互动，进而影响到相关行为体“结果”层级上的行为，最终在“影响”层级上达成了良好的实施效果。值得注意的是，这样一种从源制度到目标制度的互动并非都是由国际层面延伸到国内层面，国内层面的某些制度作为

① 兴业证券股份有限公司:《2016年度社会责任报告》,第12页。

② 潘光伟:《不忘初心 银行业履行社会责任再创佳绩——中国银行业协会党委书记、专职副会长潘光伟发布〈2016年度中国银行业社会责任报告〉》,http://www.china-cba.net/do/bencandy.php? fid=43&id=16595,下载日期:2018年4月12日。

③ 中央结算公司:《中国绿色债券市场季报(2017年3季度)》,第1页。

④ 中国环境保护部:《环境保护部公布2015年环责险投保企业名单》,http://www.zhb.gov.cn/gkml/hbb/qt/201512/t20151223_320045.htm,下载日期:2018年1月25日。

⑤ 中国环境保护部:《关于公开征求〈环境污染强制责任保险管理办法(征求意见稿)〉意见的函》,http://www.zhb.gov.cn/gkml/hbb/bgth/201706/t20170609_415774.htm,下载日期:2018年1月25日。

源制度,并与国际层面的某些制度产生互动影响也是存在的。例如,在新时代中国特色社会主义"坚持人与自然和谐共生"基本方略的要求下,我国开始重点关注绿色金融的发展,有关绿色金融的一系列制度集结,包括《中共中央国务院关于加快推进生态文明建设的意见》《关于构建绿色金融体系的指导意见》等,通过 2016 年 G20 杭州峰会这一平台向国际社会"输出"了这一理念,反映在 G20 杭州峰会公报和《杭州行动计划》当中。如果我们从时间的接续性角度来看,绿色金融实际上是在国际层面和国内层面形成了一个双向的互动过程,即国际社会有关环境保护的制度引起了我国包括金融领域在内的各行各业的环保意识和制度构建,而晚近我国对绿色金融的一系列探索则又反过来对国际社会的绿色金融体系之构架产生了能动的反作用。

无疑,金融机构在实施开放战略之时必然要面临与社会责任国际立法的接轨问题,国内立法与相关国际立法的良性互动显然是十分必要的,而这同样也是新的时代背景下我国发展更高层次的开放型经济,积极参与全球治理的必然要求。因此,必须建立金融机构社会责任的国内立法与我国参与的金融机构社会责任国际立法的沟通与协调机制,使得包括"国家间立法""私政府立法""国家立法""国内私人部门立法"在内的"国际法层面"以及"国内法层面"的立法,在对立统一的矛盾运动中不断发展以适应社会需求,在新的时代背景下推动我国金融机构社会责任制度不断完善,更好地融入各国国内法互相影响、互相协调、互相融合、逐步趋同,国际法所涉及领域的不断增多、深度不断加强、影响面不断扩大的法律全球化之发展趋势,在国际化方面取得事半功倍的效果。

正如本章第四节所言,我国当前对金融机构社会责任国际立法采取的是"国家参与"和"金融机构参与"的并行路径以及"参与规则"和"主导规则"并重的参与战略,这一方针无疑能够对我国金融业社会责任产生良好的效益。但从制度的互动来看,单个主体的参与虽然能够最终产生协同效应,却也可能出现互动路径的断裂或者实施效果上的"中性"甚至"阻碍"之状态,这尤其容易在金融机构对没有外在强制约束力的私政府立法的参与当中出现。此时,构建一个金融机构社会责任国际立法和国内立法的互动平台就呼之欲出了。就目前来看,在成立于 2017 年 11 月,旨在统筹协调金融稳定和改革发展重大问题的国务院金融稳定发展委员会当中,专门设立一个金融机构社会责任工作小组,全面统筹金融行业社会责任的社会责任立法和实施问题显得较为合理,这同样也是从全局出发践行新发展理念的必然要求。(图 8)一方面,其本就承担着金融业相关问题的统筹协调工作，范围涵盖了整个金融行业；另一方面，在官方层面成立的相关机制有着一定的强制性，这对社会责任这一要求较强自觉性的内容之实践具有保障性作用。该小组在有关金融机构社会责任国际立法和国内立法的互动方面主要从参与层面和实施层面上发挥作用。

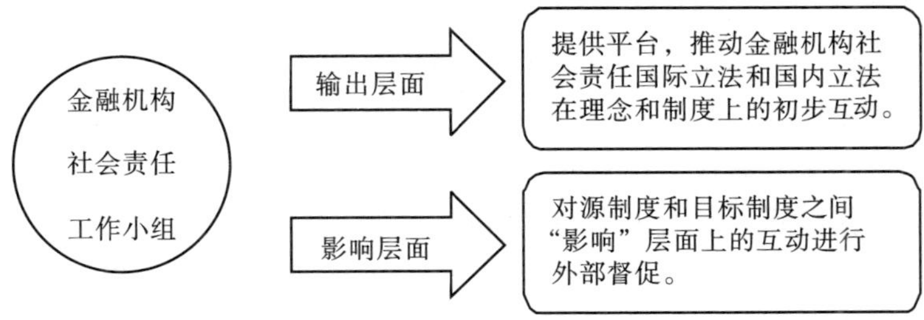

图 8　我国金融机构社会责任国际立法和国内立法互动平台图解

在参与层面，主要是组织专家对国内外有关金融机构社会责任的相关立法及其修订的内容进行翻译、介绍和评估，与制度制定组织进行接洽与互动，并定期举行金融机构社会责任论坛，邀请制度制定组织以及国内外的官方监察机构、NGOs、私人机构等主体共同参与，鼓励各主体之间在有关规则方面的交流，从而在制度互动的"输出"层面提供一个较为固定和全面的平台，推动金融机构社会责任国际立法和国内立法在理念和制度上的初步互动。在实施层面，主要是对制度之间"影响"层级上的互动进行外部督促，具体而言就是鼓励包括政府、行业组织、NGOs、媒体、社会公众等多方主体对金融机构履行社会责任进行监督，并通过制度完善、标准制定、开展评估、正确引导等正向规制和业务限制、直接罚款、负面宣传乃至取消资质等反向刺激的方式推动金融机构的行为规范化。当然，金融机构本身从强化理念认知，完善组织架构、制度建设和实施流程等方面构建其实施社会责任行动的内部督促机制，无疑也是极其重要的，只有在内外部督促机制的共同作用下，其才能在制度互动的"结果"层级上产生更好的效果，进而实现在"影响"层级上协同增效的达成。

结　语

无疑，我国参与金融机构社会责任的国际立法，统筹该领域国际国内两个层面的规则，并形成内外发展之联动，不仅是顺应我国经济深度融入世界经济趋势、进一步提升对外开放水平等新的时代背景下的必然选择，也是提高金融机构自身市场竞争力、配合与推进中资企业“走出去”战略的要求，更是协调我国“软实力”和“硬实力”，打造我国良好大国形象的重要组成部分。

由于国家之间的分歧以及立法成本等问题，在金融机构社会责任领域，以国家之间通过协商达成的国际条约或约定形成的“国家间立法”进展缓慢，而非国家行为体通过协商或自身的主导构建的“非国家间立法”（或者说“私政府立法”）则发展迅速，并成为当前的主流。但两者之间也呈现出一种相辅相成、互为因果的正相关之关系。在新的时代背景下，我国政府对“国家层面”的金融机构社会责任国际立法的态度和策略已经发生重大转变，开始积极参与该领域规则的实践和构建。而在“私政府立法”层面，我国金融机构从参与的绝对数值上看却表现一般，各金融机构远未将对社会责任国际立法的参与提升到战略高度，但从已经参与的个体来看则表现不俗，兴业银行对赤道原则的践行便是一个典型的例子。该行对赤道原则的积极参与和深入实践，不仅产生了良好的环境和社会效应，也为其带来了可观的收益，使其从偏居东南一隅的地方性银行到区域性银行，再到全国性银行、上市银行，完成了四级跨越，也由单一银行演变成为以银行为主体的综合金融服务集团。

总体而言，我国对金融机构社会责任国际立法无疑应当遵循“国家主体参与”和“金融机构主体参与”的并行路径，而对其具体战略也需要从过去的“积极参与”转变为“参与规则”和“主导规则”并重。同时，应当与时俱进，注重金融机构社会责任国际立法和国内立法之间的互动协调，构建一个具有强制性的国际立法和国内立法的常态性互动机制。如此，才能更好地推动金融机构社会责任在我国的良善实践，促进我国金融机构的“软实力”和“硬实力”的平衡发展，进而更好地助力我国的“走出去”战略和对外开放新局面，提升我国在全球经济治理中的地位和制度性话语权，打造我国“成熟、负责任、有吸引力”的大国形象。

（本文编辑：郭艳芳）

China's Participation in International Legislation on Social Responsibility of Financial Institutions in the New Era

Liu Sheng　Liu Zhiyun

Abstract: The social responsibility of the enterprise has long been the focus of the international community, and the social responsibility of the financial institutions has become the focus of the current attention in the 2008 financial crisis because of the position of its own currency resource regulator and the special nature of the social responsibility can promote the related enterprises from outside. China's international legislation to participate in the social responsibility of financial institutions, coordinate the rules of the two levels of international and domestic in this field, and form the linkage of internal and external development, is not only an inevitable choice to comply with the new era background of China's economic deepening integration into the world economic trend and the further promotion of the level of opening to the outside world, but also the improvement of the financial institutions. Its own market competitiveness, coordination and promotion of the "going out" strategy of Chinese enterprises, is to coordinate China's "soft power" and "hard strength", to create an important part of the image of a good country in China. The current international community's financial institutions' social responsibility legislation can include two types of "inter-state legislation" and "non-state legislation (private government legislation)". The former is slow in progress and the latter develops rapidly. At the same time, there is also a positive correlation between the two. The international legislation to participate in the social responsibility of financial institutions requires the joint action of the main body of the government and the main body of the financial institutions. At present, the main body of our government has begun to actively participate in the practice and construction of the rules in this field. As a "rational person", the main body of the financial institutions should turn the social responsibility into the external obligation. The sense of behavior must be connected with its business motivation. The huge economic, environmental and social benefits of Xingye Bank after joining the equatorial principle have undoubtedly provided a good model effect for the active participation of our financial institutions in the international legislation of social responsibility. In the new era, the international legislation of social responsibility for financial institutions should follow the parallel path of "the participation of state subject" and "the participation of financial institutions", and its specific strategy should be changed from "active participation" in the past to "participation rules" and "main guide rules". At the same time, we should keep pace with the times, pay more attention to the interaction and coordination between the international and domestic legislation of the social responsibility of financial institutions, and build a normal interaction mechanism with compulsory international legislation and domestic legislation.

Key Words: Corporate Social Responsibility; Social Responsibility of Financial Institutions; International Legislation on Social Responsibility of Financial Institutions; Domestic Legislation on Social Responsibility of Financial Institutions

枫桥经验与中国企业海外社区关系建设

于　亮*

内容摘要:海外投资企业不仅要和东道国政府、商业伙伴打交道,还要处理好与当地社区居民的关系。尽管侵权后的争端解决是非常重要的问题,但海外投资企业面对的更多问题是如何与当地社区沟通互动、如何消除误解、如何预防和化解纠纷,即社区关系问题。本文旨在探讨源自国内的以枫桥经验为代表的处理社区关系的优秀经验能否以及如何指导海外投资企业处理社区关系。

关键词:跨国公司;海外投资;人权;枫桥经验

目　录

* 于亮,男,1987年生,山东烟台人,天津大学法学院副教授,法学博士,研究方向为国际法学。

引　言

传统上,国际关系学和国际法学以国家间交往现象为研究对象,但随着非国家行为体在国际舞台上的作用越来越突出,这两个学科逐渐拓展了以国家为中心的研究范式,开始分析国家与非国家行为体以及非国家行为体之间的互动。[①]跨国公司是重要的非国家行为者,在国际经贸领域发挥着重要作用。很多跨国公司富可敌国,它们在推动世界经济繁荣的同时也时常引起环境、人权等问题,因而会遭到当地社区的抵制和反对。跨国公司如何与东道国社区互动以及国家如何对这种互动进行制度化安排是国际关系和国际法学需要解决的现实问题。对我国而言,改革开放初期,我国吸引了大量外资,此时应当站在保护我国民众免受跨国公司侵害的角度研究跨国公司与东道国社区的互动问题。随着我国综合国力的提升,现阶段我国有大量企业到海外进行投资。因此,现阶段我们更需要从约束我国海外投资企业的角度研究跨国公司与东道国社区的互动问题。

一、中国海外投资企业与当地社区关系现状以及借鉴枫桥经验问题的提出

随着中国经济实力和综合国力的不断提升,中国海外投资日益增多并且投资实体遍布全球。"一带一路"倡议进一步推动了中国海外投资的繁荣,使海外投资企业从数量到质量不断优化。海外投资企业不仅要和东道国政府、商业伙伴打交道,还要处理好与当地社区居民的关系。本文旨在探讨源自国内的以枫桥经验为代表的处理社区关系的优秀经验能否以及如何指导海外投资企业处理社区关系,并重点研究国家将其制度化的路径。

企业在商业活动中难免对环境、劳工权利带来负面影响,海外投资企业亦

---

① 孙溯源:《跨国公司的国际政治经济学研究:反思与重构》,载《国际政治研究》2007年第3期;刘长敏:《论非国家主体的国际法律地位》,载《现代国际关系》2004年第2期。

不例外甚至更为严重，因为很多跨国公司都投资于环境脆弱且法治水平较低的发展中国家。国际社会对负责任的投资高度关切，早在20世纪七八十年代就兴起了企业社会责任运动，联合国人权理事会在2011年通过了《工商业与人权指导原则》，敦促企业尊重人权。①国内外学者对企业的人权义务进行了广泛研究，产出很多优秀的理论成果，推动了"商业与人权"议题的发展。②已有研究往往关注侵权行为发生后如何为受害人提供法律救济、东道国承担何种责任、母国承担何种责任、在司法救济手段之外如何利用非诉讼纠纷解决机制等问题。③然而，虽然民间社会对包括中国企业在内的跨国公司批评不断，但真正发生现实损害的案例并不多见。公众对跨国公司的质疑往往是担心商业活动有损害东道国居民基本人权的危险，而不是基于已经发生的损害。④还有些分歧是企业和个人在长期互动中相互博弈的结果，比如工人对工资待遇和劳动条件的要求，而非针对某一具体损害而产生的具体纠纷。因此，尽管侵权后的争端解决是非常重要的问题，但并不是"商业与人权"问题的全貌。海外投资企业面对的更多的问题是如何与当地社区沟通互动、如何消除误解、如何预防和化解纠纷，本文将其称为社区关系问题。

海外投资社区关系问题的产生与传统国际投资法的制度设计密不可分。国际投资法律体制往往关注东道国和母国之间的投资保障安排，并对投资者

---

① 联合国：《工商企业与人权：实施联合国"保护、尊重和补救"框架指导原则》，2011，文件编号：HR/PUB/11/4。

② Steven R. Ratner, Corporations and Human Rights: A Theory of Legal Responsibility, *The Yale Law Journal*, Vol. 111, Issue 3, 2001, p. 443. 参见刘满达：《跨国公司的人权责任》，载《法学》2003年第9期；何易：《论跨国公司的国际人权责任》，载《武汉大学学报（哲学社会科学版）》2004年第3期。

③ Andrew Clapham and Mariano Garcia Rubio, The Obligations of States with Regard to Non-State Actors in the Context of the Right to Health, WHO Health and Human Rights Working Paper Series No. 3, 2002, p. 8. Olivier De Schutter, Towards a New Treaty on Business and Human Rights, *Business and Human Rights Journal*, Vol. 1, 2016, p. 41. 于亮：《〈经济、社会和文化权利国际公约〉中母国规制跨国公司的义务——兼评经济、社会和文化权利委员会的最新实践》，载《环球法律评论》2014年第6期；廖丽：《"一带一路"争端解决机制创新研究——国际法与比较法的视角》，载《法学评论》2018年第2期。

④ 王梅：《中国投资海外：质疑、事实和分析》，中信出版社2014年版，第68页。

的权利给予特别规定，但很少关注东道国的社区利益。[①]当东道国社区与东道国政府的利益诉求不一致时，海外投资企业与东道国社区的矛盾就集中爆发了。例如，中国石油天然气集团公司在缅甸投资的中缅油气管道项目虽然得到了缅甸政府的支持，但在管道建设过程中不时面临当地民众抗议的困境，管道建成投入运营后，民众要求更多经济补偿的诉求也时有发生。[②]当然，社区矛盾并非不可化解，误解并非不能消除。对于"一带一路"倡议而言，预防纠纷与解决纠纷同样重要，而且都与中国的国家声誉息息相关。

在国际关系或国际政治文献当中，已有学者开始关注跨国公司与当地社区之间关系的问题，并探讨企业社会责任的社会维度问题，即企业如何促进当地社区的发展。[③]本文则从防范和化解纠纷角度探讨海外投资企业与当地社区的关系问题，并研究将其制度化的策略，以此区别于传统的争端解决机制研究进路。枫桥经验是处理国内社区关系的宝贵财富，它源于中华人民共和国成立初期的革命斗争需要，但在之后的实践中被赋予新的时代内涵：防范矛盾、化解纠纷。[④] 2018 年正值枫桥经验诞生 55 周年，认真总结其在调整社区关系方面的精髓具有重要的时代意义。2018 年 4 月 27 日，中央政法委、最高人民法院、司法部、民政部、财政部、人力资源和社会保障部联合印发了经中央全面深化改革委员会第一次会议审议通过的《关于加强人民调解员队伍建设的意见》，明确了人民调解员的职责不仅在于调解纠纷，还在于预防纠纷的发生，这体现了枫桥经验的精髓以及国家在国内推广枫桥经验的决心。能否以及如何将枫桥经验用于解决跨国社区关系是"一带一路"倡议带给我们的时代命题，对此本文将进行重点分析。

---

① 刘笋：《国际法的人本化趋势与国际投资法的革新》，载《法学研究》2011 年第4 期。

② 凤凰财经：《中缅石油管道搁置两年重启：耗资 117 亿绕过马六甲海峡》，2017 年 3 月 29 日。

③ 朴英姬：《跨国石油公司社会责任与尼日利亚的可持续发展》，载《西亚非洲》2017 年第 1 期。

④ 谌洪果：《"枫桥经验"与中国特色的法治生成模式》，载《法律科学》2009 年第1 期。

二、中国海外投资企业与当地社区关系建设上借鉴枫桥经验的必要性与可行性

(一)枫桥经验走出去的必要性

1. 中国政府有监管海外投资的国际义务

国家监管海外投资的义务主要体现在国际人权法领域。自第二次世界大战以来,国际人权法发展迅猛,成为国际法领域非常活跃的一个分支。国际社会逐渐发展出由 9 个人权条约和 10 个条约机构组成的联合国人权条约体系。9 个人权条约包括:《公民权利和政治权利国际公约》《经济、社会和文化权利国际公约》《消除对妇女一切形式歧视公约》《消除一切形式种族歧视国际公约》《禁止酷刑和其他残忍、不人道或有辱人格的待遇或处罚公约》《残疾人权利公约》《儿童权利公约》《保护所有移徙工人及其家庭成员权利国际公约》《保护所有人免遭强迫失踪国际公约》。世界上绝大多数国家都至少加入了 1 个以上人权条约,我国加入了上述条约中的 6 个。笔者此前的研究表明,母国基于人权条约有防止海外投资侵犯人权的义务。[①]

人权条约机构对中国作为跨国公司母国的履约情况表现出浓厚兴趣,并通过缔约国报告机制进行了监督。经济、社会和文化权利委员会在晚近针对中国的结论性意见中将"商业与经济、社会和文化权利"作为一项独立问题并就中国的履约实践提出关切和建议。2010 年,中国政府向委员会提交了第二次履约报告。2013 年,委员会在初步审议报告之后,向中国发回问题清单,请求中国进一步说明"已采取哪些措施,包括立法、规章、政策和指导,确保工商企业在其全部业务中,包括在国外经营业务时,尤其是在采掘部门和在涉及征用土地的商业活动中,尊重经济、社会和文化权利"[②]。对此,中国代表团作出

---

① 于亮:《〈经济、社会和文化权利国际公约〉中母国规制跨国公司的义务——兼评经济、社会和文化权利委员会的最新实践》,载《环球法律评论》2014 年第 6 期。

② 经济社会文化权利委员会:《会前工作组第五十一届会议(2013 年 5 月 21 日至 24 日)通过的与中华人民共和国(E/C.12/CHN/2)、包括中国香港(E/C.12/CHNHKG/3)和中国澳门(E/C.12/CHN-MAC/2)的第二次定期报告有关的问题清单》,2013 年 6 月 13 日,文件编号:E/C.12/WG/CHN/Q/2. 第 2 段。

积极回应，在对委员会的回复中详细阐述了中国政府采取的具体措施。① 2014年5月23日，委员会作出最终的结论性意见，向中国提出完善的建议。

委员会在针对中国的意见中具体指出："委员会感到关切的是，缔约国未采取适足和有效的措施，以确保中国公司，不论是国营公司还是私营公司，包括在境外开展业务活动时，均尊重经济、社会和文化权利。委员会建议缔约国采取适当的立法和行政措施，确保在缔约国境内营业或由缔约国境内管理的公司及其分支机构对在其境外项目中侵犯经济、社会和文化权利的行为承担法律责任。"②此外，委员会在第24号一般性评论中再次重申："域外的保护义务要求缔约国采取步骤预防并纠正由于可受其控制的工商实体的活动而在境外发生侵害《公约》权利的行为。"③上述建议包含了事前预防和事后救济两方面措施，而枫桥经验恰好符合预防纠纷和解决纠纷的需求，因而在中国海外投资企业与当地社区关系建设问题上有借鉴枫桥经验的必要性。

2. 枫桥经验弥补事后救济模式的不足

通常来说，法律制裁可以震慑违法行为的发生。但在跨国投资领域，侵权后的救济机制存在种种弊端。首先，很多发展中的东道国为了吸引外资、发展经济，不愿意对跨国公司进行管制或放松对其管制。④还有的东道国存在司法腐败等问题，无法为跨国公司侵权受害者提供有效救济。⑤其次，跨国公司惯常采用的母子公司结构形式给侵权受害者在母国法院寻求权利救济带来阻碍。根据传统的民事诉讼管辖原则，母国法院对设在东道国的子公司缺乏管辖权，因为该公司从法律上被视为东道国法人且住所在东道国。母国法院对

---

① 经济社会文化权利委员会：《中国对问题清单的答复》，2014年2月11日，文件编号：E/C. 12/CHN/Q/2/Add. 1. 第3～6段。

② 经济社会文化权利委员会：《关于中国（包括中国香港和中国澳门）第二次定期报告的结论性意见》，2014年6月13日，文件编号：E/C. 12/CHN/CO/2. 第13段。

③ 经济社会文化权利委员会：《关于国家在工商活动中履行〈经济、社会及文化权利国际公约〉规定的义务的第24号一般性意见（2017年）》，2017年8月10日，文件编号：E/C. 12/GC/24. 第30段。

④ Edwin Mujih, The Regulation of Multinational Companies Operating in Developing Countries: A Case Study of the Chad-Cameroon Pipeline Project, *African Journal of International and Comparative Law*, Vol. 16, Issuel, 2008, p. 83.

⑤ Clement Sefa-Nyarko, In Ghana, Will Vast Judicial Corruption Scandal Undo 23 Years of Political Stability? https://theglobalobservatory. org/2015/09/ghana-judicial-scandal-ecowas-coup-etat/，下载日期：2018年3月12日。

住所在母国的母公司具有管辖权，但母公司往往提出侵权行为并不是母公司的行为的抗辩。

随着商业与人权问题的大量曝光，已有发达国家的母国主动采取改革措施，为海外投资侵权受害者提供司法救济。①比如，荷兰海牙地方法院和海牙上诉法院在“尼日利亚农民诉壳牌石油集团”系列案件中表明，荷兰法院对于跨国公司侵权受害者起诉母公司（住所在荷兰）和子公司（住所在外国）的共同诉讼案件具有管辖权。②英国“钱德勒诉凯普公司案”表明，至少在与人权或劳工权相关的领域，在无须揭开公司面纱的情况下，母公司也可对子公司的侵权行为承担责任，原因在于母公司有适当注意义务。③在“钱德勒诉凯普公司案”的影响和鼓舞下，赞比亚居民起诉在英国注册的韦丹塔资源公司，诉称该公司设在赞比亚的子公司破坏当地的环境，要求母公司承担未制止子公司侵权的责任。④英国法院在 2017 年 10 月驳回被告提出的管辖权异议，目前该案进入实体问题的审理阶段。

母国诉讼虽然逐渐兴起，但仍受经济和时间成本等因素制约，难以常态化。事实上，争端解决机制通常需要消耗大量人力、物力，其成本对弱势群体而言难以承受。以中国法院为例，标的额为 2000 万元的财产案件受理费为 141800 元，标的额为 2000 万元的人格权案件受理费也在 10 万元左右。⑤然而，乍得（Chad）在 2016 年的人均 GDP 仅为 664.3 美元，刚果民主共和国仅

① Richard Meeran, Tort Litigation against Multinational Corporations for Violation of Human Rights: An Overview of the Position Outside the United States, *City University of Hong Kong Law Review*, Vol. 3, 2011, p. 1.

② District Court of Hague, Fidelis Ayoro Oguru and Alali Efanga v. Royal Dutch Shell PLC and Shell Petroleum Development Company of Nigeria Ltd., docket number: C/09/330891 / HA ZA 09-0579. 判决的英文翻译参见：https://milieudefensie.nl/publicaties/bezwaren-uitspraken/final-judgment-oguru-vs-shell-oil-spill-goi，下载日期：2016 年 6 月 1 日。

③ 于亮：《落实联合国〈工商企业与人权指导原则〉：母公司对子公司侵权行为的注意义务》，载《民商法论丛》第 64 卷（2017），第 200 页。

④ Lungowe & Ors v. Vedanta Resources Plc & Anor [2017] EWCA Civ 1528.

⑤ 数据来源：http://www.cnado.com.

为449.4美元，马拉维（Malawi）仅为300.3美元。[1]仲裁通常被认为成本较低，[2]但就机构仲裁而言，受理费并不低。同样是争议标的为2000万元的涉外案件，中国国际经济贸易仲裁委员会收取的受理费为335000元，[3]国际商会仲裁院的受理费（3名仲裁员组成仲裁庭的情形）约合158万元人民币（以2018年4月28日汇率计算）。[4]需要注意的是，上面列举的费用仅仅是案件受理费，还不包括律师费、受害人出庭费用。总体而言，跨国诉讼或仲裁对弱势当事人来说是一笔不小的开支，尽管个别受害者可能得到非政府组织或慈善机构的资助，以便到母国进行诉讼，但这基本属于个例。

此外，商业性的调解机构收费也不低。“一带一路”国际商事调解中心对2000万元标的的纠纷收取大约17万元的调解费。[5]而枫桥经验依靠已有的政府治理网络和基层群众自治组织，通过政府有限投入即可实现调解纠纷的目标，减轻了当事人的经济负担。[6]《人民调解法》规定人民调解委员会在调解民间纠纷时不得收费，这是枫桥经验的智慧结晶，但该法解决的是国内调解问题，并不解决海外投资企业与海外社区之间的纠纷调解问题。更重要的是，枫桥经验注重纠纷和矛盾预防，通过日常协商和对话消除分歧、避免纠纷，从根本上避免损害发生后再来救济的成本浪费问题。[7]因此，在构建海外投资企业处理海外社区关系的制度时，一方面应利用中国使领馆等政府网络、发挥商会作用、通过适当的政府投入为当地提供免费或低成本的调解机制；另一方面，应吸收枫桥经验的有益成分，创造性地赋予中国使领馆预防纠纷的职能。

3.枫桥经验是破解“中国威胁论”的利器

虽然中国始终主张和平崛起，但“中国威胁论”的声音依然存在，很多国家

---

① 数据来源：https://data.worldbank.org/indicator/NY.GDP.PCAP.CD.

② 漆彤、芮心玥：《论一带一路民商事争议解决的机制创新》，载《国际法研究》2017年第5期。

③ 数据来源：http://www.cietac.org.cn/index.php? m=Cost&type=out2015.

④ 数据来源：https://iccwbo.org/dispute-resolution-services/arbitration/costs-and-payments/cost-calculator/.

⑤ 数据来源：http://www.bnrmediation.com/Home/Mediation/calculator.html.

⑥ 吴锦良：《枫桥经验演进与基层治理创新》，载《浙江社会科学》2010年第7期。

⑦ 卢芳霞：《“枫桥经验”：成效、困惑与转型——基于社会管理现代化的分析视角》，载《浙江社会科学》2013年第11期。

指责中国的海外投资是对世界秩序的威胁。[①]然而，很多指责并无根据，很多当地社区民众甚至在非政府组织的煽动下过分夸大事实。[②]在恶意诋毁者看来，仿佛凡是中国企业做的都是错的。在这种大背景下，海外投资企业与当地社区关系的制度化建设显得尤为重要。

为了澄清中国的立场，我国提出的“人类命运共同体”的理念是对“中国威胁论”的有力回应。[③]人类命运共同体理念所包含的正确义利观也要求中国承担起约束海外投资的责任。从国际关系理论来看，新现实主义和新自由主义两大流派都认为，大国应当提供“国际公共产品”。[④]国际公共产品具有非排他性和非竞争性的特点。萨缪尔森(Paul Samuelson)在《公共支出的纯理论》一文中指出：“每一个人的消费不会减少任意其他人对这种物品的消费。”[⑤]也正是因为上述特性，包括国际机制在内的国际公共产品供给存在严重不足的情况。

自“二战”结束以来，美国、法国、英国等传统大国承担了大部分国际公共产品的供给责任。[⑥]随着国力日益强盛，中国在国际公共产品供给方面的内部动力和外部动力都逐渐增强，已经具备了供给意愿。[⑦]习近平总书记曾明确指出：“中国愿意为周边国家提供共同发展的机遇和空间，欢迎大家搭乘中国发展的列车，搭快车也好，搭便车也好，我们都欢迎。”[⑧]习总书记的讲话传达了理念上的变化：中国从接受他国提供公共产品的阶段进入主动提供国际公共

---

① 杨婷、杨曙光：《霸权的终结与世界秩序的重建——兼评“中国威胁论”》，载《广东社会科学》2016 年第 5 期。

② 焦东雨：《投资海外，NGO 是敌人还是利益相关方?》，http://memo.cfisnet.com/2015/0527/1301495.html，下载日期：2018 年 3 月 12 日。

③ 徐艳玲：《人类命运共同体思想：全球化困境下的理论突围》，载《人民论坛》2017 年第 28 期。

④ 黄河：《公共产品视角下的“一带一路”》，载《世界经济与政治》2015 年第 6 期。

⑤ Paul Samuelson, The Pure Theory of Public Expenditure, *Review of Economics and Statistics*, Vol. 36, 1954, p. 387.

⑥ 郭海龙：《简析次大国的国际公共产品供给》，载王逸舟：《国际公共产品》，北京大学出版社 2015 年版，第 289 页。

⑦ 刘雨辰：《从参与者到倡导者：中国供给国际公共产品的身份变迁》，载王逸舟：《国际公共产品》，北京大学出版社 2015 年版，第 349 页。

⑧ 人民网：《习近平欢迎各国“搭便车”，亚洲方式布局周边外交》，http://politics.people.com.cn/n/2014/0822/c70731-25522518.html，下载日期：2018 年 7 月 25 日。

产品的阶段。[①]有学者指出,在供给策略上,中国应优先考虑获取中小国家的认同和追随。[②]因此,旨在促进负责任的海外投资的制度性公共产品应当优先考虑。在此意义上,以枫桥经验指引海外社区关系的制度化建设是中国对"一带一路"沿线国提供的国际公共产品。

(二)枫桥经验走出去的可行性

在中国海外投资企业与当地社区关系建设上借鉴枫桥经验不仅具有必要性,而且也是可行的。首先,我国政府历来高度重视并积极推动枫桥经验的推广。枫桥经验曾得到毛泽东同志的批示,习近平总书记也反复强调要坚持和发展枫桥经验。[③]政府各级部门高度重视枫桥经验,并在实践中不断学习和创新枫桥经验,因此将枫桥经验用于中国海外投资企业与当地社区关系建设上也是水到渠成的事情。其次,当前世界各国对于监管海外投资仍处于探索阶段,还没有出现被普遍认可的监管模式,有些发达国家甚至迟迟不愿对源自本国的跨国公司进行规制。在此背景下,我国主动推广枫桥经验,不失为防范海外投资企业损害人权的积极探索和尝试。

三、中国海外投资企业与当地社区关系建设上对枫桥经验的具体借鉴

(一)建立常态化的海外调解机制

调解无疑是枫桥经验的重要一环。事实上,调解不仅是中国法治文明的重要财富,也得到了西方发达国家的推崇和鼓励。[④]调解可以缓解当事人之间的紧张对立关系,避免非此即彼、非黑即白的机械裁判。海外社区关系的制度

① 刘雨辰:《从参与者到倡导者:中国供给国际公共产品的身份变迁》,载王逸舟:《国际公共产品》,北京大学出版社2015年版,第338页。

② 刘雨辰:《从参与者到倡导者:中国供给国际公共产品的身份变迁》,载王逸舟:《国际公共产品》,北京大学出版社2015年版,第351页。

③ 新华网:《习近平:把"枫桥经验"坚持好、发展好 把党的群众路线坚持好、贯彻好》,http://www.xinhuanet.com/politics/2013-10/11/c_117677,下载日期:2018年7月25日。

④ 张海燕:《英国〈民事诉讼规则〉中的调解制度研究》,载《环球法律评论》2009年第2期。

建设可从建立常态化的海外调解机制入手。浙江省文成县人民法院已经尝试并探索了海外调解员机制，对于解决海外华侨之间的纠纷起到了积极作用，提高了纠纷解决效率和当事人满意度。[①]就本文议题而言，一方面可继续将司法调解用于涉外纠纷之中，另一方面可由驻外使领馆协调华人商会、社区居民、东道国政府，促成解决海外投资企业与当地社区矛盾的调解机制。就后者而言，驻外使领馆乃至中国政府的主要作用在于提供一定的财政支持和组织协调，而非直接介入纠纷解决之中，以防被指责为“新领事裁判权”或干涉别国内政。

(二)信息披露、风险预警、社会监督

枫桥经验成功的秘诀还在于“依靠群众就地化解矛盾”。[②]这与企业社会责任运动中民间社会监督的理念不谋而合。社会监督的方式包括当地社区协商对话、消费者运动、媒体监督等。社会监督的前提条件是信息披露，因此应该加强企业社会责任的透明度建设。西方经验亦表明，需要通过制度建设加强企业履行社会责任的信息披露制度。例如，英国在 2015 年通过的《现代奴隶制法案》(*Modern Slavery Act* 2015)要求营业地在英国的公司在每个财政年度发布其是否采取以及采取何种措施以避免在其自身经营(包括其在海外的分公司、子公司)中和其供应链(supply chains)中存在的包括强迫劳动在内的现代奴役现象的报告。[③]可见，透明度建设是企业与海外社区进行协商对话、形成良性互动的制度基础。

我国政府部门已在企业社会责任透明度建设方面进行了有益探索。我国公司法明确规定公司应履行社会责任。虽然目前尚无直接适用公司法社会责任条款让企业承担相应责任的司法案例，但我国行政执法部门积极推动企业落实社会责任，并建立了信息披露制度。早在 2007 年，中国银监会就在《关于加强银行业金融机构社会责任的意见》中要求银行业金融机构履行社会责任，并定期发布社会责任报告。在实践中，大多数商业银行都已经按照银监会的

---

① 孙春英：《海外“和事佬”力解当事人诉累》，载《法制日报》2013 年 5 月 3 日。

② 郭星华、任建通：《基层纠纷社会治理的探索——从“枫桥经验”引发的思考》，载《山东社会科学》2015 年第 1 期。

③ UK, Modern Slavery Act 2015, Part 6.

要求披露了社会责任报告,并在报告中包含了境外业务的社会责任实施情况。①

2008年,中央国资委印发《关于中央企业履行社会责任的指导意见》,要求央企全面履行社会责任,并逐步建立社会责任报告制度。从央企官方网站和大众媒体的报道来看,多数央企都已发布企业社会责任报告,有的甚至分别用中文和英文发布报告。那些有海外投资业务的央企也基本都在社会责任报告中提供了关于其在海外履行社会责任的信息。

2013年,商务部印发《对外投资合作和对外贸易领域不良信用记录试行办法》,要求将对外投资企业存在的"不尊重当地风俗习惯、宗教信仰和生活习惯,导致与当地民众发生冲突""破坏当地生态环境,威胁当地公共安全"等行为,以及对外承包工程中存在的"因企业原因造成所承揽或者实施的境外工程项目出现重大质量安全事故"等行为列为企业不良信用记录并供公众查询。上述措施在一定程度上推动了企业社会责任文化的形成,并建立了海外投资企业履行社会责任的信息披露制度,而这是风险社会条件下构建风险预警机制的前提。②此外,信息披露制度为企业与当地社区、民间社会以及整个国际社会的对话和协商创造了条件。

现阶段,我国的社会责任制度和信息披露机制仍处于探索过程中,在实践中还存在很多问题。比如,很多企业在报告中片面强调捐资助学、发起环保项目等慈善或公益活动,而刻意掩饰更为严重的损害环境或人权的经营活动。由于缺乏对不实披露的制裁,企业往往有选择性地披露信息,将企业社会责任报告异化成免费的企业宣传。因此,未来在推行信息披露制度时,应确保信息的真实性和有效性,防止企业断章取义、报喜不报忧。

(三)国企先行,带动私企

中国大量海外投资是由国有企业实施的。从国际法角度来看,国有企业的行为很有可能被视为国家控制之下的行为,因而属于国家自身的行为。国

① 例如,《中国工商银行股份有限公司2015年社会责任报告》《中国建设银行2015年社会责任报告》《中国银行股份有限公司2015年度社会责任报告》《中国农业银行2015年度企业社会责任报告》。

② 范如国:《"全球风险社会"治理:复杂性范式与中国参与》,载《中国社会科学》2017年第2期。

家对国企尊重人权有更高的义务。[①]在实践中，有的国有企业在国外法院涉诉时，为了避免承担不利后果，在我国外交部门并未主张管辖豁免的情况下，国有企业自身主动提出国家管辖豁免的抗辩。[②]上述国有企业的做法值得商榷，它们声称管辖豁免容易加剧中国国有企业是政府机构或在政府控制之下行事的误解，进而落入让我国政府为国有企业不法行为承担国家责任的陷进和阴谋。因此，我国应继续强调国有企业独立承担责任的观点，并加强对国有企业的监管，防止其损害我国声誉。在处理海外社区关系方面国企应当作出表率。一方面，监管机构应推动国企尊重人权、履行社会责任，培养负责任投资的意识；另一方面，国企自身也要积极与海外社区开展对话，加强沟通，通过协商预防和化解纠纷。

国家安全监管总局、中国有色集团与赞比亚社区的一次互动体现了枫桥经验的精髓和智慧。2011年，一家非政府组织指责中国有色集团在赞比亚投资设立的铜矿存在安全生产隐患，威胁当地劳动者的健康权、适足生活水准权、良好工作条件权。[③]在这起事件中，尚未发生严重的现实损害，而是当地社区对工作条件的不满和抱怨。因此，及时对话协商、防患于未然在此次事件中至关重要。在非政府组织的报道之后，国家安全监管总局副局长孙华山率队考察上述中资企业的安全生产工作。孙局长看望当地工人，并与之进行对话、协商；此外，他还要求企业着眼于安全发展，严格安全管理，加大安全投入，积极改进不足，实施更加精细化的安全管理，维护好我国良好、负责任的大国形象。[④]在国家安全监管总局实地调研之后，上述非政府组织又对该铜矿的安全情况进行了跟进报道，也承认了该铜矿的安全条件大大提高。[⑤]因此，这是监

---

① Larry Catá Backer, The Human Rights Obligations of State-Owned Enterprises: Emerging Conceptual Structures and Principles in National and International Law and Policy, *Vanderbilt Journal of Transnational Law*, Vol. 50, 2017, p. 827.

② 梁一新:《论国有企业主权豁免资格——以美国FSIA、英国SIA和UN公约为视角》，载《比较法研究》2007年第1期。

③ Human Rights Watch, Zambia: Workers Detail Abuse in Chinese-Owned Mines, 2011年11月3日。

④ 安全监管总局:《孙华山率队在赞比亚调研考察中资企业安全生产工作中强调：坚持安全发展，促进互利共赢》，http://politics.people.com.cn/n/2012/0628/c70731-18402375.html，下载日期:2018年7月25日。

⑤ Human Rights Watch, Zambia: Safety Gaps Threaten Copper Miners: Government, Chinese State-Owned Subsidiaries Make Uneven Progress, 2013年2月20日。

管机构、国有企业运用枫桥经验智慧处理海外社区关系的成功案例。

结 语

枫桥经验是开放和发展的,一方面它可以指导海外投资企业处理社区关系,另一方面"一带一路"倡议也会赋予枫桥经验新的时代内涵。作为负责任的大国,中国应采取措施防止海外投资企业损害当地的人权和环境,并提供解决纠纷和预防矛盾的制度性公共产品。枫桥经验带给我们的启示是:不仅要重视多元纠纷解决机制,①更要处理好海外社区关系,防范和化解纠纷矛盾。

中国向"一带一路"沿线国推广枫桥经验一方面是履行母国义务的需要,另一方面也能传播中国的法治文化,增强中国的软实力。此外,枫桥经验"走出去"也是构建人类命运共同体的战略需求。因此,中国政府应提供一定的资金支持海外调解和海外纠纷预防事业。资金应优先向最不发达国家和其他低收入国家倾斜。目前可以考虑在对外援助项目中将海外纠纷调解和预防作为一个专项。我国尚无对外援助法律、法规,仅有商务部的部门规章,即《对外援助管理办法》。不过,在实践中,我国积极开展对外援助工作,根据外交部公开数据,2010 年至 2012 年中国对外援助金额为 893.4 亿元人民币。②根据《对外援助管理办法》,对外援助以项目援助实施为主。该办法第 15 条规定,援外项目包括成套项目、物资项目、技术援助项目、人力资源开发合作项目、志愿服务项目。海外纠纷调解和预防项目可临时性地通过志愿服务项目进行,但从长远来看,应将其作为一项独立项目来支持。

建设良好的海外社区关系不仅需要加强纠纷调解和预防,还要充分利用已有的企业社会责任制度,强化信息披露,加强社会监督。国有企业应当作出表率,带头处理好海外社区关系。国资委应当加强对国企法务人员和外派员工的培训,加强国际法教育和人权保护宣传,形成健康的企业社会责任文化。在评价国企官员时,应加入履行社会责任的考核。我国尚无规范对外投资的基本法律,随着"一带一路"倡议的不断发展,制定《对外投资法》势在必行。未

---

① 王贵国:《"一带一路"争端解决制度研究》,载《中国法学》2017 年第 6 期。初北平:《"一带一路"多元争端解决中心构建的当下与未来》,载《中国法学》2017 年第 6 期。

② 数据来源:http://www.fmprc.gov.cn/ce/cohk/chn/xwdt/jzzh/t1173111.htm.

来的《对外投资法》应当吸收枫桥经验的精髓，确立规范海外社区关系的制度，赋予行政机关一定的执法权，对拥有海外投资业务的中国公司进行监管。

我们在借鉴枫桥经验处理海外社区关系时，也要注意国际社会的发展趋势，不可过分追求调解、息讼。例如，到跨国公司母国进行诉讼已在英国、荷兰等国初露端倪并逐渐发展。虽然跨国诉讼在目前看来成本巨大，很多侵权受害者难以承受，但随着互联网法院、远程视频开庭等技术手段的发展，远程诉讼的成本可能大幅下降。①因此，在构建海外社区关系制度时，既要强调对话、商谈的预防纠纷措施，也要注重多元化纠纷解决方式的综合运用，同时把司法保障作为威慑违法行为的最后手段。

（本文编辑：郭艳芳）

Chinese Enterprises and Overseas Community in Line with Fengqiao Experience

Yu Liang

Abstract: Chinese overseas enterprises should not only keep in touch with host states and business partners, but also deal with the relationship between themselves and local community. How to take care of the aforementioned relationship is much more important than dispute resolution after a tort happens. This article explores whether the Fengqiao Experience could apply to the relationship between Chinese overseas enterprises and local community.

Key Words: Multinational Corporations; Overseas Investments; Human Rights; Fengqiao Experience

① 季卫东：《人工智能时代的司法权之变》，载《东方法学》2018 年第 1 期。

经典外文文献选译

多边主义的生命周期*

哈伦・格兰特・科本(Harlan Grant Coben)著**

李雪娇编译　王彦志校***

内容摘要: 关税与贸易总协定、世界贸易组织、联合国、国际人权条约、国际刑事法院罗马规约等在"二战"以后建立起来的多边主义机制,为国际法律秩序提供了俱乐部产品或者全球公共产品,在增加和传播全球财富、稳定和和平等很多方面为人类做出重大贡献。但是,晚近以来,各种逆全球化因素正在挑战、侵蚀和削弱战后国际法律秩序的多边主义。本文从多边主义谈判和实施的动力因素出发,分析了多边主义的生命周期。当前逆全球化的转变反映的与其说是多边主义的失败,不如说是多边主义的成功。"二战"后大规模多边主义的成功,对全球谈判动态产生了四种既意义深远又错综复杂的影响,这些因素加在一起应该会使各国改变并可能正在使各国偏离这一战略。第一个改变就是真正的全球多极化,这对现有的全球机构是否与真正的多极化相容提出了质疑。第二个改变是议题挂钩的价值递减,在多极化的趋势下,小国或许足够强大或富有,能够达成更好的交易,而不再像以前那样需要更强大的国家了,而传统大国现在正面临着竞争。第三个变化是全球机构的成功正在改

---

* 本文编译自 Harlan Grant Coben, Multilateralism's Life Cycle, *American Journal of International Law*, Vol. 112, No. 1, 2018, pp. 47-66.

** 哈伦・格兰特・科本,佐治亚大学法学院国际法教授。

*** 李雪娇,吉林大学法学院国际法专业硕士生;王彦志,吉林大学法学院副教授。

变全球谈判动态，随着议题挂钩的价值降低而会员国身份的成本增加，有些国家可能没有动力留下来。第四个变化是，多极化和多边主义的成功可能改变国家从根本上想要从这些谈判中获取的东西，让它们更关注相对福利，而不是绝对福利。总之，多边主义的成功令其进一步的发展更加困难，那些寻求解决全球问题和提供全球公共产品的人将会面临着进退两难的境地。随着多边机构的深化，实现全球解决方案的最佳战略可能是鼓励竞争而不是促进合作。在多边主义离去的地方，区域、俱乐部和国家战略可能需要补进。

关键词：多边主义；全球公共产品；多极化；议题挂钩；成员国身份；相对福利

目 录

前 言

“二战”后建立起来的国际法律秩序的一个根本特征，就在于其以规则为基础的多边主义品格。从贸易、货币与汇率、发展援助，到和平与安全，乃至人权、国际刑事司法正义等各个领域，多边主义的全球机构和全球法律机制为各个国家及其人民提供了和平、安全、人权、财富等各种重要的全球公共产品。“二战”后建立的多边主义国际法律秩序最初是建立在美国霸权基础之上的，并且长期也是以美国霸权和西方大国为主导而得以维系和运作的。但是，2008 年以来，随着美国霸权和西方主导地位的衰落，以及新兴发展中大国的兴起，国际权力格局正在并继续发生转移，并正在对多边主义国际法律秩序本身产生深远的影响。按照现实主义的国际关系理论，“二战”后的多边主义国际法律秩序是建立在美国霸权和西方大国主导基础之上的,与之相应的议题挂钩、作为多边主义机构成员国身份的成本与收益、相对福利与绝对福利的权衡也都是依现实主义的权力逻辑而运作的。当前多边主义本身正在遭遇各种挑战、侵蚀和削弱,甚至连美国本身也正在成为"二战"后其自身主导建立的多边主义的挑战者和侵蚀者。对此,可以从国际关系与国际法跨学科理论与方法的各个流派、视角和方法予以观察、解释、分析和预测。本文作者从多边主义自身的生命周期视角,从影响多边主义的国际权力格局、国际谈判中的议题挂钩、全球机构成员国身份的成本与收益、各国对于相对福利和绝对福利的取舍等影响多边主义生命周期的四种主要因素出发,探讨了多边主义的生命周期,并对如何克服多边主义当前面临的挑战和困境,提出了相应的应对建议。

近几年来,提供全球公共产品、管理公共资源、保护基本价值的全球及多边努力,十分艰难。新上任的美国总统表示,他有意退出关于气候变化的多边《巴黎协定》。① 英国公投决定退出欧盟(俗称"英国脱欧")。② 根据民意,美国已表示无意推进跨太平洋伙伴关系协定(TPP),③而 TPP 本身就是对世界贸易组织(WTO)所反映的更全球化的贸易方式的拒绝。相反,白宫已承诺将其重点转向双边贸易协定上。④ 南非、冈比亚和布隆迪表示有意退出创设国际刑事法院(ICC)的《罗马规约》。虽然南非和冈比亚撤回了它们退出的想法,⑤但是布隆迪还是坚持了下来,⑥而且其他非洲国家承受的退出压力也并没有减轻。菲律宾总统公然藐视国际人权义务,并威胁要退出包括联合国在

---

① Michael D. Shear, Trump Will Withdraw US from Paris Climate Agreement, *New York Times*, June 1, 2017.

② Anushka Ashthana, Ben Quinn & Rowena Mason, UK Votes to Leave EU after Dramatic Night Divides Nation, *The Guardian*, June 24, 2016.

③ Nicky Woolf, Justin McCurry & Benjamin Haas, Trump to Withdraw from Trans-Pacific Partnership on First Day in Office, *The Guardian*, Nov. 22, 2016.

④ William Mauldin, Trump's Big Gamble: Luring Countries into One-on-One Trade Deals, *Wall Street Journal*, January. 27, 2017.

⑤ Norimitsu Onishi, South Africa Reverses Withdrawal from International Criminal Court, *New York Times*, March. 8, 2017.

⑥ Jina Moore, Burundi Quits International Criminal Court, *New York Times*, October. 27, 2017.

内的各种机构。[①] 我们几乎每天都会读到关于退出威胁的警告，因此，我们有理由担心当前的全球体系正在瓦解。

当然，对于这些全球努力而言，并非都是坏消息。中国已经对《巴黎协定》和其他全球性机构表示了支持。[②] 中国仍在继续自己的亚洲大型区域贸易协定谈判——区域全面经济伙伴关系协定(RCEP)。[③] 虽然美国已经退出了TPP，但它曾经的合作伙伴仍在继续谈判，[④]而且已经达成了协议。[⑤] 来自于非洲联盟的成员(除布隆迪外)要退出ICC的威胁，可能永远不会发生。

我们应该如何理解这些事件？在大趋势仍在继续的情况下，想要将其概念化是极其困难的，试图从提到的各种各样的事件中识别出大趋势是一项非常冒险的任务，更别说解释它们了。许多不同的线可以通过如此广泛的事件/数据点绘制出来，揭示关于这个世界不同的故事。也许，这些事件根本没有联系。而且，这些事件中的多数看起来都非常偶然。在某些国家的某个方向上所投的票，可能会从根本上改变我们对这些趋势的看法。所有这一切都表明，全球谈判动因似乎的确正在发生变化。[⑥] 至少，多边主义似乎已经失去了一些对某些国家的吸引力。值得探索的是，究竟是什么现象可能正在削弱这种多边战略的活力。

本文探讨多边主义和多边机构存在生命周期的可能性。这不是通常我们对制度安排和选择的思考方式。当然，对于全球安排究竟应该采取单边、双边、区域或全球的形式，争议非常大。但这些争论通常集中在如何将手段与目标结合起来。我们很少把这些选择看成是有时间限制的——某种特定的战略

① Philippines President Threatens to Quit "Stupid" UN in Foul Mouthed Tirade over War on Crime, *Telegraph*, August. 21, 2016.

② China's Xi Pledges to Support Paris Climate Agreement, *Al Jazeera*, May 9, 2017.

③ Richard Javad Heydarian, This Is How a Superpower Commits Suicide, *Washington. Post*, November. 13, 2017; Jennifer Amur, 4 Things to Watch Now That the US Has Withdrawn from TPP Trade Deal, *Washington. Post*, January. 23, 2017.

④ Motoko Rich, The Trade Deal Trump Killed Is Back in Talks without US, *New York Times*, July 14, 2017.

⑤ Shawn Donnan, Long Live the TPP—Pacific Trade Pact Survives Largely Intact, *Financial. Times*, November. 13,2017.

⑥ José E. Alvarez & Benedict Kingsbury, *American Journal of International Law*, Vol. 111, 2017, pp. 1, 2-3.

可能会成熟或变质，或有失效日期。就算我们确实认为这种安排会随着时间而发展，但是我们经常陷入各种进步叙事；也就是说，全球解决方案建立在它们自己的基础上，双边安排产生区域解决方案，区域安排产生全球多边解决方案，多边解决方案应该而且将随着时间的推移而深化。

然而，事实上，当前的事件突出了另一种可能性：机构战略和安排有生命周期，随着世界适应这些安排，这些解决办法或战略的有效性可能会改变，甚至减弱。机构安排改变了谈判的动因，创造了新的现实，带来了不同的挑战，需要不同的解决方案。

这种见解似乎暗示一个悖论：以上描述的逆全球化的转变，反映的不是多边主义的失败，而是它的成功。第二次世界大战后的多边机构——关税与贸易总协定、世界贸易组织、联合国、人权条约、国际刑事法院罗马规约——反映了各国为增加和传播全球财富、稳定和和平（以及其他目标）所做的努力。然而，尽管这些机构仍然有更多的工作需要去做，但它们在很多方面都取得了成功。现在，财富和权力分散在世界各地。[①] 人权仍在一系列威胁之下（在某些地方，比以前更为严重[②]）。但是机构已经开发出了有效的手段，至少有些时候是这样。[③] 然而，成功从根本上改变了个别国家的考量，进而改变了它们对全球目标和多边战略的看法。多边主义的成功可能使多边主义的战略随着时

---

① World Bank, *Global Development Horizon* 2011: *Multipolarity*: *The New Global Economy*, 2011; UN Conference on Trade and Development, *Key Statistics and Trends in International Trade* 2015, UN Doc. UNCTAD/DITC/TAB/2015/1, 2015; Christine Lagarde, The Role of Emerging Markets in a New Global Partnership for Growth, *International Monetary Fund*, February. 4, 2016, at https://www.imf.org/en/News/Articles/2015/09/28/04/53/sp020416#P26_3019.

② Ingrid Wuerth, International Law in the Post-Human Rights Era, *Texas Law Review*. Vol. 96, 2017, p. 279.

③ Gráinne de Búrca, Human Right Experimentalism, *American Journal of International Law*, Vol. 111, 2017, pp. 277, 303-304; Pammela Quinn Saunders, The Integrated Enforcement of Human Rights, *New York University Journal of International Law and Politics*, Vol. 45, 2012, p. 97.

间的推移变得更加困难。①

本文认为,“二战”后大规模多边主义的成功,对全球谈判动态产生了四种既意义深远又错综复杂的影响,这些因素加在一起应该会使各国改变并可能正在使各国偏离这一战略。第一个改变就是真正的全球多极化。② 当前的全球机构是在单极、双极或者三极的背景下建立的。可以公平地质疑,这些机构是否仅仅反映了目前已经不再存在的过去的权力关系,现有的全球机构是否与真正的多极化相容。

多极化突出了成功的第二个影响:议题挂钩的价值递减。当一个或几个富裕、强大的国家主导国际秩序时,它们就可以对其他国家要求更多。在此之前,作为准入市场或安全的回报,美国、苏联和欧盟可以要求其他国家签署那些它们几乎不感兴趣的规则。然而,真正的多极化从根本上削弱了这些联系的力量。小国不再像以前那样需要更强大的国家了。它们或许足够强大或富有,能够达成更好的交易。它们可能拥有更大的相对的地区权力,可以弥补在与传统的全球大国打交道时的损失。而且,更广泛的权力分散意味着更传统的大国现在面临着竞争。没有一个国家是至关重要的。

第二个效应与第三个相结合——这些机构的效力提高——进一步改变全球谈判动态。对于对某些机构不感兴趣的国家来说,更大的有效性意味着更高的成本。如果议题挂钩的价值降低而会员国身份的成本增加,则各国可能没有动力留下来。对于其他国家来说,有效性产生了实际的好处,增加了成员国身份的价值。尽管如此,这也可以使某些国家更容易搭上这个机制的便车,确信它们可以从这个机制生产的全球产品中获益,即使它们以其他人的利益为代价寻求特殊利益。

第四也是最后,多极化和成功可能改变国家从根本上想要从这些谈判中获取的东西,更关注相对福利,而不是绝对福利。在一个贫富和权力悬殊的时代,所有国家都可以专注于全球协议的绝对收益。提高穷人的福利符合富人

---

① 所有这些都不意味着多边主义的成功是当前任何反弹的原因。每一个多边机制都有自己复杂的叙述,而这些机制面临的危机是它们特有的。在任何给定的情况下,这里提到的因素可能不是政权不满的主要来源。相反,这篇文章强调了多边主义成功的一系列结构性影响,这些影响可能会破坏多边体制。

② 多边主义是否真的导致了多极化还不得而知。公平地说,它所代表的更广泛的分散或财富和权力是“二战”后多边主义所期望的效果之一,因此多极化可能被视为多边主义成功的标志。

的利益,而贫民只想改善他们的处境。然而,多极化改变了这种动态。行为经济学的研究表明,相对于绝对财富,人们往往更关心相对财富。在国际层面上,美国对其相对于中国及墨西哥的财富缩水表示担忧,对于贸易协定提出质疑,认为它们尽管对美国有价值,但让它们的竞争对手在不断做大的蛋糕中分得太大的份额。① 特朗普总统公开抱怨说,北大西洋公约组织(NATO)的其他成员国几乎没有为自己的防御买单。② 中国和印度,在关心环境的同时,也担心新的环境规则可能让它们比其他国家承受更多的负担,这样就会损害它们的相对全球地位。③

因此,上面列出的事件可以被描述为一个日益成熟、成功的全球体系的成长之痛。但是如果多边主义的成功令其进一步的发展更加困难,那些寻求解决全球问题和提供全球公共产品的人将会面临着进退两难的境地。文章的最后部分提出了一些向前行进的方法。同样悖论的是,随着多边机构的深化,实现全球解决方案的最佳战略可能是鼓励竞争而不是促进合作。在多边主义离去的地方,区域、俱乐部和国家战略可能需要补进。

在此,先对这篇文章中使用的术语作一些解释。作为这一争论的主要焦点,多边主义描述了问题解决的战略或组织原则。它描述了这样的选择:包括、包容和争取尽可能多的国家,以解决全球问题或产生全球利益。从这个意义上说,多边主义是一个相对的概念。虽然多边主义意味着参与者不止一个或两个国家(单边主义或双边主义),但是它不能简单归结为一个特定的国家数量或几何结构。与双边贸易交易相比,TPP 有 12 个(现在是 11 个)国家参与谈判,看起来像是多边主义;而当其与世贸组织的 164 个成员国相比时,却又像是多边主义的一个对立面。区域人权安排与更广泛的联合国监督下的国

---

① Trade, at What Price?, *The Economist*, April. 2, 2016.

② David E. Sanger & Maggie Haberman, Donald Trump Sets Conditions for Defending NATO Allies against Attack, *New York Times*, July 20, 2016.

③ Jonathan Zasloff, Choose the Best Answer: Organizing Climate Change Negotiation in the Obama Administration, *Northwestern University Law Review Colloquy*, Vol. 103, 2009, p. 330, 333; Lavanya Rajamani, The Climate Regime in Evolution: The Disagreements that Survive the Cancun Agreements, *Carbon & Climate Law Review*, 2011, p. 136, 138, "发展中国家,特别是巴西、南非、印度和中国"("基础四国"不愿接受全球减排目标,因为缺乏可接受和公平的责任分担安排。在他们看来,如果没有这样的安排,这些目标将转化为对其发展的有效限制); Catching Up with China, *The Economist*, October. 10, 2015.

际人权安排之间的关系也是如此。相反,多边主义描述了一种偏好——这是一种信念,即在其他条件相同的情况下,更广泛的、更具包容性的机制将最好地解决手边的问题,无论是在功能还是在规范的意义上。

因此,多边主义既不同于可能反映或嵌入该战略的多边机构,也不同于国家权力在系统中的分散(极性)。对多边主义的偏好可能会被嵌入特定的多边机构的设计中,如 WTO 和联合国建立或规定了多边论坛和决策过程。如果国家对多边主义的偏好减弱,这些进程可能会变得不那么有效,陷入停滞,或者当国家在其他论坛寻求策略时,它们就不再发挥作用了。尽管如此,多边机构的其他方面可能会继续存在,甚至茁壮成长。即使各国通过区域协定以加深经济一体化的时候,[①] WTO 在其成员国的支持下,仍然继续存在,并为既存的协定提供支持。[②] 事实上,正如以下将要解释的,也许正是一个机构很好地履行其现有职能(或足够好地履行职能)的能力,才使得进一步承诺的单边努力或非多边谈判变得更有吸引力。[③] 正如研究机制复杂性的学者所观察到

---

① ……或者更直接地威胁 WTO,参见 Gregory Shaffer, Manfred Elsig & Mark Pollack, The Slow Killing of the World Trade Organization, *The Huffington Post*, November. 17, 2017, at https://www.huffingtonpost.com/entry/the-slow-killing-of-the-world-trade-organization_us_5a0ccd1de4b03fe7403f82df。

② 一个机构的持续生存和面对这里所描述的力量的适应能力的一个明显因素是它继续为其成员创造的相对感知价值。它生产的价值越高,它可能就越强大。

③ 参见 Philippines President Threatens to Quit "Stupid" UN in Foul Mouthed Tirade over War on Crime, *Telegraph*, August. 21, 2016; Lewis, The Prisoners' Dilemma Posed by Free Trade Agreements: Can Open Access Provisions Provide an Escape? *Chicago Iaurnal of International Law*, Vol. 11, 2011, pp. 651, 652-653; Joost Pauwelyn, *Legal Avenues to "Multilateralizing Regionalism": Beyond Article XXIV, in Multilateralizing Regionalism Challenges for the Global Trading System*, Richard Baldwin (ed.), 2009; EU, Britain Agree to Seek Same WTO Quotas after Brexit: Sources, *Reuters*, October. 3, 2017; John F. Murphy, *The United States and the Rule of Law in International Affairs*, 2004, pp. 242-43; José E. Alvarez, The New Dispute Settlers: Half Truths and Consequences, *Texas. International Law Journal*, Vol. 38, 2003, p. 405, 444; China Refuses South China Sea Arbitration Award, *Xinhua News*, July 12, 2016; Jane Perlez, Tribunal Rejects Beijing's Claims in South China Sea, *New York Times*, July 12, 2016; Your Rules or Mine?, *The Economist*, November. 13, 2014(描述"搭便车"的可能性)。

的那样，在旧机制的基础上建立新的机制和安排，可能比完全取代旧机制更容易。①

同样的，多边主义与极性截然不同。谈判策略的选择与权力关系的形态之间可能存在某种结构化的关系。正如下面要探索的，在单极世界中，多边主义可能更容易实现，在那里，多边主义可能对主导大国和其他国家都更有吸引力。相比之下，多极化可能对多边主义构成明显的挑战。[参见，如 Jervis, Unipolarity: A Structural Perspective, *World Politics.*, Vol. 61, 2009, p. 188, 190; Posen, Emerging Multipolarity: Why Should We Care?, *Current History*, Vol. 108, 2009, p. 347; Ikenberry, Institutions, Strategic Restraint, and the Persistence of American Postwar Order, *International Security*, Vol. 23, 1998—1999, p. 43; Waltz, *Theory of International Politics*, 1979; Burke-White, Power Shifts in International Law: Structural Realignment and Substantive Pluralism, *Harvard. International Law Journal*, Vol. 56, 2015, p. 1; Barbara Koremenos, Charles Lipson & Duncan Snidal, Rational Design of International Institutions, *International Organization*, Vol. 55, 2001, p. 761, describing assumptions; Consolidated Versions of the Treaty on the European Union and the Treaty on the Functioning of the European Union, October. 26, 2012, 2012(P0001) 0390; Appellate Body Report, *European Communities—Conditions for the Granting of Tariff-Preferences to Developing Countries*, WTO Doc. WT/DS246/AB/R, adopted April 20, 2004; Rachael Bale, How the Trans-Pacific Partnership Will—and Won't—Protect Wildlife, *National Geographic*, November. 5, 2015; Peter K. Yu, The RCEP and Trans-Pacific Intellectual Property Norms, *Vanderbilt Journal of Transnational Law*, Vol. 50, 2017, p. 673, 738; Markus Wagner, Regulatory Space in International Trade Law and International Investment Law, *University of Pennsylvania Journal of International Law*, Vol. 36, 2014, p. 1, 27; Andrew Guzman, *How International Law Works: A Rational Choice Theory*, Oxford University Press 2007; Rachel Brewster, The Limits of Reputation on Compliance, *Int'l Theory*, Vol. 1, 2009, p. 323; Rachel Brewster, Unpacking the State's Reputation, *Harvard International Law Journal*. Vol. 50, 2009, p. 231, 244; Beth A. Simmons, *Mobilizing for Human Rights: International Law in Domestic Politics*, Cambridge University Press, 2009, p. 77; John Gerard Ruggie, International Regimes, Transactions, and Change: Embedded Liberalism in the Postwar Economic Order, *Int'l*

① Karen J. Alter & Kal Raustiala, The Rise of International Regime Complexity, *Annual. Review of Law & Social Science*, Vol. 10, forthcoming 2018, available at https://papers.ssrn.com/sol3/papers.cfm? abstract_id=3085043.

Organization., Vol. 36, 1982, p. 379, 381, describing view; Martha Finnemore, Norms, Culture, and World Politics: Insights from Sociology's Institutionalism, *Int'l Organization.*, Vol. 50, 1996, p. 325. Ryan Goodman & Derek Jinks, How to Influence States: Socialization and International Human Rights Law, *Duke Law Journal*, Vol. 54, 2004, p. 621. Beth A. Simmons, Treaty Compliance and Violation, *Annual Review of Political Science*, Vol. 13(1), 2010, p. 273, 286; Leslie Vinjamuri, The International Criminal Court and the Paradox of Authority, *Law & Contemporary. Problems.*, Vol. 79, 2016, p. 275. Beth Ann Simmons and Allison Danner, Credible Commitments and the International Criminal Court, *Int'l Organization.*, Vol. 64, 2010, p. 225; Terence L. Chapman & Stephen Chaudoin, Ratification Patterns and the International Criminal Court, *Int'l Stud. Q.*, Vol. 57, 2012, p. 400; Jay Goodliffe & Darren Hawkins, A Funny Thing Happened on the Way to Rome: Explaining International Criminal Court Negotiations, *The Journal of Politics*, Vol. 71, 2009, p. 977; David Bosco, *Rough Justice: The International Criminal Court in a World of Power Politics*, Oxford University Press, 2014, p. 68; the chronological list of states parties to the Rome Statute, at https://asp. icc-cpi. int/en _ menus/asp/states% 20parties/Pages/states% 20parties% 20 _% 20chronological% 20list. asp; Beth Ann Simmons, *Mobilizing for Human Rights: International Law in Domestic Politics*, Cambridge University Press 2009, pp. 90-92; generally Warren Maruyama, Preferential Trade Arrangements and the Erosion of the WTO's MFN Principle, *Stanford Journal of Int'l Law*, Vol. 46, 2010, p. 177; Meredith Kolsky Lewis, The Prisoners' Dilemma Posed by Free Trade Agreements: Can Open Access Provisions Provide an Escape?, *Chicago Journal Int'l Law*, Vol. 11, 2011, p. 631, 646; Ryan Goodman & Derek Jinks, *Socializing States: Promoting Human Rights through International Law*, Oxford University Press, 2013, describing "isomorphism" and "decoupleng"; Max Du Plessis & Dire Tladi, The ICC's Immunity Debate—The Need for Finality, *EJIL: Talk*, August. 11, 2017, at https://www. ejiltalk. org/the-iccs-immunity-debate-the-need-for-finality.]一些学者认为，当国家适应了其他国家行使的权力时，极性本身可能会遵循周期或模式。① 那就是说，在某种程度上，多边主义是一种意识形态，一种对于更广泛更包容的解决方案的信念，权力分配并不完全具有决定性。一个占主导地位的国家可能倾向于单方面行使其权

① Barry R. Posen, Emerging Multipolarity: Why Should We Care? *Current History*, Vol. 108, 2009, p. 347; Kenneth Waltz, *Theory of International Politics*, 1979.

力，或者在双边关系中利用其权力。① 相互竞争的国家可能认为，只有多边努力才能解决它们所看到的问题或创造它们所寻求的利益。②

阐明生命周期隐喻的意义和局限性也很重要。周期或阶段的隐喻经常被用来描述所谓的发展规律。例如，政治经济学家所说的商业周期，暗示着一种不可避免的因素，周期中有扩张、危机、衰退和复苏，注定无限期地重复下去。③ 马克思主义的发展阶段④也认为世界有一个单一的不可阻挡的轨迹。在某种程度上，商业周期表明，成功自然创造了导致危机和失败的条件，这与本文所描述的多边主义生命周期可以进行类比。但是生命周期这一比喻是用来描述不一样的事情——不是不可避免的循环重复，而是有机体的自然生命。说到生命周期，我的意思是说随着时间而发生的变迁过程，这个变迁过程遵循着某些共同模式，但对于不同的个体和不同的物种来说，这些模式也是不同的。事物有诞生、成熟和衰落的过程，但是这些阶段展现的具体形式可能会有所不同。在不同的成熟化的阶段，可能会出现不同的挑战，有些是成熟化本身的自然结果。随着有机体的灭亡，它们会让位于新的有机体，⑤这种新有机体在向新的方向发展时，可能会携带并发扬其祖先的基因。即使多边机构可能衰落，它们所创设的规则和程序也会继续作为替换或取代它们的单边或双边

---

① 参见 John Gerard Ruggie, International Regimes, Transactions, and Change: Embedded Liberalism in the Postwar Economic Order, *Int'l Organization.*, Vol. 36, 1982, pp. 379, 381-382, 将 19 世纪大英帝国的贸易自由化倾向与 17 世纪荷兰帝国的重商主义观点区分开来。

② Alexander Wendt, Anarchy Is What States Make of It: The Social Construction of Power Politics, *Int'l Organization.*, Vol. 46, 1992, p. 391.

③ Joseph A. Schumpeter, *History of Economic Analysis*, Oxford University Press, 1954; Arthur F. Burns & Wesley C. Mitchell, *Measuring Business Cycles*, The National Bureau of EConomic Research, 1946. 一些学者认为，商业周期本身(而不是它们的类比)可以解释国际间合作与竞争之间的转变，参见 James Cassing, Timothy J. McKeown & Jack Ochs, The Political Economy of the Tariff Cycle, *American Political Science Review*, Vol. 80, 1986, p. 843。

④ 参见如 Karl Marx, Preface to a Contribution to the Critique of Political Economy, reprinted in *The Marx-Engels Reader*, edited by Robert C. Tucker(ed), 2nd ed., W. W. Norton & company, 1978, pp. 3-6 概述了马克思的唯物史观。

⑤ ... with the notable exception of the immortal jellyfish, Turritopsis dohrnii.

或"微边"(minilateral)[①]成果的一部分。此外,虽然生命周期也暗示着重复,但我们的兴趣往往不在事物保持不变的方式上,而是在有机体个别地适应这些共同的、反复的力量的方式上。[②] 因此,我们的兴趣在于多边主义的成功所释放的力量,以及其所留下的适应空间(或缺乏空间)。

最后一个解释是,本文中提出的力量(forces)并不是决定性因素。当前对多边机构的压力反映了极为偶然的事件(比如国内政治的结果),这可能只是部分地与全球机构有关。本文所说的结构性力量应该被视为共同的背景压力,偶然事件将在这种压力下发生。有时,行动者或事件将利用它们,或使它们变得更糟,从而在体系中煽动离心力。但在其他时候,行动者和事件将帮助这些机构延缓这些压力。行动者可能为国家找到多边价值的新来源,可能加强对多边解决办法的意识形态上的承诺,或者将多边主义嵌入国内法律和政治中。[③] 外部危机可能会提升一度减弱的多边合作的价值。结构不是宿命。然而,就像衰老一样,这可能是我们都需要面对的现实。

---

① Chris Brummer, *Minilateralism: How Trade Alliances, Soft Law and Financial Engineering are Redefining Economic Statecraft*, Cambridge University Press, 2014.

② 从这个意义上说,像多边主义这样的组织原则可能具有生命周期的观点,可能会与国际法作为一种自生成系统的研究相冲突。该研究表明,在必要时,该系统将通过推动不同的组织方法来适应这种力量,Anthony D'Amato, Groundwork for International Law, *American Journal of International Law*, Vol. 108, 2014, p. 650; Anthony D'Amato, International Law as an Autopoietic System, in *Developments of International Law in Treaty Making*, edited by Rudiger Wolfrum & Volcker Roeben (eds.), Springer, p. 335, 2005; Gunther Teubner, *Law as an Autopoietic System*, Springer, 1993。

③ 参见如 Beth A. Simmons, *Mobilizing for Human Rights: International Law in Domestic Politics*, *Cambridge University Press*, 2009; Simon Chesterman, The Spy Who Came in from the Cold War: Intelligence and International Law, *Michigan Journal of International Law*, *Vol. 27*, *2006*, *p.* 1071, 1098; *Tim Golden*, *Tough Justice: After Terror, a Secret Rewriting of Military Law*, New York Times, 2004; *James Macharia*, *South African Court Blocks Government's ICC Withdrawal Bid*, Reuters, *FebYuary* 22, 2017.

一、多极化的崛起

多极化的到来已经被预言了一段时间。在美国，国务卿玛德琳·奥尔布赖特(Madeline Albright)①和副总统乔·拜登(Joe Biden)曾在不同的场合谈论过极化世界的到来。② 2008年，根据美国国家情报委员会的全球趋势系列预测，到2025年全球多极国际体系将形成。③ 中国国家主席习近平在积极的意义上提到向多极世界的转变，并将这一转变描述为中国政策的一个特色。④就在1月份，欧洲理事会主席唐纳德·图斯克(Donald Tusk)指出了这一转变。⑤ 在这段时间里，无数的记者和学者预测、宣传、描述或哀叹这种转变。⑥

事实证明了这些预测。许多数据和研究可以用来证明财富和权力的分散正在扩大，但是根据2011年世界银行的全球发展前景(GDH)报告《多极化：新的全球经济》具有象征意义。⑦ 世界银行指出，"新兴国家和发展中国家在国际贸易中所占的份额稳步上升，从1995年的26%上升到2010年预计的

---

① 参见 Elizabeth Dickinson, New Order: How "the Multipolar World" Came to Be, *Foreign Policy*, October 15, 2009(将各种关于多极化的文献编目)。

② Elizabeth Dickinson, New Order: How "the Multipolar World" Came to Be, *Foreign Policy*, October 15, 2009.

③ US National Intelligence Council, *Global Trends 2025: A Transformed World*, 2008, p.Ⅵ.

④ 参见，如 Jane Perlez, Leader Asserts China's Growing Importance on Global Stage, *New York Times*, November. 30, 2014，引用习近平总书记的话来说，世界多极化的趋势不会改变。

⑤ James Kanter, Trump Threatens Europe's Stability, A Top Leader Warns, *New York Times*, January. 31, 2017.

⑥ 参见，如 William Burke-White, Power Shifts in International Law: Structural Realignment and Substantive Pluralism, *Harvard Int'l Law Journal*, Vol. 56, 2015, p. 1; Charles A. Kupchan, *No One's World: The West, the Rising Rest, and the Coming Global Turn*, Oxford University Press, 2012; Paul Kennedy, *The Rise and Fall of the Great Powers*, Random House, 1987。

⑦ World Bank, *Global Development Horizons 2011—Multipolarity: The New Global Economy*, 2011.

42%”,“这种增长的主要原因不是发达国家和发展中国家之间的贸易扩大,而是发展中国家之间的贸易扩大”。[①] 同样的,报告继续指出,“目前发展中国家超过三分之一的外国直接投资来自其他发展中国家”。[②] “新兴经济体也增加了它们的金融资产和财富。新兴国家和发展中国家现在拥有全部官方外汇储备的四分之三(这逆转了过去10年里发达经济体外汇储备占全球总量三分之二的情形)……”[③]

如报告中总结的:到2025年,六大新兴经济体——巴西、中国、印度、印尼、大韩民国、俄罗斯联邦——全球经济增长的一半以上将归功于这些国家。其中几个经济体将共同占全球经济增长的一半以上。这一新的全球经济,即增长中心在发达国家和新兴经济体之间重新分配,就是GDH 2011年所设想的多极世界。[④]

自从2011年,全球贸易整体下滑,对许多发展中国家施加了压力。[⑤] 尽管如此,经济实力的普遍分散仍在继续。到2016年,国际货币基金组织(IMF)总裁克里斯蒂娜·拉加德(Christine Lagarde)表示,“作为一个整体,新兴和发展中经济体目前占全球GDP的比重已从10年前的不到5%上升至近60%”。[⑥]

经济力量的分散正在改变联盟和伙伴关系。除了在欧亚大陆“一带一路”的倡议之外,中国还制定了一项雄心勃勃的非洲基础设施投资计划。[⑦] 中国

---

① World Bank, *Global Development Horizons* 2011—*Multipolarity*: *The New Global Economy*, 2011, at 1.

② World Bank, *Global Development Horizons* 2011—*Multipolarity*: *The New Global Economy*, 2011.

③ World Bank, *Global Development Horizons* 2011—*Multipolarity*: *The New Global Economy*, 2011.

④ World Bank, *Global Development Horizons* 2011—*Multipolarity*: *The New Global Economy*, 2011, at 3.

⑤ UN Conference on Trade and Development, Key Statistics and Trends in International Trade 2015, UN Doc. UNCTAD/DITC/TAB/2015/1, 2015.

⑥ Christine Lagarde, The Role of Emerging Markets in a New Global Partnership for Growth, *Int'l Monetary Fund*, February 4, 2016, at https://www.imf.org/en/News/Articles/2015/09/28/04/53/sp020416#P26_3019.

⑦ Winslow Robertson & Lina Benabdallah, China Pledged to Invest $60 Billion in Africa. Here's What That Means, *Washington Post*, January 7, 2016.

现在也在积极争取美国的传统盟友。[①] 尽管美国反对，但澳大利亚、加拿大以及许多欧洲国家还是加入了中国发起的亚洲基础设施投资银行(AIIB)。[②] 权力的分散不仅限于经济，印度和中国都在向印度洋投射军事力量，印度在塞舌尔建立了一个基地，中国在吉布提建立了一个基地(美国在吉布提已经建立了一个基地)。[③] 西非国家经济共同体(ECOWAS)在西非发挥了重要的军事和维持和平作用。[④] 正如查尔斯·库普坎(Charles Kupchan)所观察到的，"目前的图景是，权力正在扩散，政治也在向多元化发展"。[⑤]

从某些方面来看，这种新的多极化似乎是"二战"后多边主义使命的实现，[⑥]这种使命承诺在增长和传播财富[⑦]的同时保障自由和安全[⑧]。但是，即使这种多极现象可能是人们所期望或预料到的，这种多极化仍然是"二战"后世界上的新现象。在这个世界上的主要多边机构都是在完全不同的权力结构下诞生和成长的。最初是两极世界，美国和苏联争夺势力范围，并争夺盟

---

① Jane Perlez, China Showers Myanmar with Attention, as Trump Looks Elsewhere, *New York Times*, July 19, 2017.

② China-Led AIIB Approves 13 New Members, Canada Joins, *Reuters*, March 23, 2017.

③ Peter Harris, *How to Live in a Multipolar World*, *Nationa l Interest*, January 3, 2016.

④ Building Peace in West Africa, Africa. *Renewal*, April 2004.

⑤ Charles A. Kupchan, *No One's World*: *The West*, *the Rising Rest*, *and the Coming Global Turn*, *Oxford University Press*, 2012, at 3.

⑥ 当然，目前的多极化是许多趋同的历史事件的产物，多边机构在这些事件中只起了作用。虽然说多边主义导致了目前的多极化可能有些过分，但公平地说多极化是一个理想的结果，多边机构在鼓励和促进多极化方面发挥了作用。

⑦ 参见，如 UN Charter preamble，包括作为目标，促进社会进步和提高生活水平，并维护国际和平与安全；International Covenant on Civil and Political Rights, December 16, 1966, 999 UNTS 171，认识到人类大家庭所有成员固有的尊严以及平等和不可剥夺的权利是世界自由、正义与和平的基础。

⑧ 参见，如 Marrakesh Agreement Establishing the World Trade Organization, preamble, April. 15, 1994, 1867 UNTS 154，认识到……需要……确保发展中国家，特别是其中最不发达国家，在国际贸易增长中占有一个份额。有需要……确保发展中国家，特别是其中最不发达国家，在国际贸易增长中占有一定份额。

友。[1] 这段时期的后半段经常被称为单极世界，美国是唯一的超级大国。[2] 在其他方面，一国或国家团体，如不结盟运动国家、欧盟[3]或者中国，在某些问题上作为替代的一极而兴起。

政治学家研究了不同数量的极将国际体系纳入的不同形态。[4] 然而，就本文目的而言，关键的区别是相对的：极的数量越有限，或者体系越是被数量有限的强大玩家控制，小国的谈判选项就越有限。实力越弱的国家拥有的伙伴选项就越少，谈判筹码也越少。此外，极性是相对的。根据不同的议题，权力可能会在不同的或不同数量的国家之间以不同的方式分散。对于全球系统来说，看起来是单极的、双极的或者是三极的；但对于某些特定国家来说，看起来可能并非如此。冷战时期的两极时代对于许多不那么强大的国家来说，看起来就像单极一样；给定一组特定的政策偏好，一个国家实际只有一个可能的谈判伙伴。在贸易上，西欧国家除了与美国谈判之外没有其他选择。（有些国家可能试图让美国和苏联相互排挤，有时取得了成功，但在不结盟运动中很难维持，因为任何一个大国都可以简单地认为，一个不够忠诚的盟友已经在另一个阵营了。）同样，如果两个强大的国家或国家集团在政策上普遍达成一致（例如，美国和欧盟之间的共识），那么对于实力较弱的国家来说，它们可能就像是一个单一的谈判一极。这里的关键区别似乎是更有限的或者更不那么有限的极数。当权力分散得不那么广泛时，每个与极谈判的国家都将拥有较少的谈判筹码，而极的政策偏好将更经常地胜出。随着权力越来越分散，谈判的筹码

---

① Kenneth Waltz, The Stability of a Bipolar World, *Daedalus*, Vol. 93, 1964, p. 881, 888.

② Robert Jervis, Unipolarity: A Structural Perspective, *World Policy*, Vol. 61, 2009, p. 188, 190; G. John Ikenberry, Institutions, Strategic Restraint, and the Persistence of American Postwar Order, *Int'l Security*, Vol. 23, 1998—1999, p. 43.

③ Andrew Moravcsik, Europe: Rising Superpower in a Bipolar World, in *Rising States, Rising Institutions: Challenges for Global Governance*, edited by Alan S. Alexandroff & Andrew F. Cooper(eds), Brookings Institution Press, 2010, p. 151.

④ Robert Jervis, Unipolarity: A Structural Perspective, *World Policy*, Vol. 61, 2009, p. 188, 190; Barry R. Posen, Emerging Multipolarity: Why Should We Care?, *Current History*, Vol. 108, 2009, p. 347; G. John Ikenberry, Institutions, Strategic Restraint, and the Persistence of American Postwar Order, *Int'l Security*, Vol. 23, 1998—1999, p. 43; kenneth Waltz, *Theory of International Politics*, McGraw-Hill, 1979.

也越来越分散，这增强了实力较弱国家的影响力，削弱了实力较强国家的影响力。更多样化的政策偏好将反映在谈判和协议中。

人们一直认为多极化将改变全球谈判动态，但人们的注意力几乎完全集中在新兴大国将扮演的角色上。[①] 一方面，巴西、俄罗斯、印度、中国以及也许还包括南非(金砖国家)，它们可能会利用新获得的影响力，削弱北大西洋对全球机构的主导地位，坚持交易和规则更符合它们的偏好。另一方面，从全球机构中获得了权力和财富，这些国家将会更多地投资于这些机构，更有可能试图使它们更倾向于其意愿，而不是完全破坏它们。随着越来越多的大国投资于这些机制，这些机制实际上会变得更稳定，而非更不稳定。

这篇文章所要说明的是，真正的多极化的影响可能更为根本，释放了可能拆解全球多边机构建筑结构的动力。

二、挂钩价值的递减

对现有多边机构的乐观假设是，加入这些机构并批准基本协定的国家是真正地希望成为这些机构的一部分。各国可能在谈判过程中进行了艰苦的斗争，标准可能被淡化或修改，以迁就掉队者，但这些斗争和让步证明了有关国家正在认真权衡会员国身份的成本和收益。当国家批准这些协定时，已表明国家认定，作为国家政策问题，批准协定的收益大于这些国家因受到约束而带来的主权成本。[②]

但如果这一艰难达成的共识只不过是先前权力动态所制造的海市蜃楼呢？如果对于国家来说，协议的预期收益不是该协议所试图提供的全球产品，而只是该机构监督者所认为的批准该协议可能有所得益的良好意愿，那该怎么办？

议题挂钩通常采用明确的术语。各国可能明确地将批准一项特别协定与

---

① Burke White, Power Shifts in International Law: Structural Realignment and Substantive Pluralism, *Harvard Int'l Law Journal*, Vol. 56, 2015, p. 1.

② Barbara Koremenos, Charles Lipson & Duncan Snidal, Rational Design of International Institutions, *Int'l Organization*, Vol. 55, 2001, p. 761, describing assumptions.

获得其他某种不同的利益联系起来。欧洲联盟明确地将关税联盟的成员身份与《欧洲人权公约》的成员身份联系起来。① 欧洲联盟还将对联盟以外国家的特殊贸易利益与遵守防止毒品贩运的具体政策联系起来。② 这些联系无疑在将落后国家纳入各种全球协定的过程中发挥了作用,但这里的假设是,发起国完全依赖该机制以外的激励,其成本太高了。如果真正的全球机构能够取得成功,大多数国家将不得不接受这一制度本身所能提供的收益已经足够了。因此,许多挂钩是在协定本身之内的。例如,在 TPP 范围内,美国将市场准入与遵守濒危物种国际贸易公约联系起来。③ WTO 本身也是这样一种协定。通过将 WTO 保护伞下的大多数协议作为所有成员国必须接受的一揽子承诺的一部分,市场准入实际上与有关健康和安全法规、知识产权等方面的规则联系在一起。④ 一个国家不能从中挑挑拣拣。

尽管跨机制联系的有效性受到质疑,但明确的挂钩也可能在遵守方面起作用。以信誉为中心的遵约理论认为,遵约方面的负面声誉可能会降低其他协议达成的可能性,或者达成的成本会最高。各国在谈判中会对不遵守其协定的国家提出更多的要求。其效果是迫使各国不仅考虑不遵守一项协定的代价,还要考虑这种不遵守对其他不同的未来协定而言的代价。⑤ 尽管这种声誉考量无疑在遵约计算中发挥了作用,但一直有人质疑,在一个议题领域不遵

---

① Consolidated Versions of the Treaty on the European Union and the Treaty on the Functioning of the European Union, October 26, 2012, 2012(P0001) 0390.

② Appellate Body Report, *European Communities—Conditions for the Granting of Tariff Preferences to Developing Countries*, WTO Doc. WT/DS246/AB/R, adopted April 20, 2004.

③ Rachael Bale, How the Trans-Pacific Partnership Will—and Won't—Protect Wildlife, *National Geographic*, November 5,2015.

④ 参见,如 Peter K. Yu, The RCEP and Trans-Pacific Intellectual Property Norms, *Vanderbilt Journal of Transnational Law*, Vol. 50, 2017, p. 673, 738, 将知识产权义务描述为世界贸易组织一揽子承诺的一部分; Markus Wagner, Regulatory Space in International Trade Law and International Investment Law, *University of Pennsylvania Journal of International Law*, Vol. 36, 2014, p. 1, 27, 描述乌拉圭回合的一揽子承诺如何影响成员国的监管空间.

⑤ Andrew Guzman, *How International Law Works: A Rational Choice Theory*, *Oxford University Press*, 2007.

守协议，是否能够一致地与其他领域的谈判相互挂钩。① 那些违反人权协定的国家是否真的在谈判贸易协定时更为艰难？虽然各国可能在其谈判中考虑了其他国家遵守协定的声誉，但它们可能认为，在一个议题领域不遵守协定的动因与另一个并无实际关联。与人权协定相比，一个专制政权的国家可能更容易遵守贸易协定（而不必担心分裂的政府或民众的意见）。一个自由民主的国家可能面临相反的压力。还有人质疑，各国将如何评估每一种不遵约情形的声誉成本。② 在许多情况下，对实际声誉成本的怀疑可能会导致在不遵约的计算中，潜在的议题挂钩的成本是如此之低，以至于对国家的决策几乎没有影响。

然而，在批准的时候，即使赋予潜在的议题挂钩以很小的价值，也可能足以激励各国加入多边协议。与上述乐观的看法相反，我们可能会认为，大多数提供全球产品的多边努力对绝大多数国家来说是相对不那么重要的。围绕在推动谈判的核心国家周围的，可能是更多的国家，而该谈判对这些更多的国家而言根本不那么重要。许多国家的领导人，不仅仅是贫穷或不稳定的国家的领导人，可能只有相对短期的视野。解决全球产品问题可能不在它们的优先解决事项之列。如果这些短期视野使得加入协议的价值降低，它们也会使得遵守的成本降低。许多国家可能认为，对潜在的不遵守行为的任何负面反映，都是留待未来政府解决的一个遥远的问题。例如，就批准人权协定而言，有人就提出了这一关切。③ 问题是，鉴于遵守人权条约对其而言是多么艰难甚至不太可能，但为什么人权记录不佳的非自由国家会加入人权条约。其中一个答案就是，它们可以从批准的新闻所带来的积极氛围中获益，同时对于未来任何违反行为的成本及其相关后果不当回事儿。④

---

① Rachel Brewster, The Limits of Reputation on Compliance, *Int'l Theory*, Vol. 1, 2009, p. 323.

② 参见④中专著第 328 至第 330 页；又见 Rachel Brewster, Unpacking the State's Reputation, *Harvard Int'l Law Journal*, Vol. 50, 2009, p. 231, 244.

③ Beth A. Simmons, *Mobilizing for Human Rights: International Law in Domestic Politics*, Cambridge University Press, 2009, p. 77.

④ Rachel Brewster. The Limits of Reputation on Compliance, *Int'l Theory*, Vol. 1, 2009, p. 323.

现实主义者认为，全球机构仅仅是霸权国政策的反映。① 但是，一个人不必是现实主义者，也同样会担心多边主义实际上掩盖了霸权。许多学者对全球或区域脚本的明显兴起进行了研究。② 各国采纳政策、创设机构和加入协议的模式，可以被解释为只是试图模仿他们希望与之建立联系的国家。③ 这种现象经常被用社会学术语所描述：各国领导人被社会化了，接受了“正确的”国家实际做什么和希望作为该俱乐部一部分的国家做什么的观点。④ 但这一现象也可以通过激励和议题挂钩加以解释。各国之所以采取这些立场，是因为加入俱乐部是有收益的，这些俱乐部产品只有志趣相投或行为相投的国家才能享用，而俱乐部之外的国家很难享用。⑤ 遵循脚本和加入协议也可能使得达成其他有益的协议成为可能，而不遵循脚本或不加入协议则可能使得达成其他有益的协议更加困难。这样的脚本讲述了某些行为和俱乐部收益之间存在一套隐含联系的故事。

在极的数量有限的时代，较低的政策显著性和较高的贴现率相互结合，可能使积极气氛或信誉的短暂有限的价值足够重要，以至于使得天平倾斜，促成大量国家批准协议。可能还有一个临界点，一定多的数量的批准使得批准本身成了脚本的一部分。《罗马规约》可能就反映了某种这样的现实。关于国家

---

① John Gerard Ruggie, International Regimes, Transactions, and Change: Embedded Liberalism in the Postwar Economic Order, *Int'l Organization*, Vol. 36, 1982, p. 379, 381, describing view.

② Martha Finnemore, Norms, Culture, and World Politics: Insights from Sociology's Institutionalism, *Int'l Organization*, Vol. 50, 1996, p. 325.

③ Ryan Goodman & Derek Jinks, How to Influence States: Socialization and International Human Rights Law, *Duke Law Journal*, Vol. 54, 2004, p. 621.

④ Beth A. Simmons, Treaty Compliance and Violation, 13, *Annual Review of Political Science*, Vol. 1, 2010, p. 273, 286，解释“遵守某些国际环境协定对工业来说是昂贵的，至少在最初是如此。然而，在某些国际俱乐部产品中可以在排除违反者的情况下，提高合规率”。

⑤ Beth A. Simmons, Treaty Compliance and Violation, *Annual Review of Political Science*, Vol. 1, 2010, p. 273, 286.

批准《罗马规约》是否真诚存在一些争议,①对批准模式的经验实证研究表明,可以有不同的、有时甚至相互矛盾的解释。② 但是,许多重新考虑与国际刑事法院的关系的国家在批准该规约时可能对国际刑事法院不感兴趣。相反,它们认识到,国际刑事法院不太可能在短期内将注意力转向它们,因此,它们欣然批准了规约。一旦关键多数的国家批准了,其他不感兴趣的国家可能会受到压力,不想被看成是不接受全球规则的法外国家。批准可能看起来是为了不被贴上"流氓国家"的标签而支付的一笔小成本。早些时候,加拿大和欧洲国家确实游说其他国家批准,并与非政府组织和其他国家一起努力,使批准成为全球脚本的一部分。③ 鉴于美国和其他反对国际刑事法院的国家显然满足于对这些努力保持沉默,④批准似乎只会带来信誉上的好处。各国也确实看起来是区域性的成批地和相继快速地批准该规约,⑤这都表明其批准是出于

---

① Leslie Vinjamuri, The International Criminal Court and the Paradox of Authority, *Law & Contemporary Probslems*, Vol. 79, 2016, p. 275. Beth A. Simmons and Allison Danner, Credible Commitments and the International Criminal Court, *Int'l Organization*, Vol. 64, 2010, p. 225.

② 而 Beth A. Simmons 和 Allison Danner 发现各国批准的证据是为了对国际正义作出可信的承诺,参见 Beth A. Simmons & Allison Danner, Credible Commitments and the International Criminal Court, *Int'l Organization*, Vol. 64, 2010, p. 225。Terence L. Chapman 和 Stephen Chaudoin 发现那些最可能批准的国家,是那些最没有理由害怕被起诉的国家。Terence L. Chapman & Stephen Chaudoin, Ratification Patterns and the International Criminal Court, *Int'l Studies Quarterly*, Vol. 57, 2012, p. 400. Jay Goodliffe 和 Darren Hawkins 发现,《罗马规约》批准的最佳预测因素实际上是贸易关系和安全联盟。Jay Goodliffe & Darren Hawkins, A Funny Thing Happened on the Way to Rome: Explaining International Criminal Court Negotiations, *Journal of Politics.*, Vol. 71, 2009, p. 977.

③ David Bosco, *Rough Justice: The International Criminal Court in a World of Power Politics*, Oxford University Press, 2014, p. 68.

④ Rachel Brewster, The Limits of Reputation on Compliance, *Int'l Theory*, Vol. 1, 2009, p. 323.

⑤ Rachel Brewster, The Limits of Reputation on Compliance, *Int'l Theory*, Vol. 1, 2009, p. 323. 又见 the chronological list of states parties to the Rome Statute, at https://asp. icc-cpi. int/en _ me-nus/asp/states% 20parties/Pages/states% 20parties% 20 _% 20chronological%20list. aspx。

战略考虑,而非规范性考虑。①

但是,多极化从根本上改变了这些显性和隐性议题挂钩的价值。如果联系是明确的,比如在WTO,财富相对分配的变化可能会让各国更容易重新谈判基本协议。在WTO,重新谈判现有协议是困难的,但金砖国家已经成功地改变了将来的交易,在多哈回合谈判中,基本上阻碍了发达国家的议程。但是,更多的贸易重新谈判发生在WTO之外,各国通过双边和区域自由贸易协定追求最佳交易。② 事实上,根据WTO法,其中很多自由贸易协定在技术上可能是非法的(未能满足GATT第24条的要求),③但几乎没有受到挑战,④这本身就可以被视为是对WTO协议的一种默许的重新谈判。各国不再必须接受内嵌在WTO一揽子协议模式中的议题挂钩。

但是,正是在那些隐性挂钩的领域,多极化的影响是最激进和最不稳定的。在全球脚本模式下,加入多边协议的价值非常小,就是可能的善意承诺。但是,这种善意承诺在多极的国家计算中就变成了化整误差(rounding error)。新兴财富或权力大国在谈判中拥有更多的砝码,让自己的资产在交易中发挥作用。但即便是更贫穷、实力更弱的国家也可以有更大的影响力。它们可以一起合作,坚持真正符合自己利益的交易。通过选择某个编剧而排除其他编剧,它们实际上可以重新谈判符合它们自己脚本的内容。

作为全球脚本影响力的证明,学者们观察到国家外部承诺与内部行为之间的

---

① Beth A. Simmons, *Mobilizing for Human Rights: International Law in Domestic Politics*, Cambridge University Press, 2009, pp. 90-92.

② Generally Warren Maruyama, Preferential Trade Arrangements and the Erosion of the WTO's MFN Principle, *Stanford Journal of Int'l Law*, Vol. 46, 2010, p. 177.

③ 参见,如Meredith Kolsky Lewis, The Prisoners' Dilemma Posed by Free Trade Agreements: Can Open Access Provisions Provide an Escape?, *Chicago Journal of Int'l Law*, Vol. 11, 2011, p. 631, 646,许多自由贸易协定并没有按GATT第24条的要求涵盖所有贸易,并以欧洲和日本的自由贸易协定为例。

④ Meredith Kolsky Lewis, The Prisoners' Dilemma Posed by Free Trade Agreements: Can Open Access Provisions Provide an Escape?, *Chicago Journal of Int'l Law*, Vol. 11, 2011, pp. 631, 652-653.

脱节。[①] 这些学者认为,随着时间的推移,前者可能会影响后者,促使各国真正遵守协议。[②] 但从短期来看,这一观察认识到这些承诺的内在不稳定性。直到内部行为或态度发生变化,国家承诺才可能对外部力量变化高度敏感。

如果悲观的故事是真的,那么许多全球多边机构可能会瓦解或被多极化摧毁。不退出或继续遵守的激励可能不再存在。要想让所有人团结起来,可能需要为每个成员而弱化交易(默认允许不符合 WTO 的自由贸易协定),或者需要弱化整体协议(接受非洲国家关于官方豁免权的观点[③])而降低负面风险。

三、成功的负面影响

悖论的是,各种多边机构的挂钩力量的减弱可能伴随着其有效性的提高[④]。对于那些最初对这些机构不感兴趣的国家,以及那些认为这些机构不会带来短期利益的国家来说,该机构的有效性是一种代价。随着这些机构的稳固,各国可能会面临越来越大的压力,要求它们遵守这些机构的规则,无论是关于贸易、人权、投资保护还是刑事司法的规则。国家的政策选择可能在国际组织、在国际法庭和裁判庭以及在国内法院面临挑战。与某一机构的成员资格有关的代价可能包括经济制裁、赔偿裁决、司法批评、非政府组织的羞辱和压力,以及国内的消极公众舆论。关键是,对于从该机构获益很少的国家来说,即使是负面的宣传也足以让退出变得合理,特别是如果退出的成本看起来

---

① Ryan Goodman & Derek Jinks, *Socializing States*: *Promoting Human RightsI Through International Law*, pp. 20-13, describing "isomorphism" and "decoupling".

② Ryan Goodman & Derek Jinks, *Socializing States*: *Promoting Human Rights through International Law*, Oxford University Press, 2013, pp. 20-13.

③ Max Du Plessis & Dire Tladi, The ICC's Immunity Debate—The Need for Finality, *EJIL*:*Talk*!, August 11, 2017, at https://www.ejiltalk.org/the-iccs-immunity-debate-the-need-for-finality.

④ 有效性本身就是一个值得分析的概念,参见,如 Yuval Shany, Assessing the Effectiveness of International Courts: A Goal-Based Approach, *American Journal of International Law*, Vol. 106, 2012, p. 225; Timothy L. Meyer, How Compliance Understates Effectiveness, *AJIL Unbound*, Vol. 108, 2014, p. 93, 2014。我在这里简单地用有效性来描述一个机构实现其所处体制的目标(或至少是可感知的目标的相对能力)。

很低的话。考虑退出《罗马规约》的非洲国家可能已经跨过了这一门槛。鉴于其他国家对国际刑事法院不一致的承诺,它们可能已经意识到,退出 ICC 的成本也将很低。在美洲国家间人权制度方面,委内瑞拉也可能跨过了这一门槛。① 退出不太可能对马杜罗政府本已极低的人权声誉造成相关损害,这让政府没有理由继续坚守协议而面对持续羞辱。菲律宾的杜特尔特政府在国际刑事法院、联合国和其他机构方面可能也在考虑类似的问题。至少,杜特尔特总统的退出威胁,②可能会改变那些不愿失去有限筹码的批评者的看法。

当然,至少对某些国家来说,越来越有效的机构应该提供一些益处。各国可以依靠 WTO 来保证它们通过交易所获得的利益得到保护。《联合国海洋法公约》(UNCLOS)成员国受益于航运、渔业和采矿得到增强的安全与稳定。所有这些好处都应该增加退出和/或不遵守的成本。问题是,这种计算对该机构的许多成员来说都是真实的。随着如此多的国家依赖这些机构的持续成功,"搭便车"成为一种切实可行的战略。

各国知道,它们可以退出、违反或者对协议作弊,但又不使之瓦解。其他国家在这方面投入太多,中国、美国、欧盟,以及其他国家能够严格执行 WTO 规则,知道整体协议和它们得到的利益不会消失。特别是,这些国家已经通过谈判达成了自由贸易协定,这些协定与 WTO 规则很难保持一致。但很少有人挑战它们,③几乎可以肯定的是,它们担心一个成功的挑战会破坏它们自己的协议或者整个 WTO。最好让每个人都故意无视这一问题。同样,英国一直依赖 WTO 的持续存在及其规则来证明英国退欧是合理的,并在与欧盟其

---

① Joanna Harrington, Venezuela Denounces American Convention on Human Rights, *EJIL: Talk!*, September 12,2012, at https://www.ejiltalk.org/category/international-tribunals/inter-american-commission-on-human-rights.

② Philippines President Threatens to Quit "Stupid" UN in Foul Mouthed Tirade over War on Crime, *Telegraph*, August 21, 2016.

③ Meredith kolsky Lewis, The Prisoners' Dilemma Posed by Free Trade Agreements: Can Open Access Provisions Provide an Escape?, *Chicago Journal of Int'l Law*, Vol. 11, 2011, pp. 651, 652-653; Joost Pauwelyn, Legal Avenues to "Multilateralizing Regionalism": Beyond Article XXIV, in *Multilateralizing Regionalism Challenges for the Global Trading System*, edited by Richard Baldwin(ed.), Cambridge University Press, 2009.

他国家的谈判中把WTO及其规则作为筹码。① 美国长期以来能够依靠《联合国海洋法公约》所创造的稳定,即使它还没有加入。② 中国基本上无视常设仲裁法院对于中国在南海的行为所做的不利决定,③因为中国知道它在世界其他地方仍将从中受益。④

四、相对福利与整体福利

与多极化和制度成功相关的第三个不稳定因素可能是,国家偏好以牺牲一般福利为代价增加相对福利的政策和规则。当前许多全球多边机构的基本一般假定是增加整体福利。为了保证所有参与者都能受益,可能需要作出某些单方支付,但只要所有人都这么做,这笔交易就一直会被认为是成功的。(当然,有时,是否每个人都真正地受益或充分/公平地受益一直是一个严肃的问题,如双边投资机制。)

但这种设想可能是由单一的或至少是有限的极性所造成的天真的、亲社会的错觉。在单极时期,在发起该机制的强国和寻求加入该机制的国家之间存在财富鸿沟,这保证了每个人都能得到一些好处对每个人来说可能就足够了。贫穷国家渴望得到它们能得到的任何帮助以促进发展。富强国家乐于帮助贫穷国家发展,从而为它们的生产者和投资者创造更多机会。多极化可能破坏这种共识。

---

① EU, Britain Agree to Seek Same WTO Quotas after Brexit: Sources, *Reuters*, October 3, 2017.

② 参见 John F. Murphy, *The United States and the Rule of Law in International Affairs*, 2004, Cambridge University Press, pp. 242-243;又见 José E. Alvarez, The New Dispute Settlers: Half Truths and Consequences, *Texas Int'l Law Journal*, Vol. 38, 2003, p. 405, 444,注意到,只有当美国能够确信它不会仅仅依靠只适用于其他国家的国际机构时,它才会加入国际刑事法院。

③ China Refuses South China Sea Arbitration Award, *Xinhua News*, July 12, 2016; Jane Perlez, Tribunal Rejects Beijing's Claims in South China Sea, *New York Times*, July 12, 2016, at A1.

④ 参见,如 Your Rules or Mine? The *Economist*, November 13, 2014(暗示中国可能在海洋法上"搭便车",而不是支持它们)。

行为心理学的研究表明，个体更关心地位福利而非真实福利。① 在许多研究中，个人会拒绝那些能让他们过得更好却使他们感觉别人获得了不成比例的好处的交易。② 财富和幸福研究也强烈表明，在工资或消费能力方面，个人更容易受到相对收益而非绝对收益的影响。③ 最重要的是，与同行群体相比，他们的收入如何。④ 此外，与同侪相比，身份损失的感受要比收益更强烈。⑤ 这些影响随着财富的增加而进一步加剧。在超过一定的绝对财富水平之后，身份和地位财富看起来越来越重要。⑥

在国家层面上，人们可能会预期，随着国家之间财富差距的缩小，他们开始变得像同辈(或竞争对手)，这时国家对身份和地位财富更加敏感。此外，人们可能预期传统的富国或强国对这些变化的反应会更强烈和更消极。⑦

当然，也存在一些严重质疑，即个体层面偏见是否会转换到国家层面或者

---

① Anne van Aaken, Behavioral International Law & Economics, *Harvard Int'l Law Journal*, Vol. 55, 2014, p. 421, 428; Ori Heffetz & Robert Frank, *Preferences for Status: Evidence and Economic Implications*, Johnson School Research Paper Series #05-09, July 2008; E. Fehr & K. M. Schmidt, A Theory of Fairness, Competition, and Co-operation, *Quarterly Journal of Economics*, Vol. 114, 1999, p. 817; David Myers, *The Pursuit of Happiness*, Avon Books, 1992, pp. 43-44.

② E. Fehr & K. M. Schmidt, A Theory of Fairness, Competition, and Cooperation, *Quarterly Journal of Economics*, Vol. 114, 1999, p. 826.

③ E. Fehr & K. M. Schmidt, A Theory of Fairness, Competition, and Cooperation, *Quarterly Journal of Eonomics*, Vol. 114, 1999, p. 826; Christina Starmans, Mark Sheskin & Paul Bloom, The Science of Inequality: Why People Prefer Unequal Societies, *The Guardian*, May 4, 2017.

④ Ori Heffetz & Robert Frank, *Preferences for Status: Evidence and Economic Implications*, Johnson School Research Paper Series #05-09 July 2008, at 13-14.

⑤ Ori Heffetz & Robert Frank, *Preferences for Status: Evidence and Economic Implications*, Johnson School Research Paper Series # 05-09 July 2008, at 26-27; Annevan Aaken, Behavioral International Law & Economics, *Harvard International Law Journal*, Vol. 55, 2014, p. 427, 429.

⑥ Ori Heffetz & Robert Frank, *Preferences for Status: Evidence and Economic Implications*, Johnson School Research Paper Series #05-09 July 2008, at 26-27; Richard A. Easterlin, Robson Morgan, Malgorzata Switek, *China's Life Satisfaction*, 1990—2010, 109 PNAS 9775, June 19, 2012.

⑦ Jeffrey Berejekian, The Gains Debate: Framing State Choice, *American Political Science Review*, Vol. 91, 1997, p. 789.

转换到委托代理关系之中。国家决策通常是由群体而不是个人作出的，而且通常代表的是公众利益而不是他们自己的利益。两者都可以改变决策逻辑。有些国家的政策在很大程度上掌握在个体手中，他们的个体偏见可以转换到代表国家所作出的决定之中。但是，一个人不必假定国家是基于个体领导人的偏见而行为，就可以看到这些个体偏见是如何在全球产品决策中发挥作用的。即使国家不受相对福利的影响而受真实福利的影响，选民和公众舆论却可能受到相对福利影响。支持英国退欧的投票以及唐纳德·特朗普有关中国、墨西哥和韩国的言论在美国受到公众欢迎就证明了这一点。

TPP的兴衰表明多边机构的成功，以及由此产生的多极化，与对地位福利的关切结合起来，能够重塑全球谈判。GATT和WTO在提高全球整体福利和帮助更公平地分配全球财富方面取得了显著成功。[①] 但这一成功并没有导致在WTO层面进行更多的、更深层次的多边一体化。相反，谈判已陷入停顿，至少在一定程度上是由于对以往和未来交易的利益分配问题产成了分歧。[②] 相对的，行动已经转向了双边和区域自由贸易区，这些自由贸易区是由一个或一组主导经济行为体所主导的。关于TPP的一个抱怨是，它似乎没有创造什么新贸易。[③] 相反，它的主要影响似乎是将贸易从位于一些特定国家（尤其是中国）的供应链转移到另一个国家。[④] 各国正在通过区域贸易协定争夺贸易利益，而不是通过WTO进行合作。[⑤]

推动区域贸易协定的力量，也可能使它们分崩离析。美国选民担心墨西

---

① 参见 Dani Rodrik, *The Globalization Paradox: Democracy and the Future of the World Economy*, W. W. Norton & Company, 2011, p. 110，观察到世界经济自第二次世界大战以来达到了前所未有的增长水平。历史上没有什么比这更接近的了。

② Dani Rodrik, *The Globalization Paradox: Democracy and the Future of the World Economy*, 2011, pp. 258-59; Editorial Board, Global Trade after the Failure of the Doha Round, *New York Times*, January 1, 2016.

③ Alex Rogers, Meet the Critics of President Obama's Trade Deal, *Time*, April 27, 2015.

④ Daniel C. K. Chow, How the United States Uses the Trans-Pacific Partnership to Contain China in International Trade, *Chicago Journal of Int'l Law*, Vol. 17, 2015, pp. 370, 386-387.

⑤ Karen J. Alter & Kal Raustiala, The Rise of International Regime Complexity, *Annual. Review of Law & Social Science*, Vol. 10, forthcoming 2018, available at https://papers.ssrn.com/sol3/papers.cfm?abstract_id=3085043.

哥和加拿大从北美自由贸易协定(NAFTA)中获得的利益大于美国,中国从WTO获得的利益大于美国,韩国从韩美贸易协定中获得的利益大于美国。[①]对于TPP的同样担心,也是造成TPP在美国缺乏公众支持并最终被总统候选人抛弃的一个关键因素。英国退欧似乎反映了选民对欧盟成员身份的相对收益的类似担忧。[②]

过去一年在各发达国家里经济民粹主义崛起的标志就是Branko Milanović绘制的"大象曲线"。[③] 这张图表显示了从1998年至2008年根据收入百分比计算的全球实际收入变化。很明显,世界大部分人口,从收入在10%~65%的人口和收入最高的人口一样。在此期间,实际收入有大幅增长,然而,有一个群体,也就是收入在75%~85%的群体,收入并没有大幅增加。第一类群体不成比例地分布在亚洲新的经济强国中,而第二类群体则不成比例地分布在较老的发达国家的中产阶级中。[④] 一些支持英国退欧和特朗普的选民感受到他们在当前的多边机构中是相对输家,这并非纯粹的幻想,而且似乎在驱动他们的政策偏好。

这种对相对利益的高度关注,源于多极化的发展,与通过多边机构进行合作的成本和利益的改变相结合,也可能给安全合作蒙上阴影。在一个两极分

---

① Felicity Lawrence, Trump Is Right: NAFTA Is a Disaster. But US Workers Aren't the Big Losers, *The Guardian*, November 18, 2016; Robert B. Zoellick, The Case for Trade, and Why American Leaders Need to Make It, *Harvard Business Review*, September 19, 2016; The Impact of China Joining the WTO, *Wall Street Journal*, May, 22, 2017; Damian Paletta, Trump Preparing Withdrawal from South Korea Trade Deal, a Move Opposed by Top Aides, *Washington Post*, September 2, 2017.

② Bruce Stokes, Brexit Vote Highlighted UK's Discontent with EU, but Other European Countries Are Grumbling Too, *Pew Research Center*, June 24, 2016, at http://www.pewresearch.org/fact-tank/2016/06/24/brexit-vote-high-lighted-uks-discontent-with-eu-but-other-european-countries-are-grumbling-too; Brexitl versus Londonia. *The Economist*, Jul. 2, 2016.

③ Branko Milanović, The Greatest Reshuffle of Individual Incomes Since the Industrial Revolution, *Vox*, July 1, 2016, at http://voxeu.org/article/greatest-reshuffle-individual-incomes-industrial-revolution.

④ 参见,如generally Marc Trachtenberg, *A Constructed Peace: The Making of the European Settlement*, 1945—1963, Princeton University Press, 1999, pp. 1945-1963, 描述美国是如何通过对北约盟国作出让步来维持其在北约的权威的。

化的世界里，北约(NATO)很好地服务于美国及其盟国的利益。美国认为NATO本质上是美国安全政策的扩展。即使有时不得不屈从于盟友的要求，与欧洲盟友(以及加拿大)的合作也扩大了美国的影响力，服务于美国的议程。欧洲国家，有时在美国的主导地位统治下，也需要美国支持。在多极化的世界里，俄罗斯可能是也可能不是美国最关心的安全问题，而其他北约国家自身也更强大，尤其是在经济上，在美国的一些人看来，在美国的优先事项和美国的行动上，北约更像是一种约束，而非工具。特朗普对美国及其欧洲盟友①所承担的相对利益和成本的抱怨可能并不那么令人意外。

关于联合国的作用可以讲述类似的故事，冷战结束后的一段时间里，联合国似乎可能成为全球安全的中心。对于正在享受单极时刻的美国来说，通过联合国可能会让它在政策上获得更大的支持。多边支持可能降低了美国政策的执行成本，足以超过人们所认为的多边合作的成本(大多数时候)。对其他国家来说，将美国的政策纳入联合国，在明显使美国强大的同时，可能也带来了一些希望，可以增加自身的声音以及对霸权国的行动施加某些限制的可能性。在一个日益多极的世界中，对通过联合国合作的相对价值的看法可能正在改变。对美国来说，通过联合国采取的行动看起来更像是一种约束，而不是力量的放大器。同时，其他的行为者像俄罗斯、中国和沙特阿拉伯②(更不必说伊朗了)渴望展示其新成长的肌肉，联合国似乎是旧的权力动态和结构的化身，而在这旧的结构中这些国家被排除在外。③ 行动从联合国总部的大厅转移到乌克兰、叙利亚、南中国海和也门的土地，那里的局势看起来更像是对所有人开放的，合作更可能是双边的、机会主义的，而不是长期的、多边的。当然，在美国或其他国家可能觉得不能单独行动或同一小群盟友一起行动的议

---

① Philip Rucker, Karen DeYoung & Michael Birnbaum, Trump Chastises Fellow NATO Members, Demands They Meet Payment Obligations, *Washington Post*, May 25, 2017.

② J. Dana Stuster, Saudi Power Play Sends Shockwaves Abroad, *Lawfare*, November 14, 2017, at https://www. lawfareblog. com/saudi-power-play-sends-shockwaves-abroad.

③ 参见 Karen J. Alter & Kal Raustiala, The Rise of International Regime Complexity, *Annual. Review of Law & Social Science*, Vol. 10, forthcoming 2018, available at https://papers. ssrn. com/sol3/papers. cfm? abstract_id=3085043, at 10, 描述制度更迭的策略。

题上，只有大规模多边行动被认为是有用的，像朝鲜核威胁，联合国可能继续被视为最佳工作平台。不过，总体而言，各国自身的安全优先事项似乎凌驾于对全球和平与安全的关切。

五、多边主义的成本

追求全球或近乎全球的协议和机构是一种选择。机制设计者需要仔细权衡一项更广泛协议的成本和收益。这些协议带来了明显的好处，包括更多参与者在内的更广泛的协议可以通过增加可能的交易范围来解决分配问题，从而让更多参与者获得“胜利”。这在贸易协定中可能最为明显，在这些协定中，各国可能只愿意为只有某些国家才能提供的特定互惠减让而开放市场。美国可能没有任何有价值的东西可以与加拿大进行贸易，以开放乳制品市场；然而，一项有望进入日本牛肉和猪肉市场的三方贸易可能会完成这项工作。①但这一原则也适用于其他情况。《联合国海洋法公约》②通过扩大范围和成员数目，克服了以前各项协定的限制。③ 在双边谈判中有着不可调和的偏好的国家能够在多边谈判中找到有益的政策交易。一项更广泛的协议还扩展了政策选择的政治和物质成本，将监管漏洞限制在协议之外的国家，并保证提供全球公共产品所需的所有各方的合作。

但更广泛的协议也伴随着公认的成本。引入更多的当事方，特别是那些在机制中利益有限的当事方，可能要求达成更稀薄的协议。《公民权利和政治权利国际公约》可能需要更多地接受保留，接受比区域人权协定更弱的执行机制，以便获得几乎普遍的成员资格。与存在共享利益或共享资源的国家之间达成双边或区域协议相比，一项全球气候变化协议可能需要不那么雄心勃勃和不那么有执行力。这种选择的结果是双重的。首先，也是最明显的，它可能会将协议稀释到这样的程度，即它们可能仅能勉强边缘性地提供所需的全球

① Bill Curry, The ABCs of TPP, *Globe & Mail*, October 5, 2015.

② Eenerally United Nations Convention on the Law of the Sea, opened for signature December 10, 1982, 1833 UNTS 397.

③ Miles Kahler, Multilateralism with Small and Large Numbers, *Int'l Organization*, Vol. 46, 1992, p. 681, 694.

公共产品,如果有的话。每个领域的倡导者都可能表示他们放弃太多。但其次,这种选择也降低了协议对每个成员国的价值。如果协议的价值太小,协议可能会变得非常不稳定。当物质或政治环境发生变化,协议成本增加时,会导致预期收益太少而无法使国家继续留在协议之内。丧失协议的收益可能就不再是阻止退出或不遵守协议的一个有意义的激励。

六、接下来会是什么

这并不意味着全球多边协议在多极化时代是一个坏主意。在某些基本原则上达成薄协议可能是有价值的,即使达成厚协议是不可能的。这种薄协议可以将未来的单边、双边和区域谈判指引到特定的方向。全球协议还可能赋权其他行动者,使他们能够对国家施加影响,无论是跨国非政府组织、科学家的认知共同体、经济学家,或者士兵、公司、国内的政治行为体和律师。人权倡导者可以在该国自己的法院使用该国批准的协议。① 美国军事律师将反驳有关日内瓦公约过时的说法。② 一系列团体将游说美国继续参与巴黎协议。尽管南非政府可能认为继续作为罗马规约缔约方没有什么好处,但它们的宪法法院可以让它更难退出并撤销他们的承诺。③

① Beth A. Simmons, *Mobilizing for Human Rights: International Law in Domestic Politics*, Cambridge University Press, 2009.

② Simon Chesterman, The Spy Who Came in from the Cold War: Intelligence and International Law, *Michigan Journal of Int'l Law*, Vol. 27, 2006, p. 1071,1098, 然而值得注意的是,这些国家军服部队对政策提出了最强烈的抗议……; Tim Golden, Tough Justice: after Terror, a Secret Rewriting of Military Law, *New York Times*, October 24, 2004, 在美国"9·11"恐怖袭击事件后的几天里,军方律师基本上被排除在这一程序之外。此后,他们进行了长期斗争,以确保恐怖主义起诉符合他们所说的基本公平标准。

③ James Macharia, South African Court Blocks Government's ICC Withdrawal Bid, *Reuters*, February 22, 2017. 多边主义可能会被建构主义的国际化和社会化战略所支持,即使是理性主义的支持开始枯竭。但是这些策略可能是在一个时钟上。如果这个想法是把大量的国家带入一个政权,希望将它们的领导人和人民加入这个制度的规范中,这个过程就不会永远持续下去。这些准则需要在理性主义的转变与持续的成员关系之前锚定。

但就存在着总体上偏好全球范围的多边协议提供全球公共产品的程度上，[①]这种偏好可能需要重新考虑。在多极世界提供全球公共产品可能需要更小的交易，以保证国家具体的和有益的俱乐部产品。例如，国际正义可能必须移到地方一级，更直接地考虑到当地利益，并向有关的某个或某些国家承诺具体可实现的利益。[②] 即使最终达成的协议在提供更广泛的产品方面效率和效果不好，情况也可能如此。通过类似 TPP 的自由贸易区加强对濒危物种或劳工权利的保护，尽管存在该模式的所有缺陷，但可能比通过全球多边濒危物种国际贸易公约的努力更为持久和有效。地方、双边和区域环境治理可能比全球多边治理更有效地促使参与者改变他们的政策。例如，蒂姆·迈耶(Tim Meyer)指出，有利于当地供应商的地方清洁能源计划可以比国家或多边努力更好地克服政治障碍。[③] 成本作为外部性由他人承担，然而，这种成本可能是多极的、后多边的政策制定不可避免的代价。

值得注意的是，尽管这些其他形式的解决方案从全球政策的角度来看可能不那么有效，但它们可能更公平，或者更合理。[④] 因此，这些结构性现实与其他对于为了多边主义而多边主义的批评是相吻合的。这些批评包括：多边解决方案并非中立，它们可能倾向某些利益，鼓励预定政策选择的更为多元化

① 参见 José E. Alvarez, Multilateralism and Its Discontents, *European Journal of Int'l Law*, Vol. 11, 2000, p. 393, 394，多边主义是国际律师共同的世俗宗教。

② Jaya Ramji-Nogales, Designing Bespoke Transitional Justice: A Pluralist Process Approach, *Michigan Journal of Int'l Law*, Vol. 32, 2010, p. 1.

③ Timothy L. Meyer, How Local Discrimination Can Promote Global Public Goods, *Boston University Law Review*, Vol. 95, 2015, p. 1937.

④ 参见 José E. Alvarez, *Multilateralism and Its Discontents*, *European Journal of Int'l Law*, Vol. 11, 2000, p. 399，强调多边解决方案的优点，倾向狭义理解为联合国模式下的自由制度，人为地限制了现代人权困境的可用处方范围。

的观点在规范上可能是更可取的。① 在英国、美国和其他地方的选民目前对于多边机构忽视了他们的利益而支持了其他人利益的抱怨之下，人们可以听到对多边机构的民主赤字的担忧②，更深层、更广泛的一体化可能并不总是更好。看清多边主义的结构性局限，可能有助于揭示它的某些规范性局限。

政策制定者还必须认真考虑，提供任何特定的全球产品是否真的需要普遍参与或近乎普遍的参与。对于气候变化的进展而言，排放最多的国家之间达成的协议，可能比能够赢得所有国家支持的协议更为重要。而且，虽然问题的某些方面可能需要近乎全球的合作，其他分散的方面则可能采取集体努力的形式，甚至采取单一最佳努力的公共产品的形式。③ 规范的制定和实施可能需要不同的策略和不同的协议。对于前者而言，全球多边协议可能仍是最佳策略，而对于后者而言，可能并非如此。政策制定者可能必须把复杂的问题分解成各个组成部分，并设计出有效的策略来解决每个方面。认识到多边主义的局限性可能会使政策制定更加复杂，但也可能使其更加周密。

（本文编辑：王潺）

---

① 参见 Dani Rodrik, The Globalization Paradox: Democracy and the Future of the World Economy, W. W. Norton & Company, 2011, p. 110, 为国际经济秩序提供支持，使各州有更多空间规划自己的政策方向；参见 Jaya Ramji-Nogales, Designing Bespoke Transitional Justice: A Pluralist Process Approach, *Michigan Journal of International Law*, Vol. 31, 2010, p. 1, 认为国际刑事司法的合法性取决于它对当地条件和需求的反映程度；Margaret M. deGuzman, The Global-Local Dilemma and ICC Legitimacy, in *Legitimacy and International Courts*, edited by Nienke Grossman, Harlan Grant Cohen, Andreas Follesdal & Geir Ulfstein (eds.), Cambridge University Press, 2018。

② José E. Alvarez, Multilateralism and Its Discontents, *European Journal of Int'l Law*, Vol. 11, 2000, pp. 393-394; Eric Stein, International Integration and Democracy: No Love at First Sight, *American Journal of International Law*, Vol. 95, 2001, p. 489.

③ Scott Barrett, *Why Cooperate*, Oxford University Press, 2007.

附　录

《国际关系与国际法学刊》稿约

《国际关系与国际法学刊》(以下简称"《学刊》")是全国性的国际关系与国际法专业优秀学术著述的汇辑。《学刊》由厦门大学法学院国际关系与国际法跨学科研究中心创办,旨在瞄准国际关系学与国际法学的学科前沿,积极开展国内外同行学术交流,荟萃国内外跨学科研究的优秀成果,推动国内外国际关系与国际法跨学科研究的进步。从2011年起,《学刊》每年出版一卷。为此,特向全国同行征稿,并立稿约如下:

一、《学刊》为开放性的国际关系与国际法学术园地,主要栏目包括:(1)国际关系与国际法基本理论;(2)国际关系与国际法专题研究;(3)国际组织与国际组织法专题研究;(4)优秀博士、硕士学位论文选登;(5)国内最新研究成果的介绍或转载;(6)国外最新研究成果选译;(7)最新学术动态等。欢迎海内外学者、专家投稿。

二、来稿不限字数,唯论文希望能在2万字以上,尤其欢迎10万字以内的长篇大论。

三、来稿的形式参见后附《〈国际关系与国际法学刊〉书写技术规范(暂行)》。

四、来稿务请写明作者姓名、性别、通信地址、现工作单位、联系电话、E-mail地址、学衔、业务职称等。《学刊》编辑部在收到来稿后一个月内将作出初步处理。届时作者如未收到用稿通知,可另行处理其稿件。来稿一律不退,请作者自留底稿。

五、《学刊》编辑部保留对来稿进行技术性加工处理的权利,但文责悉由作者自负。来稿一经决定采用，作者不得将同一稿件另发表于他处。《学刊》对所刊发文章依法享有版权。

六、凡向《学刊》编辑部投稿，即视为接受本稿约，投稿时请通过 E-mail 电子投稿，联系人：刘志云。

E-mail：liuzy420@xmu.edu.cn

liuzy420@163.com

七、本刊已许可《中国学术期刊（光盘版）》电子杂志社在中国知网及其系列数据库产品中以数字化方式复制、汇编、发行、信息网络传播本刊全文。该社著作权使用费与本刊稿酬一次性给付。作者向本刊提交文章发表的行为视为同意我刊上述声明。

《国际关系与国际法学刊》编辑部

《国际关系与国际法学刊》书写技术规范(暂行)

为了统一《国际关系与国际法学刊》来稿格式,特制订本规范。

一、书写格式

1. 来稿由题目、作者姓名、内容摘要、关键词、目录、正文、作者单位与学衔及英文题目、英文姓名、英文内容摘要、关键词构成(按顺序)。

2. 来稿正文各层次标示顺序按一、(一)、1、(1)、①、A、a 等编排。

二、注释

1. 注释采用页下计码制,每页重新记码。注释码置于标点符号之后。

2. 引用中文著作、辞书、汇编等的注释格式为:

(1)刘志云:《当代国际法的发展:一种从国际关系理论视角的分析》,法律出版社 2010 年版,第 1～2 页。

(2)王彩波主编:《西方政治思想史——从柏拉图到约翰·密尔》,中国社会科学出版社 2004 年版,第 211、215、219 页。(注意:非连续页码的注释法)

(3)姚梅镇著:《国际投资法》(高等学校文科教材),武汉大学出版社 1989 年修订版,第×页。——不是初版的著作应注明"修订版"或"第 2 版"等。

(4)中国对外贸易经济合作部编:《国际投资条约汇编》,警官教育出版社 1998 年版,第 8 页。

(5)前后连续引用或非连续引用同一本著作者,都请列出所引用著作的详细要目。

3. 引用中文译著的注释格式为:

(1)[美]詹姆斯·多尔蒂、小罗伯特·普法尔茨格拉夫:《争论中的国际关系理论》)(第五版),阎学通、陈寒溪等译,世界知识出版社2003年版,第×页。

(2)联合国跨国公司与投资公司:《1995年世界投资报告》,储祥银等译,对外经济贸易大学出版社1996年版,第×页。

4.引用中文论文的注释格式为:

(1)陈安:《中国涉外仲裁监督机制评析》,载《中国社会科学》1995年第4期。

(2)白桂梅:《自决与分离》,载《中国国际法年刊》1996年卷,法律出版社1997年版,第51页。

(3)徐崇利:《美国不方便法院原则的建立与发展》,载董立坤主编:《国际法走向现代化》,上海社会科学院出版社1990年版,第×页。

(4)前后连续引用或非连续引用同一篇文章者,都列出所引用文献的详细要目。

5.引用中译论文的注释格式为:

樱井雅夫:《欧美关于"国际经济法"概念的学说》,蔡美珍译,载《外国法学译丛》1987年第3期。

6.引用外文著作等注释格式为:

(1) I. Seidl-Hohenveldern, *International Economic Law*, 2nd ed., Martinus Nijhoff, 1992, p. 125.(注意:书名为斜体)

(2)Chia-Jui Cheng (ed.), *Clive M. Schmittoff's Select Essays on International Trade Law*, Kluwer, 1998, pp. 138-190.[注意:编著应以"(ed.)"标出;外文注释的页码连接号为"-"]

(3)前后连续引用或非连续引用同一本著作者,都请列出所引用著作的详细要目。

7.引用外文论文的注释格式为:

(1)M. Paiy, Investment Incentives and the Multilateral Agreement on Investment, *Journal of World Trade*, Vol. 32, 1998, pp. 291-298.(注意:报刊名为斜体)

(2)D. F. Cavers, A Critique of Choice-of-Law Problem, in *Conflict of Laws*, edited by R. Fentiman (ed.), New York University Press, 1996, p. 69.[注意:载于论文集中的论文应标明"(ed.)"]

(3)同页前后连续引用或不同页或同页非连续引用同一篇文章者,都请列出所引用论文的详细要目。

8. 引用网上资料的注释格式为:

(1)P. Ford, A Pact to Guide Global Investing Promised Jobs-But at What Cost, http://www. csmonitor. Com/durable/1998/02/25/intl. 6. htm.,下载日期:1998年2月26日。

(2)于永达:《国内外反补贴问题分析》, http://www. cacs. gov. cn/text. asp? texttype=1&id=1611&power,下载日期:2002年7月10日。

9. 引用报纸的注释格式为:

(1)赵琳:《练好本领　保家卫国》,载《厦门日报》1999年7月29日第2版。

(2)《韩国遭强台风袭击》(新华社汉城7月28日电),载《厦门日报》1999年7月29日第8版。

10. 引用法条的注释格式为:

《中华人民共和国民法通则》第12条第1款。——条文用阿拉伯数字表示。

三、简称

如名称过长,可在括号内注明"(以下简称×××)"。

四、数字

1. 年、月、日、分数、百分数、比例、带计量单位的数字、年龄、年度、注码、图号、参考书目的版次、卷次、页码等,均用阿拉伯数字。万以下表示数量的数字,直接用阿拉伯数字写出,如8650等;大的数字以万或亿为单位,如2万、10亿等。

2. 年份要用全称,不要省略。

3. 年代起讫、年度起讫均用"～"表示,如1937～1945年、1980～1981财政年度。

《国际关系与国际法学刊》编辑部编订